Vacanamālā

SOURCES OF ANCIENT INDIAN LAW

Series Editor

PATRICK OLIVELLE

DHARMASŪTRAS

The Law Codes of

Āpastamba, Gautama, Baudhāyana, and Vasiṣṭha

PATRICK OLIVELLE

DHARMASŪTRA PARALLELS

PATRICK OLIVELLE

THE NĀRADASMṚTI

Critical Edition and Translation

RICHARD W. LARIVIERE

VACANAMĀLĀ

PATRICK OLIVELLE

TABLE OF CONTENTS

PREFACE

I encountered the sub-commentary on Viśvarūpa's *Bālakrīḍā* during the decade when I was working on a critical edition of the *Yājñavalkya Dharmaśāstra*. I had read about several known sub-commentaries in T. Ganapati Sastri's introduction to his excellent edition of Viśvarūpa's text. But it was during my travel to Trivandrum and the University of Kerala Oriental Manuscripts Library that I was able to locate a manuscript of the *Vacanamālā*.

I want to thank the staff of the Library, especially Mr. Shaji, for their kindness and generosity. With just one manuscript to work with, there were many junctures in the editorial process when I reached out to friends and colleagues for help in identifying the correct readings. These include Professors Ashok Aklujkar, Joel Brereton, George Cardona, Donald Davis, and Madhav Deshpande. Further, Darsana Manayathu Sasi and S. Rajendu for help with Malayalam passages.

Finally a word of thanks to Mr. Rajeev Jain of Motilal Banarsidass for his kindness in accepting this volume for publication in the book series Sources of Ancient Indian Law.

Patrick Olivelle

Austin, June 30, 2021

ABBREVIATIONS

ĀgGṛ	*Āgniveśya Gṛhyasūtra*
AitĀ	*Aitareya Āraṇyaka*
AitBr	*Aitareya Brāhmaṇa*
AK	Amarasiṃha, *Amarakośa*
Apar	Aparārka, *Aparārka* commentary on the *YDh*
ĀpDh	*Āpastamba Dharmasūtra*
ĀpGṛ	*Āpastamba Gṛhyasūtra*
ĀpŚr	*Āpastamba Śrautasūtra*
ĀśGṛ	*Āśvalāyana Gṛhyasūtra*
ĀśŚr	*Āśvalāyana Śrautasūtra*
BāU	*Bṛhadāraṇyaka Upaniṣad*
BāUBhVār	Sureśvara, *Bṛhadāraṇyakopaniṣad-bhāṣya-vārttika*
BDh	*Baudhāyana Dharmasūtra*
BGṛ	*Baudhāyana Gṛhyasūtra*
BhārGṛ	*Bhāradvāja Gṛhyasūtra*
BhārŚr	*Bhāradvāja Śrautasūtra*
BhavPu	*Bhaviṣya Purāṇa*
BhavURC	Bhavabhūti, *Uttara-Rāma-Carita*
BhoŚṛṅ	Bhoja, *Śṛṅgāra Prakāśa*
BhPu	*Bhāgavata Purāṇa*
BṛSm	*Bṛhaspati Smṛti*
BṛSm Saṃ	*Bṛhaspati Smṛti Saṃskārakāṇḍa*
ChU	*Chāndogya Upaniṣad*
DakṣSm	*Dakṣa Smṛti*
DhPā	*Dhātupāṭha*
Gaṇa	*Gaṇapāṭha*

GDh	*Gautama Dharmasūtra*
GoGṛ	*Gobhila Gṛhyasūtra*
GoMDh	Govinda's commentary on the *MDh*
HalAbhi	Halāyudha, Haladhara, *Abhidhānaratnamālā*
HĀśGṛ	Haradatta's commentary on the *ĀśGṛ*
HDh	Kane, *History of Dharmaśāstra*
HirGṛ	*Hiraṇyakeśi Gṛhyasūtra*
KaivU	*Kaivalya Upaniṣad*
KātKPra	Kātyāyana, *Karmapradīpa* or *Chandogapariśiṣṭa*
KātV	Kātyāyana, *Vārttika*
Kirā	Bhāravi, *Kirātārjunīya*
KūrPu	*Kūrma Purāṇa*
LāṭŚr	*Lāṭyāyana Śrautasūtra*
LauGṛ	*Laugākṣi Gṛhyasūtra*
LiPu	*Liṅga Purāṇa*
LViSm	*Laghu Viṣṇu Smṛti*
MasGDh	Maskarin's commentary on *GDh*
MatsPu	*Matsya Purāṇa*
MDh	*Mānava Dharmaśātra* ("*Add" refers to additional verses in some mss.)
MīKo	*Mīmāṃsā Kośa*
MNU	*Mahā-Nārāyaṇa Upaniṣad*
MS	*Maitrāyaṇī Saṃhitā*
MuU	*Muṇḍaka Upaniṣad*
Naiṣ	Harṣa, *Naiṣadha Carita*
NaiṣKS	Sureśvara, *Naiṣkarmyasiddhi*
NārPu	*Nārada Purāṇa*
Nir	*Nirukta*
NirŚV	Nīlakaṇṭha Gārgya, *Nirukta-Ślokavārttika*
NSm	*Nārada Smṛti*
PadPu	*Padma Purāṇa*

MOTILAL BANARSIDASS
PUBLICATIONS
4741/23, Ansari Road, Daryaganj, New Delhi - 110002 (India)
Email: *mlbd@mlbd.com* | *sales@mlbd.com* | *exports@mlbd.com*
Website: *www.mlbd.com*

Vacanamālā
by
Patrick Olivelle

First Edition Published in 2022

Published in India by Motilal Banarsidass Publications

ISBN : 978-93-91759-73-5 (HB)

Printed and bound in India

Bālakrīḍāvyākhyā

VACANAMĀLĀ

A Sub-Commentary on Viśvarūpa's Commentary

Bālakrīḍā On The Yājñavalkya Dharmaśāstra

PATRICK OLIVELLE

MLBD PUBLICATIONS

Motilal Banarsidass Publications

Pāṇ	Pāṇini, *Aṣṭādhyāyī*
PāṇŚikṣā	*Pāṇinīya Śikṣā*
PārDh	*Pārāśara Dharmaśāstra*
PārGṛ	*Pāraskara Gṛhyasūtra*
Pat	Patañjali, *Mahābhāṣya* on Pāṇini
PCU	*Prabodhacandrodaya*
PCUGovinda	Govindāmṛta's com. on *PCU*
PMS	*Pūrva-Mīmāṃsā Sūtra*
PMinS	Jha, *Pūrva-Mīmāṃsā in its Sources*
PraPañ	Śālikānātha, *Prakaraṇapañcikā*
PraSā	Saṅkara, *Prapañcasāra*
PraśU	*Praśna Upaniṣad*
ṚgPrā	*Ṛgveda Prātiśākhya*
RV	*Ṛg Veda*
Śab	Śabara's *Bhāṣya* on the *PMS*
ŚaṃBS	Śaṃkara, *Brahmasūtrabhāṣya*
ŚāṅkhGṛ	*Śāṅkhāyana Gṛhyasūtra*
SarSS	Śaṃkara, *Sarvasiddhāntasaṃgraha*
ŚBr	*Śatapatha Brāhmaṇa*
ŚivDh	*Śiva Dharmaśāstra*
SmC	Devaṇṇa Bhaṭṭa, *Smṛticandrikā*
SuSaṃ	*Suśruta Saṃhitā*
SūŚiva	*Śivamāhātmya* of the *Skanda Purāṇa*
SūtSaṃ	*Sūta Saṃhitā* of the *Skanda Purāṇa*
	JñY = *Jñānayogakhaṇḍa*
	YV = *Yajñavaibhavakhaṇḍa*
ŚV	Kumārila, *Ślokavārttika*
ŚveU	*Śvetāśvatara Upaniṣad*
TaitĀ	*Taittirīya Āraṇyaka*
TaitBr	*Taittirīya Brāhmaṇa*
TaitPrā	*Taittirīya Prātiśākhya*

TaitS	*Taittirīya Saṃhitā*
TaitUp	*Taittirīya Upaniṣad*
TV	Kumārila, *Tantravārttika*
VaDh	*Vasiṣṭha Dharmasūtra*
VādhūGṛ	*Vādhūla Gṛhyasūtra*
VārŚr	*Vārāha Śrautasūtra*
VarTār	Varadarāja, *Tārkikarakṣā*
VeSū	*Vedānta Sūtra*
ViDh	*Viṣṇu Dharmasūtra*
ViDhUPu	*Viṣṇu Dharmottara Purāṇa*
VijYDh	Vijñāneśvara, *Mitākṣarā* commentary on the *YDh*
ViPu	*Viṣṇu Purāṇa*
ViśYDh	Viśvarūpa, *Bālakrīḍā* on the *YDh*
VS	*Vājasaneyi Saṃhitā*
YDh	*Yājñavalkya Dharmaśāstra*
YogS	Patañjali, *Yoga Sūtra*
YogY	*Yoga-Yājñavalkya Smṛti*
YVai	Yādava Prakāśa, *Vaijayantī*

INTRODUCTION

Author and His Works

The *Vacanamāla,* a sub-commentary on Viśvarūpa's commentary *Bālakrīḍā* on the *Yājñavalkya Dharmaśāstra*, is a late medieval text originating probably in Kerala and edited here for the first time. Only a substantial fragment of the original work is available in the only surviving manuscript extending to the end of verse 24 of the *ācārādhyāya.* Given that this portion of the sub-commentary runs to 240 printed pages in my edition, the full work would have been enormous. The question, however, is whether the author ever finished his sub-commentary on the entire commentary of Viśvarūpa. There is no evidence that he did, and his remark that his own *paramaguru* Somayājin completed his own sub-commentary called the *Amṛtasyandinī* only up to the end of the section on Naiṣṭhika-Brahmacārin, that is, until verse 1.50 of Yājñavalkya, hints at the possibility that his work also may have been similarly incomplete.

The extant fragment of the work does not give the name of the author, and given its fragmentary nature there is no colophon, which would normally contain the author's name. The *New Catalogus Catalogorum* (Vol. 22, p. 18) under the entry "Vacanamālā" gives the author's name as Rāmaśaurya, without any reference to the source of this name. In Vol. 27, p. 17, under the entry "Yājñavalkya Smṛti" the catalogue puts a question mark after the author's name: "Rāmaśaurya?", indicating that the editors were unsure about its provenance. T. Ganapati Sastri, in his edition of Viśvarūpa's commenatry (p. i), is correct in saying that the text "does not mention its author's name." Ulloor Iyer, in his brief remarks on the *Vacanamālā,* says this about the author's pedigree: "Because he begins the Vacanamala with a praise of Kātyāyanī in the phrase 'Mukundānujā,' I am inclined to think that the author belonged to the Paṭṭēris (bhaṭṭatiri) of Payyūr."[1]

The author of the *Vacana* stands in a long line of Kerala scholars who wrote sub-commentaries on Viśvarūpa. Our author men-

---

1. Paramēśvarayyar 1990: 310–11 (Translation from the Malayalam original by Donald Davis).

tions three of them: *Ṭīkā, Vibhāvanā,* and *Amṛtasyandinī,* but he gives little information about them or their authors. The little bit of information we can gather is summarized by T. Ganapati Sastri:

> From the following extracts of the Vachanamālā, . . . we learn that there existed three other commentaries on the Bālakrīḍā: the first called Vibhāvanā containing an elaborate and exhaustive explanation of each word, and the second named Ṭīkā giving notes on the difficult words alone. These two are said to be very old works written by a venerable ascetic known as Vedātman, and the third is known to be a comparatively modern one, Amritasyandinī by name, written by Somayājin who was the Paramaguru (the preceptor's preceptor) of the author of the Vachanamālā. All these were, also says the commentary, not available as complete works. (Viśvarūpa edition, p. ii)

The *Vacanamālā* cites passages from all three with some regularity: the *Vibhāvanā* twelve time, the *Ṭīkā* six times, and the *Amṛtasyandinī* twelve times. The extracts from them are given later in the introduction. The ascription of the *Amṛtasyandinī* to the teacher of his teacher is made with reference to the interpretation of the five introductory verses of the *Bālakrīḍā* (see edition p. 7) *ity evamādiślokasaṅgatiprakāras tadvyākhyānādiprakāraś cāsmatpariparamaguruviracitāyā amṛtasyandinyā evāvagantavyaḥ.*[2]

There are two extant manuscripts of the *Vacanamālā,* both at the University of Kerala Oriental Manuscripts Library. The first is manuscript number C–984; Palm leaf; 179 folios; Malayalam script. The second is T 555 A & B. It is written in the Devanāgarī script in two bound volumes with 206 pages in the first and 163 pages in the second. In all likelihood, this is a copy of C–984, perhaps made during the time when Ganapati Sastri was preparing the edition of the *Bālakrīḍā.* Given the paucity of manuscript evidence, mine is clearly not a critical edition. I have given the text as it appears in the manuscript, with some obvious clerical errors corrected.

Even though the author does not reveal his name in the introductory verses, he does discuss other works he has written. The syntax of the verses is so obscure that he had to explain them in a prose passage appended to the verses. It appears that he wrote four other

2. I have not been able to decipher what the term *pari* before *parama-guru* means. In citing this passage, Ganapati Sastri omits it without comment.

works of the *kāvya* type. The first is *Gaurīpādādikeśastava*, although the actual form of the title is somewhat unclear. The second is *Setu,* which he calls a new literary work (*abhinavaṃ prabandham*). He claims to have then written two works on the life of Rāma and Kṛṣṇa. He did this in an ingenious way. He took the last pādas of the verses of *Megha* and completed the rest of each verse with his own composition. This method is technically called *samasyā,* hence its inclusion as the first word of the titles. In this manner he completed the Bālakāṇḍa of the work he calls *Samasyārāmavṛttānta.* Using the same technique, he took the first pāda of each verse of a text calle *Sūryaśataka* and completed the rest of the verse to compose the rest of *Rāmavṛttānta* from the Ayodhyākāṇḍa to the Yuddhakāṇḍa. This is clearly a retelling of Vālmīki's *Rāmāyaṇa.* The identity of the two texts from which he derived pādas is unclear, but the *Sūryaśataka* is probably the work of that name by Mayūra, who lived during the time of Harśavardhana (7th century) and is said to have been the father-in-law of the poet Bāṇa. The one hundred verse of the *Sūryaśataka* is set in the complex meter Sragdharā with 21 syllables to a pāda. *The Megha* may refer to Kālidāsa's *Meghadhūta,* although that is not totally certain. Then, following the same technique and using the last pādas of the *Sūryaśataka* he composed the *Samasyākṛṣṇalīlā.* None of these works is available in the manuscript tradition.

The *Vacanamālā* is a composition quite different from these other works of the author. It is a *śāstra* and uses scholastic Sanskrit. It demonstrates also the authors erudition in the literature of Dharmaśāstra, not just the original Smṛtis but also the medieval works consisting of commentaries and Nibandhas. I will review these below.

The author appears to be aware of a question his readers may have in the backs of their minds. Why write another sub-commentary when his own teacher's teacher had already written one? He places himself in the lineage of the *Amṛtasyandinī,* noting that the readers should consult that work to understand the connection and import of the verses that open Viśvarūpa's commentary: *ityevamādiślokasaṃgatiprakāras tadvyākhyānādiprakāraś cāsmatpariparamaguruviracitāyā amṛtasyandinyā evāvagantavyaḥ* (p. 7). He cites passages from the *Mahābhārata* and from Kumārila Bhaṭṭa's *Ślokavārttika* to justify his project and spells out what he wants to accomplish with his *Vacanamālā* sub-commentary: *vyākhyātṛjanānugrahārtham asmanmanoviśuddhyarthaṃ cātra pratīkopāttāny arthākṣiptāni vacanāni prapūrayituṃ ca prayatāmahe* (p. 7).

The stated goal of "filling out" (*prapūrayitum*) what Viśvarūpa refers to tangentially or by way of *pratīkas,* that is, the first words of longer passages, is evident throughout the text — sometimes going to annoying lengths with overly long citations, as well as grammatical and lexicographical explanations. A good example of this is found on pages 18–20. Here Viśvarūpa (2.9–11) cites one verse from Kumārila's *Ślokavārttika* (2.12). The *Vacana* refers to Viśvarūpa's introductory comment *tathā ca* (2.9), and then goes on to cite sixteen verses from the *Ślokavārttika* of which only the third is cited by Viśvarūpa. Here the author attempts to place the very brief reference of Viśvarūpa within the wider argument of Kumārila. We find a similar expansion of a citation's context, this time of Manu. On p. 22 Viśvarūpa's (4.15) citation of a half-verse is expanded to give the full verse. And on pp. 24–25 Viśvarūpa's (5.1–2) citation of a single verse is expanded to two. The author's intentions are spelled out in this long explanation of why he is writing this sub-commentary:

तत्र वयमपि ।

> यद्यदाचरति श्रेष्ठस्तत्तदेवेतरो जनः ।
> स यत् प्रमाणं कुरुते लोकस्तदनुवर्तते ॥ (*BhG* 3.21)
> सर्वः सर्वं न जानाति सर्वज्ञो नास्ति कश्चन ।
> नैकत्र परिनिष्ठास्ति ज्ञानस्य पुरुषे क्वचित् ॥ (*MBh* 3.70.8)

इतिव्यासवचनात्,

> प्रायेणैव हि मीमांसा लोके लोकायतीकृता ।
> तामास्तिकपथे कर्तुमयं यत्नः कृतो मया ॥ (*ŚV* 1.10)
> आगमप्रवणश्चाहं नापवाद्यः स्खलन्नपि ।
> न हि सद्वर्त्मना गच्छन् स्खलितेष्वप्यपोद्यते ॥
> यथाकथंचिदारब्धा त्रयीमार्गानुसारिणी ।
> वाग्वृत्तिरल्पसारापि श्रद्दधानस्य शोभते ॥ (*ŚV* 1.7–8)

इत्यादिभट्टाचार्याद्युपदेशाच्च, सर्वैः सर्वथा यथाशक्ति श्रेयसे प्रयतितव्यमिति मन्वानः, तत्प्रसादात् तदानुगुण्येन यथासामर्थ्यमुपदेशानुसारेणैव व्याख्यातृजनानुग्रहार्थम् अस्मन्मनोविशुध्यर्थं चात्र प्रतीकोपात्तान्यर्थाक्षिप्तानि वचनानि प्रपूरयितुं च प्रयतामहे ।

The *Vacanamāla* on Viśvarūpa

The author of the *Vacanamālā* identifies Viśvarūpa, the author of the *Bālakrīḍā,* with two other celebrated authors. The first is Sureśvara, the pupil of Śaṃkara. This is a common identification within the medieval traditions, and even many modern scholars subscribe to this view. In the opening benedictory verses, this identification is made in the statement: *avanamya manusureśvarayogīśvaratīvrakiraṇaguru-caraṇān* (p. 1). Later, however, the author explicitly ascribes to Viśva-rūpa citations from Sureśvara's *Naiṣkarmyasiddhi* and *Bṛhad-āraṇyakopaniṣadbhāṣyavārttika*. At p. 142 a verse of Yājñavalkya is introduced with *ācāryaś ca vakṣyati*, and then the author introduces the citation from the *Naiṣkarmyasiddhi* with *tathānyatra*. The author uses the honorific *ācārya* with regard to both Yājñavalkya and Viśvarūpa throughout his composition. So here, *ācārya,* now with reference to Viśvarūpa, is understood when he says *tathānyatra*. Likewise at p. 178, the author uses the simple *tathāha* in introducing a verse from the *Bṛhadāraṇyakopaniṣadbhāṣyavārttika*; generaly *āha* when used without a subject in this text refers to either Yājñavalkya or Viśvarūpa.

T. Ganapati Sastri in the introduction to his edition of the *Bālakrīḍā* dismisses the identification of Viśvarūpa with Bhavabhūti. He cites a half-verse from the early commentary *Vibhāvanā,* which clearly states that the three names refer to the same person: *bhava-bhūtisureśākhyaṃ viśvarūpaṃ praṇamya tam*. Ganapati Sastri interprets this identification with Bhavabūti thus: "The word Bhavabhūti prefixed to the name Sureśvara is, I think, used in the sense of Śivabhūti and it might be a title like Śivadāsa, indicating the devotion of the author towards Śiva" (p. iii). I think this is mistaken. The tradition of the identity of Viśvarūpa and Bhavabhūti is carried on by the author of the *Vacanamālā*. In an introductory verse (p. 2), he speaks of the work he is commenting on as *bhavabhūtinibandho-dadhau*. Further at p. 130 he explicitly ascribes the composition of the *Uttararāmacarita* to "*ācārya*", by which he means Viśvarūpa.

An interesting question that our author poses is why Viśvarūpa chose to write a commentary on Yājñavalkya rather than, say, on Manu, who is generally viewed as more authoritative. He asks: *sarva-smṛtipradhānaṃ mānavam ullaṅghya kim iti yājñavalkīyam upādīyate.* He thinks that Viśvarūpa answers this possible objection (*ity āśaṅkya*) with the words: *abhyudayahetutvāt* (2.2). The meaning is that greater prosperity is attained when one sticks to the texts of one's own Vedic Śākha, implying that Viśvarūpa, like Yājñavalkya, belonged to the White Yajurveda — in fact, it was Yājñavalkya who obtained the texts of the White Yajurveda from the Sun. Our author comments: "*yato 'smacchākhāmūlatayā mamedaṃ viśeṣato 'bhyudayahetus tata idaṃ prastūyata ity arthaḥ*" (p. 17). He argues for the greatness of Yājñavalkya's treatise over other Dharmaśāstras, because it contains the description of some rites not found elsewhere and because it has liberation as its principal focus (p.7):

तेष्वपि याज्ञवल्क्यस्य नित्यमातामहश्राद्धादिप्रतिपादनेन परपुरुषार्थमोक्षसाधनब्रह्मज्ञानोपयोगितया च महत्वात्.

There is an underlying assumption that Yājñavalkya's composition is aimed at final beatitude or liberation (*abhyudaya* or *apavarga*) in a way that other Dharmaśāstras, including Manu's, are not. This is clearly connected to Yājñavalkya's authorship of major portions of the *Bṛhadāraṇyaka Upaniṣad*, and of a text on Yoga, which may be the same as the *Yoga-Yājñavalkya Smṛti*. Our author says, for example, *paramaśreyaḥsādhanaṃ yājñavalkīyam* (p. 8). This is also related to the very nature of the White Yajurveda discovered by Yājñavalkya. Our author explains why it is called "white" (*śukla*). It is based on the fact that what is contained in this Veda is for the most part aimed at liberation (*apavarga*): *teṣāṃ nāmāni bhūyaśām apavargapratipādanāc chuklānīti prasiddhāni* (p. 11).

The *Vacanamālā* is not averse to pointing out some faults and inconsistencies in Viśvarūpa's commentary. For example, at 30.2 in the context of who is authorized to prescribe penances to Kṣatriyas and Vaiśyas, Viśvarūpa says that he will discuss this in the *prāyaścitta-prakaraṇa,* saying: *tat prāyaścittaprakaraṇe vakṣyāmaḥ*. The *Vacana-mālā,* however, does not think this is accurate, because Viśvarūpa does not deal with this matter in that *prakaraṇa,* saying: *cintyam etat | na ca tatra tad etat spaṣṭam udāhṛtam* (p. 154).

Grammatical and Lexicographical Texts

The author of the *Vacanamālā* is well versed in the grammatical and lexicographical literature, and uses them extensively in his commentary. He invokes grammatical principles and interpretations frequently, citing Pāṇini's *Aṣṭādhyāyī* fourteen times and Patañjali's *Mahābhāṣya* nine times. For the meanings and etymologies of words, he uses Yāska's *Nirukta* six times, as well as the *Naighaṇṭuka*.

Our author's use of grammatical and lexicographical treatises to elucidate a statement of Viśvarūpa is exemplified at p. 30, where he is explaining the statement: "*brūhīti cādhyeṣaṇeyam*" (6.16). He gives initially the views of his predecessors *Vibhāvanā* and *Amṛtasyandinī*. Then he gives the explanations of lexicographers, and finally those of grammarians on the term *adhyeṣaṇā*.

विभावना "लोटो विध्याद्यनेकार्थत्वेऽपि सत्कृत्य प्रार्थनैवात्राचार्यविषये समञ्जसमित्याह

ब्रूहीति च" इति । "अध्येषणा श्रेयसि सत्कारपूर्विका प्रार्थना" इति अमृतस्यन्दिनी । अन्ये त्वेवं वर्णयन्ति । आज्ञापुरस्सरी व्यापारणा प्रेरणम् । निकृष्टविषयो नियोगः । यत् पुनरभ्यर्हन्तं व्यापारयति तदध्येषणम् । अभ्यर्हितविषयं प्रबोधनमित्यर्थ इति ।

सनिस्त्वध्येषणा याञ्चाभिशस्तिर्याचनार्थना । (*AK* 2.7.32)

इति अमरः ।

आशासनार्थना याञ्चा याचनाध्येषणार्दना । (*YVai* 3.6.120)

इति यादवः । हलधरश्चाह ।

अर्थी मार्गणकः प्रोक्तो याचकश्च वनीपकः ।
अध्येषणैषणा याञ्चा याचना प्रार्थना मता ॥ (*HalAbhi* 2.04–05)

इत्यादि । पाणिनिनाप्युक्तम् ।

विधिनिमन्त्रणामन्त्रणाधीष्टसंप्रश्नप्रार्थनेषु लिङ् । लोट् च । (Pāṇ 3.3. 161-62)
विधिः प्रेरणं निमन्त्रणं नियोगकरणं आमन्त्रणं कामचारकरणं अधीष्टः सत्कारपूर्वको व्यापारः संप्रश्नः संकथनम् प्रार्थना याञ्चा ।

इत्यस्य महाभाष्यम् (Pat II: 165)।

The author's use of lexicographies is even more extensive than his use of the grammatical texts. In total, he refers to five lexica: Amarasiṃha's *Amarakośa*, Yādava Prakāśa's *Vaijayantī*, Haladhara's *Abhidhānaratnamālā,* as well as the *Ratnakośa* and an unidentified lexicon called *Nāmamālā.* Sometimes he will cite more than one lexicon to illustrate the meaning of a term. The following at p. 23 is an extreme example. The context is the term *bhagavataḥ* in Viśvaūpa's commentary at 4:16: "*dharmaśabdaś ca bhagavato 'pi*". In explaining the meaning of this term, the author uses five lexicographical passages. Immediately following this, he explains *suṭhu* with three references.

पूज्येऽपि भगवदादिशब्दः प्रयुज्यते । तथा च यादवः ।

भट्टारको भट्टरको भट्टस्तत्रभवान् भवान् ।
भगवान् पूज्यपादश्च देवमिश्रादयस्तथा ॥ इति । (*YVai* 8.9. 46)

हलधरश्चाह ।

तत्रभवान् भगवानिति शब्दो वृद्धे प्रयुज्यते ।
पूज्यपाद इति नामान्ते देवो भट्टारको वापि ॥ इति । (*HalAbhi* 1.155)
भगवत्युमा तु भगवान् बुद्धे पूज्ये हरे हरौ ॥ (*YVai* 8.5.31)

इति च यादवः । "अतः सुष्ठूच्यते" (4.17) इति । अत्र अमरः ।

बलवत्सुष्ठु किमुत स्वस्त्यतीव च निर्भरे । इति । (*AK* 3.4.2)

यादवश्च ।

किमुतातीव बलवत् स्वति सुष्ठु च बाधिते । इति । (*YVai* 8.8.4)

पुनरपि स एव ।

निष्षमं दुष्षमं दुष्ठु गर्ह्ये सुष्ठु तु शोभने । (*YVai* 8.8.13)

Occasionally we see that the author has made some mistakes in his ascription of passages to authors. For example, on p. 140 he ascribes the passage "*vā vikalpopamānayoḥ*" to Amara, when it is actually from Haladhara's *Abhidhānaratnamālā*.

Medieval Dharmaśāstric Scholarship

The author of the *Vacanamālā* had a thorough mastery of the Dharmaśāstric literary tradition. It is not a surprise that he knows all the original Smṛtis and cites copiously from them. His familiarity with the medieval commentaries and legal digests or Nibandhas, on the other hand, is even more impressive. He cites from *Saṃgrahakāra, Caturviṃśatimata, Ṣaṭtriṃśanmata*, Maskin's *Bhāṣya* on the *Gautama Dharmasūtra,* and a *Bhāṣya* on the *Āśvalāyana Gṛhyasūtra*.

The three prominent Dharmaśāstric scholars he depends on most, however, are Vijñāneśvara (12th century), Devaṇa Bhaṭṭa (13th century), and Varadarāja.[3] He cites Vijñāneśvara's famous commentary *Mitākṣarā* on the *Yājñavalkya Dharmaśāstra* twenty-two times; some of these citations are quite extensive. A significant aspect of our author's interaction with Vijñāneśvara is the fact that he either did not notice or simply ignored the readings of Yājñavalkya adopted by Vijñāneśvara, readings that are quite different from those of Viśvarūpa. He must have been familiar with the latter's readings given that he was writing a commentary on it. Yet he never once observes the different readings followed by Vijñāneśvara.[4]

Devaṇa Bhaṭṭa's *Smṛticandrikā* is a voluminous and excellent Nibandha, in my estimation the best Nibandha that is not devoted to a single topic. It comprises five books dealing with Saṃskāra, Āhnika, Śrāddha, Vyavahāra, and Āśauca. Our author cites it sixteen times, but several of these passages are extremely long, that on p. 41 running to five pages and that on p. 210 running to nine pages. The passages are extracted mostly from the *Saṃskārakāṇḍa* and a few from the *Āhnikakāṇḍa.* With regard to our author's manuscript of the *Āhnikakṇḍa,* it

3. His date and identity are uncertain. I will deal with that below.

4. For these differences, see my critical edition of the *Yājñavalkya Dharmaśāstra.* Olivelle 2020.

appears to have been somewhat different from the ones used by the Mysore editors. The following passage given by our author at p. 215 is missing in the Mysore edition (at p. 248):

भावदुष्टस्तीर्थस्नानादिनापि न शुध्यति । तथोक्तं स्कान्दपुराणे ।
आत्मस्थं तीर्थमुत्सृज्य बहिस्तीर्थानि यो व्रजेत् ।
करस्थं स महारत्नं त्यक्त्वा काचं विमार्गति ॥
भावतीर्थं परं तीर्थं प्रमाणं सर्वकर्मसु ।
अन्यथालिङ्गते भार्या भावेन दुहितान्यथा ॥
तीर्थानि तोयपूर्णानि देवान् काष्ठादिनिर्मितान् ।
योगिनो न प्रपद्यन्ते स्वात्मप्रत्ययकारिणः ॥
बहिस्तीर्थाद्वरं तीर्थमन्तस्तीर्थं महात्मने ।
आत्मतीर्थं परं तीर्थं तीर्थमन्यन्निरर्थकम् ॥
चित्तमन्तर्गतं दुष्टं तीर्थस्नानेन शुध्यति ।
शतशोऽपि जलैर्धौतं सुराभाण्डमिवाशुचि ॥ इति ।
मानवेऽपि ।
वेदास्त्यागाश्च यज्ञाश्च तपांसि नियमास्तथा ।
न विप्रदुष्टभावस्य सिद्धिं गच्छति कर्हिचित् ॥ इति । (*MDh* 2.97)

Our author also cites a text called *Varadarājīya* frequently. In fact, it is the most freqently cited medieval Nibandha with twenty-five citations. However, the identity of this work is quite unclear. Kane (1962–75: I, p. 1218) lists a Varadarāja, dating him to 1450–1500 CE. The only work of his cited by Kane is *Vyavahāranirṇaya,* but the citations here all come from the *ācāra* section. There are numerous "Varadarāja" in the tradition, but the person listed by Kane is the most likely. He may have also written on other topics of Dharmaśāstra, although the *New Catalogus Catalogorum* (Vol. 27, p. 112) lists only the *Vyavahāranirṇaya* under his works.

An interesting idiosyncrasy of our author is that, when he cites a long passage, he places the source at the beginning and at the end of the citation. For the reader this is very helpful in determining the conclusion of the citation, especially when it extends over several pages.

The Predecessors of the *Vacanamālā*

As already noted, our author mentions and cites from three previous sub-commentaries: *Vibhāvanā, Ṭīkā*, and *Amṛtasyandinī*, the last by his own *paramaguru*. Ganapati Sastri, in his edition of Viśvarūpa's *Bālakrīḍā,* cites one half verse from the *Vibhāvanā* (p. iii). He had procured a large fragment of a sub-commentary on the *Bālakrīḍā* that did not have the name of the work or its author and spanned 5,000 granthas. He thinks that this must be the *Vibhāvanā* mentioned in the *Vacanamālā*. I have been unable to obtain a copy of this work.

Our author, however, cites passages from all three works, and I present these fragments here. Numbers within parentheses refer to the page and line numbers of Viśvarūpa's commentary.

Fragments of the *Vibhāvanā*

p. 21 **"आञ्जस्येन"** (2.22) इति "आञ्जस्यं दृष्टादृष्टदु:खाविमिश्रत्वम्" इति **विभावना** ।

p. 22 **"न ह्युपसंहारानुसार्युपक्रमो भवति"** (3.19) इति । "उपक्रमोपसंहारयोरसञ्जातविरोधितयोपक्रमप्राबल्याद् आनुषङ्गिकमर्थादिवचनमिति भाव:" इति **विभावनायाम्** उक्तम् ।

p. 27 **"नोपक्रमस्थं योगीश्वरपदम्"** (6.2) इति । "असञ्जातविरोधितयोपक्रमस्य नैरपेक्ष्यादसंकोचवृत्तिता । अत: सापेक्षत्वादितरस्य तदविरुद्धार्थकल्पनेति भाव:" इति **विभावना** ।

p. 28 **"पूजा चात्रोपसदनादिलक्षणा विज्ञेया"** (6.10) इति . . . "उपसदनादेरेवात्र सम्यत्त्वमिति भाव:" इति **विभावना** ।

p. 30 **"ब्रूहीति चाध्येषणेयम्"** (6.16) इति । **विभावना** "लोटो विध्याद्यने कार्थत्वेऽपि सत्कृत्य प्रार्थनैवात्राचार्यविषये समञ्जसमित्याह ब्रूहीति च" इति ।

p. 32 **"अनन्तरग्रहणं चैकान्तराद्यन्तरार्थमपि द्रष्टव्यम्"** (6.23) इत्यत्र **विभावना** "मानवेऽनन्तरशब्देनैकान्तराध्यन्तरग्रहणम् । अन्यथा ब्राह्मणोत्पन्नवैश्याशूद्रापुत्रयो: क्षत्रियोत्पन्नशूद्रापुत्रस्य चावर्णत्वमित्यर्थ:" इति ।

p. 38 **विभावनायां** तु "ध्यानविशेषणत्वे सम्यत्त्वमैकाग्र्यं शास्त्रार्थविषये प्रश्नविशेषणं वा सम्यगिति । सम्य-गेषां प्रश्न इति ध्यात्वेत्यर्थ: । एतदेव आदिशब्देन (7.16) सूचयति । एते तावद्योग्याधिकारिण: सम्यक्पृष्टवन्त इति । ध्यात्वेत्यर्थ:" इति ।

p. 38 **"प्रसक्तस्यापि धर्मस्य"** (7.21) इत्यत्र **विभावना**: "अग्निहोत्रं जुहोतीति प्राप्तस्यापि होमस्य दध्यादिगुणविधानार्थमनुवादवत् प्रश्नवाक्यस्थस्य धर्मपदस्य प्रतिवचनेऽप्यन्वयाद् देशगु-णविध्यर्थमनुवाद:" इति ।

p. 53 **"विद्यानां धर्मस्य"** (9.15–16) इति । अत्र **अमृतस्यन्दिन्या** सह निरूपितुं **विभावनाम्** अभिलिखामः: "ननु पूर्वमष्टवर्गप्रतिपादकं शास्त्रमुक्तं तत् कथं धर्मविद्यास्थानत्वमेव नार्थादीनामित्यत आह **"विद्यानां धर्मस्य"** इत्यादि । धर्मसहचरोऽर्थादिसङ्ग्रहार्थं धर्मस्येति विसमासकरणम् । सापेक्षत्वद्योतनेन विद्यानाम् इत्यपि बहुवचनम् । तद्बहुत्वनिर्देशेनानेकविषयतया भेदप्रदर्शनार्थम् इत्यर्थः । न च 'विद्यानां स्थानानि धर्मस्य च' इति संबनधः । तथा सति पाठमात्राद्विद्ययैव वा कृतार्थतयानुष्ठानानुपपत्तिः । तन्मन्यतानुपपत्तिश्चेति । तस्माद्धर्मस्य विद्यानाम् इति वैयधिकरण्येन षष्ठ्योर्धर्मशब्दो विद्याक्रमेण स्थानेनान्वयीति । अर्थादीनामप्येवमन्वयः । तस्मादुपपन्नमष्टवर्गविषयत्वं शास्त्रस्येति सर्वं निर्मलमित्यभिप्रायः" इति ।

p. 57 "नियमनाद् यम इत्यर्थः" इति **विभावना** ।

p. 90 अत्र **विभावना** "क्रीतस्तृतीयः । तच्छुनःशेपेन व्याख्यातम्" इत्युक्त्वाहः "हरिश्चन्द्रो ह वै राजाजीगर्तेस्सुयवसः पुत्रस्य हस्तात् पुत्रं क्रीतवान्' इत्यर्थवादः । तन्मूलत्वेन रचितो **वसिष्ठेन** । तदेतदाह **'व्याख्यानतः'** (17.9) इति । व्याख्यानत उक्तार्थव्याख्यानत्वेन शिष्टाचारस्पष्टीकरणाय शुनःशेपस्तेन व्याख्यात इत्युक्तेरर्थवादजा तन्मूला स्मृतिरवगम्यत इत्यर्थः । कथं लाङ्गलमुद्वपेदित्युक्तेर्मन्त्रजा स्मृतिरिति शेषो द्रष्टव्यः" इति **विभावनायामुक्तम्** ।

p. 106 **"वचनानि"** (22.5) इत्यत्र . . . वयं **विभावनां** विभावयामः । अथापि स्यात्: "अधस्तात्समिधं धारयन्ननुद्रवेत्" इत्यस्य विधेरर्थवादस्थानीयस्याप्युपरि हि देवेभ्य इत्युपरिधारणस्यापूर्वत्वाद् यथा विधेयता तथैषामपि लिङ्गानां स्मृतिस्वातन्त्र्यविधायकत्वमिति । तत्राह **'वचनाति तु'** (22.5) इति । अनुष्ठानस्यान्यपरत्वेन प्रतीतस्याप्यपूर्वत्वात् प्रयोजनविशेषाय विधिराश्रीयते नेतरस्यासाध्यत्वादित्यर्थः । अविज्ञातत्वादः पक्षान्तरे ऽपि कथंचित् संभवादिति वान्यथा वा सर्वथापि तेषामत्र न प्रमाणता" ।

Fragments of the *Ṭīkā*

p. 76 **"कुतः पुनरिदं स्मृतेरा म्नायमूलत्वमवगमितम्"** इति (14. 1–2) । अत्र **टीकार्थः** प्रदर्श्यते । मनुयाज्ञवल्क्यादीनां स्ववचनव्यतिरेकेण किं प्रमा णमि-

त्यभिप्रायेण **'कुतः पुनः'** इत्युक्तम् ।

p. 80 **"रूपसंपत्तये"** (15.2) इति । अस्य "शुक्लाम्बर-धरः" (*YDh* 1.130, 288) इत्यादेर्मूलत्वमवगम्यत इति भावः । इति **टीकार्थः** ।

p. 83 "'सैवेयमष्टका' इति प्रत्यभिज्ञाबलादैक्यमव्याहतमिति भावः" इति **टीकायां 'नन्वेवम्'** (15.3) इत्यस्य व्याख्यानम् ।

p. 84 **टीकायामप्युक्तम्**: "यजति ददाति जुहोतीति शब्दान्तरम् । तरति ब्रह्महत्यां योऽश्वमेधेन यजते । य उ चैनमेवं वेदेत्यभ्यासः । सप्तदश प्राजापत्यान् पशूनालभत इति संख्या । कुण्डपायिनामयने मासम-ग्निहोत्रं जुहोतीत्यादिको गुणः । बृहस्पतिसवेनेष्ट्वा वाचस्पतिना यजेतेति प्रक्रिया । अग्निहोत्रं दर्शपूर्णमास इति नामधेयम् " इति **टीकायामप्युक्तम्** ।

In two places the *Vacanamālā* simply says that he is following the meaning of the *Ṭīkā* but does not actually cite it.

p. 85 अत्रापि च **टीकार्थः** कथ्यते ।
p. 94 इत्येवं **टीकार्थोऽ**स्माभिः प्रदर्शितः
p. 97 अत्र **टीकार्थो** लिख्यते ।

Fragments of the *Amṛtasyandinī*

p. 21 **"आञ्जस्येन"** (2.21) इति . . . "आञ्जस्यं नाम दुःखाननुबन्धित्वम्" इति **अमृतस्यन्दिनी** ।

p. 22 **"तथा पश्येदात्मानमक्षय्यम्"** (3.17) इत्यत्र **अमृतस्यन्दिनी**: "यद्यपीदृशं वचनमस्मिञ्छास्त्रे न पठ्यते तथापि "चिन्तयेदात्मनो हितम्" (*YDh* 1. 114) इत्यादेरर्थतः संग्रहाद्वक्ष्यमाणमविरुद्धम् । अर्थतश्च क्वचित् संग्रहीष्यति "प्रमाणं परमं धर्मे श्रुतिः" (cf. *MDh* 2.13) इत्यादीति । सर्वत्र पाठान्तरव्याख्यान-प्रयत्नदर्शनात् ।-पाठान्तरमित्यन्ये" इति ।

p. 30 "**ब्रूहीति चाध्येषणेयम्**" (6.16) इति . . . "अध्येषणा श्रेयसि सत्कारपूर्विका प्रार्थना" इति **अमृतस्यन्दिनी** ।

p. 47 **"ऋज्वन्यत्"** (8.20) इत्यत्र **अमृतस्यन्दिनी**: "ऋज्वन्यदिति योजनार्थम्" ।

p. 54 **"विद्यानां धर्मस्य"** (9.15–16) इति । . . . **अमृतस्यन्दिनी** अप्यत्रालिख्यते । "नन्वेवमपि धर्मपदस्य विद्यापदवत् स्थानपदान्वये वाङ्मात्राद्विद्ययैव वा कृतार्थतयानुष्ठानानुपपत्तेस्तन्मान्यतानुपपत्तेश्च विद्यापदान्वययोग्यत्वाद्धर्मस्य विद्यानामित्यन्वयादेषां धर्मविद्यास्थानत्वावगतेर्न शास्त्रस्य पूर्वोदिताष्टवर्गविषयत्वं युज्यत इत्याशङ्क्याह **'विद्यानाम्'** इति । यदि धर्मविद्यास्थानत्वमेवैषामिह विवक्षितं स्यात् ततः श्रुतयो विज्ञानस्थानानीत्याद्यभिधानसंभवाद्विद्यानां धर्मस्येत्येवं षष्ठीद्वयं व्यर्थमेव स्यात् । न च प्रयोजनेन विना तत्करणोपपत्तिः । बुद्धिपूर्वकृतत्वादाचार्यस्य न च धर्मस्येत्येकवचननिर्देशादर्थादिव्यावृत्तिः । विद्यागतबहुवचनानुपपत्तेः । एकार्थविषान्येकैव विद्या । अतो धर्मपदस्य विद्यापदान्वये सापेक्षत्वद्योतनार्थ एव विसमासो युक्तः । इति विद्याशब्दस्य धर्मसहपठितार्थाद्यन्वयकथनार्थमेवैवंविधं षष्ठीद्वयं कृतं स्यादिति धर्मशब्दवाच्यत्वाद्वार्थादेर्धर्मपर्यायत्वम् । केचिद्विद्याशब्दस्य धर्मपदेन युगपदन्वयाभावप्रतिपादनार्थमेवंविधं षष्ठीद्वयं कृतं इत्याहुः" इति ।

p. 106 **अमृतस्यन्दिनी** अप्येतत्स्पष्टीकरणाय प्रदर्शयिष्यामः । "नन्वन्यपरस्यापि वाक्यस्य सामर्थ्यानुसारेण तद्वामकत्वमभ्युपगम्यते । "अधस्तात् समिधं धारयन्नुपद्रवेत्" इति प्रेताग्निहोत्रविषयसमिद्धारणविधेरर्थवादस्योपरि हि देवेभ्य इत्यस्यापूर्वत्वादुपरिधारणस्य विधिपरत्वदर्शनादित्याशङ्क्याह **'वचनानि'** (22.5) इति । यद्धि मानान्तरासिद्धमनुष्ठेयं वस्तु तस्यापू र्वत्वेनोपादेयत्वात् तद्विषयवाक्यस्यानुवादकत्वे विधिकल्पकत्वं युक्तमित्यनेनोच्यते तच्चाविज्ञातपदस्य न संभवति । अविज्ञाततत्वस्य मूलानुपपत्तिसिद्धत्वादक्रियात्मत्वेन चाननुष्ठेयत्वात् पक्षविषयत्वमस्य कल्पयितुं न युक्तम्" **इत्यमृतस्यन्दिन्यामुक्तम्** ।

On six occasions the author of the *Vacanamālā* refers the reader to the *Amṛtasyandinī* for further information or explanations. The author was thus aware of the availability of this text to his readers. This supposition indicates that manuscripts of the work was probably widely available at least in his part of Kerala. It is thus a mystery how it became lost in the manuscript tradition. Here are the five places:

p. 7 **"यो बिभर्ति"** (1.6) इति । इत्येवमादि श्लोकसङ्गतिप्रकारस्तद्व्याख्यानादिप्रकारश्चास्मत्परिपरमगुरुविरचिताया अमृतस्यन्दिन्या एवावगन्तव्यः ।

p. 54 **"विद्यानां धर्मस्य"** (9.15–16) इति । अत्र **अमृतस्यन्दिन्या** सह निरूपितुं **विभावनाम्** अभिलिखामः ।

p. 94 अतः परम् **अमृतस्यन्दिनी** एवानुसरणीया ।

p. 109 **"तथाङ्गसम्बन्धः प्रत्यक्षैरानुमानिकैश्च श्रुत्यादिभरध्यवसेयः"**(23.5–6) इति । श्रुत्यादीनि विनियोजकप्रमाणानि । तदाह **जैमिनिः** । "श्रुतिलिङ्गवाक्यप्रकरण-स्थानसमाख्यानां समवाये परदौर्बल्यमर्थविप्रकर्षात्" (*PMS* 3.3.14) इति । अत्र च **अमृतस्यन्दिनी** विशेषतोऽनुसरणीया ।

p. 154 **"तत् प्रायश्चित्तप्रकरणे वक्ष्यामः"** (30.2) इति चिन्त्यमेतत् । न च तत्र तदेतत् स्पष्टमुदाहृतम् । **अमृतस्यन्दिन्यां** तस्य निर्वाहो निरूपितः । सोऽयं तस्या एवा-वगन्तव्यः ।

p. 171 **अमृतस्यन्दिन्यां** तु ।

आशौचे तु समुत्पन्ने पुत्रजन्म यदा भवेत् ।
कर्तुस्तात्कालिकी शुद्धिः पूर्वाशौचेन शुध्यति ॥ इति ।

प्राजापत्यवचनाद्दशाहात् प्रागेवाशौचनिवृत्तेर्विशेषविषयत्वमस्येत्युक्तं युक्तमत्र विचार्य मनीषिभिरध्यवसेयम् ।

Note on the Format of the Edition

Given that the *Vacanamālā* is a sub-commentary, there are three levels of text embedded within this edition. The first is the root text of the *Yājñavalkya Dharmaśāstra.* Typographically the verses of that text are easy to recognize. The second level is the commentary on the root text by Viśvarūpa. In the manuscript, the references to it are buried within the *Vacanamālā* itself and set off simply with an "*iti*" at the end; thus it is difficult to identify these. I have used two strategies to help the reader quickly identify these references. First, they are set within quotation marks and, second, they are given in bold script. Finally, for each reference I give within parentheses the page and line number of Viśvarūpa's commentary in the edition of Ganapati Sastri. The section commented on in the *Vacanamālā* is reproduced at the end of the edition beginning on page 247 with the same page (given within brackets in the header) and line numbers (given on the right had margin) as in the original edition. I hope this will make it easy for the reader to visually recognize Viśvarūpa's text on which the sub-commentary is based.

There are several long passages from three medieval Dharmaśāstric texts that our author cites, some of them stretching out to many pages. In order for the reader to more easily recognize these citation, I have indented the cited passages and put them in a smaller font.

॥ श्रीः ॥

बालक्रीडाव्याख्या

वचनमाला

यन्मायाविवशा विदुर्भुवनमात्माभिन्नमप्यन्यथा
यद्विद्याकुशला विदन्ति तदिदं चाभिन्नमेवात्मना ।
कर्तुं यत्किमपीश्वरोऽपि परमः शक्नोति नो यामृते
तां संविन्मयविग्रहामविरतं वन्दे मुकुन्दानुजाम् ॥
अवनम्य **मनुसुरेश्वरयोगीश्वर**तीव्रकिरणगुरुचरणान् ।
शास्त्राणां व्याकर्तॄन् कर्तॄनपि देवता निखिलाः ॥
परमेश्वरस्य परमां परहितनिरतस्य विश्वरूपस्य ।
रचयामि वचनमालां विदधतु मदनुग्रहं सन्तः ॥
गौरीकेशादिपादस्तवमपि शतकश्लोकपूर्वार्धपादान्
वृत्तं श्रीरामशौर्यैरपि च रचितवान् पूरयन् यः समस्याः ।
सेतुं चैवातिमात्रं रुचिरमभिनवं मेघपद्यान्त्यपादान्
व्याख्यालङ्कारहेतोः सुवचनकुसुमैः साधु बध्नाति मालाम् ॥

अस्यायमर्थः । यः स्वतन्त्रमेव गौरीपादादिकेशस्तवमभिनवं सेतुनामधेयं च प्रबन्धं रचितवान् यश्च सूर्यशतकश्लोकपूर्वार्धपादान्मेघपादान्त्यपादांश्च समस्याः पूरयन् श्रीरामशौर्योर्वृत्तं रचितवान् । स **विश्वरूप**शास्त्रव्याख्यालङ्कारार्थं वचनकुसुमैर्मालां साधु बध्नाति इति योजना । तत्र च मेघश्लोकान्त्यपादैर्बालकाण्डविषयं शतकश्लोकपूर्वार्धपूर्वपादैरयोध्याकाण्डमारभ्य युद्धकाण्डपर्यन्तविषयं च **समस्यारामवृत्त**नामधेयं तदुत्तरपादैः **समस्याकृष्णलीला**नामधेयं च प्रबन्धं रचितवानिति भेदः । अतिमात्रं रुचिरमित्येतत् सर्वविशेषणम् ॥ इति ।

विभावनेति व्याख्यास्य कृता पूर्वं यतीश्वरैः ।
वेदात्मनामभिः सेयमामूलाग्रविभावना ॥
इत्याशङ्क्य इति व्याख्या **टीके**त्यपि च दृश्यते ।

ते साकल्येन नैवास्तामुभे च क्वचिदेव तु ॥
अधुना कृष्णकारुण्याद्रचिता **सोमयाजिना** ।
अमृतस्यन्दिनी स्वार्थमरन्दाह्लादिनी सताम् ॥
आनैष्ठिकविचारान्तादादौ सा विद्यते ततः ।
कालोऽग्निरित्युपक्रम्य शारीरान्तरगामिनी ॥
तन्त्रं त्वत्र हि मानवार्थकथनं प्राधान्यतः स्थापितं
तत्प्राधान्यवशेन चायमपरस्मृत्यन्तरार्थान्वयः ।
तत्पद्यैर्मनुनिर्मितैः कृतमतिर्योगीन्द्रपद्यान्वयं
पद्यम्पद्यमहं विधातुमपि तु प्रासङ्गिकोऽन्यान्वयः ॥
श्रीमद्देशिकपादपङ्कजरजःपुञ्जावतं सोत्तमः
शर्वाणीचरणाम्बुजप्रचरणक्रीडानिकेतान्तरः ।
विद्वत्पादपयोजपावनपरागावाप्यपुण्योत्सुकः
शास्त्रार्थामृतपानसम्भृतरसस्तूष्णीं कथं स्यामहम् ॥
बालक्रीडेति नाम्ना जगति निगदिता विश्रुता **विश्वरूपा-**
चार्याज्जाता महत्या विहितबहुमतिर्**याज्ञवल्क्यस्य** कृत्या ।
या रेजे वैदिकोढा विमलतरलसत्कीर्तिवासोवृतास्या
बालक्रीडा ममेयं वरमतसखी सन्ततं बोभवीतु ॥
एषा हि **वचनमाला** निरन्तरा वचनकुसुमनिवहेन ।
यदि सान्तरा सुमतिभिः साधु निरूप्यैव परिपूर्या ॥
मयैषा रचना कार्या गृह्येत यदियं बुधैः ।
स्तोतुं वा नन्दितुं वास्माद्व्याख्येयार्थः प्रकाश्यते ॥
भवभूतिनिबन्धनोदधौ तिमिभीमप्रतिपादिके गुरोः ।
संकटाक्षनिरीक्षणप्लवः पतितं मामयमुद्धरिष्यति ॥
यः पद्यैर्**मनुयाज्ञवल्क्य**रचितैरन्योन्यमापदितः
सम्बन्धो मणिकाञ्चनैरिव चिरं विद्वद्भिरभ्यर्थितः ।
तद्विश्लेषभयादिवान्यवचनैरन्योन्यसंश्लेषिभिः
पर्यूढः परमोत्सवं न कुरुते केषां द्विषामप्ययम् ॥
क्वचिदत्राविरोधाय प्रयत्नः क्वचिदन्यथा ।
क्वचित् पाठक्रमायैव क्वचित् परमताय च ॥

क्वचित् प्रासङ्गिकायापि क्वचिद्व्याप्त्यर्थमेव च ।
एवमादि विवेक्तव्यं सर्वथा न तु हापयेत् ॥

अभ्युदयार्थिनः पुंसस्तदुपायज्ञानस्थानानि चतुरदश सन्ति,

अङ्गानि वेदाश्चत्वारो मीमांसा न्यायविस्तरः ।
पुराणं धर्मशास्त्रं च विद्या ह्येताश्चतुर्दश ॥

इति वायवीयवचनात् । अङ्गा नि षट् शिक्षाव्याकरणनिरुक्तज्योतिःकल्पच्छन्दोविचिति-संज्ञानि,

वेदाङ्गानि षडेतानि शिक्षा व्याकरणं तथा ।
निरुक्तं ज्योतिषं कल्पश्छन्दोविचितिरित्यपि ॥

इति स्मरणात् । ऋग्यजुःसामाथर्वाख्याश्चत्वारो वेदाः,

ऋग्वेदः प्रथमः प्रोक्तो यजुर्वेदस्ततः परः ।
तृतीयः सामवेदाख्यश्चतुर्थोऽथर्व उच्यते ॥

इति स्मरणात् । इष्टप्राप्त्यनिष्टपरिहारयोः प्रत्यक्षानुमानागोचरमुपायं यो ग्रन्थराशिर्निवेदयति स वेदः ।

प्रत्यक्षेणानुमित्या वा यस्तूपायो न बुध्यते ।
एतं विदन्ति वेदेन तस्माद्वेदस्य वेदता ॥

इति हि स्मर्यते । न हि ज्योतिष्टोमादिरिष्टप्राप्तिहेतुः कलञ्जभक्षणवर्जनादिरनिष्टप्राप्तिपरिहार-हेतुरित्यमुमर्थं वेदव्यतिरेकेणानुमानसहस्रेणापि तार्किकशिरोमणिरप्यवगन्तुं शक्नोति । अतो ज्योतिष्टोमादेरिष्टप्राप्तिहेतोः कलञ्जभक्षणवर्जनादेरनिष्टप्राप्तिपरिहारहेतोश्च बोधकतया वेदानाम् अभ्युदयसाधनत्वम् । अङ्गानां तु तच्छेषतयाभ्युदयसाधनत्वम्स

अङ्गोपाङ्गोपवेदाः स्युर्वेदस्यैवोपकारकाः ।
धर्मार्थकाममोक्षाणामाश्रयस्य चतुर्दश ॥

इत्यादिस्मरणात् । तत्र हि शिक्षाया वैदिकमन्त्रोच्चारणोपयोगिनः स्वरादेः प्रतिपादनाद्वेद-शेषत्वम् । न हि प्रयुक्तस्य मन्त्रस्य स्वरवर्जराहित्ये वक्तृविवक्षितार्थवाचकत्वं स्यात् । अपि चानर्थश्चापद्येत,

मन्त्रो हीनः स्वरतो वर्णतो वा मिथ्याप्रयुक्तो न तमर्थमाह ।
स वाग्वज्रो यजमानं हिनस्ति यथेन्द्रशत्रुः स्वरतोऽपराधात् ॥

इति पाणिन्यनुसारात् शासनात् (Pat I: 2.11–12),

शिक्षा शिक्षयति व्यक्तं वेदोच्चारणलक्षणम् । (*SarSS* 1.6)

इति सर्वसिद्धान्तसङ्ग्रहस्मरणाच्च । व्याकरणादीनां वेदार्थज्ञानोपयोगितया वेदशेषत्वम् । व्याकरणाद्यभावे हि वेदार्थो नावगम्यते । ज्ञेयश्च वेदार्थः,

स्थाणुरयं भारहारः किलाभूदधीत्य वेदं न विजानाति योऽर्थम् ।
अर्थज्ञ इत्सकलं भद्रमश्नुते नाकमेति ज्ञानविधूतपाप्मा ॥ (*Nir* 1.18)

इति श्रुतेः,

यदधीतमविज्ञातं निगदेनैव शब्यते ।
अनग्नाविव शुष्कैधो न तज्ज्वलति कर्हि चित् ॥ (*AitBr bhāṣya* p. 2)

इति स्मृतेश्च । "ब्राह्मणेन निष्कारणो धर्मः स षडङ्गो वेदोऽध्येयो ज्ञेयश्च" (Pat I: 1.18–19),

पाठमात्ररतान् नित्यं द्विजातींश्चार्थवर्जितान् ।
पशूनिव च तान् प्राज्ञो वाङ्मात्रेणापि नार्चयेत् ॥
यथा पषुर्भारहारो न तस्य लभते फलम् ।
द्विजस्तथार्थानभिज्ञो न वेदफलमश्नुते ॥

इत्यादिस्मृतिभ्यश्च ।

ननु लौकिकप्रयोगादेवार्थज्ञानसम्भवाद् व्याकरणेन किं प्रयोजनम् । मैवम् । प्रयोगस्यानवस्थितत्वात् तदनुसारेणार्थनिर्णयानुपपत्तेः । अश्वशब्दो हि हये निःस्वे च प्रयुज्यते । अतः "अश्वमालभेत" (*TaitBr* 3.9.8.2) इत्यत्र दरिद्रस्य हयस्य वालम्भनं विधीयत इत्युपपादकप्रकरणाद्यभावे संदेहः स्यात् । व्याकरणप्रामाण्ये तु हयवाचकत्वं निश्चीयते । अपभ्रंशप्रयुक्तत्वं च दरिद्र इत्यवसीयते । अतो वेदार्थज्ञानोपयोगितया व्याकरणमभ्युदयसाधनम् ।

वक्ति व्याकरणं तस्य संहितावादलक्षणम् । (*SarSS* 1.6)

इति हि स्मर्यते । निरुक्तस्य च मन्त्रार्थज्ञानोपयोगितया पदनिर्वचनेनाभ्युदयसाधनत्वम् । अर्थाभिधानसंयोगेन मन्त्राणां कर्मशेषत्वात् तेषां जजवरित्याद्यप्रसिद्धपदमिश्रत्वाद् व्याकरणेन च तदर्थज्ञानासिद्धेः । तथा चोक्तं निरुक्तवार्तिके ।

बोद्धव्यं हि प्रयत्नेन मन्त्रार्थं बोद्धुमिच्छता ।
मन्त्रार्थविषयं ज्ञानं न विना तेन सिध्यति ॥ इति । (*NirŚV* 1.1.2–3)
वक्ति तस्य निरुक्तं तु पदनिर्वचनं स्फुटम् ॥(*SarSS* 1.7)

इति च सर्वसिद्धान्तसङ्ग्रहे । ज्योतिषामयनस्य च "वसन्ते ब्राह्मणोऽग्निमादधीत" (*TaitBr* 1.1.2.6), "कृत्तिकास्वग्निमादधीत" (*TaitBr* 1.1.2.1), "रोहिण्यामग्निमादधीत" (*Tait-*

Br 1.1.2.2) इत्यादौ वसन्तादिकालस्य शास्त्रान्तरतोऽसिद्धेस्तत्स्वरूपप्रतिपादनेन वैदिकानुष्ठानशेषतयाभ्युदयसाधनत्वम् । तथा चोक्तम् ।

ज्योतिःशास्त्रं वदत्यत्र कालं वैदिककर्मणाम् । इति । (*SarSS* 1.7)

कल्पस्य च श्रुतावक्रमेण पतितानां कर्मणामनुष्ठानलाघवायानुष्ठेयक्रमेण पाठादभ्युदयसाधनत्वम्,

क्रमं कर्मप्रयोगाणां कल्पसूत्रं प्रचक्षते । (*SarSS* 1.8)

इति वचनात् । छन्दोविचितेस्तु "गायत्र्या तेजस्कामस्य परिदध्यात्" इत्यादौ गायत्र्यादिशब्दार्थस्यान्यतोऽसिद्धेर्गायत्र्यादिस्वरूपप्रतिपादनेनाभ्युदयसाधनत्वम् । तथोक्तम् ।

मन्त्राक्षराणां सङ्ख्योक्ता छन्दोविचितिभिस्तथा। इति । (*SarSS* 1.8)

मीमांसायास्त्वधीतवेदस्याभ्यस्ततदङ्गग्रामस्य व्युत्पन्नस्य वाक्यश्रवणजनितसंशयाभिशिरस्कतदर्थज्ञानस्य [?] पुंसः संशयाद्यपनयनार्थतया वाक्यार्थज्ञानेतिकर्तव्यतापूरकत्वेनोपयोगाद् अभ्युदयहेतुत्वम्,

धर्मे प्रमीयमाणे हि वेदेन करणात्मना ।
इतिकर्तव्यताभागं मीमांसा पूरयिष्यति ॥[1]
मीमांसासंज्ञकस्तर्कः सर्वो वेदसमुद्भवः ।
सोऽतो वेदो रुमाप्राप्तकाष्ठाम्बुलवणात्मवत् ॥

इत्याद्यनुशासनात्,

मीमांसा सर्ववेदार्थप्रविचारपरायणा । (*SarSS* 1.9)

इति श्रवनाच्च । सा मीमांसा विंशत्यध्याययुक्ता । तत्र द्वादशलक्षणी धर्मज्ञानोपयोगिनी । पुनश्चतुर्लक्षणी देवतानिर्जयसाधनभूता । अन्या चतुर्लक्षणी ब्रह्मनिर्जयहेतुभूता । एवं धर्मब्रह्मदेवतानिर्णयार्थतया पूर्वोत्तरमध्यममीमांसानामुपयोगः । तथा चोक्तं सर्वसिद्धान्तसङ्ग्रहे ।

चतुर्दशसु विद्यासु मीमांसैव गरीयसी ॥
विंशत्यध्याययुक्ता सा प्रतिपाद्यार्थतो द्विधा ।
कर्मार्था पूर्वमीमांसा द्वादशाध्यायविस्तृता ॥
सूत्राणां जैमिनीयानां शाबरं भाष्यमत्र तु ।
मीमांसावार्तिकं भाट्टं भट्टाचार्यकृतं हि तत् ॥
तच्छिष्योऽप्यल्पभेदेन शाबरस्य मतान्तरम् ।
प्रभाकरगुरुश्चक्रे तद्धि प्राभाकरं मतम् ॥

भवत्युत्तरमीमांसा त्वष्टाध्याया द्विधाथ सा ।
ब्रह्मार्था देवतार्था च व्याससूत्रं द्वयोः समम् ॥
पूर्वाध्यायचतुष्केण मन्त्रवाच्यात्र देवता ।
सङ्कर्षणोदिता तद्धि देवाताकाण्डमुच्यते ॥
भाष्यं चतुर्भिरध्यायैर्भगवत्पादनिर्मितम् ।
चक्रे विवरणं तस्य तद्वेदान्तं प्रचक्षते ॥
अक्षपादः कणादश्च कपिलो जैमिनिस्तथा ।
व्यासः पतञ्जलिश्चेति वैदिकाः शास्त्रकारकाः ॥
बृहस्पत्यार्हता बुद्धा वेदमार्गविरोधिनः ।
एतेऽधिकारितां वीक्ष्य सर्वशास्त्रप्रवर्तकाः ॥
वेदाप्रामाण्यसिद्धान्ता बौद्धलोकायतार्हताः ।
युक्त्या निरसनीयास्ते वेदप्रामाण्यवादिना ॥ इति । (*SarSS* 1.16–25)

न्यायविस्तरस्य काणादाक्षपादादिरूपस्य बौद्धादितर्कनिराकरणद्वारा वेदप्रामाण्यप्रतिष्ठापनेन श्रेयोहेतुत्वम्,

न्यायशास्त्रं प्रमाणादिसर्वलक्षणतन्त्वरम् । (*SarSS* 1.9)
बीजप्ररोहरक्षायै यथा कण्टकिनी वृतिः ।
वेदार्थतत्वरक्षायै तथा तर्कमयी वृतिः ॥

इतिवचनात् । पुराणस्याप्यल्पश्रुतन्यक्कारनिवृत्यर्थतया वेदार्थोपबृंहकत्वेनाभ्युदयसाधनत्वम्,

इतिहासपुराणभ्यां वेदं समुपबृंहयेत् ।
बिभेत्यल्पश्रुताद्वेदो मामयं प्रतरिष्यति ॥ (*VaDh* 27.6)

इतिस्मृतेः,

पुराणं नष्टशाखार्थैर्वेदार्थस्योपबृंहणम् ।
कथारूपेण महतां पुरुषार्थप्रवर्तकम् ॥ (*SarSS* 1.10)

इतिस्मृतेश्च । धर्मशास्त्रं च परोक्षवेदार्थप्रतिपादनेनाभ्युदयसाधनम्,

वर्णाश्रमानुरूपेण धर्माधर्मविभागतः ।
धर्मशास्त्रमनुष्ठेयधर्माणां तु नियामकम् ॥ (*SarSS* 1.11)

इतिवचनात्,

अधीत्य चतुरो वेदान् सषडङ्गपदक्रमान् ।

स्मृतिहीना न शोभन्ते चन्द्रहीनेव शर्वरी ॥

इति वचनाच्च ।

एवमेतासु चतुर्दशस्वपि विद्यासु धर्मशास्त्राणां वैदिककर्मशेषभूतोपनयनादिप्रतिपादनेन वेदशेषतया स्वतन्त्राष्टकादिप्रतिपादनाच्च गरीयस्त्वात्, तेष्वपि याज्ञवल्क्यस्य नित्यमातामहश्राद्धादिप्रतिपादनेन परपुरुषार्थमोक्षसाधनब्रह्मज्ञानोपयोगितया च महत्वात्, स्वसूत्रकाराधिकृतत्वाच्च आचार्येण तद्व्याख्यानमारभ्यते । तत्र तावत् प्रारिप्सितधर्मव्याख्यानस्य श्रेयोनिमित्तत्वाद् "बहुवैं भवतो भ्रातृव्य" इतिश्रुतेः, "श्रेयांसि बहुविघ्नानि"[2] इति स्मृतेर्विघ्नबाहुल्यात् तन्निवृत्यर्थं,

मङ्गलाचारयुक्तानां नित्यं च प्रयतात्मनाम् ।
जपतां जुह्वतां चैव विनिपातो न विद्यते ॥ (*MDh* 4.146)

इतिस्मृतेर्मङ्गलाचारयुक्तानामेवानेकजन्मकृताशुभनिवहनिवृत्तेः स्वधर्मावैगुण्येन सर्वकार्यसिद्धेः शिष्टसमाचाराच्चादौ मङ्गलाचरणं कार्यं मन्वानः "ईशानः सर्वविद्यानाम्" इति श्रुतेः, "ज्ञानं महेश्वरादिच्छेत्" इति च स्मृतेर्महेश्वरस्वरूपानुसारणनमस्काररूपं मङ्गलाचरणं करोति "यो बिभर्ति" (1.6) इति । इत्येवमादिश्लोकसङ्गतिप्रका रस्तद्व्याख्यानादिप्रकारश्चास्मत्परिपरमगुरुविरचिताया अमृतस्यन्दिन्या एवावगन्तव्यः । तत्र वयमपि ।

यद्यदाचरति श्रेष्ठस्तत्तदेवेतरो जनः ।
स यत् प्रमाणं कुरुते लोकस्तदनुवर्तते ॥ (*BhG* 3.21)
सर्वः सर्वं न जानाति सर्वज्ञो नास्ति कश्चन ।
नैकत्र परिनिष्ठास्ति ज्ञानस्य पुरुषे क्वचित् ॥ (*MBh* 3.70.8)

इतिव्यासवचनात्,

प्रायेणैव हि मीमांसा लोके लोकायतीकृता ।
तामास्तिकपथे कर्तुमयं यत्नः कृतो मया ॥ (*ŚV* 1.10)
आगमप्रवणश्चाहं नापवाद्यः स्खलन्नपि ।
न हि सद्वर्त्मना गच्छन् स्खलितेष्वप्यपोद्यते ॥
यथाकथंचिदारब्धा त्रयीमार्गानुसारिणी ।
वाग्वृत्तिरल्पसारापि श्रद्दधानस्य शोभते ॥ (*ŚV* 1.7–8)

इत्यादिभट्टाचार्याद्युपदेशाच्च सर्वैः सर्वथा यथाशक्ति श्रेयसे प्रयतितव्यमिति मन्वानस्तत्प्रसादात् तदानुगुण्येन यथासामर्थ्यमुपदेशानुसारेणैव व्याख्यातृजनानुग्रहार्थमस्मन्मनोविशुध्यर्थं चात्र प्रतीकोपात्तान्यर्थाक्षिप्तानि वचनानि प्रपूरयितुं च प्रयतामहे ।

अत्र केचिद्विपश्चितो "यो बिभर्ति" (1.6) इत्यादीनां सङ्गत्यादिकमेवं वर्णयन्ति । अथ परमश्रेयस्साधनं याज्ञवल्कीयं धर्मशास्त्रं "प्रिये" (2.3; *TaitBr* 3.4.1.4 ?) इत्यादिश्रुतिमवेक्ष्य व्याख्यासुः श्रेयसि

श्रेयांसि बहुविघ्नानि भवन्ति महतामपि । (see note 2)

इति बहुविघ्नशङ्कया

मङ्गलाचारयुक्तानां विनिपातो न विद्यते । (*MDh* 4.146)

इतिस्मृत्यनुसारेण विघ्ननिवृत्तये शिष्टाचारपरिपालनाय च "मङ्गलादीनि मङ्गलमध्यानि मङ्गलान्तानि हि शास्त्राणि प्रथन्ते" (Pat I: 253) इति महाभाष्यानुसारेण प्रचयगमनाय च "सर्वकर्मसु रुद्रं नमस्कुर्यात्" इति श्रुतेः,

नामसंकीर्तनं वापि प्रसङ्गेन शिवस्य वा ।
कुर्याद्वा तन्नमस्कारं न तस्य विफलं भवेत् ॥

इतिस्मृतेश्च, रुद्रात्मकेष्टदेवतानमस्कारलक्षणं मङ्गलं चिकीर्षुरन्येषामपीदं प्रकरणमनुबध्नता महामङ्गलं यथा स्यादित्येवमर्थम्,

यद्यदाचरति श्रेष्ठस्तत्तदेवेतरो जनः । (*BhG* 3.21)

इतिन्यायेन स्वशिष्याश्चैवं यथा कुर्युरित्येवमर्थं च, अभिमतपरमेश्वरवाचिकनमस्कारलक्षणं मङ्गलाचरणं स्वविधास्यमानस्य विवरणस्याग्रे निवेशयति "यो बिभर्ति" (1.6) इति ।

नन्वेतद् भगवता याज्ञवल्क्येन किं न कृतम् । अत्र केचिदाहुः । यथाकालं यथोक्तकल्पेनैव श्रुतिस्मृतिविहितनित्यकाम्यनैमित्तिककर्मानुष्ठानपरिशीलनेन क्षपिताशेषकल्मषस्य नाभिमतार्थविनिपातहेतुभूतपापशङ्का भवेत्, यन्निवृत्तये मङ्गलाचरणं कार्यमिति । न तु तन्ममाभिप्रेतम् । भगवता याज्ञवल्क्येनाप्यादौ योगीश्वरपादाभिधानादेव मङ्गलाचरणस्य कृतत्वात् ।

"यश्चन्द्रस्य कलां बिभर्ति यश्च कलयो भवति तस्मै नमः" इति योजना (cf. 1.6) । अनेन चन्द्रशेखरात्मकस्य सकलस्य परब्रह्मात्मकस्य निष्कलस्य च नमस्कारः कृतः । अत्र चन्द्रशेखरपदेन परमात्मपदेन वा प्रतिपादयितुं शक्येऽर्थे वाक्यरचनात्,

पदार्थे वाक्यरचनं वाक्यार्थे च पदाभिधा ।

इत्युकतः प्रौढिविशेषोऽयम् । "यः" शब्देन प्रसिद्धाभिधायिना चन्द्रशेखरत्वेन परमकारुणिकत्वेन च प्रसिद्धिरुक्ता । "बिभर्ति" अर्थाच्छिरसा सनातनत्वात् तस्य वर्तमाननिर्देशः । "नमः" इति किंचित्क्रियाप्रधानमव्ययम् । अस्तीत्यादिवत् । "तस्मै" इति "नमःस्वस्तिस्वाहास्वधालंवषड्योगाच्च" इति (Pāṇ 2.3.16) चतुर्थी । चन्द्रस्यावयवावयविसम्बन्धे षष्टी । "को" ब्रह्मा हिरण्यगर्भः । तेन च तत्सृष्टानि लक्ष्यन्ते । लीयतेऽस्मिन्निति "लयः" ।

कस्य लयः "**कलयः**"। कारणे हि कार्यजातस्य लयः । तथा च श्रुतिः ।

यतो वा इमानि भूतानि जायन्ते । येन जातानि जीवन्ति । यत् प्रयन्त्यभिसंविशन्ति । इति । (*TaitUp* 3.1)

कला षोडशं भागम् । "कला तु षोडशं भागम्" इति **नैघण्टुकाः** ।

"**गौरीगण्डस्थलज्योत्स्नानिष्यन्दगलिताम्**" (1.7) । गौरी पार्वती तस्या गण्डस्थले कपोलभित्तौ ज्योत्स्नानिष्यन्देन चन्द्रिकाप्रवाहरूपेण गलिताम् । "**इव**" इत्युत्प्रेक्षायाम् । अत्र कपर्दनिबद्धायाः कलाया गौरीगण्डस्थलज्योत्स्नानिष्यन्दात्मना गलितत्वेन संभावनाद् उत्प्रेक्षालङ्कारः । तथा च तस्य लक्षणं संभावनमथोत्प्रेक्षा प्रकृतस्य समेन यदिति । अत्र चन्द्रस्य कलात्वं गन्डस्थलस्यातिशयकान्तिमत्वं च निमित्तं फलं च सूक्ष्मतावगतिः । अनेन पार्वत्या गण्डस्थलस्यातिशयकान्तिमत्वेन चन्द्रसादृश्यं परमेश्वरस्य परमेश्वरीशक्तियोगश्च ध्वनितः । तद्योगश्चाभिलषितफलवितरणसामर्थ्यकथनाय । तत्सान्निध्य एव तस्य तत्सामर्थ्यम् । यथोक्तम् ।

शिवोऽपि शक्तिरहितः शक्तः कर्तुं न किंचन ।
शक्तस्तु परमेशन्या शक्त्या युक्तो यदा भवेत् ॥ इति ।

केचिदस्य श्लोकस्यैनं व्याख्यानं कुर्वन्ति । "**यो बिभर्ति**" (1.6) इति । अत्रैवं वक्तव्यम् । कथं हि निःसङ्गब्रह्मोपासनाधिकृतस्याचार्यस्यैतत् परमहंसस्य विरुद्धं सकलदेवतावन्दनम् उपपद्यत इति । उच्यते । नैतत् सकलदेवतावन्दनं किं तर्हि परमात्मोपासनमेव तदर्थत्वाच्छ्लोकस्य । एष खल्वर्थः । "यश्चन्द्रस्य कलां बिभर्ति तस्मै नमः" इति संबन्धः । चन्द्रशब्दश्च लक्षणया संसारवचनः । स हि प्रतिमासं जन्मपरिणामवृद्धिलक्षणादिसंसारधर्मप्राप्त्या तत्प्राचुर्यं प्रतिपन्न इति तस्य कलां व्यवस्थां चराचरस्य जगतो वैचित्र्यमित्यर्थः । "**इव**" (1.7) इत्यपरमार्थे । चैत्रः पुरुषः पश्यतीवेत्यादिवदपरमार्थं भरणमित्यर्थः । यस्मादसौ "**कलयः**" (1.6) । क इति च स्रष्टारं ब्रह्माणमाहुः । कस्य लयो भावो यस्मिन् स कलयः । विधात्रभावेन च तन्निमित्तजगत्प्रपञ्चाभावो विधीयते । अद्वितीय इति यावत् । एवं हि वेदान्तावगतिरिति भावः । अपरमार्थत्वेऽपि च यथा जगद्व्यवस्थावगमः तथा प्रपञ्चयति "**गौरीगण्डस्थलज्योत्स्नानिष्यन्दगलिताम्**" इति । गौरीशब्देन चाविनाभावसामान्याद् विद्यैवोच्यते । यथा च रुद्रादविनाभूता गौरी तथाविद्याप्यात्मन इति । तस्या गण्डस्थलपरिणामः गुणत्रयपरिणामः गुणत्रयात्मकः । तत्र प्रभाप्रवाहो रजस्तमोभ्यां सत्वाभिभवः । ततो निर्गतामवगतामित्यर्थः । तस्मादविरोधः ।

अथवा परिव्राजकस्यापि कार्यप्रतिपत्त्यर्थं सकलदेवतानमस्कार एवाविरुद्धः, तच्चेत्स्वार्थो-

पकारकं स्यात् । तथा च तत् । यतो वक्ष्यति **"तद्धेतौ च"** (2.2) इत्यादि । अस्मिंस्तु पक्षे "कलयः" इति सर्गस्थितिसंहाराश्रयभूत इति व्याख्येयम्, लयशब्दस्योपलक्षणार्थत्वात् । तथा च श्रुतिः "सर्वो ह्येष रुद्रः" (*TaitĀ* 10.16) इत्यादि । "इव"शब्दश्च तत्रैवोत्प्रेक्षायां द्रष्टव्यः । इष्टदेवतां नमस्कृत्यानन्तरं पूज्यपूजापूर्वकमारभ्यमाणं श्रेयसे भवतीति गुरुनमस्कारं विधास्यन् स्वारभ्यमाणस्याविच्छन्नसंप्रदायपूर्वकत्वज्ञापनाय,

शिव इत्यधिको लोके शिवादभ्यधिको गुरुः ।
शिवे रुष्टे गुरुस्त्राता गुरौ रुष्टे न कश्चन ।

इतिवचनात् । गरूणामपि माननीयं परमगुरुं याज्ञवल्क्यमेव स्तुतिपूर्वकं नमस्करोति "प्रसक्तचिन्त्य" (1.8) इत्यादिना — "येन तपनाच्छुक्लानि यजूंषि समाहृतानि असौ जयति" । जयतिरनिर्दिष्टकर्मकत्वादकर्मक इति ज्ञायते । अकर्मकश्च जयतिरुत्कृष्टप्राप्तौ वर्तते । तथा च देवलः ।

जयेज्जयाभिभवयोराद्येऽर्थेऽसावकर्मकः ।
उत्कर्षप्राप्तिराद्योऽर्थो द्वितीयोऽसौ सकर्मकः ॥ इति ।

ततश्च जयति सर्वेभ्य उत्कृष्टो वर्तते । अनेन नमस्कार आक्षिप्यते । तं प्रणमामीत्यर्थः । यत्तदोर्नित्यसंबन्धाद्यद्यपि "यच्छब्दप्रतियोगेन तच्छब्दो युज्यते तथापि बुध्या साक्षात्कृत्यासौ" इति प्रतिनिर्देशः । अस्योत्कृष्टत्वं दर्शयति "येन" (1.9) इत्यादिना । अनेन तैत्तिरीयवेदोद्गिरणाभ्युपादानमितिहाससिद्धं च द्योतितम् । कथमस्येदृशादाचार्याद्विद्याग्रहणे सामर्थ्यमासीदिति तत्साधनमाह "तपोभिः" (1.8) । तपांसि कृच्छ्रचान्द्रायणादीनि । तैः सर्वमेव साध्यमेवेति भावः । तथा च मनुः ।

यद्दुश्चरं यद्दुरापं यद्दुर्गं यच्च दुस्तरम् ।
तत्सर्वं तपसा प्राप्यं तपो हि दुरतिक्रमम् ॥ इति । (*MDh* 11.239)

तथा ।

प्रजापतिरिदं सर्वं तपसैवासृजत् प्रभुः ।
तथैव वेदानृषयस्तपसैव प्रपेदिरे ॥ (*MDh* 11.244)

इत्यादिना तपसो दुष्करेषु साधनत्वं प्रतिपादितं । बहुवचनेन तेषां यावत्प्रसादनं प्रतिपाद्यते । तानि विशिनष्टि "प्रसक्त" (1.8) इति। प्रसक्तं प्रकर्षेण सक्तम् । समवेतं चिन्तितानि अभेदेन चिन्त्यमानानि वा द्युतिमण्डलात्मनः सामर्ग्यजूंषि च यथाक्रमं येषु तपस्सु तानिप्रसक्तचिन्त्यद्युतिमण्डलात्मसामर्ग्यजूंषि तैः। अनेन

यादृशो यस्य संकल्पस्तादृशस्तु फलं स्मृतम् ।

इति स्वाभिमतसाधनानुकूलम्

आदित्यो वा एष एतन्मण्डलं तपति । तत्र ता ऋचस्तदृचां मण्डलम् । स ऋचां लोकोऽथ य एष एतस्मिन्मण्डलेऽर्चिर्दीप्यते तानि सामानि स साम्नां लोकोऽथ य एष एतस्मिन्मण्डलेऽर्चिषि पुरुषस्तानि यजूंषि । स यजुषां लोकः । सैषा त्रय्येव विद्या तपति । य एषोऽन्तरादित्ये हिरण्मयः पुरुषः । (*MNU* 261–4)

इतिश्रुत्युक्तमार्गानुसारेण ध्यानं प्रतिपाद्यते । **"तपनात्"** (1.8) इत्यनेन चामानुषत्वादाचार्यस्य ततोऽध्येतुर्याज्ञवल्क्यस्य वैशिष्ट्यं द्योत्यते । तच्च सर्वोत्कृष्टसाधकम् । **"विधातृधाम्नः"** (1.9) विधत्ते धर्मानिति विधाता वेदः तस्य धाम आस्पदम् । एतदपि स्वाभिमतसामर्थ्यप्रतिपादनपरम् । सर्वत्र ध्यानप्रकार उक्तः । इह तु स्वरूपप्रतिपादनं इति विशेषः । **"यजूंषि शुक्लानि"** (1.9) इति । यजूंषि गद्यरूपाणि । यथाह **षड्गुरुशिष्यः** ।

ऋक्पादबन्धो गीतिस्तु साम गद्यं यजुर्मतम् । इति।

जैमिनिश्च ।

तेषामृग्यत्रार्थवशेन पादव्यवस्था । गीतिषु समाख्या । शेषे यजुश्शब्दः । इति । (*PMS* 2.1.35–37)

तानि विशिनष्टि । **"शुक्लानि"** (1.9) इति । तेषां नामानि भूयसामपवर्गप्रतिपादनाच्छुक्लानीति प्रसिद्धानि । वाजसनेयापरनामानीति । **"समाहृतानि"** (1.9) । संशब्दः सम्यगर्थे सम्यक्त्वं चात्र शास्त्रोक्तोपसदनादियोगः । आहरणं स्वीकारः । ब्रह्मचर्योपसदनादिपूर्वकम् अधीत्य स्वीकृतानीत्यर्थः । अथ शास्त्रार्थं यथावत् प्रकाशयितुमधिष्ठातृदेवतामभ्युपगम्य स्तुतिपूर्वं नमस्करोति **"सुश्लिष्ट"** (1.10) इति । **"विध्यर्थः"** (1.11) इति । विधिः शास्त्रं तस्यार्थोऽभिधेयः । स **"जयति"** (1.11) । सर्वस्मादुत्कृष्टो वर्तते पुरुषार्थहेतुत्वात् । तद्दर्शयति **"हारित्रिवर्गकुसुमो मोक्षफलः"** (1.11) इति। तत्र हेतुमाह । **"सुश्लिष्टवेदमूलः"** (1.10) इति । सुष्टु शोभनं वा श्लिष्टा मीमांसान्यायैः परिहृतान्योन्यविरोधादिकानिर्धारितवचनव्यक्तय इति यावत् । यथा "उदिते होतव्यम्" इत्येकस्यां चोदितम् ।

प्रातः प्रातरनृतं ते वदन्ति पुरोदयाज्जुह्वति येऽग्निहोत्रम् ।

दिवाकीर्त्यमदिवा कीर्तयन्तः सूर्यो ज्योतिर्न तदा ज्योतिरेषाम् ॥ (*AitBr* 25.7)

इत्युदितहोमाभिरुच्यर्थमनुदितहोमं च निन्दितमेकस्यां शाखायाम् । अपरस्यां तु "अनुदिते होतव्यम्" इत्यनुदितहोमं संचोद्य पुनरुदितहोमं निन्दितम् । यथातिथये प्रद्रुतायान्नं हरयेयुस्तादृक् तद्यदुदिते जुह्वतीति विरुद्धत्वादुन्मत्तकवाक्यवदप्रमाणमिव स्यात् । यावन्न मीमांसया सुनिश्चीयत इति एतदनुसारेण मीमांसान्यायेन परिहृतविरोधा इत्यर्थः । यथोक्तम् ।

तावदेव हि संदेहो वेदवाक्ये श्रुते भवेत् ।
यावन्न वचनव्यक्तिस्तस्य स्पष्टावधार्यते ॥
ज्ञाता चेद्वचनव्यक्तिर्मीमांसान्यायकारिता ।
प्रहीयन्ते समस्ताश्च वेदवाक्यार्थसंशयाः ॥ इति ।

ईदृशा वेदा ऋग्यजुःसामलक्षणा मूलं कारणं यस्य स तथा (1.10) । एवमुत्तरत्रापि समासविग्रहोऽवगन्तव्यः । पावनानि प्रायश्चित्तात्मकानि । विध्यर्थत्वेऽपि पृथगभिधानं नैमित्तिकत्वेनान्यशेषतया पुरुषार्थहेतुत्वान्न स्वातन्त्र्येणेति । यथा "भिन्ने जुहोति स्कन्ने जुहोति"(*ŚBr* 12.4.1.6) इति तापनान्येवेह पावनशब्देन निर्दिश्यते न तु ब्रह्महत्याविषयाणि द्वादशवार्षिकादीनि, तेषां दोषनिर्घातार्थत्वेन स्वातन्त्र्येण पुरुषार्थहेतुत्वात् । शाखासादृश्यं च पुष्पस्थानीयत्रिवर्गाश्रयत्वम् । प्रायश्चित्तानि भेदनादिलक्षणाङ्गभ्रेषवशात् त्रिवर्गोत्पादने प्रतिसंबद्धशक्तीनां कर्मणां प्रतिबन्धनिरासद्वारेण त्रिवर्गोत्पादनमभ्यनुजानन्ति । अतस्तदाश्रयस्त्रिवर्गः । "महाध्वरस्कन्धः" (1.10) । अध्वरो यज्ञः । महान्तश्च ते अध्वराश्च महाध्वराः महायज्ञाः पञ्चयज्ञाः । तथा चाम्नायः "पञ्च वाहिते यज्ञाः सततं प्रतायन्ते" इत्यादि । तदनुष्ठानादेव सर्वगृहस्थधर्माधिकारः । महायज्ञस्य च स्कन्धत्वं नित्यतया स्थितिसातत्यसामान्यात् । अन्ये तु महाध्वरशब्देन प्रथमयज्ञमाहुः । "हारित्रिवर्गकुसुमः" (1.11) । हारी सर्वमनोहारी त्रिवर्गः धर्मार्थकामाः यद्यप्यर्थकामयोरिव धर्मस्य मनोहारित्वं नास्ति तथाप्यभ्युदयहेतुत्वेन फलतो हारित्वमस्त्येव । त्रिवर्गानुष्ठानेन वीतकल्मषाणामेवापवर्गसिद्धिरिति । मोक्षलक्षणफलं प्रति साधनत्वमत्र कुसुमसादृश्यं तज्जन्यत्वादेव च मोक्षस्य फलत्वम् । अत्र वेदादीनां मूलत्वादिनिरूपणाद्विध्यर्थस्य वृक्षत्वं सामर्थ्याद्गम्यते । इति ।

अथोपासनाप्रकारेण श्रुतावुपासनाशेषत्वेन सर्वेन्द्रियाणामन्तर्वर्तिन्यो देवता इष्यन्ते । तत्र

मन एव मनुष्याणां कारणं बन्धमोक्षयोः ।
बन्धाय विषयासङ्गी मुक्तेर्निर्विषयं तथा ॥
विषयेभ्यः समाहृत्य विज्ञानान्मानसं मुने ।
चिन्तयेन्मुक्तये तेन ब्रह्मभूतं परेश्वरम् ॥ (*ViPu* 6.7.28–29)

इतिवचनात्,

मनः खल्वस्य बन्धाय मुक्तये चात्मनो मतम् ।
गुणेषु सक्तं बन्धाय रतं वा पुंसि मुक्तये ॥
अहं ममाभिमानोऽर्थैः कामक्रोधादिभिर्मलैः ।

वीतं यदा मनः शुद्धमदुःखमसुखं समम् ॥
तदा पुरुष आत्मानं केवलं प्रकृतेः परम् ।
निरन्तरं स्वयंज्योतिरणिमानमखण्डितम् ॥
ज्ञानवैराग्युक्तेन भक्तियोगेन चात्मना ।
परिपश्यत्युदासीनं प्रकृतिं च हतौजसम् ॥ (*BhPu* 3.25.15–18)

इतिवचनाच्च, मनस इष्टानिष्टमूलत्वात् स्वाभिमतेष्टसिध्यर्थं मनोऽन्तर्वर्तिनीं देवतामभिप्रायेणानुकूलयति "मायाभिः" (1.12) इत्यादिना । "**यन्मन इन्द्रमवैति तन्मे शिवसङ्कल्पमस्तु**" (1.12–13) इति **योजना** । इन्द्रशब्दोऽयमिदि परमैश्वर्य इत्यस्मादुत्पन्नत्वात् परमात्मवचनः । तत्रैव निरतिशयमैश्वर्यं मुख्यतो यतः कथमवैतीत्यवगमप्रकारमाह "जागर्ति" (1.12) इति । नायमात्मा स्वपिति । परमिन्द्रियाणि ज्ञानसाधनानि चक्षुरादीन्युपरमन्ते । स्वयं तु स्वयंप्रकाशस्वभावः सर्वदावतिष्ठत एव । तथा च श्रुतिः । "अत्रायं पुरुषः स्वयंज्योतिः" (*BāU* 4.3.9, 13) इति । अवगमन इन्द्रस्य कर्मत्वात् तद्विशेषणतया सुप्तमिति द्वितीया । सुप्तमपि सन्तमिन्द्रं जागर्तीत्यवैतीति संबन्धः । पुनरपि विशिनष्टि "एकम्" (1.12) इति । एकमद्वितीयं । "एकमेवाद्वितीयं" (*ChU* 6.2.1) । "नेह नानास्ति किंचन" (*BāU* 4.4.19) इति श्रुतिः । यद्येवं कथं तर्हि नरतिर्यक्स्थावरादिभेदावभासः । तत्राह "माया" (1.12) इति । "मायाभिः पुरुरूपम्", "पुरु बहुनाम" इति नैरुक्ताः । "उरु तु वि पुरु भूरि शतं सहस्रं कुवित्" इति च नैघण्टुकाः ।

प्रभूतं प्रचुरं प्राज्यमदभ्रं बहुलं बहु ।
पुरुजं पुरु भूयिष्ठं स्थिरं भूयश्च भूरि च ॥ (*AK* 3.1.63)

इति अमरस्मरणमपि । मायेत्यविद्योच्यते । सा मिथ्याप्रत्ययो नैसर्गिकोऽध्यासः । तथा च शाङ्करभाष्यं "इहानाद्यन्तो नैसर्गिकोऽध्यासो मिथ्याप्रत्ययरूपः कर्तृत्वभोक्तृत्वप्रवर्तनोऽशेषजन्मादिदुःखहेतुरविद्या (*ŚaṃBS* p. 4:3–4) इति । "अनित्याशुचिदुःखानात्मसु नित्यशुचिसुखात्मख्यातिरविद्या" (*YogS* 2.5) इति पातञ्जलसूत्रम् । ताभिर्नानारूपम् । तथा च मन्त्रवर्णः शाकलकः ।

रूपं रूपं प्रतिरूपो बभूव
    तदस्य रूपं प्रतिचक्षणाय ।
इन्द्रो मायाभिः पुरुरूप ईयते
    युक्ता ह्यस्य हरयः शतो दश ॥ इति । (*RV* 6.47.18)

परमार्थत एक एव सन्नज्ञानवशादनेकधा भिन्नः प्रतीयत इत्यर्थः । "मायाभिः" (1.12) इति

कल्पितांशभेदाद्बहुत्वोपचारः । उक्तं हि **कौर्मे** ।

अस्यास्त्वंशानधिष्ठाय शक्तिमन्तोऽभवन् द्विजाः ।

ब्रह्मेशानादयो देवाः सर्वशक्तिरियं मम ॥ इति । (*KūrPu* 1.1.37)

किंचिद् **"दूरंगमं"** (1.13) देशतः कालतश्च विप्रकृष्टं गच्छति । न पुनः संबद्धं वर्तमानं च गृह्यते । "चक्षुरादिना"इत्यादिभट्टवार्तिकाद्यनुसारेण (*ŚV* 4.84) चक्षुरादिवत् पुरोऽवस्थितं वर्तमानावच्छिन्नं वा जानाति **"द्युतीनां द्योतनवत्"** (1.13) । द्युतिशब्देन द्योतना नीन्द्रियाणि चक्षुरादीन्युच्यन्ते । तासां मध्येऽतिशयेन प्रकाशकम् । "अतिशये मतुप्" । तथा चोक्तम् ।

भूमनिन्दाप्रसंसासु नित्ययोगेऽतिशायने ।

संसर्गेऽस्ति विवक्षायां भवन्ति मतुबादयः ॥ इति । (Pat II: 393: 15–16)

अथ वा इन्द्रियानां द्योतनं तत्कर्तृकं प्रकाशनम् । तद्युक्तं तत्र सहकारित्वेनावस्थितम् । एतेनेन्द्रियान्तराणामप्येतदधीनं विषयप्रकाशनमिति द्योतितम् । तेन सर्वेन्द्रियेभ्यः श्रैष्ठ्यं प्रतिपादितम् । तथा च स्मृतिः ।

सर्वेन्द्रियेभ्यः परमं मन आहुर्मनीषिणः । इति ।

श्रुतिश्च ।

दूरङ्गमं ज्योतिषां ज्योतिरेकम् (*VS* 34.1) । इत्यादि ।

एवमुक्तसामर्थ्यं **"मनः शिवसंकल्पं"** (1.14) शिवे परमेश्वरे संकल्पो यस्येति व्यधिकरणो बहुव्रीहिः । सर्वदा परमेश्वरं चिन्तयेदित्यर्थः । अथ वा शिवः संकल्पो यस्येति शिवसंकल्पं कल्याणसंकल्पमित्यर्थः । कल्याणता चात्र यथार्थविषयत्वमौचित्यादवसेयम् । यद्वा शिवे सत्ये शास्त्रकर्तृविवक्षितेऽर्थे संकल्पो वृत्तिविशेषो यस्येति शिवसंकल्पम् । अस्तु भूयादिति । तथा च श्रुतिः ।

दूरङ्गमं ज्योतिषां ज्योतिरेकं तन्मे मनः शिवसंकल्पमस्तु । इति । (*VS* 34.1)

एवं मङ्गलाचरणे कृतेऽनन्तरं प्रेक्षावदुपादित्सार्थं चिकीर्षितप्रतिज्ञां विधास्यन्,

श्रेयांसि बहुविघ्नानि भवन्ति महतामपि ।

अश्रेयसि प्रपन्ने तु क्वापि यान्ति विघातकाः ॥ (see note 2)

इतिश्रेयोविषये बहुविघ्नशङ्कया तन्निवृत्यर्थं कर्मविशेषात् फलविशेष इति न्यायेन

आदित्यस्य सदा पूजां तिलकस्वामिनस्तथा ।

महागणपतेश्चैव कुर्वन् सिद्धिमवाप्नुयात् ॥ (*YDh* 1.290)

इतिस्मृत्यन्तरानुसारेण च भूयोऽपि देवतानमस्कारपूर्वकमेव तत् करोति **"प्रणम्य"** (1.15)

इत्यादिना । "**अर्कः**" (1.14) आदित्यः । "**महानागः**" (1.14) अनन्त इत्याहुः ज्ञानात्मकत्वात् । तस्येहोपयोगः । "**तिलकस्वामी**" (1,14) सुब्रह्मण्यः । "**विनायकः**" (1.15) महागणपतिः । "**तथा**"(1.14)शब्दोऽन्यासामत्रोचितानां सरस्वत्यादीनां ग्राहकाः । एतान् प्रणम्य मनोवाक्कायकर्मभिः प्रह्वो भूत्वा । अथ वा तथेति शास्त्रोक्तप्रकारेणेत्यर्थः । एवं सति प्रणामविशेषणमेतत् । "**सद्गोभिः**" (1.15) सच्छब्दः साधुवचनः ।

सद्भावे साधुभावे च सदित्येतत् प्रयुज्यते । (*BhG* 17.26)

इति भगवद्वचनम् । **गावः** (1.15) शब्दयः ।

दिग्दृष्टिदीधितिस्वर्गवज्रवाग्बाणवारिषु ।
भूमौ तथैव धेनौ च गोशब्दो दशसु स्मृतः ॥

इतिस्मरणात् । पाणिनीयादिशास्त्राभ्यनुज्ञातैः शब्दैरित्यर्थः । अथ वा विवक्षितार्थप्रतिपादनानुगुणैः शब्दैरित्यर्थः । "**स्मृतिः**" (1.15) यावल्कीयधर्मशास्त्रम् । तथा च वक्ष्यति "**याज्ञवल्कीयं धर्मशास्त्रं व्याचिख्यासया प्रस्तूयते**" (2.1–2) इति । "**स्मृतिः**" इति सामान्यवाचिना निर्देशस्त्वेतच्छेषतयान्यासामपि क्वचित् क्वचित् व्याख्यानं करिष्यत इति द्योतयितुम् । यद्येवं इह सामान्यविषया प्रतिज्ञा उत्तरत्र विशेषविशेषयेति किं नेष्यते । उद्देश्यस्य चिकीर्षितप्रतिज्ञामविधायानुषङ्गिकप्रतिज्ञायोगात् । किंच स्मृत्यन्तराणां व्याख्यानमपि यदि प्रतिजिज्ञासितं स्यात् तदेवं कर्तव्यं स्यात्, स्मृतिश्च **याज्ञवल्कीया** चेति । किंच सामान्यविषयप्रतिज्ञयैव सर्वविशेषाणामपि प्रसिद्धत्वादन्यतमविषयप्रतिज्ञा निष्प्रयोजना स्यात्, विरुद्धा वा । अतो विशेषविषयैवात्र प्रतिज्ञा इति युक्तम् ।

नन्वेवं किमर्थं विशेषतस्तत् प्रतिज्ञास्यते । तत् तत्रैव वक्ष्यामः । एवं "**स्मृतिः**" याज्ञवल्कीया "**उद्योत्यते**" (1.15) । व्याख्याय स्मृत्यर्थः प्रकाश्यत इत्यर्थः । अत्र स्मृत्यर्थप्रकाशनं प्रति शब्दानां सामर्थ्यादेव कारणत्वे सिद्धेऽपि पुनरुपादानं विवक्षितार्थप्रतिपादनानुगुणत्वलक्षणसत्वगुणविधानार्थम् अनेनैतद्विषयपूर्वतनव्याख्यानेभ्योऽस्य विशेषो दर्शितः । तेन च मीमांसादिसर्वशास्त्रोक्तानां न्यायानामत्राभिधानमस्तीति द्योत्यते । एवं चिकीर्षितं प्रतिज्ञाय "**स्मृतिरुद्योत्यते**" (1.15) इति स्मृतिशब्दस्य विशेषविषयतामेव द्रढयन् ख्यात्याद्यर्थकृतमप्रामाण्यं निराकर्तुं स्वचिकीर्षाया अभ्युदयप्रयुक्ततां दर्शयति "**योगीश्वरम्**" इत्यादिना "**अभ्युदयहेतुत्वात्**" इत्यन्तेन (2.1–2) ।

यद्यभ्युदयप्रयुक्तत्वं तथापि प्रधानं मानवमेव किन्न प्रस्तूयते इत्यत आह "**याज्ञवल्कीयमिदम्**" (2.1) इति । अस्मच्छाखाद्रष्टृयाज्ञवल्क्यप्रणीततयास्मच्छाखामूलत्वेनास्यास्मान् प्रति विशेषतोऽभ्युदयसाधनत्वादिति भावः । अभ्युदयशब्देन धर्मादिरुच्यते । यतो वक्ष्यति

"अभ्युदयात्मकोऽष्टवर्गः" (2.20) इति ।

यद्यप्यखिलधर्मशास्त्रविषयं व्याख्यानं क्रियते ततो व्याख्यानव्याख्येयपरतन्त्रत्वान् मानवाद्यखिलधर्मशास्त्रोपादानवशप्राप्तग्रन्थगौरवं प्रसज्येतेत्याशङ्कां निराकर्तुमाह "योगीश्वरमित्यादि" (2.1) । अयं भावः । "योगीश्वरम्" (*YDh* 1.1) इत्यादि याज्ञवल्क्यं धर्मशास्त्रम् । तदिह व्याख्यातुं प्रस्तूयते, न त्वखिलमेव धर्मशास्त्रं । अतो न ग्रन्थगौरवप्रसङ्गः इति ।

अथ वा "स्मृतिरुद्योत्यते" (1.15) इत्युक्तं । तत्र स्मृतिशब्दस्य यौगिकत्वप्राप्त्या व्याकरणादीनां मध्ये किं नाम स्मृतिरिति शङ्कां निराकर्तुं "धर्मशास्त्रम्" इति मानवादीनामपि धर्मशास्त्रत्वात् तद्व्यावृत्त्यर्थं "याज्ञवल्कीयम्" इति । तत्प्रोक्तानामप्यनेकत्वाद् "योगीश्वरम्" इति, याज्ञवल्क्येन हि योगशास्त्रमपि प्रणीतम् । तस्य तु योगीश्वरमित्याद्येतन्नैवादिभूतम् । तत्र ह्येवमारम्भः ।

याज्ञवल्क्यमृषिश्रेष्टं सर्वज्ञं ज्ञाननिर्मलम् ।
सर्वशास्त्रार्थतत्वज्ञं सदाध्ययनतत्परम् ॥
वेदवेदाङ्गतत्वज्ञं योगेषु परिनिष्ठितम् ।
जितेन्द्रियं जितक्रोधं जिताहारं जितश्रमम् ॥
जिततापं जितामित्रं ब्रह्मण्यं ब्राह्मणप्रियम् ।
तपोवनगतं सौम्यं संध्योपासनतत्परम् ॥
ब्रह्मविद्भिर्महाभागैर्ब्राह्मणैश्च समावृतम् ।
सर्वभूतसमं शान्तं सत्यसन्धं गतक्लमम् ॥
गुणज्ञं सर्वभूतेषु परार्थैकप्रयोजनम् ।
ब्रुवन्तं परमात्मानमृषीणामुग्रतेजसाम् ॥
तमेवं गुणसम्पन्नं नारीणामुत्तमा वधूः ।
मैत्रेयी च महाभागा गार्गी च ब्रह्मविद्वरा ॥
सभामध्यगता चैतमृषीणामुग्रतेजसाम् ।
प्रणम्य दण्डवद्भूमौ गार्ग्यैतद्वाक्यमब्रवीत् ॥

गार्गी ।

भगवन् सर्वशास्त्रज्ञ सर्वभूतहिते रत ।
योगतत्वं मम ब्रूहि साङ्गोपाङ्गं विधानतः ॥ इत्यादि । (*YogaY* 1.1–8)

"इदम्" (2.1) इति हेत्वर्थतया योज्यम् । इदं हि योगीश्वरप्रणीतत्वाद्योगोपायिकमपि

भवति । तस्मादत्र व्याचिख्यासेति । इह ग्रन्थगौरवभयादेकस्यैवोपादानं तथापि सर्वस्मृतिप्रधानं मानवमुल्लङ्घ्य किमिति याज्ञवल्कीयमुपादीयत इत्याशङ्क्य हेतुमाह "**अभ्युदयहेतुत्वात्**" (2.2) इति । यतोऽस्मच्छाखामूलतया ममेदं विशेषतोऽभ्युदयहेतुस्तत इदं प्रस्तूयत इत्यर्थः । तन्मूलत्वं च वक्ष्यति ।

ज्ञेयमारण्यकमहं यदादित्यादवाप्तवान् ।

योगशास्त्रं च मत्प्रोक्तं ज्ञेयं योगमभीप्सता ॥ इति । (*YDh* 3.110)

शास्त्रस्याभ्युदयहेतुत्वात् तद्व्याख्याने किमापद्यतेत्यत आह "**तद्धेतौ च**" (2.2) इत्यादि । "**तत्**"शब्देनाभ्युदयः परामृश्यते । "**वस्तु**"(2.2)शब्देन पदार्थमात्रवचनेन यद्यदभ्युदयसाधनं तत्तद्विषयस्य प्रयत्नस्याभ्युदयसाधनता इति व्याप्तिः प्रकाश्यते । "**महत्**"(2.2)शब्दोऽयं वैपुल्यवाची । बहुप्रयोजनत्वादित्यर्थः । न केवलं धर्मादिसिद्धिः । यशःप्रभृतिदृष्टसिद्धिरप्यनुषङ्गाद्भवतीति तात्पर्यम् । यदि ह्यभ्युदयोद्देशेनैव प्रयत्नस्य ख्यात्यादिरनुषङ्गादेव सेत्स्यति ततो न तदर्थैव प्रवृत्तिः प्रेक्षावतां युक्तेति हृदयम् । स्वोक्तौ प्रमाणत्वेन वाजसनेयं ब्राह्मणं पठति "**तथा च**" (2.3) इति । "**आम्नायः**" (2.3) पठ्यमानो वेदः । तथाह यादवप्रकाशः ।

आम्नायोऽध्ययने वेदे सम्प्रदाये कुलेऽपि च ॥ इति । (*YVai* 7.1.3)

सिंहश्च ।

श्रुतिः स्त्री वेद आम्नायस्त्रयी धर्मस्तु तद्विधिः । इति । (*AK* 1.5.3)

"**स्वाध्यायः**" (2.3; *ŚBr* 11.5.7.1) अध्ययनम् । "**प्रवचनम्**" (2.3) अध्यापनम् । ते उभे "**प्रिये**" (2.3) प्रियसाधनत्वात् । कस्य स्वाध्यायप्रवचने इत्यपेक्षायामधिपूर्वस्येङ्धातोः शब्दकर्मत्वात् प्रकरणाच्च वेदस्येति सेत्स्यति । स्वाध्यायप्रवचनयोः स्वयंदुःखात्मकत्वेऽपि फलमुखेन प्रियत्वमित्येतद्दर्शयितुमाह "**युक्तमनाः**" (2.4) इति । युक्तं समाहितं मनो यस्य असौ युक्तमनाः । "**अपराधीनः**" (2.4) भृत्यभावादिरहितः । "**अहरहः**" (2.4) अहन्यहनि भृत्यभावादौ क्वचिदलाभोऽपि भवेत् । इह तु न तथेत्यर्थः । एवं स्वयमेवाहरहर्लाभे सति संचयनरक्षणादिप्रयासोऽपि न कार्य इति च ध्वनति। "**अर्थान्**" (2.4) द्रव्यसंचयान् पुरुषार्थान्वा । "**सुखं स्वपिति**" (2.4) कर्तव्यचिन्ताभावात् "**परमचिकित्सकश्चात्मनो भवति**" (2.5) । आत्मविदित्यर्थः । "**इन्द्रियसंयमश्च**" (2.5) बाह्येन्द्रियसंयमः । "**एकाग्रता**" (2.5) एकस्मिन्नात्मन्यग्रं पदार्थावगमेऽग्रगामित्वान्मनो यस्य स एकाग्रः । तद्भाव एकाग्रता । अनेन प्रत्यक्प्रवणमनस्कत्वं कथितम् । "**प्रज्ञावृद्धिः**" (2.5) ज्ञानस्य क्रमोपचयः । "**यशः**" (2.6) प्राज्ञत्वादिना प्रसिद्धिः ख्यातिः । "**लोकपक्तिः**" (2.6) लोकानुरागः । "**आदि**"शब्देन "लोकः पच्यमानश्चतुर्भिर्धर्मैर्ब्राह्मणं भुनक्ति । अर्चया च दानेन चाज्येयतया

चावध्यतया च" (*ŚBr* 11.5.7.1) इत्येतद्गृह्यते । यद्यपि शास्त्राभ्युदयहेतुत्वं तदवगमतया संभवति, तदवगमश्च मन्दधियां व्याख्यानापेक्ष इति व्याख्यानस्यापि तद्वाराभ्युदयहेतुत्वं न्यायसिद्धम्, तथाप्यागमोदाहरणमागममूलैव प्रायशोऽस्मद्व्याख्या इत्येतद्दर्शयितुम् । "**तथा च**" (2.3) इति । चशब्दात् स्मृतिः परिगृह्यते ।

यथेक्षुहेतोरिह सेचितं पयस्तृणानि वल्लिरपि च प्रसिञ्चति ।
तथा नरो धर्मपथेन संचरन् यशश्च कामांश्च वसूति चाश्नुते ॥ इति ।
धर्मादर्थश्च कामश्च स किमर्थं न सेव्यते ।
ऊर्ध्वबाहुर्विरौम्येष न च कश्चिच्छ्रुणोति तत् ॥ (*MBh* 18.5.49)

इति च व्यासः । श्रुतिश्च ।

तद्यथाम्रे निर्मिते फलार्थे छाया गन्ध इत्यनूत्पद्येत एवं धर्मं चर्यमाणमर्था अनूत्पद्यन्ते न धर्महानिर्भवति । (*ĀpDh* 1.20.3–4)

अनेन श्रुतिस्मृत्यन्तरानुसारिणी व्याख्या इत्येतदपि दर्शितम् ।

नन्वध्ययनाध्यापनयोः फलमनेन प्रतिपाद्यते । ततः प्रकृते किमायातं तत्राह "**प्रवचनग्रहणं चात्र**" (2.6) इति, "**ग्रन्थकरणादावपि**" (2.6) इति । नेदमभिधावृत्या स्वार्थमात्रे वर्तते । अपि तूपलक्षणवृत्याध्ययनध्यापनग्रन्थकरणादिष्वपीत्यर्थः । अत्र ग्रन्थकरणादेरप्यध्यापनविशेषत्वात् प्रवचनशब्दस्यैतावानर्थः संपद्यते । शक्तिपर्यालोचनायां प्रसिध्यनुसारा रूपलक्षणा त्वाभिधानमित्यवसेयम् ।

एवं व्याख्यानस्य ख्यात्याद्यर्थत्वकृतमप्रामाण्यं निराकृत्य व्याख्यानसरणिं शिष्यांश्छिक्षयतुम् आह "**कथं पुनरभ्युदयः**" इति (2.7) । अयमर्थः । शास्त्रं व्याख्यातुमारभमाणस्यायं व्याख्यानक्रमः । व्याख्येयस्य विषयप्रयोजनवत्त्वे संभवति तत्र प्रेक्षावन्तः प्रवर्तेरन् । प्रेक्षावत्प्रवृत्त्यर्हं चेत् तद्व्याख्यातव्यं भवति । अतः प्रथमं प्रेक्षावत्प्रवृत्यर्हता व्यक्तीकरणीया ।

ननु पूर्वपूर्वतरपूर्वतमादिपुरुषपरिग्रहनैरन्तर्यादेव प्रवृत्युपपत्तेः प्रयोजनवत्ता नोपपादनार्हा । तत्राह "**शास्त्रप्रयोजनत्वात्**" (2.8) इति । हितशासनाद्धि शास्त्रम् । तस्य चावगमोऽनुष्ठानार्हस्य शिष्यमाणस्यैव प्रयोजनवत्तामर्हति, नाध्ययनद्वारेणादृष्टमात्रस्य । अतो न प्रेक्षावन्तः पूर्वपरिग्रहमात्रेणादृष्टार्थेषु प्रवर्तेरन्, अपि तु प्रयोजनेऽवगत इत्यर्थः । अस्य न्यायस्य व्याप्तिमाह "**सर्वत्रैव हि**" (2.8) इति । यतः प्रेक्षावत्प्रवृत्यर्थं शास्त्रकर्तृभिः प्रथमं प्रयोजनं वक्तव्यमिति नियमः । ततः शास्त्रव्याख्यानकर्तृभिरपि तत्प्रयोजनाभिधानं गुडजिह्विकान्यायेन प्रवर्तयितुं किं मृषोद्यमुत सत्यकथनमिति विचार्योपपादनीयमिति वाक्यार्थः । कुत्र स्थापितोऽयं न्याय इत्यत्र भट्टमतमाह "**तथा च**" (2.9) इति ।

प्रायेणैव हि मीमांसा लोके लोकायतीकृता ।
तामास्तिकपथे कर्तुमयं यत्नः कृतो मया ॥
अथातो धर्मजिज्ञासा सूत्रमाद्यमिदं कृतम् ।
धर्माख्यं विषयं वक्तुं मीमांसायाः प्रयोजनम् ॥
"सर्वस्यैव हि शास्त्रस्य कर्मणो वापि कस्यचित् ।
यावत् प्रयोजनं नोक्तं तावत् तत् केन गृह्यते" ॥ (2.10–11)
मीमांसाख्या तु विद्येयं बहुविद्यान्तराश्रिता ।
न शुश्रूषयितुं शक्या प्रागनुक्त्वा प्रयोजनम् ॥
विद्यान्तरेषु नाप्येतद् यद्यभीष्टं प्रयोजनम् ।
अनर्थप्रापणं तावत्तेभ्यो नाशङ्क्यते क्वचित् ॥
मीमांसायां त्विहाज्ञाते दुर्ज्ञाते वाविवेकतः ।
न्यायमार्गे माहान्दोष इति यत्नोपचर्यता ॥
तस्मात् प्रयोजनं पूर्वमुक्तं सूत्रकृता स्वयम् ।
यत् तेनोक्तं वदेयुस्तद्भाष्यकारादयः कथम् ॥
सिद्धार्थं ज्ञातसंबन्धं श्रोतुं श्रोता प्रवर्तते ।
शास्त्रादौ तेन वक्तव्यः संबन्धः सप्रयोजनः ॥
शास्त्रं प्रयोजनं चैव संबन्धस्याश्रयावुभौ ।
तदुक्त्यन्तर्गतस्तस्माद्भिन्नो नोक्तः प्रयोजनात् ॥
सिद्धिः श्रोतृप्रवृत्तीनां संबन्धकथनाद्यतः ।
तस्मात्सर्वेषु शास्त्रेषु संबन्धः पूर्वमुच्यते ॥
यावत् प्रयोजनेनास्य संबन्धो नाभिधीयते ।
असंबद्धप्रलापित्वाद्भवेत् तावदसंगतिः ॥
इह त्वाक्षिप्य संबन्धं भाष्य एवाभिधास्यते ।
धर्मप्रसिध्यसिद्धिभ्यां तस्मान्नान्योऽभिधीयते ॥
न चाप्यत्राथशब्देन शास्त्रसंबन्ध उच्यते ।
संबन्धं क्रिययोर्ह्येष ब्रूते शास्त्राच्च ते पृथक् ॥
योऽप्ययं शास्त्रसंबन्धो वर्ण्यते कैश्चिदादितः ।
क्रियानन्तर्यरूपो वा गुरुपर्वक्रमोऽपि वा ॥
तदतद्भावयोस्तस्य विशेषो नोपलभ्यते ।

श्रोतुर्विधौ निषेधे वा ज्ञाने वा शास्त्रगोचरे ॥

तस्माद् व्याख्याङ्गमिच्छद्भिः सहेतुः सप्रयोजनः ।

शास्त्रावतारसंबन्धो वाच्यो नान्यस्तु निष्फलः ॥ (*ŚV* 1.10–25) इति ।

"**सर्वस्यैव**" (2.10) इति बह्वायाससाध्यस्याप्यल्पायाससाध्यस्यापीत्यर्थः । "**वा**"शब्दः समुच्चये कर्मणश्चेत्यर्थः । "**कस्यचिदपि**" इति अल्पायाससाध्यस्यान्नपानादेरपीत्यर्थः । "**केन**" (2.11) इति । न केनापि अबुद्धिपूर्वकारिणापीत्यर्थः । यथाह ।

प्रयोजनमनुद्दिश्य न मन्दोऽपि प्रवर्तते । (*ŚV* 5.15.55)

चपेटापरिहाराय मोदकप्राप्तयेऽपि वा ॥ इति ।

भट्टवार्तिक एव संबन्धपरिहारे चोक्तम् ।

जगच्चासृजतश्चास्य किं नामेष्टं न सिध्यति ।

प्रयोजनमनुद्दिश्य न मन्दोऽपि प्रवर्तते ॥ (*ŚV* 5.15.54–55)

केचित् त्वेतदेवं पठन्ति ।

प्रयोजनमनुद्दिश्य न मन्दोऽपि प्रवर्तते ।

चपेटापरिहाराय मोदकप्राप्तयेऽपि वा ॥ इति ।

अल्पप्रयोजनत्वात् पूर्वतनशिष्टपरिग्रहदार्ढ्यादेवोपादद्युः । केवलं प्रयोजनवत्त्वेऽवगते शीघ्रमिति विशेषः । अतो नोपेक्षणीयमित्यर्थः ।

ननु चैतद्विषयाद्यभिधानं साधयति "**यद्यपि**" (2.12) इत्यादिना । यदि च प्रयोजनं विना न प्रवर्ततेति प्रयोजनं वाच्यं तर्हि तस्यापि पुनरन्यस्यापीत्यनवस्था । किंच यदि शास्त्रप्रयोजनमादौ वक्तव्यं ततस्तावत् ततोऽधिकं प्रमाणं च शास्त्रं तदर्थं प्रणेतव्यमित्यभिप्रायवानाह "**दुरुपपादत्वाच्च**" (2.13) इति । "**तथापि**" (2.13) एवमवक्तव्यत्वेऽपीत्यर्थः । दुरुपपादत्वपरिहारायाह "**किंचिद् दिङ्मात्रम्**" (2.13) इति । अप्रयोजनत्वपरिहारायाह "**सौहृदात्**" (2.13) इति । एतदपेक्षी यदि कश्चिदुत्पत्स्यते तस्योपकारी भवत्वित्येवं शिष्यकारुण्याद् इत्यर्थः । तत्र व्याख्यानसरणिं पूर्वपक्षसिद्धान्ततया दर्शयितुमेव सूत्रस्थानीयेन पद्येन धर्मादीनां विषयप्रयोजनाभिधानपरेणादौ धर्मादीनां विषयत्वमाह "**तत्र च**" इत्यादिना "**समाख्यानाच्च**" इति (2.14–17) ।

ननु धर्मशास्त्रमिति रूढिः । रूढिशब्देषु च नावयवस्य परामर्शोऽस्ति, यथा अजकर्णोऽश्वकर्ण इति । नैष दोषः । येषु तस्यार्थस्यात्यन्तमभावः तेषु परामर्शो नास्ति । यत्र त्ववयवार्थसंभवः तत्र परामर्शोऽप्यस्त्येव, यथा सप्त पर्णान्यस्य पर्वणि पर्वणीति सप्तपर्ण इति । एवमिहाप्यवयवार्थसंभवात् परामर्शो युज्यत एव । इति ।

"**आञ्जस्येन**" (2.21) इति । "आञ्जस्यं दृष्टादृष्टदुःखाविमिश्रत्वम्" इति विभावना । "आञ्जस्यं नाम दुःखाननुबन्धित्वम्" इति अमृतस्यन्दिनी । "**तस्मादनवद्यम्**" (2.22) इत्यत्र हलधरः ।

अर्वाणमणकमपशदमधममविद्यं निष्कृष्टमवकृष्टम् ।
अवमं क्ष्वेळं काण्डं खेरं याप्यं च वैशसं प्राहुः ॥[3] इति । (*HalAbhi* 2.182)

सिंहश्चाह ।

निकृष्टप्रतिकृष्टार्वरेफयाप्यावमाद्धमाः ।
कुपूयकुत्सितावद्यखेटगर्ह्याणकाः समाः ॥ इति । (*AK* 3.1.54)

"**अनिर्देशात्**" (3.1) इति । न्यायतः पृष्टस्यैव प्रतिवचनसंभवादित्यर्थः । अथ चाह मनुः ।

नापृष्टः कस्य चिद् ब्रूयान्न चान्यायेन पृच्छतः ।
जानन्नपि हि मेधावी जढवल्लोकमाचरेत् ॥
अधर्मेण तु यः प्राह यश्चाधर्मेण पृच्छति ।
तयोरन्यतरः प्रैति विद्वेषं वा निगच्छति ॥ इति । (*MDh* 2.110–11)

अङ्गिराश्चाह ।

अनर्चितैरनाहूतैरपृष्टैश्च यथाविधि ।
प्रायश्चित्तं न दातव्यं जानद्भिरपि च द्विजैः ॥
तस्माच्छनैः प्रवक्तव्यमनुज्ञाप्य च पार्षदम् ।
न चान्येषु प्रजल्पेयुरेवं धर्मो न हीयते ॥ इति ।

प्रायश्चित्तवचनं धर्मादीनामप्युपलक्षणं द्रष्टव्यम् । तथा सुमन्तुरपि ।

अयमोदगो नानुक्तः कथयेद्धर्मशास्त्रं नान्यदुत्थाय कथंचन ।
यथानियुक्तस्तु विद्वान्न तद्ब्रूयात् प्रकाशतः ॥ इति ।

"**कारकाधारम्**" (3.3-4) इति । क्रियानिमित्तं वस्तु कारकं तदाधर आश्रयो यस्य प्रयोजनस्य तत् कारकाधारम् । "**धर्म्यभेदात्**" (3.7) इति । विक्लिद्यमानत्वादिर्धर्मोऽस्यास्तीति धर्मी तण्डुलादिः (cf. 3.6–8) । तस्याभेदादित्यर्थः । "**यथा स्वर्गो यागस्य**" (3.10) इत्यत्र यागस्य विषयत्वम् । तदुक्तम् ।

कृतितत्साध्ययोर्मध्ये यागादिर्विषयो मतः । इति।

"**एवं हि वक्ष्यति**" (3.13) इति ।

"**धर्ममर्थं च कामं च यथाशक्ति न हापयेत्**" । (3.14)
ब्राह्मे मुहूर्त उत्थाय चिन्तयेदात्मो हितम् ॥ इति । (*YDh* 1.114)

"तस्मात् स्त्रियः सेव्याः" (3.15) इति।

लोकानन्त्यदिवप्राप्तिः पुत्रपौत्रप्रपौत्रिका ।

यस्मात् तस्मात् स्त्रियः सेव्या भर्तव्याश्च सुरक्षिताः ॥ इति । (*YDh* 1.77)

"ईश्वरं च" (3.16) इति ।

उपेयादीश्वरं चैव योगक्षेमार्थसिद्धये ।

स्नात्वा देवान् पितृंश्चैव तर्पयेदर्चयेत्तथा ॥ इति । (*YDh* 1.99)

"ईश्वरं चाधिगच्छेत" इति वा पाठः । **"तथा पश्येदात्मानमक्षय्यम्"** (3.17) इत्यत्र अमृतस्यन्दिनी ।

यद्यपीदृशं वचनमस्मिञ्छास्त्रे न पठ्यते न पद्यते तथापि "चिन्तयेदात्मनो हितम्" (*YDh* 1.114) इत्यादेरर्थतः संग्रहाद्वक्ष्यमाणमविरुद्धम् । अर्थतश्च क्वचित् संग्रहीष्यति "प्रमाणं परमं धर्मे श्रुतिः" (cf. *MDh* 2.13) इत्या दीति । सर्वत्र पाठान्तरव्याख्यानप्रयत्नदर्शनात् । पाठान्तरमित्यन्ये । इति ।

"न ह्युपसंहारानुसार्युपक्रमो भवति" (3.19) इति । "उपक्रमोपसंहारयोरसंजातविरोधितयोपक्रमप्राबल्याद् आनुषङ्गिकमर्थादिवचनमिति भावः" इति **विभावनायाम्** उक्तम् । **"योगीश्वरमिति"** (3.21) इति ।

योगीश्वरं याज्ञवल्क्यं संपूज्य मुनयोऽब्रुवन् ।

वर्णाश्रमेतरेषां नो ब्रूहि धर्मानशेषतः ॥ (*YDh* 1.1)

इत्याद्यश्लोके योगीश्वरमित्यस्माद्विशेषणादित्यर्थः । **"यत्त्वाञ्जस्यं शास्त्रादिति"** (4.3) इति । यद्यपि चार्थकामौ प्रत्यक्षावसेयौ तथापि शास्त्रानपेक्षाणामाञ्जस्येन तदवाप्तिः । आञ्जस्येन च प्रयोजनत्वम् । तस्मादनवद्यमिति यत्तूक्तमित्यर्थः । **"तथा च स्वयम्भुवा भिहितम्"** (cf. 4.14) इत्यत्र ।

अर्थकामेष्वसक्तानां धर्मज्ञानं विधीयते ।

"धर्मं जिज्ञासमानानां प्रमाणं परमं श्रुतिः" (4.15) ॥ (*MDh* 2.13)

इति मानवः । **वरदराजीये** वर्णितश्चास्यार्थः । "श्रुतिरेव सर्वत्र साक्षात् परम्परया वा धर्मनिर्णयप्रमाणमित्याह 'अर्थकामेषु' इत्यादि । स्वरूपतो हेतुतः प्रयोजनतश्च धर्मं जिज्ञासमानानामित्यर्थ इति" । **"धर्मशब्दश्च भगवतो ऽपि"** (4.16) इति। भगवतः षड्गुणपरिपूर्णस्येत्यर्थः । तथा चोक्तम् ।

ऐश्वर्यस्य समग्रस्य वीर्यस्य यशसः श्रियः ।

ज्ञानवैराग्ययोश्चैव षण्णां भग इतीरणा ॥ इति ।

पूज्येऽपि भगवदादिशब्दः प्रयुज्यते । तथा च यादवः ।

भट्टारको भट्टरको भट्टस्तत्रभवान् भवान् ।
भगवान् पूज्यपादश्च देवमिश्रादयस्तथा ॥ इति । (*YVai* 8.9. 46)

हलधरश्चाह ।

तत्रभवान् भगवानिति शब्दो वृद्धे प्रयुज्यते ।
पूज्यपाद इति नामान्ते देवो भट्टारको वापि ॥ इति । (*HalAbhi* 1.155)
भगवत्युमा तु भगवान् बुद्धे पूज्ये हरे हरौ ॥ (*YVai* 8.5.31)

इति च यादवः । "अतः सुष्ठूच्यते" (4.17) इति । अत्र अमरः ।

बलवत्सुष्ठु किमुत स्वस्त्यतीव च निर्भरे । इति । (*AK* 3.4.2)

यादवश्च ।

किमुतातीव बलवत् स्वति सुष्ठु च बाधिते । इति । (*YVai* 8.8.4)

पुनरपि स एव ।

निष्षमं दुष्षमं दुष्ठु गर्ह्ये सुष्ठु तु शोभने । (*YVai* 8.8.13)

YDh 1.1

[योगीश्वरं याज्ञवल्क्यं संपूज्य मुनयोऽब्रुवन् ।
वर्णाश्रमेतरेषां नो ब्रूहि धर्मानशेषतः ॥]

नन्विह सकललोकानुजिघृक्षया भगवता परमकारुणिकेन याज्ञवल्क्येनेदं पुरुषार्थोपदेशरूपं धर्मशास्त्रमारभ्यते लोकस्थितये न तु तत्कालसमीपवर्तिकतिपयमुनिजनहृदयसंवादमात्रफलतया । एवं च मुनिजनाभिगमनप्रश्नादेः शास्त्रारम्भप्रयोजनकत्वेनोपन्यासोऽकिंचित्कारः । शास्त्रारम्भे हि शास्त्रप्रतिपाद्यस्य वस्तुनो विषयभावेन निर्देश एव कर्तव्यः । तद्बलादेव प्रयोजनसंबन्धाधिकारिलक्षणस्यानुबन्धत्रयस्येतरस्य सिद्धेः । ततश्चादौ वर्णाश्रमधर्मप्रतिपादनप्रतिज्ञैव कर्तव्या । तत् कथमिति चेत् । एवमित्युच्यते ।

वर्णानामाश्रमाणां च तथैवान्तरवर्तिनाम् ।
धर्मान् सम्यक् प्रवक्ष्यामि लोकानां हितकाम्यया ॥ इति ।

एवं च योऽयं मुनिजनप्रश्नोत्तरत्वेन शास्त्रारम्भः स शास्त्रारम्भप्रक्रियां न वहति । पुष्णाति

चेतिहासपुराणारम्भप्रक्रियां ।

प्रवृत्तिर्वा निवृत्तिर्वा नित्येन कृतकेन वा ।

पुंसां येनोपदिश्येत तच्छास्त्रमभिधीयते ॥

इतिशास्त्रलक्षणस्मरणाद् इतिहासपुराणाभ्यां च भिन्नकक्ष्यं धर्मशास्त्रं श्रुतिसमकक्ष्यम् । तथा च प्रामाणिकलोकवादः ।

श्रुतिस्मृतिभ्यां सुजनो नियम्यते । इति ।

इत्याशङ्क्य शास्त्रारम्भाक्षेपसमाधानपरत्वेनारम्भप्रकारं समर्थयन्नाक्षेपं तावदाह । "**कस्मात् पुनर्वेदसिद्ध एवार्थे भगवतः शास्त्रारम्भप्रयत्नः**" (4.19) इति ।

अयमभिप्रायः । सत्यमुक्तैव शास्त्रारम्भसमयेतिकर्तव्यता । इह तु शास्त्रप्रतिपाद्यविषयाभावशङ्कानिमित्तः शास्त्रारम्भस्याक्षेपोऽस्त्येव । अतस्तत्समाधानाय तदनुकूलप्रकारानुरोधः यथा चास्य प्रकारस्य तदनुकूलता तथा श्लोकव्याख्यानदशायामेव प्रतिपादयिष्यते । इति ।

तत्रायमाक्षेपार्थः । इह तु स्मृतीनां वेदमूलत्वं सर्वेषामेव स्मृतिकाराणामभिमतम् । अत एव वक्ष्यति । "वेदः स्मृतिः सदाचारः" (*YDh* 1.7) इत्यादि । मूलत्वं च वेदस्य स्मृतिं प्रति स्मर्यमाणार्थावगतिहेतुत्वम् । वेदप्रतिपन्नार्थस्मरणहेतुत्वं च स्मृतेः स्मृतित्वम् । अतः सर्वथा वेदसिद्धार्थगोचरैव स्मृतिः । अत्रैतत् स्यात् । सिद्धिमात्रमेव वेदाद्भवति न त्वनुष्ठेयतालाभः इति । एतदपि न, कल्पलक्षणेनैव वेदाङ्गेनानुष्ठानप्रकल्पनात् । प्रतिपादनप्रकारनिर्णय एव वेदस्वरूपमात्राद्धर्मशास्त्ररहितान्न सिध्यतीत्यपि न शक्यते वक्तुम्, तत्प्रकारनिर्णयस्य मीमांसयैव कृतत्वात् । अतः स्मृतीनां वेदमूलत्वाङ्गीकारे वेदप्रतिपन्नार्थगोचरत्वेनाकिंचित्करत्वं न निवार्यम् । अनङ्गीकारे तु वेदमूलत्वस्याप्रामाण्यमपसिद्धान्तश्च । इति ।

समाधत्ते "**यस्मात्**" (4.19) इति । यच्छब्देन वक्ष्यमाणो वाक्यार्थो हेतुत्वेन परामृश्यते । अत एवानन्तरमेव वाक्यमुपादत्ते "**वेदार्थसतत्वविदोऽपि**" (4.22) इति ।[4] तत्वसतत्वयोर्नार्थविशेषः । अनेन वेदादेव स्मृत्यर्थस्य सिध्याशङ्का व्यावर्त्यते । यतः साङ्गोपाङ्गवेदपरिशीलनवशेन निर्णीतवेदभागप्रतिपाद्यार्था अपि तत्रापरितुष्यन्त स्मृत्यर्थविषयया जिज्ञासया भगवन्तमुपपन्नाः । अतो न वेदादेव प्रतिपन्नस्मृत्यर्थ इति निश्चीयते । अनयैव जिज्ञासया स्मृतीनां वेदमूलत्वमप्युन्नेयम् । अवेदमूलेऽर्थे तेषां तथाभूतानां जिज्ञासानुदयात् । अत उक्तविरुद्धकल्पनाध्यारोपोपन्यासानवकाशः । "**तथा च**" (4.24) इत्यत्र मनुः ।

अग्नीन्धनं भैक्षचर्यामधःशय्यां गुरोर्हितम् ।

आ समावर्तनात् कुर्यात् कृतोपनयनो द्विजः ॥

आचार्यपुत्रः शुश्रूषुर्ज्ञानदो धार्मिकः शुचिः ।

शक्तोऽर्थदोऽर्थी स्वः साधुरध्याप्या दश धर्मतः ॥ इति । (*MDh* 2.108–09)

आचार्योऽपि ।

कृतज्ञोऽद्रोही मेधावी शुचिः कुल्योऽनसूयकः ।

अध्याप्याः साधुशक्ताप्तस्वार्थदा धर्मतस्त्विमे ॥ (*YDh* 1.28) इति ॥

"**तथा च**" (5.4) इत्यत्र **आपस्तम्बः** ।

उपनयनं विद्यार्थस्य श्रुतितः संस्कारः । सर्वेभ्यो वै वेदेभ्यः सावित्र्यनूच्यत इति ब्राह्मणम् । तमसो वा एष तमः प्रविशति यमविद्वानुपनयते यश्चाविद्वानिति ब्राह्मणम् । तस्माद्विद्याभिजनसमुदेतारं समाहितं संस्कर्तारमीप्सेत् (5.4–5) । तस्मिंश्चैव विद्याकर्मान्तमपि प्रतिपन्ने धर्मेभ्यो यस्माद्धर्मानाचिनोति स आचार्यस्तस्मै न द्रुह्येत् कदाचन ॥ इत्यादि । (*ĀpDh* 1.1.9–15)

तथा हि **श्रीभागवतेऽष्टमस्कन्धे मत्स्यमूर्तिस्तुतौ सत्यव्रतेनोक्तम्** ।

अचक्षुरन्धस्य यथाग्रणीः कृतस्तथा जनस्याविदुषोऽबुधो गुरुः ।

त्वमर्थदृक् सर्वदृशां समीक्षणस्मृतो गुरुर्नः सुगतिं बुभुत्सताम् ॥[5] इति ।

(*BhPu* 8.24.50)

"**किंनिमित्ता वास्येयं योगीश्वरत्वख्यातिरिति जिज्ञासवः**" (5.11–12) इति । इह "**अस्येयम्**" इति वचनाद् याज्ञवल्क्यस्यासाधारणी योगीश्वरत्वख्यातिर्विवक्षितेति गम्यते । तथा हि **स्कन्दपुराणम्** ।

याज्ञवल्क्यो मुनिस्तत्र स्नात्वा तीर्थे महत्तरे ।

वेदारण्येश्वरं भक्त्या प्रातः काले समाहितः ॥

पर्वण्याराध्य तस्यैव प्रसादादेव केवलात् ।

योगीश्वरोऽभवद्धीमानचिरादेव केशव ॥

इत्यादिकेशवेश्वरसंवादरूपम् । "**तथा चोक्तम्**" (5.13) इत्यत्र निरुक्तं एवं तद्धितसमासान् निर्ब्रूयान्नेकपदानि निर्ब्रूयान्नावैय्याकरणायानुपसन्नायानिदं वेदे वस नित्यं ह्यविज्ञातुर्विज्ञानेऽसूयोपसन्नाय तु निर्ब्रूयात् (5.13) । यो वालं विज्ञातुं स्यान्मेधाविने तपस्विने वा । "विद्या ह वै ब्राह्मणमाजगाम" इत्यादि (*VaDh* 2.8) । तथा च **श्रुतिः** ।

यो ह वै विद्यामधीत्यार्थिभ्यो न संप्रदद्यात् स कार्यहा स्यात् । स श्रेयसो द्वारमावृणुयात् । तस्मादध्यापयेदिति ॥

तथा च **वासिष्ठम्** "यो ह वै विद्यामधीत्यार्थिने न संप्रदद्यात् स कर्महा स्यात्" इति । तथा **प्रश्नोपनिषद्यपि** विधिवदुपसन्नायावश्यं प्रतिवक्तव्यमिति द्योतितम् ।

सुकेशा च भरद्वाजः शैब्यश्च सत्यकामः सौर्यायणी च गार्ग्यः कौसल्यश्चाश्वलायनो भार्गवो वैदर्भिः कबन्धी कात्यायनस्ते हैते ब्रह्मपरा ब्रह्मनिष्ठाः परं ब्रह्मान्वेषमाणाः । एष वै तत्सर्वं वक्ष्यतीति ते ह समित्पाणयो भगवन्तं पिप्पलादमुपसन्नाः । तान्स ऋषिरुवाच (*PraśU* 1.1) । इत्यादि ।

व्यासेनाप्युक्तम् ।

ज्ञानमज्ञाततत्वाय यो दद्यात् सत्पथे स्थतः ।
कृपालोर्दीननाथस्य देवास्तस्यानुगृह्णते ॥ इति ।

"सत्पथे स्थितः" इत्यस्यार्थो मनुनोक्तः ।

धर्मार्थौ यत्र न स्यातां शुश्रूषा वापि तद्विधा ।
तत्र विद्या न वप्तव्या शुभं बीजमिवोषरे ॥
विद्ययैव समं कामं मर्तव्यं ब्रह्मवादिना ।
आपद्यपि च घोरायां न त्वेनमिरिणे वपेत् ॥
विद्या ब्राह्मणमेत्याह शेवधिष्टेऽस्मि रक्ष मा ।
असूयकाय मा मा दास्तथा स्यां वीर्यवत्तमा ॥ (*MDh* 2.112–14)

शेवधिर्निधिः ।

यमेव तु शुचिं विद्या नियतं ब्रह्मचारिणम् ।
तस्मै मां ब्रूहि विप्राय निधिपायाप्रमादिने ॥
ब्रह्म यस्त्वननुज्ञातमधीयानादवाप्नुयात् ।
स ब्रह्मस्तेयसंयुक्तो नरकं प्रतिपद्यते ॥ इति । (*MDh* 2.115–16)

इत्येवमादिस्वरूपे सत्पथे स्थित इत्यर्थः । **"किं पुनरब्रुवन् । ब्रूहि धर्मानिति"** (5.14) इति । धर्मशब्दो यद्यप्यनेकार्थः अपूर्वे तत्साधनादौ च वर्तते तथाप्यत्रापूर्ववचनः पुल्लिङ्गनिर्देशात् । यथोक्तं वृत्तिकारेण "धर्म इत्यपूर्वे पुल्लिङ्गः" इति । अपूर्वमिति च मानान्तरावेद्यं सत्कार्यमभिधीयते । यथाह ।

क्रियादिभिन्नं यत्कार्यं वेद्यं मानान्तरैर्न तत् ।
अतो मानान्तरापूर्वमपूर्वमिति गीयते ॥ इति ।

केचिद् धर्मपदं व्याचक्षते । **"न च धर्मभेदोपसङ्ग्रहार्थं तदिति युक्तम्"** (5.16) । वर्णधर्म आश्रमधर्मो वर्णाश्रमधर्मो गुणधर्मो निमित्तधर्मः साधारणधर्म इत्येवमादिधर्मभेदः । **"यस्माद् यगिनो हि ब्रह्मविदस्तेषामाचार्यत्वेनेश्वरो ब्रह्मवित्तमः"** (5.21–22) इति । स्कान्दपुराणे केशवेश्वरसंवादे याज्ञवल्क्यस्य योगीश्वरत्वं प्राशंसि ।

याज्ञवल्क्यो मुनिस्तत्र स्नात्वा तीर्थे महत्तरे ।
वेदारण्येश्वरं भक्त्या प्रातःकाले समाहितः ॥
पर्वण्याराध्य तस्यैव प्रसादादेव केवलात् ।
योगीश्वरोऽभवद्धीमानचिरादेव केशव ॥
तथा गार्गी च मैत्रेयी तत्र तीर्थे महत्तरे ।
वेदतीर्थाभिधे स्नानं कृत्वा पर्वणि केशव ॥
श्रीवेदारण्यनाथाख्यं शङ्करं लिङ्गरूपिणम् ।
प्रदक्षिणत्रयं कृत्वा प्रणम्य वसुधातले ॥
प्रसादादेव तस्यैव ज्ञानयोगं विमुक्तिदम् ।
अचिरादेव सर्वज्ञाद् याज्ञवल्क्यादवापतुः ॥ इति ।

"स च ब्रह्मैव प्रष्टव्यो न धर्मम्" (5.22) इति ।

न यत्र निद्रा मूर्छा वा नार्थदृङ् न मनोरथः ।
नानुवृत्तिर्न प्रलयस्तद्ब्रह्म परमं विदुः ॥

इत्येवंलक्षणं ब्रह्मैव प्रष्टव्यः नार्वाचीनं धर्ममित्यर्थः । **"नोपक्रमस्थं योगीश्वरपदम्"** (6.2) इति । "असञ्जातविरोधितयोपक्रमस्य नैरपेक्ष्यादसंकोचवृत्तिता । अतः सापेक्षत्वादितरस्य तदविरुद्धार्थकल्पनेति भावः" इति विभावना ।

धर्ममर्थं च कामं च यथाशक्ति न हापयेत् । (*YDh* 1.114)

इत्यादेः पूर्वमेवोक्तत्त्वाच् **"चतुर्णाम्"** (6.6) धर्मार्थकामापवर्गाणामित्यर्थः । **"यज्ञवल्को ब्रह्मेति पौराणिकाः। तदपत्यं याज्ञवल्क्यः"** इति (6.9–10)। गर्गादिषु यज्ञवल्कशब्दः पठ्यते (*Gaṇa* 71.65) । तत्र यद्यपि गोत्रापत्ये यञ् विधीयते (Pāṇ 4.1.105) । तथा च रामो जामदग्न्यो व्यासः पाराशर्य इतिवत् गोत्ररूपारोपेण भविष्यति याज्ञवल्क्य इति । **"यज्ञवल्को ब्रह्मेति पौराणिकाः"** इत्यत्र श्रीविष्णुपुराणम् ।

याजुर्वेदतरोः शाखाः संविभज्य महामतिः[6] ।
वैशम्पायननामासौ व्यासशिष्यश्चकार वै ॥
शिष्येभ्यः प्रददौ ताश्च जगृतुस्ते व्यतिक्रमात् ।
याज्ञवल्क्यस्तु तस्याभुद् ब्रह्मरातसुतो द्विज ।
शिष्यः परमधर्मज्ञो गुरुवृत्तिपरः सदा ॥ (*ViPu* 3.5.1–3)

इत्यादि । ब्रह्मणि परमे रमत इति ब्रह्मरातः । ब्रह्मेति यावत् । **"पूजा चात्रोपसदनादिलक्षणा विज्ञेया"** (6.10–11) इति। प्रकरणात् संशब्दप्रयोगाच्च विद्यास्वीकरणेतिकर्तव्यता-

भूतोपसदनाद्येवात्राभिमतम् । "उपसदनादेरेवात्र सम्यक्त्वमिति भावः" इति विभावना ।

आसनावाहने चार्घ्यपाद्यमाचमनीयकम् ।
स्नानं वासोत्तरीयं च भूषणानि च सर्वशः ॥
गन्धं पुष्पं तथा धूपं दीपनैवेद्यतर्पणम् ।
माल्यानुलेपनं चैव नमस्कारविसर्जनम् ॥
सर्वं मातृकया कुर्यान्मातृका मन्त्रनायिका ॥

इत्येवंलक्षणा पूजा स्कन्दपुराणेऽभिहिता ।

आसनस्वागते चार्घ्यपाद्ये साचमनीयके ।
मधुपर्काचमस्नानवसनाभरणानि च ॥
सगन्धसुमनोधूपदीपनैवेद्यवन्दनाः ।
प्रयोजयेदर्चनायामुपचारास्तु षोडश ॥

इति तन्त्रसारे चोक्ता । एवं देवताविषया पूजा नात्रोपयोगिनीत्यर्थः । **"वर्णा ब्राह्मणादयः"** (6.12–13) इति । ब्राह्मणक्षत्रियवैश्यशूद्राश्चत्वारो वर्णाः । तथा च वक्ष्यति ।

ब्राह्मणः क्षत्रियो वैश्यस्त्रयो वर्णा द्विजातयः ।
चतुर्थश्चैकजातीयः शूद्रो नास्ति तु पञ्चमः ॥ इति । (*MDh* 10.4)

"आश्रमा ब्रह्मचार्यादयः" (6.13) इति । ब्रह्मचारिगृहस्थवानप्रस्थपरिव्राजकाः । तथा च गौतमः । "ब्रह्मचारी गृहस्थो भिक्षुर्वैखानसः" इति (*GDh* 3.2) । मनुरपि ।

ब्रह्मचारी गृहस्थश्च वानप्रस्थोऽथ भिक्षुकः ।
एते गृहस्थप्रभवाश्चत्वारः पृथगाश्रमाः । इति । (*MDh* 6.87)

"वर्णेतरा अन्तरप्रभवा अनुलोमादयः" (6.13–14) इति । आदिशब्दः प्रतिलोमार्थः । तत्रानुलोमा मूर्धावसिक्तादयः । प्रतिलोमाः सूतादयः । तथा च वक्ष्यति ।

विप्रान्मूर्धावसिक्तं स्त्री राज्ञोऽम्बष्टं विशोऽङ्गना ।
शूद्राङ्गना निषादाख्यं सूते पारशवं तथा ॥
माहिष्योग्रा प्रजायेते विट्शूद्राङ्गनयोर्नृपात् ।
शूद्रायां करणो वैश्याद् विन्नास्वेष विधिः स्मृतः ॥ इति (*YDh* 1.90-91)

एते मूर्धावसिक्तादयोऽनुलोमाः ।

ब्राह्मण्यां क्षत्रियात्सूतो वैश्याद्वैदेहकस्तथा ।
शूद्राज्जातस्तु चण्डालः सर्वधर्मबहिष्कृतः ॥
क्षत्रिया मागधं वैश्याच्छूद्रात्क्षत्तारमेव च ।

शूद्रादायोगवं वैश्या जनयामास वै सुतम् ॥ इति । (*YDh* 1.92-93)

एते सूतादयः प्रतिलोमाः । **मानवेऽप्येवमेव** ग्रन्थबाहुल्यभयान्नोदाहृतः । जातिनिरूपणे तूदाहरिष्यामः । अनन्तरं ब्राह्मणादिवर्णमध्यं तत्रप्रभवो येषां त इमेऽन्तरप्रभवाः । अनुलोमप्रतिलोमा वर्णेभ्यो जात्यन्तरभूताः । अश्वतरवत् । यथाश्वरासभयोर्बीजस्य मिश्रीभावादश्वतरो जात्यन्तरः एवं वर्णानामनुलोमप्रतिलोमाभिः स्त्रीभिः सम्पर्कादन्तरप्रभवा जात्यन्तरभूताः पृथङ्निर्दिश्यन्ते । "**आश्रमेतराः पाषण्डादयः**" (6.14) इति । बौद्धार्हतादय इत्यर्थः । तथा **षड्विंशन्मते** दर्शितम् ।

प्रामाण्यमेव ये वेदे न वदन्ति कुदृष्टयः ।
तेषां बौद्धार्हतादीनां पाषण्डाख्या प्रकीर्त्यते ॥ इति ।

अत्रैव पाषण्डीनां त्वाश्रमप्रतिपत्यर्थो धर्म इत्येतत् प्रपञ्चेन वक्ष्यामः । "**तेषां वर्णाश्रमेतरेषां समग्राभ्युदयात्मकोऽष्टवर्गप्रतिपादकं नो ब्रूहि शास्त्रमिति श्लोकार्थः**" (6.14–15) इति वर्णधर्म आश्रमधर्मो वर्णाश्रमधर्मो गुणधर्मो निमित्तधर्मः प्रत्येकं च साधारणविशेषात्मकत्वेन द्विविध इति दशविधस्यापि ग्रहणार्थमुक्तम् । **वरदराजीये** तु षड्विधत्वं धर्मस्योक्तम् ।

मनुमेकाग्रमासीनमभिगम्य महर्षयः ।
प्रतिपूज्य यथान्यायमिदं वचनमब्रुवन् ।
भगवन् सर्ववर्णानां यथावदनुपूर्वशः ।
अन्तरप्रभवानां च धर्मान्नो वक्तुमर्हसि ॥ (*MDh* 1.1–2)

सर्ववर्णानां ब्राह्मणादीनां चतुर्णामपि वर्णविभागेनानुपूर्व्या क्रमेणान्तरप्रभवानां चानुलोमानां प्रतिलोमेषु संव्यवहार्याणां सूतादीनां धर्मान् षड्विधान्नोऽस्माकं वक्तुमर्हसि । तत्र वर्णधर्म आश्रमधर्मो वर्णाश्रमधर्मो गुणधर्मो निमित्तधर्मः साधारणधर्मश्चेति । तत्र ब्राह्मणः सुरां न पिबेदित्यादिर्वर्णधर्मः । अग्नीन्धनभैक्षचर्यादिराश्रमधर्मः । पालाशो दण्डो ब्राह्मणस्येत्यादिर्वर्णाश्रमधर्मः । अभिषेकादिगुणयुक्तस्य राज्ञः पालनादिर्गुणधर्मः । विहिताकरणप्रतिषिद्धसेवननिमित्तप्रायश्चित्तात्मको निमित्तधर्मः । अक्रोधादयः साधारणधर्माः । तथा च महाभारते ।

अक्रोधः सत्यवचनं संविभागः क्षमा तथा ।
प्रजनं स्वेषु दारेषु शौचमद्रोह एव च ।
आर्जवं भृत्यभरणं त एते सार्ववर्णिकाः ॥ इति। (*MBh* 12.60.7–8)

केचित् साधारणधर्माणां पूर्वेष्वेवान्तर्भावं मन्यमानाः पञ्चविधं धर्ममाहुः ।

इति वरदराजीयम् । धर्मशास्त्राभ्यासे हि कृतकृत्यतया स्वस्थचित्तता भवति । तदाह

हारीत: ।

अमार्गेण प्रवृत्तानां व्याकुलेन्द्रियचेतसाम् ।

निवर्तकं धर्मशास्त्रं व्याधीनामिव भेषजम् ॥ इति ।

शङ्खलिखितौ च ।

रागद्वेषाग्निदग्धानामज्ञानविषपायिनाम् ।

चिकित्सा धर्मशास्त्राणि व्याधीनामिव भेषजम् ॥ इति ।

एवंभूतं "शास्त्रं नो ब्रूहि" (6.15) इत्यर्थ: । द्वन्द्वनिर्देशेऽपि सतीतरशब्दस्यार्षत्वेन सर्वनामसंज्ञाविरोधात् तेषां वर्णाश्रमेतरेषामित्युक्तमिति द्रष्टव्यम् । अनार्षत्वे तु "सर्वादीनि सर्वनामानि । विभाषा दिक्समासे बहुव्रीहौ । न बहुव्रीहौ । तृतीयासमासे । द्वन्द्वे च" (Pāṇ 1.1.27–31) इति पाणिनीयसूत्रपर्यालोचनेनेतरशब्दस्य द्वन्द्वनिर्देशे सर्वनामसंज्ञा निषेधात् तेषां वर्णाश्रमेतराणामिति वक्तुं युक्तम्, न तु वर्णाश्रमेतरेषामिति । अतश्चेतरशब्दस्यार्षेयप्रक्रियानिर्वाहाद्वर्णाश्रमेतरेषामित्यस्य वर्णाश्रमव्यतिरिक्तानामित्येषोऽर्थो न ग्राह्यकृत्यभिप्राय: । "ब्रूहीति चाध्येषणेयम्" (6.16) इति । विभावना "लोटो विध्याद्यनेकार्थत्वेऽपि सत्कृत्य प्रार्थनैवात्राचार्यविषये समञ्जसमित्याह ब्रूहीति च" इति । "अध्येषणा श्रेयसि सत्कारपूर्विका प्रार्थना" इति अमृतस्यन्दिनी । अन्ये त्वेवं वर्णयन्ति । आज्ञापुरस्सरी व्यापारणा प्रेरणम् । निकृष्टविषयो नियोग: । यत् पुनरभ्यर्हन्तं व्यापारयति तदध्येषणम् । अभ्यर्हितविषयं प्रबोधनमित्यर्थ इति ।

सनिस्त्वध्येषणा याञ्चाभिशस्तिर्याचनार्थना । (*AK* 2.7.32)

इति अमर: ।

आशासनार्थना याञ्चा याचनाध्येषणार्दना। (*YVai* 3.6.120)

इति यादव: । हलधरश्चाह ।

अर्थी मार्गणक: प्रोक्तो याचकश्च वनीपक: ।

अध्येषणैषणा याञ्चा याचना प्रार्थना मता ॥ (*HalAbhi* 2.04–05)

इत्यादि । पाणिनिनाप्युक्तम् ।

विधिनिमन्त्रणामन्त्रणाधीष्टसंप्रश्नप्रार्थनेषु लिङ् । लोट् च । (Pāṇ 3.3.161-62)

विधि: प्रेरणं निमन्त्रणं नियोगकरणं आमन्त्रणं कामचारकरणं अधीष्ट: सत्कारपूर्वको व्यापार: संप्रश्न: संकथनम् प्रार्थना याञ्चा । (Pat II: 165)[7]

इत्यस्य महाभाष्यम् । "वेदादिति चाध्याहार्यम्" (6.17) । वेदस्यैव धर्मप्रामाण्यनियमाद् इत्यर्थ: । तथा च जैमिनि: ।

चोदनालक्षणोऽर्थो धर्मः । इति । (*PMS* 1.1.2)

ततश्च धर्मे प्रमाणान्तरं निरस्तम् । तथा च **शाबरं** ।

चोदना हि भूतं भवन्तं भविष्यन्तं व्यवहितं विप्रकृष्टमित्येवंजातीयकमर्थं शक्नोत्यवगमयितुं नान्यत् किंच, नेन्द्रियम् । (Śab I: 15)

इत्यादि । तथा च स्मृत्यन्तरे वेदस्तुतिर्बाह्यनिन्दा च क्रियते । तथा च **व्यासः** ।

नान्यतो जायते धर्मो वेदाद्धर्मो हि निर्बभौ ।
तस्मात्सर्वप्रयत्नेन धर्मार्थं वेदमाश्रयेत् ॥
यान्यतोऽन्यानि शास्त्राणि पृथिव्यां विविधानि च ।
शङ्कनीयानि विद्वद्भिर्धर्मशुद्धिमभीप्सुभिः ॥ इति ।

"वेद एवानन्यशेषत्वादशेष इत्युच्यते" (6.17–18) इति । अध्याहारादिकल्पनायोगादिति मन्यते । तथा हि **शाबरभाष्ये**ऽभिहितम् ।

लोके येष्वर्थेषु प्रसिद्धानि पदानि तानि सति संभवे तदर्थान्येव सूत्रेष्वित्यवगन्तव्यम् । नाध्याहारादिभिरेषां कल्पनीयोऽर्थः । परिभाषितव्यो वा । एवं वेदवाक्यान्येवैभिर्विचार्यन्ते । इतरथा वेदवाक्यानि विचारयितव्यानि स्वपदार्थाश्च व्याख्येयाः । तद्यत्नगौरवं प्रसज्येत । (Śab I: 1–2)

इत्यादि सामान्येनैवोक्तम् । **भट्टवार्तिके**ऽप्युक्तम् ।

वेदवाक्याविरुद्धेषु न तु सर्वेषु केषुचित् ।
अध्याहारस्य वाक्येषु व्यत्यासस्य च संभवः ॥ इति । (*ŚV* 1.29-30)
अध्याहारादिनिर्मुक्ता व्याख्या सर्वत्र युज्यते ॥ इति च । (*ŚV* 1.51)
प्रसिद्धहानिः शब्दानामप्रसिद्धे च कल्पना ।
न कार्या वृत्तिकारेण सति सिद्धार्थसंभवे ॥ इति च । (*ŚV* 1.35)

वेदस्यानन्यशेषत्वं च **स्कान्दपुराणे**ऽभाणि ।

शिवावशेषं सर्वस्य जगतः श्रुतिरादरात् ।
वक्ति तत्र न संदेहस्त्रिर्वः शपथयाम्यहम् ॥
तस्मात् सत्यपरानन्दप्रकाशाद्वै तमीश्वरम् ।
बोधयन्त्यादरेणैव श्रुतयः स्मृतिभिः सह ॥
एकत्वबोधकस्यास्य वेदवाक्यस्य सुव्रताः ।
वाक्यान्तराणि सर्वाणि शेषभूतानि सन्ततम् ॥
वेदो नान्यस्य शेषस्तु यथा देवो महेश्वरः ।

शिवस्य शेषं सकलं श्रुतेर्मानानि सर्वशः ॥
यथा माता स्वपुत्रस्य सत्यमेवाभिभाषते ।
तथा सर्वजनस्यापि सत्यं वदति हि श्रुतिः ॥ इति ।

"यथा" (6.20) इत्यत्र मनुः ।

सर्ववर्णेषु तुल्यासु पत्नीष्वक्षतयोनिषु ।
आनुलोम्येन संभूता जात्या ज्ञेयास्तथेतरे ॥
स्त्रीष्वनन्तरजातासु द्विजैरुत्पादितान् सुतान् ।
सदृशानेव तानाहुर्मातृदोषविगर्हितान् ॥ (*MDh* 10.5-6)

इत्यादिजातिनिरूपणमुपक्रम्याह ।

पुत्रा येऽनन्तरस्त्रीजाः क्रमेणोक्ता द्विजन्मनाम् ।
ताननन्तरनाम्नस्तु मातृदोषात् प्रचक्षते ॥ इति । (*MDh* 10.14)

"अनन्तरग्रहणं चैकान्तरद्व्यन्तरार्थमपि द्रष्टव्यम्"[8] (6.23) इत्यत्र विभावना । "मानवेऽनन्तरशब्देनैकान्तरद्व्यन्तरग्रहणम्[9] । अन्यथा ब्राह्मणोत्पन्नवैश्याशूद्रापुत्रयोः क्षत्रियोत्पन्नशूद्रापुत्रस्य चावर्णत्वमित्यर्थः" इति । तथा मस्करीयगौतमभाष्यम् अपि "अनुलोमानन्तरैकान्तरद्व्यन्तरानुजाताः सवर्णाम्बष्ठोग्रनिषाददौष्यन्तपारशवाः" (*GDh* 4.16) इत्यस्य सूत्रस्य व्याख्याने ।

अनुलोमा वर्णानुपूर्व्येणोत्पन्नाः । ब्राह्मणस्यानन्तराः क्षत्रिया एकान्तरा वैष्या द्व्यन्तरा शूद्रा । क्षत्रियस्यानन्तरा वैश्या एकान्तरा शूद्रा । तस्य द्व्यन्तरा नास्ति । वैश्यस्यानन्तरा शूद्रा । तस्यैकान्तरा नास्ति । (*MasGDh* 4.16)

इत्यादि । "तथा च" (6.24) इत्यत्र गौतमो जातिनिरूपणमुपक्रम्याह ।

वर्णान्तरगमनमुत्कर्षापकर्षाभ्यां सप्तमेन । पञ्चमेन वाचार्याः । सृष्ट्यन्तरजानां च । प्रतिलोमात्तु धर्महीनः । शूद्रायां च । असमानायां च शूद्रात् पतितवृत्तिः । (*GDh* 4.22–27)

इत्यादि । तत्र "सृष्ट्यन्तरजानां च" इत्यस्य सूत्रस्यायमर्थः ।

सृष्टिश्चत्वारो वर्णाः । तदन्तरजा मूर्धावसिक्तादयः । तेषां जाताः सृष्ट्यन्तरजाः । वर्णान्तरगमनमुत्कर्षापकर्षाभ्यां सप्तमेन पञ्चमेन वाचार्या इत्यस्यानुकर्षणार्थश्चकारः । ततश्च तत्राप्यनुलोमप्रतिलोमानपि कल्पयित्वोत्पादकक्षेत्रजात्यन्तरगमनं द्रष्टव्यम् । प्रतिलोमात्तु धर्महीनः । तुशब्दो विशेषार्थः । सृष्टेरपि प्रतिलोमाज्जातः सूतादिर्धर्महीनः । तदन्तरे प्रतिलोमाज्जातो वेशोषेणेति । धर्मशब्देनोपनयनं द्रष्टव्यम् ।

एवं चानुलोमानामुपनयनम् । (*MasGDh* 4.24-25)

इत्यादि मस्करीयगौतमभाष्येऽभिहितम् । एतच्चोपनयनश्लोके (*YDh* 1.14) विस्फष्टं वक्ष्यामः । "जातूकर्णिश्चाह 'प्रतिलोमास्त्वन्तावसायिनः' इति" (7.1–2) । अङ्गिराश्चाह ।

चण्डालः श्वपचः क्षत्तः सूतो वैदेहकस्तथा ।
मागधायोगवौ चैव सर्वे ह्यन्तावसायिनः ॥ इति ।

"यत्तु किंचित् तद्व्रतधर्माभिधानम्" (7.2) । एवं हि वक्ष्यति ।

अहिंसा सत्यमस्तेयं शौचमिन्द्रियनिग्रहः ।
दमः क्षमार्जवं दानं सर्वेषां धर्मसाधनम् ॥ (*YDh* 1.121)

इत्यादि । मानवेऽपि ।

ब्राह्मणार्थे गवार्थे वा देहत्यागोऽनुपस्कृतः ।
स्त्रीबालाभ्यवपत्तौ च बाह्यानां सिद्धिकारणम् ।
अहिंसा सत्यमक्रोधः शौचमिन्द्रियनिग्रहः ।
एष साधारणो धर्मश्चातुर्वर्ण्ये प्रकीर्तितः ॥ इति । (*MDh* 10.62–63)

तथा वासिष्ठेऽपि "सर्वेषां सत्यमक्रोधो दानमहिंसा प्रजननं च" इत्यादि (*VaDh* 4.4) । "पाषण्डिनां त्वाश्रमप्रतिपत्त्यर्थो धर्म इत्याश्रमशब्देन ग्रहणम्" (7.3) इति । उच्यत इति शेषः । तथा च द्वितीयाध्याये समूहधर्माभिधानानन्तरं वक्ष्यति ।

श्रेणिनैगमपाषण्डिगणानामप्ययं विधिः ।
भेदं चैषां नृपो रक्षेत् पूर्ववृत्तिं च पालयेत् ॥ इति । (*YDh* 2.196)

तत्र पाषण्डिशब्देन बौद्धादय उच्यन्ते । तथा षट्त्रिंशन्मते दर्शितम् ।

प्रामाण्यमेव ये वेदे न वदन्ति कुदृष्टयः ।
तेषां बौद्धार्हतादीनां पाषण्डाख्या प्रकीर्त्यते ॥ इति ।

अत्रादिशब्देन क्षपणकादयो गृह्यन्ते । तथा च वक्ष्यति ।

डाम्भिहैतुकपाषण्डिबकवृत्तींश्च नार्चयेत् । (*YDh* 1.129)

इत्यस्य व्याख्याने "पाषण्डिनः क्षपणकादयः" (106.2) इति । सर्वसिद्धान्तसङ्ग्रहेऽप्युक्तम् । "नास्तिका बार्हस्पत्या लोकायतिकाश्चार्वाका आर्हता जैनाः क्षपणका पुद्गलवादिनो वैभाषिकः सूत्रान्तिको योगचारो माध्यमिकश्च" इत्यादि ।[10]

बृहस्पत्यार्हता बुद्धा वेदमार्गविरोधिनः ।
एतेऽधिकारितां वीक्ष्य सर्वशास्त्रप्रवर्तकाः ॥
वेदाप्रामाण्यसिद्धान्ता बौद्धलोकायतार्हताः ।

युक्त्या निरसनीयास्ते वेदप्रामाण्यवादिना ॥ (*SarSS* 1.24–25)

इति तस्मिनेवोक्तम् ।

वेदमार्गात्परिभ्रष्टा विशिष्टाः परदर्शने ।
बौद्धादयोऽतिशिष्टास्ते न भवन्ति द्विजाः पुनः ॥
ततो बौद्धादिभिर्नित्यं वेदब्राह्मणनिन्दया ।
आत्मवञ्चकता कष्टा सर्वत्राघोषिता भुवि ॥ (*SarSS* 5.2–3)

इति च तस्मिनेव । तथा चतुर्विंषतिमतेऽपि ।

वेदमार्गं बहिष्कृत्य मार्गान्तरसमाश्रयाः ।
ये तत्र सङ्गिनः सर्वे पाषण्डास्त उदाहृताः ॥ इति ।

तथा स्कान्देऽपि ।

वेदबाह्येषु मार्गेषु संस्कृता ये नराधमाः ।
ते हि पाषण्डिनः साक्षात् तथा तैः सह वासिनः ॥ इति ।

तथा वेदस्तुतिर्बाह्यनिन्दा च क्रियते ।

पितृदेवमनुष्याणां वेदश्चक्षुः सनातनः ।
अतर्क्यं चाप्रमेयं च वेदशास्त्रमिति स्थितिः ॥
या वेदबाह्याः स्मृतयो याश्च काश्च कुदृष्टयः ।
सर्वास्ता निष्फलाः प्रेत्य तमोनिष्ठा हि ताः स्मृताः ॥ इति । (*MDh* 12.94–95)

आगमा वेदबाह्याः स्मृतयः तन्मूलाः कल्पनाः कुदृष्टयः । वेदविरुद्धानां स्मृतीनामप्रामाण्यकारणमाह ।

उत्पद्यन्ते व्यथन्ते च यान्यतोऽन्यानि कानि चित् ।
तस्य व्याकालिकतया[11] निष्फलान्यनृतानि च ॥ इति । (*MDh* 12.96)

अत्र व्यासः ।

नान्यतो जायते धर्मो वेदाद्धर्मोऽपि निर्बभौ ।
तस्मात्सर्वप्रयत्नेन धर्मार्थं वेदमाश्रयेत् ॥
यान्यतोऽन्यानि शास्त्राणि पृथिव्यां विविधानि च ।
शङ्कनीयानि विद्वद्भिर्धर्मशुद्धिमभीप्सुभिः ॥ इति ॥

अतो धर्मार्थं ब्रह्मचार्याद्याश्रमवत् पाषण्डाश्रमो नानुष्टेयः । पाषण्डाश्रमास्त्वाश्रमाभास एव । यतः ।

ब्रह्मचारी गृहस्थश्च वानप्रस्थोऽथ भिक्षुकः ।

एते गृहस्थप्रभवाश्चत्वारः पृथगाश्रमाः ॥ (*MDh* 6.87)

इति मानवे चतुर्णामेवोपदेशात् ।

वर्णिनामाश्रमाः प्रोक्ताः सर्वशास्त्रार्थवेदिभिः ।
तेषां वर्णाश्रमस्थानां वेदकिङ्करता सदा ॥

इतिस्मरणाच्च । वेदविदां वर्णिनामेवाश्रमपरिग्रहः । न त्ववर्णिनां पाषण्डिनामपि । तथा च श्रीविष्णुपुराणेऽपि ।

ब्रह्मचारी गृहस्थश्च वानप्रस्थस्तथाश्रमः ।
परिव्राड्वा चतुर्थोऽयं पञ्चमं नोपपद्यते ॥ (*ViPu* 3.18.37)

इतिवचनेन धूमाद्याभासरूपबाष्पादिवदाश्रमाभासरूपत्वमस्य दर्शितम् । तथा चान्यत्र पुराणे तद्धर्मोऽपि दर्शितः ।

दैवं सुरासवं येषु सच्छास्त्रपरिपन्थिषु ।
तानि पापस्य षण्डानि लिङ्गषण्डमिहोच्यते ॥
धर्म इत्युपधर्मेषु नग्नरक्तपटादिषु ।
सम्यग्ज्ञाने दुर्बलानां पाषण्डेषु रतिर्नृणाम् ॥
नष्टशौचा मूढधियो जडा भस्मास्थिधारिणः ।
प्रायेण जायते भ्रान्त्या पेशलेषु च वाग्मिषु ॥ इति।

तथा श्रीभागवते पञ्चमस्कन्धे श्रीशुकपरीक्षित्संवादे च ।

कलावधर्म उत्कृष्यमाणे भवितव्येन विमोहिताः स्वधर्मपथमकुतोभयमपहाय कुपथ-पाषण्डसमञ्जसं निजमनीषया मनुजाः संप्रवर्तिष्यन्ते । येनेह वै कलौ मनुजापशदा देवमायाविमोहिताः स्वविधिनियोगशौचचारित्रविहीना देवहेलनान्यपव्रतानि निजेच्छया गृह्णाना अस्नानानाचमनाशौचकेशोल्लुञ्चनादीनि कलिनाधर्मबहुलेनोपहतधियो ब्रह्मब्राह्मणयज्ञपुरुषलोकविदूषकाः प्रायेण भविष्यन्ति । तैरपि ह्यर्वाक्तनया निजलोकयात्रयान्धपरम्परया त एवाश्वस्तास्तमस्यन्धे प्रतपिष्यन्ति । (*BhPu* 5.6.9–11)

इत्यादि । तस्मादसंकरार्थं दृष्टप्रयोजनान्येव पाषण्डादिधर्मवचनानि । तथा चोत्तरत्र द्वितीये समूहधर्मविचारे दृष्टान्तोपपादनेन तर्दितम् । तत्रान्ये पण्डितं मन्यमानाः पाषण्डादिवद् दृष्ट-प्रयोजनान्येव दण्डादिवचनानि वर्णयन्तीति । तत्रैव द्यूतसमाह्वयव्यवहारे श्येनादिवत् प्रति-षेधातिक्रमेण प्रवृत्तावयं द्यूतविधिरित्युक्त्वातिदेक्ष्यति "एतेन पाषण्डादि धर्मो व्याख्यातः" (273.18) इति। "तेनास्माकं निर्णयाय ब्रूहिति" (7.6) । त्रिविधो हि लोकः । तत्र मध्यस्थः क्लिश्यत्येव । तथा च व्यासः ।

यश्च मूढसमो लोको यश्च बुद्धेः परंगतः ।

तावुभौ सुखमेधेते क्लिश्यन्त्यन्तरितो जनः ॥ इति ।

संशयात्मनश्चाश्रद्दधानस्य विनाशो भवति । लोकद्वयमपि च नास्त्येव । तथा श्रीपरीक्षिद्गीतायाम् उक्तम् ।

अज्ञश्चाश्रद्दधानश्च संशयात्मा विनश्यति ।

नायं लोकोऽस्ति न परो न सुखं संशयात्मनः ॥ इति ।

दीनवत्सलाश्च गुरवो नापृष्टमपि ब्रूयुरेव । तथा चोक्तम् ।

अनुव्रतानि शिष्याणां पुत्राणां च द्विजोत्तम ।

अनापृष्टमपि ब्रूयुर्गुरवो दीनवत्सलाः ॥ इति ।

गुह्यमपि ब्रूयुरेव । यथोक्तम् ।

ब्रूयुः स्निग्धस्य शिष्यस्य गुरवो गुह्यमप्युत ।

पुत्रादनवमः शिष्य इति धर्मविदो विदुः ॥ इति ।

योगिनो ह्यतीन्द्रियाद्यर्थं द्रष्टुं प्रभवति । यथोक्तम् ।

अनागतमतीतं च वर्तमानमतीन्द्रियम् ।

विप्रकृष्टं व्यवहितं सम्यक् पश्यन्ति योगिनः ॥ इति ।

योगिनोऽप्येतत् सम्यक् पश्यन्ति तेषामपीश्वरत्वं तेनैवंभूतानामस्माकं निर्णयायावश्यं ब्रूहीत्यस्यार्थः । अत्र विज्ञानेश्वरभाष्यं यथा ।

याज्ञवल्क्यमुनिभाषितं मुहुर्विश्वरूपविकटोक्तिविस्तृतम् ।

धर्मशास्त्रमृजुभिर्मिताक्षरैर्बालबुद्धिविषये विविच्यते ॥

याज्ञवल्क्यशिष्यः कश्चित् प्रश्नोत्तररूपं याज्ञवल्क्यप्रणीतं धर्मशास्त्रं संक्षिप्य कथयामास । यथा मनुप्रणीतं भृगुः । तस्य चायमाद्यश्लोकः । योगीश्वरमित्यादि । योगीश्वरं योगिनां सनकादीनामीश्वरः श्रेष्ठः । तं याज्ञवल्क्यं संपूज्य मनोवाक्कायकर्मभिः पूजयित्वा मुनयः सोमश्रवप्रभृतयः श्रवणधारणयोग्याः अब्रुवन् उक्तवन्तः । धर्मान् नोऽस्मभ्यं ब्रूहीति । कथं । अशेषतः कार्त्स्न्येन । केषाम् वर्णाश्रमेतराणाम् । वर्णा ब्राह्मणादयः । आश्रमा ब्रह्मचारिप्रभृतयः । इतरेऽनुलोमप्रतिलोमजाताः मूर्धावसिक्तादयः । इतरेषामित्यस्य[12] शब्दस्य “द्वन्द्वे च” इति (Pāṇ 1.1.31) सर्वनामसंज्ञाप्रतिषेधः । अत्र धर्मशब्दः षड्विधस्मार्तविषयः । तद्यथा वर्णधर्म आश्रमधर्मो वर्णाश्रमधर्मो गुणधर्मो निमित्तधर्मः साधारणधर्मश्चेति । तत्र वर्णधर्मो नित्यं मद्यं ब्राह्मणो वर्जयेदित्यादिः । आश्रमधर्मोऽग्नीन्धनभैक्षचर्यादिः । वर्णाश्रमधर्मः पालाशो दण्डो ब्राह्मणस्येत्यादिः । गुणधर्मः शास्त्रीयाभिषेकादिगुणयुक्तस्य राज्ञः प्रजापाल-

नादिः । निमित्तधर्मो विहिताकरणप्रतिषिद्धसेवननिमित्तः । साधारणधर्मोऽहिंसादिः । शौचाचारांश्च शिक्षयेदित्याचार्यकरणविधिप्रयुक्तत्वाद्धर्मशास्त्रस्य प्रयोजनादिकथनं नातीवोपयुज्यते । अत्र चायं क्रमः । प्रागुपनयनात् कामचारः । ऊर्ध्वमुपनयनात् प्रागवेदाध्ययनोपक्रमाद् धर्मशास्त्राध्ययनं ततो धर्मशास्त्रविहितयमनियमोपेतस्य वेदाध्ययनम् । ततस्तदर्थजिज्ञासा । ततस्तदर्थानुष्ठानमिति । तत्र यद्यपि धर्मार्थकाममोक्षाः शास्त्रेण प्रतिपाद्यन्ते तथापि धर्मशास्त्रस्य प्राधान्याद्धर्मग्रहणम् । प्राधान्यं च तन्मूलत्वादितरेषां । न च वक्तव्यं धर्ममूलोऽर्थः अर्थमुलो धर्म इत्याविशिष्टौ[13] । अर्थमन्तरेणापि जपतीर्थयात्रादिना धर्मनिष्पत्तिः अर्थलेशोऽपि न धर्ममन्तरेण इति । एवं काममोक्षावपि। (*VijYDh* 1.1)

इति विज्ञानेश्वरभाष्यं । विषयादिवादयादस्समुदायदुरासदात् समुत्तीर्णाः आद्यश्लोकसमुद्राद्वयमपि गुरुपोतगौरवतः ।

YDh 1.2

[मिथिलास्थः स योगीन्द्रः सम्यग् ध्यात्वाब्रवीन्मुनीन् ।
यस्मिन्देशे मृगः कृष्णस्तस्मिन्धर्मान्निबोधत ॥]

"मिथिलास्थः" इत्यादि । "तथा च" (7.12) इत्यत्र मनुः ।

मनुमेकाग्रमासीनमुपगम्य महर्षयः ।
संपूज्य च यथा न्यायमिदं वचनमब्रुवन् ॥
भगवन् सर्ववर्णानां यथावदनुपूर्वशः ।
अन्तरप्रभवानां च धर्मान्नो वक्तुमर्हसि ॥
जरायुजाण्डजानां च तथा संस्वेदजोद्भिजाम् ।
भूतग्रामस्य कृत्स्नस्य उत्पत्तिं प्रलयं तथा ॥
त्वमेको ह्यस्य सर्वस्य विधानस्य स्वयंभुवः ।
अचिन्त्यस्याप्रमेयस्य कार्यतत्वार्थवित् प्रभो ॥ (*MDh* 1.1–32, + add)

इत्यादि । "अथ स तैः पृष्टः किं कृतवान्" (7.14) इति । "अथ"शब्दोऽत्र प्रश्नार्थः "मङ्गलानन्तरारम्भप्रश्नकात्स्न्येष्वथो अथ" इति अमरस्मरणात् (*AK* 3.3.248) । "सम्यग्ध्यात्वाब्रवीन्मुनीन्" (7.14–15) ।

बहुद्वारस्य धर्मस्य सूक्ष्मा दुरनुगा गतिः । (*BDh* 1.1.12)

इतिस्मरणाद्धर्मादिविषयं ध्यानमत्र विवक्षितम् । "**प्रश्नविशेषणं वा सम्यगिति**" (7.15) इति । सम्यक् पृष्टः नानाचारेणेति केचित् । **विभावनायां तु ।**

> ध्यानविशेषणत्वे सम्यक्त्वमैकाग्र्यं शास्त्रार्थविषये प्रश्नविशेषणं वा सम्यगिति । सम्यगेषां प्रश्न इति ध्यात्वेत्यर्थः । एतदेव आदिशब्देन (7.16) सूचयति । एते तावद्योग्याधिकारिणः सम्यक्पृष्टवन्त इति । ध्यात्वेत्यर्थः । इति ।

"**तेषां कालविवक्षा**" (7.16) इति । "क्षणो व्यापारवैकल्ये कालभेदाल्पकालयोः" इति **अमरकोशादौ** क्षणशब्दस्य व्यापारवैकल्याद्यर्थत्वमुक्तम् । तथा **यादवप्राशश्च** ।

> क्षणो व्यापारवैकल्ये कालभेदाल्पकालयोः ।
> उत्सवे परतन्त्रत्वे मध्यावसरपर्वसु ॥ इति । (*YVai* 6.1.11–12)
> निर्व्यापारस्थितौ कालविशेषोत्सवयोः क्षणः ॥ (*AK* 3.3.439)

इति **अमरः** । अत्र **विभावना** "'क्षणं ध्यात्वा' (7.16) इति मुनीनां योगेश्वरत्वेन परोक्षार्थज्ञत्वप्रसिद्धिर्द्रढीकृतेति दर्शितम्" इत्याह । "**नूनम्**" (7.17) इति । वैलक्षण्यप्रदर्शनं (7.18) च तत्स्वभावपरिज्ञानेन शास्त्रतात्पर्यपरिज्ञानेन परोक्षज्ञानेन चेति मन्तव्यम् । "**अध्यापनप्रकारनियमो वा**" (7.18) इति प्रतिहतज्ञानेनापि पुरुषेण नाध्यापनीयमिति दर्शितम् इति । "**बहुवचनमुक्तार्थम्**" (7.20) इति । अर्थादेरप्युपलक्षणार्थमित्यर्थः । "**निबोधतेति शिष्यबुद्धिसमाधानार्थम्**" (7.21) इति । समाधानमेकाग्रता । तथा च **मनुः** । "मनुमेकाग्रमासीनम्" इत्यारभ्य प्रार्थनप्रकारमुक्त्वा ।

> स तैः पृष्टस्तथा सम्यगमितौजा महात्मभिः ।
> प्रत्युवाचार्च्य तान्सर्वान् महर्षीञ्छ्रूयतामिति ॥ इति । (*MDh* 1.1–4)

"**प्रसक्तस्यापि धर्मस्य**" (7.21) इत्यत्र **विभावना** । "अग्निहोत्रं जुहोतीति प्राप्तस्यापि होमस्य दध्यादिगुणविधानार्थमनुवादवत् प्रश्नवाक्यस्थस्य धर्मपदस्य प्रतिवचनेऽप्यन्वयाद् देशगुणविध्यर्थमनुवादः" इति ।

> योगीश्वरं याज्ञवल्क्यं संपूज्य मुनयोऽब्रुवन् ।
> वर्णाश्रमेतरेषां नो ब्रूहि धर्मानशेषतः ॥ (*YDh* 1.1)

इति प्रश्नवाक्ये प्रसक्तस्यापीत्यर्थः ।

> शब्दादाक्षेपतो वापि प्रतीतस्यैव कीर्तनम् ।
> प्रयोजनाद्विनाभूतं पुनरुक्तमिति स्मृतम् ॥

इति **वरदराजः** । "**श्लोकत्रयमपि ह्यस्मादिति वक्ष्यमाणत्वात्**" (7.24) इति । तथा तृतीयाध्यायावसाने,

श्रुत्वैतानृषयो धर्मान्याज्ञवल्क्येन भाषितान् ।
इदमूचुर्महात्मानं योगीन्द्रममितौजसम् ॥
य इदं धारयिष्यन्ति धर्मशास्त्रमतन्द्रिताः ।
इहलोके यशः प्राप्य ते यास्यन्ति त्रिविष्टपम् ॥
विद्यार्थी प्राप्नुयाद्विद्यां धनकामो धनानि च ।
आयुष्कामस्तथैवायुः श्रीकामो महतीं श्रियम् ॥
श्लोकत्रयमपि ह्यस्माद् यः श्राद्धे श्रावयिष्यति ।
पितॄणां तत्र तृप्तिः स्यादानन्त्याय न संशयः ॥ (*YDh* 3.331–34)

इत्यादिवक्ष्यमाणत्वादित्यर्थः । **"स्वप्रशंसानिषेधात्"** (8.2) इति । तथा च **हनूमद्वचनम्** ।

आत्मप्रशंसा मरणं परनिन्दा च तत्समा ।
तथापि वक्ष्ये काकुत्स्थ नास्ति मत्सदृशः कपिः ॥ इति ।
आत्मनिन्दात्मपूजा च परनिन्दा परस्तुतिः ।
अनाचरितमार्याणां नृणामेतच्चतुष्टयम् ॥ इति च ।

एवमादिस्मृत्यादिवचनान्यत्रोदाहरणीयानि । **"नायमुपालम्भः"** (8.5) इति । तदाह **हलधरः** । "प्रश्नः स्यादनुयोगः पर्यनुयोगो भवेदुपालम्भः" (*HalAbhi* 1.154) इति । **"किंच ब्रह्मावर्तादेरनङ्गत्वमप्यभिप्रेतम्"** (8.7) इति । **मन्वाद्युक्तस्य** स्यादिति शेषः । तत्र तावन् **मनुः** ।

सरस्वतीदृषद्वत्योर्देवनद्योर्यदन्तरम् ।
तं देवनिर्मितं देशं ब्रह्मावर्तं प्रचक्षते ॥
अस्मिन्देशे य आचारः पारंपर्यक्रमागतः ।
वर्णानां सान्तरालानां स सदाचार उच्यते ॥
कुरुक्षेत्रं च मत्स्याश्च पाञ्चालाः शूरसेनकाः ।
एष ब्रह्मर्षिदेशो वै ब्रह्मावर्तादनन्तरः ॥
एतद्देशप्रसूतस्य सकाशादग्रजन्मनः ।
स्वं स्वं चरित्रं शिक्षन्ते पृथिव्यां सर्वमानवाः ॥
हिमवद्विन्ध्ययोर्मध्यं यत् प्राग्विनशनादपि ।
प्रत्यगेव प्रयागाच्च मध्यदेशः प्रकीर्तितः ॥
आ समुद्रात्तु वै पूर्वाद् आ समुद्रात्तु पश्चिमात् ।
तयोरेवान्तरं गिर्योरार्यावर्तं प्रचक्षते ॥

कृष्णसारस्तु चरति मृगो यत्र स्वभावतः ।
स ज्ञेयो याज्ञियो देशो म्लेच्छदेशस्त्वतः परम् ॥
एतान् द्विजातयो देशान् संश्रयेरन् प्रयत्नतः ।
शूद्रस्तु यस्मि कस्मिन्वा निवसेद्वृत्तिकर्शितः ॥
एषा धर्मस्य वो योनिः समासेन प्रकीर्तिता ।
संभवश्चास्य सर्वस्य वर्णधर्मान्निबोधत ॥ इति ॥ (*MDh* 2.17–25)

अत्र **वरदराजीयम**पि यथा ।

यस्य देशाचारस्य धर्मलक्षणत्वमुक्तं तं देशमिदानीमाह ।

सरस्वतीदृषद्वत्योर्देवनद्योर्यदन्तरम् ।
तं देवनिर्मितं देशं ब्रह्मार्तं प्रचक्षते ॥ (*MDh* 2.17)

ऋषीणामुत्सवं ब्रह्मात्र किल प्रतिभातमित्यन्वर्थसंज्ञया ब्रह्मावर्तमिति देशस्तुतिः । पुनरप्यस्यैव देशस्य स्तुतिमाह ।

यस्मिं देशे य आचारः पारंपर्यक्रमागतः ।
वर्णानां सान्तरालानां स सदाचार उच्यते ॥ (*MDh* 2.18)

पूर्वोक्तादीषन्न्यूनं देशमाह ।

कुरुक्षेत्रं च मत्स्याश्च पाञ्चालाः शूरसेनकाः ।
एष ब्रह्मर्षिदेशो वै ब्रह्मावर्तादनन्तरः ॥ (*MDh* 2.19)

कुरूणां धर्मभूमित्वेन बहुशः कृष्टं क्षेत्रं कुरुक्षेत्रमित्यर्थः । ब्रह्मावर्तादनन्तरः ईषन्न्यून इत्यर्थः इति । तद्देशस्य स्तुतिमाह ।

एतद्देशप्रसूतस्य सकाशादग्रजन्मनः ।
स्वं स्वं चरित्रं शिक्षन्ते पृथिव्यां सर्वमानवाः ॥ (*MDh* 2.20)

पुनरपि देशान्तरमाह ।

हिमवद्विन्ध्ययोर्मध्यं यत् प्राग्विनशनादपि ।
प्रत्यगेव प्रयागाच्च मध्यदेशः प्रकीर्तितः । (*MDh* 2.21)

विनशनं सरस्वत्या अन्तर्धानदेशः पश्चिमायां दिशि । देशान्तरमाह ।

आ समुद्रात्तु वै पूर्वाद् आ समुद्रात्तु पश्चिमात् ।
तयोरेवान्तरं गिर्योरार्यावर्तं प्रचक्षते । (*MDh* 2.22)

किं बहुना ।

कृष्णसारस्तु चरति मृगो यत्र स्वभावतः ।

स ज्ञेयो याज्ञियो देशो म्लेच्छदेशस्त्वतः परः ॥ (*MDh* 2.23)

पूर्वोक्तानन्तरशब्दः उत्तरदेशेषु सर्वत्र योज्यते । अतः पूर्वस्मात्पूर्वस्मादुत्तरोत्तरमीषन्न्यूनमिति द्रष्टव्यम् । म्लेच्छदेशः कर्मानधिकृतपुरुषदेशः । तथा च भगवान् व्यासः ।

चातुर्वर्ण्यव्यवस्थानं यस्मिन्देशे न विद्यते ।

स म्लेच्छदेशो विज्ञेय आर्यावर्तस्त्वतः परः ॥ (*MDh* 2.23 Add)

पूर्वोक्तात् ।

एतान् द्विजातयो देशान्संश्रयेरन् प्रयत्नतः ।

शूद्रस्तु यस्मिन्कस्मिन्वा निवसेद् वृत्तिकर्शितः ॥ (*MDh* 2.24)

द्विजातिशुश्रूषोः सच्छूद्रस्य द्विजातिदेश एव देशः । इह तु वृत्तिकर्शितस्यापद्यभ्यनुज्ञामात्रम् "शूद्रस्तु यस्मिन्कस्मिन्वा निवसेत्" इति ॥

इति **वरदराजीय उक्तम्** । अत्र **स्मृतिचन्द्रिका** च यथा ।

अथ देशनिर्णयः ।

सरस्वतीदृषद्वत्योर्देवनद्योर्यदन्तरम् ।

तं देवनिर्मितं देशं ब्रह्मावर्तं प्रचक्षते ॥ (*MDh* 2.17)

कुरुक्षेत्रं च मत्स्याश्च पाञ्चालाः शूरसेनकाः ।

एष ब्रह्मर्षिदेशो वै ब्रह्मावर्तादनन्तरः ॥ (*MDh* 2.19)

अनन्तर ईषन्न्यून इत्यर्थः ।

हिमवद्विन्ध्ययोर्मध्यं यत् प्राग्विनशनादपि ।

प्रत्यगेव प्रयागाच्च मध्यदेशः प्रकीर्तितः ॥ (*MDh* 2.21)

विनशनं सरस्वत्या अन्तर्धानदेशः ।

आ समुद्रात्तु वै पूर्वाद् आ समुद्रात्तु पश्चिमात् ।

तयोरेवान्तरं गिर्योरार्यावर्तं प्रचक्षते ॥ इति । (*MDh* 2.22)

अत्र पूर्वः पूर्व उत्तरोत्तरात् प्रशस्तः । तथा सुमन्तुः ।

ब्रह्मावर्तः परो देश ऋषिदेशस्त्वनन्तरः ।

मध्यदेशस्ततो न्यून आर्यावर्तः ततः परः ॥ इति ।

यत्पुनर्मनुनोक्तम् ।

कृष्णसारस्तु चरति मृगो यत्र स्वभावतः ।

स ज्ञेयो याज्ञियो देशो म्लेच्छदेशस्त्वतः परः ॥ इति । (*MDh* 2.23)

तत्पूर्वोक्तदेशचतुष्टयालाभे द्रष्टव्यं तदनन्तरमस्याभिधानात् । एतच्च देशान्तरनिराकरणाय ।

यत आह **विष्णुः** ।

चातुर्वर्ण्यव्यवस्थानं यस्मिन्देशे न विद्यते ।

स म्लेच्छदेशो विज्ञेय आर्यावर्तस्त्वतः परः ॥ इति । (*ViDh* 84.4)

अतश्च यत्र कृष्णसारश्चातुर्वर्ण्यव्यवस्थानं वा स धर्म्यो देश इति मन्तव्यम् । तथा च **आदिपुराणम्** ।

कृष्णसारैर्यवैर्दर्भैश्चातुर्वर्ण्याश्रमैस्तथा ।

समृद्धो धर्मदेशस्तमाश्रयेरन्विपश्चितः ॥ इति ।

एतैर्विहीनो म्लेच्छदेश इत्यभिप्रायः । म्लेच्छदेश इति वदंस्तत्र धर्मक्रियादिनिषेधमाह । अत एव **विष्णुः** । "न म्लेच्छविषये श्राद्धं कुर्यान्न गच्छेन् म्लेच्छविषयम्" (*ViDh* 84.1–2) इति । **आदिपुराणे**ऽपि ।

अधर्मदेशमध्ये तु कृत्वा क्रतुशतान्यपि ।

न पश्यन्ति द्विजाः श्रेयो यातुस्स्वर्गे महार्गळम् ।। इति ।

अनेनैवाभिप्रायेण **याज्ञवल्क्यो**ऽप्याह ।

यस्मिन्देशे मृगः कृष्णस्तस्मिन्धर्मान्निबोधत ॥ इति । (*YDh* 1.2)

धर्मानुष्ठानतयेति शेषः तस्य धर्मशासनत्वात् । अत एव **संवर्तः** ।

स्वभावाद्यत्र विचरेत्कृष्णसारः सदा मृगः ।

धर्मदेशः स विज्ञेयो द्विजानां धर्मशासनः[14] ॥ इति ॥

स्वभावात् अनानीत इत्यर्थः । **शङ्खस्त्व**न्यथार्यावर्तमाह । "कृष्णमृगो यावद्विचरति तावद् आचारः[15] स्यात्" इति । आर्यावर्त इत्यनुवृत्तौ **वसिष्ठो**ऽपि । "यावद्वा कृष्णो विचरति" इति (*VaDh* 1.16) । आर्यावर्तोत्पन्नस्य **आदिपुराणे** नियमविशेष उक्तः ।

आर्यावर्तसमुत्पन्नो द्विजो वा यदि वाद्विजः ।

नर्मदां सिन्धुपारं च करतोयां न लङ्घयेत् ॥

आर्यावर्तमतिक्रम्य विना तीर्थक्रियां द्विजः ।

आज्ञां चैव तथा पित्रोरैन्दवेन विशुध्यति ॥ इति ।

करतोया नदी । एवमुक्तेष्वपि देशेष्वपवादमाह **मनुः** ।

न शूद्रराज्ये निवसेन्नाधार्मिकजनावृते ।

न पाषण्डिजनाक्रान्ते नोपसृष्टेऽन्त्यजैर्नृभिः ॥ (*MDh* 4.61)

व्यासोऽपि ।

देशाञ्छूद्रावृतानन्यानधार्मिकजनावृतान् ।

पाषण्डिभिर्जनैः क्रान्तान्तान् प्रयत्नेन वर्जेत् ॥

इति निषिद्धा देशाः। तत्रापवादमाह पितामहः ।

शूद्रराज्ये विनिवसेद्यत्र मध्ये तु जाह्नवी ।
सोऽतिपुण्यतमो देशोऽनार्यैरपि समाश्रितः ॥
कुरुक्षेत्रनिवासेन वाराणस्यां च मानवः ।
अहिंसया वर्तमानो द्विजो मृत्वा दिवं व्रजेत् ॥
न गङ्गया विना वासः सर्वक्षत्रक्षयादृते ।
काश्यां हि मरणं श्रेष्टं विना क्षेत्रं प्रजापतेः ॥
गङ्गाद्वारे प्रयागे च गङ्गासागरसंगमे ।
निवासो नवमानां वै[16] नराणामिह जायते ॥

सर्वक्षत्रक्षयं कुरुक्षेत्रम् । व्यासोऽपि ।

ते देशास्ते जनपदास्ते शैलास्ते तथाश्रमाः ।
पुण्या त्रिपथगा येषां मध्ये याति सरिद्वरा ॥

आदिपुराणेऽपि ।

यत्र गङ्गा सरिच्छ्रेष्टा स देशस्तत्तपोवनम् ।
सिद्धक्षेत्रं च तज्ज्ञेयं गङ्गातीरसमाश्रितम् ॥

श्रीविष्णुधर्मोत्तरेऽपि ।

प्रभासे पुष्करे काश्यां नैमिशेऽमरकण्टके ।
गङ्गायां सरयूतीरे निवसेद्धार्मिको द्विजः ॥

व्यासोऽपि ।

अन्तर्वेदी मध्यदेशं ब्रह्मावर्तं च यज्ञियम् ।
मिश्रकं सरयूतीरं पुष्करं नैमिषं तथा ।
देशानेतान्निवासाय संश्रयेरन् द्विजातयः ॥ इति ।

अत्र द्विजातिग्रहणं शूद्रस्यापि प्रदर्शनार्थं तस्यापद्येव मनुना देशानुग्रहस्मरणात् ।

एतान् द्विजातयो देशान्संश्रयेरन् प्रयत्नतः ।
शूद्रस्तु यस्मिन्कस्मिन्वा निवसेद् वृत्तिकर्शितः ॥ इति । (*MDh* 2.24)

अथ निषद्धदेशः ।

अवन्तयोऽङ्गमगधाः सौराष्ट्रं दक्षिणापथम् ।
उपावृद्विन्धुसौवीरा एते संकीर्णयोनयः ॥ (*BDh* 1.2.13)

व्यासोऽपि ।

अङ्गवङ्गान्ध्रविषया ये चान्ये म्लेच्छजातयः ।
कृष्णसारविहीनाश्च तान् प्रयत्नेन वर्जयेत् ॥

आदिपुराणेऽपि ।

काञ्चिकोसलसौराष्ट्रवन्ध्रमागधकच्छजाः ।
कावेरीकोङ्कणोद्भूता एतेऽष्टौ निन्दिता भृशम् ॥
पञ्चनद्यो वहन्त्येता यत्र निस्पृत्य कम्पया[17] ।
स पतेन्निरये तत्र द्विजातिर्योऽन्वहं वसेत् ॥
नर्मदासिन्धुकौन्तीनां पारं पद्मस्य पश्चिमम् ।
गत्वा नरकमाप्नोति तीर्थकालाधिकं वसन् ॥
अङ्गवङ्गकलिङ्गाश्च उद्भ्रमाळविकास्तथा ।
उद्घ्राश्चैव सुराष्ट्राश्च वैन्यमागधगाः खषाः ॥
न विवाहं तथा श्राद्धं यज्ञं चैव समाचरेत् ।
पापदेशाश्च ये केचित्पापैरध्युषिता जनैः ॥
गत्वा तेषु विवाहादि कुर्वन्ति पतिता हि ते ।
सौराष्ट्रं सिन्धुसौवीरमावन्त्यं दक्षिणापथम् ॥
गत्वैतान्कामतो देशान्कलिङ्गांश्च पतेद्विजः ॥ इति ।

एतत्पूर्वोक्तकृष्णसारादिविहीनदेशाभिप्रायम् । बोधायनस्तु सिन्धुसौवीरादिगमने प्रायश्चित्तमाह ।

सिन्धुसौवीरसौराष्ट्रास्तथा प्रत्यन्तवासिनः ।
अङ्गवङ्गकलिङ्गांश्च गत्वा संस्कारमर्हति ॥ इति ।

प्रत्यन्तो 'न्तदेशः । आदिपुराणेऽपि ।

सौराष्ट्रं सिन्धुसौवीरमावन्त्यं दक्षिणापथम् ।
एतान्देशान् द्विजो गत्वा पुनःसंस्कारमर्हति ॥
हिमवत्कौशिकीं विन्ध्यं पारं पद्मस्य पश्चिमम् ।
तीर्थयात्रां विना गत्वा पुनःसंस्कारमर्हति ।।
तस्मात् प्रभातसमये गत्वा गङ्गातटं शुभम् ।
प्रत्यन्तवासशुध्यर्थं करिष्यामो महत्तपः ॥ इति ।

तथा द्विजानामप्यापदि वृत्त्यर्थं देशानुग्रहः स्कान्दपुराणे दर्शितः ।

अङ्गवङ्गकलिङ्गोद्ध्रान् सौराष्ट्रानान्ध्रमाळवान् ।
निवासाय द्विजो नित्यमनापदि विवर्जयेत् ॥
एतानप्यापदि गृही संश्रयेद् वृत्तिकर्शितः ॥

इति **स्मृतिचन्द्रिकायां** (*SmC* I: 17–24) देशनिर्णयः कृतः । **बोधायनोऽप्याह** ।

प्रागादर्शात् प्रत्यक्कालकवनाद्दक्षिणेन हिमवन्तमुत्तरेण विन्ध्यं यत्क्षेत्रमेतदार्यावर्तम् । अस्मिन्य आचारः स प्रमाणम् । गङ्गायमुनयोर्यदन्तरमित्येके । अथाप्यत्र भाल्लम्बिनां गाथामुदाहरन्ति ।

पश्चात्सिन्धुर्विधरणी सूर्यस्योदयनं पुरः ।
यावत् कृष्णो विचरति तावद् ब्रह्मवर्चसमिति ।
अवन्तयोऽङ्गमगधाः सुराष्ट्रं दक्षिणापथः ।
उपावृह्वन्धुसौवीरा एते संकीर्णयोनयः ॥

अरट्टान् कारस्करान् पुण्ड्रान् सौवीरान् वङ्गान् कलिङ्गान् प्राञ्भूनानिति च । एतान् गत्वा वैश्वानर्या यजेत सर्वसृष्ट्या वा । अथाप्युदाहरन्ति ।

पद्भ्यां स कुरुते पापं यः कलिङ्गान् प्रपद्यते ।
ऋषयो निष्कृतिं तस्य प्राहुर्वैश्वानरं हविः ॥

इति **बौधायनीयम्** (*BDh* 1.2.9–15) । **वसिष्ठोऽप्याह** ।

आर्यावर्ते य आचारास्ते धर्मा इति । प्रत्यक् कालकोपनात्[18] प्राक् पारि या त्राद् दक्षिणेन हिमवत उत्तरेण विन्ध्यस्य ये धर्मा ये आचारास्ते प्रत्येतव्याः । न त्वन्ये प्रतिलोमक-धर्माणः । एतदार्यावर्तमित्याचक्षते यद्धिमवद्विन्ध्ययोर्मध्यम् । गङ्गायमुनयोरन्तरा-प्येके । यावत् कृष्णो विचरति तावद् ब्रह्मवर्चसमिति । अथापि हाल्लम्बिनो निदाने गाथामुदाहरन्ति ।

पश्चात्सिन्धुर्विरहिणी सूर्यस्योदयनं पुरः ।
यावत् कृष्णो विचरति तावद् ब्रह्मवर्चसम् ॥ (*VaDh* 1.8–15)

इति **वासिष्ठम्** । मतभेदप्रदर्शनार्थं व्याप्त्यर्थं चायमस्माकमतिप्रपञ्चो द्रष्टव्यः । "**अतः परमयाज्ञियो देश इति**" (8.7–8) ।

सरस्वतीदृषद्वत्योर्देवनद्योर्यदन्तरम् ।
तं देवनिर्मितं देशं ब्रह्मावर्तं प्रचक्षते ॥ (*MDh* 2.17)

इत्यादिमनूक्तब्रह्मावर्तादेरपि परमित्यर्थः ।

वेदादुपनिबद्धत्वात् प्राधान्यं तु मनोः स्मृतम् ।

मन्वर्थविपरीता तु या स्मृतिः सा न शस्यते ॥ (*BṛSm* 1.29.17)

इति स्मृतेर्वेदविरोधवन्मनुविरोधस्यापि परिहार्यत्वादित्यभिप्रायः । **"सूर्यस्योदयनं पुरः"** इति (8.8) ।

पश्चात् सिन्धुर्विरहिणी सूर्यस्योदयनं पुरः ।
यावद्वा कृष्णो विचरति तावद् ब्रह्मवर्चसम् ॥

इति वक्ष्यमाणभाल्लम्बिगाथयेत्यर्थः । **"मूर्खे"** (8.9) इति । बालिशेत्यर्थः ।

अज्ञे मूढयथाजातमूर्खवैधेयबालिशाः । (*AK* 3.1.48)

इति अमरः । **हलाधरश्चाह** ।

वैधेयो बालिशो बालो जडो जाल्मो यथोगतः ।
मूढो मन्दो विवर्णश्च मूर्खः स्यान्मातृशासितः ॥ इति । (*HalAbhi* 2.181)

"अन्यथा ह्येककर्मार्थतापि सन्निधेराशङ्क्येत" (8.11) इति । श्रुत्याद्यविरोधे सति सन्निधेरपि विनियोजकत्वादित्यर्थः । तथा च **भट्टवार्त्तिकम्** ।

द्रव्यं जातिर्गुणः कर्म विषयश्च चतुर्विधः ।
आकाङ्क्षासत्तियोग्यत्वैः पदार्थानां मिथोऽन्वयः ॥ इति ।

"ब्रह्मावर्ताद्यनभिधानं तु विशिष्टफलहेतुत्वात्तेषाम्" (8.12–13) इति । विशिष्टफलहेतुत्वं गुणातिशयवत्त्वात् क्षेत्रादेरिव फलभूयस्त्वनिमित्तत्वमित्यर्थः । तथा च **पितामहः** ।

कुरुक्षेत्रनिवासेन वाराणस्यां च मानवः ।
अहिंसकः स्नानपरः पापं हित्वा दिवं व्रजेत् ॥

इत्यादि । **तथारण्यपर्वण्यपि पुलस्त्ययुधिष्ठिरसंवादे** ।

कुरुक्षेत्रं गमिष्यामि कुरुक्षेत्रे वसाम्यहम् ।
य एवं सततं ब्रूयात्सोऽपि पापैर्विमुच्यते ॥ (*MBh* 3.81.2)
ततो गच्छेत राजेन्द्र ब्रह्मावर्तं नराधिप ।
ब्रह्मावर्ते नरः स्नात्वा ब्रह्मलोकमवाप्नुयात् ॥ (*MBh* 3.81.43)
पांसवोऽपि कुरुक्षेत्रे वायुना समुदीरिताः ।
अपि दुष्कृतकर्माणं नयन्ति परमां गतिम् ॥
दक्षिणेन सरस्वत्यामुत्तरेण दृषद्वतीम् ।
ये वसन्ति नरास्तत्र ते वसन्ति त्रिविष्टपे ॥
कुरुक्षेत्रं गमिष्यामि कुरुक्षेत्रे वसाम्यहम् ।
अप्येतां वाचमुत्सृज्य सर्वपापैः प्रमुच्यते ॥ (*MBh* 3.81.164–76)

ब्रह्मावर्तं ततो गच्छेद् ब्रह्मचारी समाहितः ।

अश्वमेधमवाप्नोति प्राकृश्च (?) विनश्यति ॥ (*MBh* 3.82.38)

इत्यादिकर्माङ्गभूतस्यैवाभिधाननियमादेवमाद्यनभिधानेन दोष इत्यभिप्रायः । "**यज्ञियत्वेनैव धर्मनियमात्**" (8.14) इति । तदर्हतीत्यधिकृत्य "**यज्ञर्त्विग्भ्यां टटघबञौ**" (Pāṇ 5.1.71) इत्यत्र यज्ञर्त्विग्भ्यां तत्कर्मार्हतीत्युपसंख्यानमिति घे सति यज्ञिय इति रूपमिति । यज्ञशब्देन क्रियोच्यते धर्मशब्देनापूर्वम् । अत एव द्वितीयमुदाहरणं यागादिक्रियायाः कृष्णमृगसंस्कृतत्वादत्रैवापूर्वोत्पत्तिरित्यर्थः । "**एवं हि भाल्लम्बिनः**" छन्दोगाः "**गाथा**" श्लोकाः (8.17) । तथा **चैकादशस्कन्धे** ।

अहोरात्रौ छिद्यमानं बुध्वायुर्भयवेपथुम् ।

मुक्तसङ्गः पदं बुध्वा निरीह उपशाम्यति ॥ इति । (*BhPu* 11.20.16)

ब्रह्माण्डे च ।

अहोरात्रापदेशेन नृणामायूंषि खण्डशः ।

निकृन्तन् नित्यमुदयं प्रयात्यस्तं च भास्करः ॥ इति ।

एवं ह्यायुर्हरणं पुराणादिप्रसिद्धम् । "**सिन्धुः समुद्रः**" (8.19) इत्यत्र **यादवः** ।

स्त्री नद्यां ना नदे सिन्धुर्देशभेदेऽम्बुधौ गजे ।

सौम्यो विप्रे सोमजेऽब्दे सुन्दरे सोमदैवते ॥ इति । (*YVai* 6.5.97–98)

"**उभयत्र स्यन्दनाविशेषात्**" (8.20) इति । स्यन्दू प्रस्रवण इति धातुः । तत्र निष्पन्नः सिन्धुशब्दः । जलप्रवाहप्रवृत्त्यविशेषस्यन्दनाविशेषः । "**ऋज्वन्यत्**" (8.20) इत्यत्र अमृतस्यन्दिनी । "**ऋज्वन्यदिति योजनार्थम्**" । यस्याः पृथिव्या विहरिणी पश्चादुदयनं च पुरस्तादिति तदुपजीव्याह "**एवम्**" इत्यादिका (8.20) । "**यावत् कृष्णो विचरति तावद् ब्रह्मवर्चसम्**" (8.21) इति । कृष्णः कृष्णमृगः । ब्रह्मवर्चसमध्ययनविज्ञानानुष्ठानसंपदित्यर्थः । तथाह **हलधरः** ।

वृत्ताध्ययनसंपत्तिरिष्यते ब्रह्मवर्चसम् ॥ इति । (*HalAbhi* 2.242)

यादवप्रकाशश्च ।

आचारो वृत्तचारित्रचरित्रचरणानि च ।

वृत्तस्याध्ययनस्यापि संपत्तिर्ब्रह्मवर्चसम् ॥ इति । (*YVai* 3.6.115–16)

सिंहोऽप्याह ।

स्याद् ब्रह्मवर्चसं वृत्तोऽध्ययनर्द्धिरथाञ्जलिः ।

पाठे ब्रह्माञ्जलिः पाठे विप्रुषो ब्रह्मबिन्दवः ॥ इति । (*AK* 2.7.38–39)

"**तावदेव**" (8.22) इति । अत्र **अमरः** ।

यावत् तावच्च साकल्येऽवधौ मानेऽवधारणे ॥ इति । (*AK* 3.3.247)

"**यावद्वेत्यपि**" (8.22) इत्यत्र "वा विकल्पोपमानद्वन्द्वसमुच्चयेषु" इति **अव्ययसूत्रम्**[19] ।
तथा **अमरेणाप्यभाणि** ।

स्युरेव तु पुनर्वै वेत्यवधारणवाचकाः ॥ इति । (*AK* 3.4.15)

"**तथा च**" (8.23) इत्यत्र **मनुः** ।

कृष्णसारस्तु चरति मृगो यत्र स्वभावतः ।

स ज्ञेयो याज्ञियो देशो म्लेच्छदेशस्त्वतः परः ॥ इति । (*MDh* 2.23)

शङ्खोक्तस्य च वाशब्दस्य (8.24) **मानवानुरोधेनावधारणार्थत्वमेव युक्तं शङ्खलिखितयोस्त्वेवं प्रतिज्ञावचनात्** ।

समीक्ष्य निपुणं धर्ममृषिभ्यो मनुभाषितम् ।

आम्नायात् सम्यगुद्धृत्य शङ्खश्च लिखितस्तथा ॥ इति ।

तथा **चैकादशस्कन्धे श्रीकृष्णोद्धवसंवादे** ।

अकृष्णसारो देशानामब्रह्मण्योऽशुचिर्भवेत् ।

कृष्णसारोऽप्यसौवीरकीकटासंस्कृतेरिणः ॥ इति । (*BhPu* 11.21.8)

"**उत्पद्यत इति चाध्याहार्यं श्रुतिस्मृत्यन्तरानुसारात्**" (9.4) इति । "**स कृष्णमृगोऽभवत् । स कृष्णमृगो भूत्वा पृथिवीमचरत् । तमनु धर्मश्चचार**" (8.15–16) इत्यादिपूर्वोक्तश्रुतेर्देशस्योत्पन्नकृष्णसारचरितत्वं गम्यते । **स्मृतेश्च** ।

कृष्णसारस्तु चरति मृगो यत्र स्वभावतः ।

स ज्ञेयो याज्ञियो देशो म्लेच्छदेशस्त्वतः परः ॥ इति । (*MDh* 2.23)

संवर्तोऽपि ।

स्वभावाद्यत्र विचरेत् कृष्णसारः सदा मृगः ।

धर्मदेशः स विज्ञेयो द्विजानां धर्मसाधनः ॥ इति ।

"**तादात्म्येन तु**" (9.6) इति । तादात्म्यं ब्रह्मावर्ताद्यात्मत्वम् । अत्र **विज्ञानेश्वरम्** ।

एवं पृष्टः । मिथिलास्थः स योगीन्द्रः क्षणं ध्यात्वेत्यादि । मिथिलानाम नगरी । तत्रावस्थितः स मुनिः । क्षणं ध्यात्वा कंचित् कालं मनः समाधाय । एते श्रवणाधिकारिणो विनयेनापृच्छन्तीति युक्तमेतेभ्यो वक्तुमित्युक्तवान्मुनीन् । किम् । यस्मिन्देशे मृगः कृष्णस्तस्मिन्धर्मान् निबोधत इति । कृष्णसारो मृगो यस्मिन्देशे स्वच्छन्दं विहरति तस्मिन्देशे वक्ष्यमाणो धर्मः । नान्यत्रेत्यभिप्रायः । इति । (*VijYDh* 1.2)

YDh 1.3

[पुराणन्यायमीमांसाधर्मशास्त्राङ्गमिश्रिताः ।
वेदाः स्थानानि विद्यानां धर्मस्य तु चतुर्दश ॥]

पुराणेत्यादि ॥ "**यद्यपि च**" (9.7) इति ।

योगीश्वरं याज्ञवल्क्यं संपूज्य मुनयोऽब्रुवन् ।
वर्णाश्रमेतरेषां नो ब्रूहि धर्मानशेषतः ॥ (*YDh* 1.1)

इत्यत्राशेषत इति कात्स्र्येत्यर्थः । "**वेदात्**" (9.7) इति चाध्याहारः । वेद एव वानन्यशेषत्वादशेष इत्युच्यते । तस्मादशेषतोऽस्माकमनुग्रहार्थं धर्मान् ब्रूहीति । मुनिप्रार्थनाव्याख्यानेन "**यद्यपि च मुनिभिर्वेदादेव धर्मान् ब्रूहीत्युक्तमित्युक्तम्**" (9.7) इत्यर्थः । "**तथापि न मन्त्रब्राह्मणलक्षणात्**" (9.7) इति । "**मन्त्रब्राह्मणयोर्वेदनामधेयम्**" (*ĀpŚr* 24.1.31) इति आपस्तम्बसूत्रे वेदस्य मन्त्रब्राह्मणलक्षणत्वमुक्तम् । "**पुराणादीनां धर्मोपयोगित्वं प्रसिद्धम्**" (9.11) इति । तत्रेतिहासपुराणौ संकुचितार्थं वेदं विकासयतः । यथोक्तं वासिष्ठे ।

इतिहासपुराणाभ्यां वेदं समुपबृंहयेत् ।
बिभेत्यल्पश्रुताद्वेदो मामयं प्रतरिष्यति ॥ इति । (*VaDh* 27.6)

समुपबृंहयेत् संकुचितार्थं विकासयेदित्यर्थः । इतिहासो भारतरामायणम् । ब्रह्माण्डादि पुराणम् । तत्र स्कान्दपुराणे सूतसंहितायां पुराणान्यनुक्रान्तानि ।

ब्राह्मं पुराणं प्रथमं द्वितीयं पाद्ममुच्यते ।
तृतीयं वैष्णवं प्रोक्तं चतुर्थं शैवमुच्यते ॥
ततो भागवतं प्रोक्तं भविष्याख्यं ततः परम् ।
सप्तमं नारदीयं च मार्कण्डेयं ततः परम् ॥
आग्नेयं नवमं पश्चाद् ब्रह्मवैवर्तमेव च ।
ततो लैङ्गं च वाराहं ततः स्कान्दमनुत्तमम् ॥
वामनाख्यं ततः कौर्मं मात्स्यं तत्परमुच्यते ।
गारुडाख्यं ततः प्रोक्तं ब्रह्माण्डं तत्परं विदुः ॥
ग्रन्थतस्तु चतुर्लक्षं पुराणं मुनिपुङ्गवाः ।
अष्टादशपुराणानां कर्ता सत्यवतीसुतः ॥ (*SūŚiva* 1.7–11)

इत्यष्टादशपुराणानि । उपपुराणान्यत्रैवोक्तानि ।

अष्टादश पुराणानि श्रुत्वा सत्यवतीसुतात् ।

अन्यान्युपपुराणानि मुनिभिः कीर्तितानि तु ॥
आद्यं सनत्कुमारेण प्रोक्तं वेदविदां वराः ।
द्वितीयं नारसिंहाख्यं तृतीयं नान्दमुच्यते ॥
चतुर्थं शिवधर्माख्यं दौर्वासं पञ्चमं विदुः ।
षष्टं तु नारदीयाख्यं कापिलं सप्तमं विदुः ॥
अष्टमं मानवं प्रोक्तं ततश्चौशनसं स्मृतम् ।
ततो ब्रह्माण्डसंज्ञं तु वारुणाख्यं ततः परम् ॥
ततः कालीपुराणाख्यं विशिष्टं मुनिपुङ्गवाः ।
ततो वासिष्ठलैङ्गाख्यं साक्षान्माहेश्वरं परम् ॥
ततः साम्बपुराणाख्यं ततः सौरं महाद्भुतम् ।
पाराशरं ततः प्रोक्तं मारीचाख्यं ततः परम् ॥
भार्गवाख्यं ततः प्रोक्तं सर्वधर्मार्थसाधनम् ।
लक्षं तु ग्रन्थसंख्याभिः सर्वविज्ञानसाधनम् ॥ (*SūŚiva* 1.12–19)

इत्युपपुराणानि । पुराणादीनां वेदमूलतया धर्मोपयोगित्वमत्रैवोक्तम् ।

यश्चतुर्वेदविद्विप्रः पुराणं वेत्ति नार्थतः ।
तं दृष्ट्वा भयमाप्नोति मामयं प्रतरिष्यति ॥
इतिहासपुराणाभ्यां वेदं समुपबृंहयेत् ।
वेदाः प्रमाणं प्रथमं स्वत एव ततः परम् ॥
स्मृतयश्च पुराणानि भारतं मुनिपुङ्गवाः ।
अन्यान्यपि मुनिश्रेष्ठाः शास्त्राणि सुबहूनि च ॥
सर्वं वेदाविरोधेन प्रमाणं नान्यवर्त्मना ॥ इति । (*SūŚiva* 1.34–37)

यादवप्रकाशेन चेतिहासपुराणयोर्लक्षणमुक्तम् ।

कथा त्वाख्यायिकाख्यानं पुराणं पञ्चलक्षणम् ।
इतिहासः पुरावृत्तमैतिह्यमितिहाव्ययम् ॥ इति । (*YVai* 2.4. 38)

अमरेण च ।

इतिहासः पुरावृत्तमुदात्ताद्यास्त्रयः स्वराः ।
आख्यायिकोपलब्धार्था पुराणं पञ्चलक्षणम् ॥ इति । (*AK* 1.5.4–5)

मीमांसा त्वितिकर्तव्यतया पूरकत्वेन तदर्थतामुपयाति । तथा न्यायविदः ।

धर्मे प्रमीयमाणे हि वेदेन करणात्मना ।

इतिकर्तव्यताभागं मीमांसा पूरयिष्यति ॥ इति ।

धर्मशास्त्रस्य तूपनयनाष्टकादिधर्मप्रतिपादकत्वेन तदुपकारकत्वम् । अक्षपादादिकं तु वेदाप्रामाण्यवादिनो निराकुर्वन् प्रमाणादिपदार्थान् लक्षयतीत्येवमुपाङ्गानाम् । एवमङ्गानां तु शिक्षा तावदध्ययनकाले कर्मणि च वेदोच्चारणलक्षणं शिक्षयति । यथाह **शौनकः** ।

पूर्वमृक्षु प्रवक्ष्यामि वेदोच्चारणलक्षणम् ॥ इति ।

ज्योतिषामयनं तु वसन्ते ज्योतिषा यजेतेत्यादिषु वसन्तादिकालं लक्षयति । तथा च **ज्योतिषामयनम्** ।

वेदा हि यज्ञार्थमनुप्रयुक्ताः कालानुपूर्व्या विहिताश्च यज्ञाः ।

तस्मादिदं कालविधानशास्त्रं यो ज्योतिषं वेद स वेद यज्ञम् ॥ इति ।

निरुक्तं तु व्याकरणस्य कात्स्न्र्यं संपादयति । तथा **निरुक्तम्** ।

अथापीदमन्तरेण वेदेष्वर्थप्रत्ययो न विद्यते । अर्थमप्रतीयतो नात्यन्तं स्वरसंस्कारोद्देशः । तदिदं विद्यास्थानं[20] व्याकरणस्य कात्स्न्र्यम् । इति । (*Nir* 1.15)

व्याकरणमप्यर्थविशेषमाश्रित्य वेदगतं पदमन्वाचक्षाणमुपकरोति । तथा **आगमः** । "एकः शब्दः सम्यग् ज्ञातः सुष्ठु प्रयुक्तः स्वर्गे लोके कामधुग्भवति" इति (cf. Pat III: 58) ।

यदधीतमविज्ञातं निगदेनैव शब्द्यते ।

अनग्नाविव शुष्कैधो न तज्ज्वलति कर्हिचित् ॥ (Pat I: 2)

इति च । शुष्कैधोपमानबलाद्वेदस्य नायं दोषः । अपि तु अध्येतुरेवेति द्योत्यते । **शाब्दिकाश्च** "अथ शब्दानुशासनम्" इत्युपक्रम्य "केषां शब्दानाम्" इति पृष्ट्वा "लौकिकानां वैदिकानाम्" इति प्रतिवचनं कुर्वन्त एतदेव द्योतयति (Pat I: 1) । कल्पसूत्राणि तु प्रतिशाखं शाखान्तराधीतन्यायप्राप्तेनाङ्गेनोपेतस्य कर्मणः प्रयोगं कल्पयन्ति । छन्दोविचितिरपि गायत्र्यादिमन्त्राक्षरप्रतिपादनेन कर्मशेषतामुपयाति । तथा चोक्तं **सर्वसिद्धान्तसंग्रहे** ।

मात्राक्षराणां संख्योक्ता छन्दोविचितिभिस्तथा । इति । (*SarSS* 1.8)

एतद्दर्शयति "**पुराणानां धर्मोपयोगित्वं प्रसिद्धम्**" (9.11) इति । एतच्चाद्यश्लोकसंगतावेवास्माभिः सोदाहरणं प्रपञ्चितम् । तदप्यालोच्यम् । "**न्यायमीमांसेति चैकं विद्यास्थानम्**" (9.11–12) इति प्रमाणप्रमेयमित्यादीनां स्वतन्त्रमेव निश्रेयसप्राप्तिवचनात् । प्रमाणादिपरिज्ञानेनाल्पप्रयोजनत्वाच्च न विद्यास्थानत्वमिति मन्यते । यदि न्यायमीमांसेत्येकं विद्यास्थानं चतुर्दशत्वं न घटत इत्याह "**पुराणमिति चेतिहासपुराणयोर्ग्रहणम्**" (9.12)

यश्चतुर्वेदविद्विप्रः पुराणं वेत्ति नार्थतः ।

तं दृष्ट्वा भयमाप्नोति वेदो मां प्रतरिष्यति ॥

> इतिहासपुराणाभ्यां वेदं समुपबृंहयेत् ।
> सर्गश्च प्रतिसर्गश्च वंशो मन्वन्तराणि च ।
> वंशानुचरितं चैव पुराणं पञ्चलक्षणम् ॥ इति ।

सर्गप्रतिसर्गवंशमन्वन्तरवंशानुचरितप्रतिपादकलक्षणपुराणेषु हि पुरावृत्तप्रतिपादकलक्षणेतिहासस्याप्यन्तर्भावादविनाभावलक्षणसंबन्धात् पुराणशब्देनेतिहासो लक्ष्यत इत्यर्थः । धर्मस्य शास्त्रं धर्मशास्त्रम् । धर्मप्रतिपादकत्वं तु सर्वेषामस्ति । अथ तु कस्यचिदेव धर्मविद्यास्थानानि चतुर्दशेति न घटत इत्यत आह । "धर्मशास्त्रं स्मृतिः" (9.12) इति । स्मृतित्वेन प्रसिद्धमानवादिशास्त्रमित्यर्थः । यद्यप्यनुभूतविषयासंप्रमोषः स्मृतिः तथाप्यत्र शब्दलिङ्गैकसमधिगम्याष्टकादिप्रतिपादकमानवादिशास्त्रे रूढोऽयमित्यवगन्तव्यम् । अङ्गशब्देन लोकवेदयोरुपकर्तॄणि हलप्रयाजादीन्युच्यन्ते । उपकर्तृत्वं च पुराणादीनामप्यस्तीति त एवोच्यन्त इति शङ्कानिरासार्थमाह । "अङ्गानि षट् शिक्षादीनि" (9.13) इति । अङ्गानां च शिक्षादित्वं मुण्डोपनिषद्युक्तम् ।

> ऋग्वेदो यजुर्वेदः सामवेदोऽथर्ववेदः । शिक्षा कल्पो व्याकरणं निरुक्तं छन्दो ज्योतिषम् । इति । (*MuU* 1.1.5)

निरुक्तभाष्यव्याख्याने तु भगवद्दुर्गाख्ये शिक्षाच्छन्दोविचितिकल्पज्योतिषामयनव्याकरणनिरुक्तानीत्युक्तोऽयं क्रमः[21] । सर्वसिद्धान्तसङ्ग्रहेऽप्युक्तः ।

> वेदाङ्गानि षडेतानि शिक्षा व्याकरणं तथा ।
> निरुक्तं ज्योतिषं कल्पच्छन्दोविचितिरित्यपि ॥ इति । (*SarSS* 1.3)

यानि पुरुषस्येव वेदस्य नासाद्यवयवात्मना आरोप्य शास्त्रैः कथ्यन्ते यान्ति तान्यङ्गवाच्यतामिति भावः । तथा शिक्षायाम् ।

> छन्दः पादौ तु वेदस्य हस्तौ कल्पोऽथ पठ्यते ।
> शिक्षा घ्राणं तु वेदस्य मुखं व्याकरणं स्मृतम् ॥
> ज्योतिषामयनं चक्षुर्निरुक्तं श्रोत्रमुच्यते ।
> तस्मात् साङ्गमधीत्यैव ब्रह्मलोके महीयते ॥ इति । (*PāṇŚikṣā* 41–42)

पुराणादीनां प्रतिस्वं भेदेऽपि यथा तदनाश्रयेणैकत्वम् एवमिहाप्येतानि समुदितान्येकं विद्यास्थानमिति शङ्कानिरासायाह "षड्" (9.13) इति । षड्विद्यास्थानानीत्यर्थः । त्रयाणामेव तु कर्मसु विनियोगात् त्रयीसमाख्यानाच्च त्रयो वेदा इत्याशङ्का स्यादित्यत आह । "वेदाश्चत्वारः" (9.13) इति । तथा चाम्नायः । "ऋग्वेदो यजुर्वेदः सामवेदोऽथर्ववेदः" (*MuU* 1.1.5) इति । स्मृतिश्च ।

ऋग्वेदः प्रथमः प्रोक्तो यजुर्वेदस्ततः परः ।
तृतीयः सामवेदाख्यश्चतुर्थोऽथर्व उच्यते ॥
एकविंशतिभेदेन ऋग्वेदो भेदितोऽमुना ।
यजुर्वेदो द्विजा एकशतभेदेन भेदितः ॥

अतश्चत्वार इत्युक्तमित्यर्थः । वेदा एव चतुर्दशेत्याशङ्का स्यादत आह । "एवं चतुर्दश" (9.13) इति । "अन्ये तु न्यायमाक्षपादादिकं वर्णयन्ति" (9.13–14) इत्यत्रादिशब्देन काणादादीन्युच्यन्ते । तथा चोक्तम् सर्वसिद्धान्तसङ्ग्रहे ।

अक्षपादः कणादश्च कपिलो जैमिनिस्तथा ।
व्यासः पतञ्जलिश्चेति वैदिकाः शास्त्रकारकाः ॥ इति । (*SarSS* 1.23)

"मिश्रणत्ववचनाच्च" (9.14–15) इति । तत्र "सहयुक्तेऽप्रधाने" (Pāṇ 2.3.19) इति पाणिनीयसूत्रेण पुत्रेण सहागतः पितेत्यादिवत् पुराणादिभिर्मिश्रिताः सहिता वेदा इति वचनाद्वेदस्य स्वातन्त्र्येण स्वतः प्रामाण्यमविरुद्धमित्यर्थः । तथा चोक्तं सप्तर्षिमते ।

वेदो हि भगवानेष सर्गप्रलयवर्जितः ।
अवश्यः सर्वभूतानां धर्मशास्त्रं तु तद्भवम् ॥
अन्तरङ्गादिभिर्न्यायैः रपनीयविरोधिताम् ।
एकीभावेन वाक्यार्थं निर्णयेद्वेदतत्ववित् ॥ इति ।

तथा स्कान्दपुराणेऽपि ।

वेदाः प्रमाणं प्रथमं स्वत एव ततः परम् ।
स्मृतयश्च पुराणानि भारतं मुनिपुङ्गवाः ॥
अन्यान्यपि मुनिश्रेष्ठाः शास्त्राणि सुबहूनि च ।
सर्वं वेदाविरोधेन प्रमाणं नान्यवर्त्मना ॥ इति ।

वेदाविरोधेन वेदोपकरणत्वेनेत्यर्थः । पुराणाद्यपेक्षायामपि वेदस्य राज्ञ इव प्रकृत्यपेक्षायां न स्वातन्त्र्यहानिरित्यभिप्रायः । "विद्यानां धर्मस्य" (9.15–16) इति । अत्र अमृतस्यन्दिन्या सह निरूपितुं विभावनाम् अभिलिखामः ।

> ननु पूर्वमष्टवर्गप्रतिपादकं शास्त्रमुक्तं तत् कथं धर्मविद्यास्थानत्वमेव नार्थादीनामित्यत आह "विद्यानां धर्मस्य" इत्यादि । धर्मसहचरोऽर्थादिसङ्ग्रहार्थं धर्मस्येति विसमासकरणम् । सापेक्षत्वद्योतनेन विद्यानामित्यपि बहुवचनम् । तद्बहुत्वनिर्देशेनानेकविषयतया भेदप्रदर्शनार्थम् इत्यर्थः । न च "विद्यानां स्थानानि धर्मस्य च" इति संबनधः । तथा सति पाठमात्राद्विद्ययैव वा कृतार्थतयानुष्ठानानुपपत्तिः । तन्मन्यतानुपपत्तिश्चेति । तस्माद्धर्मस्य विद्यानामिति वैयधि-

करण्येन षष्ठ्योर्धर्मशब्दो विद्याक्रमेण स्थानेनान्वयीति । अर्थादीनामप्येवमन्वयः । तस्मादुपपन्नमष्टवर्गविषयत्वं शास्त्रस्येति सर्वं निर्मलमित्यभिप्रायः । इति ।

अमृतस्यन्दिनी अप्यत्रालिख्यते ।

नन्वेवमपि धर्मपदस्य विद्यापदवत् स्थानपदान्वये वाङ्मात्राद्विद्ययैव वा कृतार्थतयानुष्ठानानुपपत्तेस्तन्मान्यतानुपपत्तेश्च विद्यापदान्वययोग्यत्वाद्धर्मस्य विद्यानामित्यन्वयादेषां धर्मविद्यास्थानत्वावगतेर्न शास्त्रस्य पूर्वोदिताष्टवर्गविषयत्वं युज्यत इत्याशङ्क्याह "**विद्यानाम्**" इति । यदि धर्मविद्यास्थानत्वमेवैषामिह विवक्षितं स्यात् ततः श्रुतयो विज्ञानस्थानानीत्याद्यभिधानसंभवाद्विद्यानां धर्मस्येत्येवं षष्ठीद्वयं व्यर्थमेव स्यात् । न च प्रयोजनेन विना तत्करणोपपत्तिः । बुद्धिपूर्वकृतत्वादाचार्यस्य न च धर्मस्येत्येकवचननिर्देशादर्थादिव्यावृत्तिः । विद्यागतबहुवचनानुपपत्तेः । एकार्थविषान्यैकैव विद्या । अतो धर्मपदस्य विद्यापदान्वये सापेक्षत्वद्योतनार्थ एव विसमासो युक्तः । इति विद्याशब्दस्य धर्मसहपठितार्थाद्यन्वयकथनार्थमेवैवंविधं षष्ठीद्वयं कृतं स्यादिति धर्मशब्दवाच्यत्वाद्वार्थादेर्धर्मपर्यायत्वम् । केचिद्विद्याशब्दस्य धर्मपदेन युगपदन्वयाभावप्रतिपादनार्थमेवंविधं षष्ठीद्वयं कृतं इत्याहुः। इति ।

"**चतुरदशेति शाक्यादिग्रन्थव्यावृत्त्यर्थम्**" (9.16–17) इति । शाक्यो बुद्धमुनिः । यथाह **अमरः** ।

सर्वज्ञः सुगतो बुद्धो धर्मराजस्तथागतः ।
समन्तभद्रो भगवान् मारजिल्लोकजिज्जिनः ॥
षडभिज्ञो दशबलोऽद्वयवादी विनायकः ।
मुनीन्द्रः श्रीधनः शास्ता मुनिः शाक्यमुनिस्तु यः ।
स शाक्यसिंहः सर्वार्थसिद्धः शौद्धोदनिश्च सः ॥ इति । (*AK* 1.1.13–15)

आदिशब्देनार्हतादयो गृह्यन्ते । तदुक्तं **सर्वसिद्धान्तसंग्रहे** ।

बृहस्पत्यार्हता बुद्धो वेदमार्गविरोधिनः ।
एतेऽधिकारितां वीक्ष्य सर्वशास्त्रप्रवर्तकाः ॥
वेदाप्रामाण्यसिद्धान्ता बौद्धलोकायतार्हताः ।
युक्त्या निरसनीयास्ते वेदप्रामाण्यवादिना ॥ इति । (*SarSS* 1.24–25)

तथा **स्मृत्यन्तरे**ऽपि ।

धर्मशुद्धिमभीप्सद्भिर्न वेदादन्यदिष्यते ।
धर्मस्य कारणं शुद्धं मिश्रमन्यत् प्रकीर्तितम् ॥
अतः स परमो धर्मो यो वेदादवगम्यते ।

तत्परः स तु विज्ञेयो यत्पुराणादिषु स्थितः ॥
एतेभ्योऽपि यदन्यत् स्यात्किंचिद्धर्माभिधायकम् ।
तद्दूरतरतो विद्धि मोहस्तस्याश्रयो यतः ॥
वेदार्थवित्तमैः कार्यं यत् स्मृतं मुनिभिः पुरा ।
तद्यत्नेनानुतिष्ठेत तन्निषिद्धं तु वर्जयेत् ॥ इति ।

"तुशब्दोऽवधारणार्थः" (9.17) इति । "त्वथैवेति विनिवर्तकाधिकारकावधारकाः" (*Tait-Prā* 22.6) इति यजुःप्रातिशाख्ये तु कथितम् । वैजयन्त्यामप्युक्तम् ।

तु भेदावधारणयोर्दुरशोभनदुःखयोः । इति । (*YVai* 8.7.4)
स्युरेव तु पुनर्वै वेत्यवधारणवाचकाः । (*AK* 3.4.15)

इति अमरः ।

आयुर्वेदो धनुर्वेदो गान्धर्वश्चेति ते त्रयः ।
अर्थशास्त्रचतुर्थाश्च विद्या ह्यष्टदश स्मृताः ॥

इति व्यासवचनादष्टादशेत्याशङ्कानिवृत्त्यर्थं "नाभ्यधिकानि" (9.17–18) इत्युक्तम् । तेषां स्मृतिशास्त्र एवान्तर्भाव इति भावः । आयुर्वेदो नाम वैद्यशास्त्रम् । धनुर्वेदो नामायुधशास्त्रम् । गान्धर्वो वेदो नाम भरतशास्त्रम् । अर्थशास्त्रं नाम नीतिः । अत्र विज्ञानेश्वरम् ।

शौचाचारांश्च शिक्षयेदित्याचार्यस्य धर्मशास्त्राध्यापनविधिः शिष्येण तदध्ययनं कर्तव्यमिति कुतोऽवगम्यत इत्यत आह । "पुराणम्" (*YDh* 1.3) इत्यादि । पुराणं ब्राह्मादि । न्यायस्तर्कविद्या । मीमांसा वेदवाक्यविचारः । धर्मशास्त्रं मानवादि । अङ्गानि व्याकरणादीनि षट् । एतैरुपेता वेदाः । विद्याः पुरुषार्थज्ञानानि । एतासां स्थानानि हेतवः । त्रैवर्णिकैरध्येतव्यानि । तद्गतत्वाद्धर्मशास्त्रमप्यध्येतव्यम् । तत्र ब्राह्मणेन विद्याप्राप्तये धर्मानुष्ठानाय चाधिगन्तव्यानि । क्षत्रियवैश्याभ्यां धर्मानुष्ठानाय । तथा शङ्खेन विद्यास्थानान्यनुक्रम्योक्तम् । "एतानि ब्राह्मणोऽधिकुरुते स च वृत्तिं दर्शयतीतरेषाम्" इति । मनुरपि द्विजातीनां धर्मशास्त्राध्ययनेऽधिकारः ब्राह्मणस्य प्रवचने नान्यस्येति ।

निषेकादिश्मशानान्तो मन्त्रैर्यस्योदितो विधिः ।
तस्य शास्त्रेऽधिकारोऽस्मिन् ज्ञेयो नान्यस्य कस्यचित् ॥ (*MDh* 2.16)
विदुषा ब्राह्मणेनेदमध्येतव्यं प्रयत्नतः ।
शिष्येभ्यश्च प्रवक्तव्यं सम्यङ् नान्येन केनचित् ॥ (*MDh* 1.103)

इति विज्ञानेश्वर उक्तम् (*VijYDh* 1.3) । वरदराजीयेऽपि वेदस्य धर्मप्रामाण्यमुक्त्वोक्तम् ।

तत्र धर्मनिर्णयार्थं बाहुश्रुत्यमावश्यकमित्याह ।

प्रत्यक्षं चानुमानं च शास्त्रं च विविधागमम् ।
त्रयं सुविदितं कार्यं धर्मशुद्धिमभीप्सता ॥

चतुर्दशविद्यास्थानैर्विना धर्मनिर्णयासंभवात् शास्त्रं च विविधागममिति तेषामिह ग्रहणम् । चतुर्दशविद्यास्थानान्याह याज्ञवल्क्यः "पुराणम्" इत्यादि (*YDh* 1.3) । पुराणं ब्रह्मादि । न्यायस्तर्कविद्या । मीमांसा वेदवाक्यविचारः । धर्मशास्त्रं मन्वादि ।

शिक्षा कल्पो व्याकरणं निरुक्तं ज्योतिषं तथा ।
छन्दोविचितिषष्ठैस्तैः षडङ्गं छन्द उच्यते ॥

इत्युक्तानि षडङ्गानि । एतैर्दशभिरुपेताश्चत्वारो वेदाश्चतुर्दशविद्यास्थानानि पुरुषार्थज्ञानानि धर्मस्य च हेतवः इत्यर्थः । अत्र शङ्खलिखितौ । "पुराणं धर्मशास्त्रं न्यायो मीमांसा चत्वारो वेदाः षडङ्गानीति चतुर्दशविद्यास्थानान्येतानि ब्राह्मणोऽधिकुरुते । स च वृत्तिं दर्शयतीतरेषाम्" । तर्कनियममप्याह ।

आर्षं धर्मवचनं वेदशास्त्राविरोधिना ।
यस्तर्केणानुसन्धत्ते स धर्मं वेद नेतरः ॥

आर्षो वेदाः धर्मवचनं मन्वादिशास्त्रम् । अविरोधिना तर्केण । मीमांसान्यायकलापैरित्यर्थः ।

इति वरदराजीयम् । तथा स्मृतिचन्द्रिकायामप्युकत्म् ।

अथ धर्मप्रमाणानि । तत्र याज्ञवल्क्यः "पुराणम्" (*YDh* 1.3) इत्यादि । पुराणं ब्राह्मादि । न्यायस्तर्कः । मीमांसा वेदवाक्यविचारः । धर्मशास्त्रं मन्वादिस्मृतिः । अङ्गैर्व्याकरणादिभिरुपेताश्चत्वारो वेदाः । एतानि चतुर्दश विद्यानां धर्मस्य ज्ञानानां स्थानानि निमित्तानि प्रमाणानि धर्मस्य विद्याद्वारेण । (*SmC* I, p. 5)

इति स्मृतिचन्द्रिका ।

YDh 1.4–5

[वक्तारो धर्मशास्त्राणां मनुर्विष्णुर्यमोऽङ्गिराः ।
वसिष्ठदक्षसंवर्तशातातपपराशराः ॥
आपस्तम्बोशनोव्यासाः कात्यायनबृहस्पती ।
गौतमः शङ्खलिखितौ हारीतोऽत्रिरहं तथा ॥]

"वक्तार इत्यादि" (9.26) । अत्र मानवमन्वेष्यम् । "तथा" (*YDh* 1.5) इति चानु-

क्तोपसंग्रहार्थमिति । तत्र **स्मृतिचन्द्रिका** ।

विष्ण्वापस्तम्बहारीताः शङ्खः कात्यायनो गुरुः ।
प्रचेता नारदो योगी बौधायनपितामहौ ॥
सुमन्तुः काश्यपो बभ्रुः पैठीनो व्याघ्र एव च ।
सत्यव्रतो भरद्वाजो गार्ग्यः कार्ष्णाजिनिस्तथा ॥
जाबालिर्जमदग्निश्च लौगाक्षिर्ब्रह्मसंभवः ।
इति धर्मप्रणेतारः षड्विंशदृषयः स्मृताः ॥ इति

ननु किमियं परिसंख्या । मैवम् । तथा सति वत्समरीचिदेवलपारस्करपुलस्त्यपुलहक्रत्वृष्यशृङ्गलिखितच्छागलेयात्रेयादीनां धर्मशास्त्रप्रणेतृत्वं न स्यात् । न च तथास्त्विति वाच्यम् । तेषामपि वेदमूलस्मृतिशास्त्रप्रणेतृत्वेन मन्वादिभ्योऽविशेषात् । अत एव **शङ्खः** । "मनुदक्षविष्ण्वङ्गिरोबृहस्पत्युषनआपस्तम्बगौतमसंवर्तात्रेयहारीतकात्यायनशङ्खलिखितपराशरव्यासशातातपप्रचेतोयाज्ञवल्क्यादयः" इत्यादिग्रहणं कृतवान् । अतः प्रदर्शनार्थत्वमेव न्याय्यम् । अत्राङ्गिराः ।

जाबालिर्नाचिकेतश्च स्कान्दो लौगाक्षिकश्यपौ ।
व्यासः सनत्कुमारश्च शन्तनुर्जनकस्तथा ॥
व्याघ्रः कात्यायनश्चैव जह्नुः कण्वः कपिञ्जलः ।
बौधायनः कणादश्च विश्वामित्रस्तथैव च ।
उपस्मृतय इत्येताः प्रवदन्ति मनीषिणः ॥

इति **स्मृतिचन्द्रिकायामुक्तम्** (I: p. 1–2) ।

मननं ज्ञानातिशयम् (cf. 10.9–11) । "**ष्णा शौचे विश प्रवेशने**" (*DhPā* 1052, 1425) इति धातुद्वयनिष्पन्नो विष्णुशब्द इत्यर्थः । "**नियमनाद् यम इत्यर्थः**" इति **विभावना** । **मननं ज्ञानातिशय** इत्यत्र **मानवम्** ।

यः कश्चित्कस्यचिद्धर्मो मनुना परिकीर्तितः ।
स सर्वोऽभिहितो वेदे सर्वज्ञानमयो हि सः ॥ (*MDh* 2.7)

इत्यादि । एवं सर्वत्रान्वेष्यम् । "**इत्यादि सर्वत्र योज्यम्**" (10.10) इत्यत्र **अङ्गिरा** इति । "**अगि गत्यर्था**" (*DhPā* 146) इत्यस्माद्धातोरिण आसिरित्यधिकृत्य अङ्गिरा अप्सरा इति आसिप्रत्ययः । तस्य इरुडामश्च निपात्यते । "**इदितोनुं धातोः**" (Pāṇ 7.1.58) **नुम्** । अङ्गति गच्छति जानातीत्यङ्गिरा इति ।

"**किं पुनरस्याः स्मृतेर्मूलम्**" (10.12) इति । "**वक्तारो धर्मशास्त्राणाम्**" (*YDh* 1.4)

इति । धर्मशास्त्रभेदप्रतिपादकस्मृतेरित्यर्थः । न सर्वस्याः "वेदः स्मृतिः सदाचारः" (*YDh* 1.7) इत्यत्र वक्ष्यमाणत्वात् । "**श्रौतानां कृत्स्नोपसंहारात्**" (10.13) इति । एकं वार्थसंयोगरूपचोदना समाख्यानाविशेषादिन्यायादिति सर्वशाखाप्रत्ययमेकं कर्मेतिन्यायादित्यर्थः । सर्वशाखोपसंहारादुक्तः । श्रौतो यथाविधिः । सर्वस्मृत्युपसंहारात् । स्मार्तोऽप्युक्तस्तथाविधिरित्यादि स्मृतिश्च । "**शाखान्तरवत्**" (10.16) इति । "अध्वा शाखा श्रुतिर्वेद इति पर्यायवाचका" इति ऐतरेयब्राह्मणभाष्ये शाखाभिधानं कृतम् । स्वशाखाध्ययनस्यैव नैय्योगिकत्वम् । तथा चोक्तम् ।

स्वशाखाश्रयमुत्सृज्य परशाखाश्रयं च यः ।
कर्तुमिच्छति दुर्मेधा मोघं तत्तस्य यत्कृतम् ॥

इत्यादिप्रामाण्यसमर्थनेन खल्वेकशाखाधिगतक्रियानुष्ठाने तदकरणनिमित्तप्रत्यवायो न परिहृतः स्यादित्यादौ स्पष्टतरमुदाहरिष्यामः । वक्ष्यति च आचार्यः ।

गुरवे तु वरं दत्वा स्नायीत तदनुज्ञया ।
वेदं व्रतानि वा पारं नीत्वाप्युभयमेव वा ॥ इति । (*YDh* 1.51)

अत्र "**वेदमिति चैकवचनं शाखान्तरव्यावृत्त्यर्थम्**" (60.18) इत्यादि । इतः पूर्वं ब्रह्मचारीप्रकरणे च ।

प्रतिवेदं ब्रह्मचर्यं द्वादशाब्दानि पञ्च वा ।
ग्रहणान्तिकमित्येके केशान्तश्चैव षोडशे ॥ इति । (*YDh* 1.36)

अत्र "**परिसमाप्यैकं वेदं ततो वेदान्तरारम्भः । स चेच्छातो न नैय्यमिकः**" (51.10) इत्यादि । "**स्मृतिद्रोणपाठक इतिवचनात्**" (10.16) इत्यत्र षोडशस्मृत्यध्ययनकर्तव्यतावचनादित्यर्थः । द्रोणादिसंख्या स्वरूपं च,

कुसूलकुम्भीधान्यो वा त्रैहिकोऽश्वस्तनोऽपि वा ।
जीवेद्वापि सिलोञ्छेन श्रेयानेषां परः परः ॥ (*YDh* 1.127)

इत्यस्मादवसेयम् । "**तद्यथा**" (10.19) इत्यत्र **शङ्खलिखितौ** ।

समीक्ष्य निपुणं धर्ममृषिभ्यो मनुभाषितम् ।
"**आम्नायात् सम्यगुद्धृत्य शङ्खश्च लिखितस्तथा ॥ इति**" (10.20)

"**यथा**" (11.2) इत्यत्र **शातातपः** ।

"**विना यज्ञोपवीतेन गन्धैर्यस्तु समालभेत् ।**" (11.3)
अपङ्क्त्यः स तु विज्ञेयः श्राद्धकर्मणि नित्यशः ॥ इति ।

"**यत्तु**" (11.4) इत्यत्र "**स्मृतिद्रोणपाठक इति वचनात्**" (10.16) स्मृतिद्रोणाध्ययनमुक्त-

मित्यर्थः । "**व्रताध्ययनवत्**" (11.6) इति । तत्र **मनुः** ।

षड्त्रिंशदाब्दिकं चर्यं गुरौ त्रैवेदिकं व्रतम् ।
तदर्धिकं पादिकं वा ग्रहणान्तिकमेव वा ॥ इति । (*MDh* 3.1)

वक्ष्यति च ।

प्रतिवेदं ब्रह्मचर्यं द्वादशाब्दानि पञ्च वा ।
ग्रहणान्तिकमित्येके केशान्तश्चैव षोडशे ॥ इति । (*YDh* 1.36)

अत्र द्वादशाब्दादि संकल्पपूर्वमध्ययनमदृष्टार्थमेव भवति । अन्यथा ग्रहणान्तिकमेव स्यात् । एवं स्मृतिद्रोणाध्ययनमपीत्यर्थः । "**आचारप्रामाण्याभिधानात् तदुपसंहृतमिति चेत्**" इति (11.10) । आचारप्रामाण्याभिधानं मन्वादिभिः कृतम् । तत्र तावन् **मनुः** ।

वेदोऽखिलो धर्ममूलं स्मृतिशीले च तद्विदाम् ।
आचारश्चैव साधूनामात्मनस्तुष्टिरेव च ॥ (*MDh* 2.6)
वेदः स्मृतिः सदाचारः स्वस्य च प्रियमात्मनः ।
एतच्चतुर्विधं प्राहुः साक्षाद्धर्मस्य लक्षणम् ॥ इति । (*MDh* 2.12)

योगीन्द्रश्च ।

वेदः स्मृतिः सदाचारः स्वस्य च प्रियमात्मनः ।
सम्यक्संकल्पजः कामो धर्ममूलमिदं स्मृतम् ॥ इति । (*YDh* 1.7)

वसिष्ठश्च । "श्रुतिस्मृतिविहितो धर्मस्तदलाभे शिष्टाचारः प्रमाणम्" इति (*VaDh* 1.4–5) । **बौधायनश्च** । "उपदिष्टो धर्मस्तदनु व्याख्या स्मार्तस्तृतीयः शिष्टागामः" इति (*BDh* 1.1–4) । **स्मृत्यन्तरे च** । "आम्नायप्रामाण्यादाचारः प्रमाणम्" इति । एवं तत्प्रामाण्याभिधानात् तदुपसंहृतमिति चेदित्यर्थः (cf. 11.10) । "**वेदो धर्ममूलमित्यनेनैव सिद्धत्वात्**" (11.10–11) इति । "वेदो धर्ममूलम्" (*GDh* 1.1) इति **गौतमीयम्** । "**धर्मप्रवक्तृसंख्यानियमानवधारणाच्च**" (11.11–12) इति ।

भूयांसो धर्मवक्तार उत्पन्ना भाविनस्तथा ।
निधानं सर्वधर्माणां वेद एव हि शाश्वतम् ॥

इति **वृद्धयाज्ञवल्क्यवचनाद्धेतोरित्यर्थः** । "**परिगणनस्य**" (11.13) इति ।

वक्तारो धर्मशास्त्राणां मनुर्विष्णुर्यमोऽङ्गिराः । (*YDh* 1.4)

इत्यादेः प्रदर्शनार्थत्वेनोक्तत्वादित्यर्थः । "**ननु च प्रयोगभेदेऽपि**" (11.14) इति ।

विना यज्ञोपवीतेन गन्धैर्यस्तु समालभेत् ।
अपङ्क्त्यः स तु विज्ञेयः श्राद्धकर्मणि नित्यशः ॥

इत्यादिशातातपाद्याख्य(?)**"गुणार्थस्मृत्यन्तरापेक्षाणाम्"** (11.14) इत्यर्थः । **"यदि परिपूर्णेऽपि प्रयोगेऽभ्युदयाय गुणान्तरोपसंहारः नित्यवत्करणं त्वनुपसंहृतैरप्युपपन्नमित्यविरोधः"** (11.15–16) इत्यादौ **स्मृतिचन्द्रिका** ।

ननु किमत्र सकलस्मार्ताङ्गोपसंहारेणानुष्ठानम् । उत न । यदि नोपसंहारः तदा ।

सर्वशाखोपसंहारादुक्तः श्रौतो यथा विधिः ।
सर्वस्मृत्युपसंहारात् स्मार्तोऽप्युक्तस्तथा विधिः ॥

इत्यादिविरोधः स्यात् । अथोपसंहारः तदा नानुष्ठातुं शक्यं विरुद्धोपसंहारासंभवात् ।

उच्यते । सत्यं यदि सर्वोपसंसारः स्यात् । किंतु यन्नाम्नातं स्वतन्त्रेण तावन्मात्रपूरणमेवान्यतः क्रियते इत्यविरोधः । अत एव **कात्यायनः** ।

यन्नाम्नातं स्वशाखायां पारक्यमविरोधि च ।
विद्वद्भिस्तदनुष्ठेयमग्निहोत्रादिकर्मवत् ॥ इति ।

अनेनैवाभिप्रायेणोक्तं "सर्वस्मृत्युपसंहारात्" इति । यत्तु **कात्यायनेनोक्तम्** ।

बह्वल्पं वा स्वगृह्योक्तं यस्य कर्म प्रकीर्तितम् ।
तस्य तावति शास्त्रार्थे कृते सर्वः कृतो भवेत् ॥ इति ।

तन्निराकाङ्क्षाभिप्रायम् । यतः स एवाह ।

आत्मतन्त्रे तु यन्नोक्तं तत्कुर्यात्पारतन्त्रिकम् । इति ।

इति **स्मृतिचन्द्रिकायामुक्तम्** (*SmC* I: 12–13)। **"अवधारणोपायासंभवाच्च"** (11.20) इति ।

भूयांसो धर्मवक्तार उत्पन्ना भाविनस्तथा ।
निधानं सर्वधर्माणां वेद एव हि शाश्वतम् ॥

इति**वृद्धयाज्ञवल्क्यवचनाद्** "अवधारणोपायासंभवाच्च" इत्यर्थः । **"भिन्ने"** (11.22) इति । "भिन्ने जुहोति स्कन्ने जुहोति" (*ŚBr* 12.4.1.6) इत्यादिश्रुतिः । **"स यदि चरकेभ्यो वा पततोऽनुब्रुवीति"** (11.23; *ŚBr* 4.2.4.1) इति सोमयाग एव पठ्यते । **"यथा च मृद्भिरिति मृदां बहुत्वेऽवगते"** (12.1) इति ।

गृहीतशिश्नश्चोत्थाय मृद्भिरभ्युद्धृतैर्जलैः ।
गन्धलेपक्षयकरं शौचं कुर्यादतन्द्रितः ॥ (*YDh* 1.17)

इत्यत्र याज्ञवल्कीयश्लोके मृदां बहुत्वमुपगतम् । **"तिस्रः पञ्च वेति स्मृत्यन्तरात्"** (12.1) इति।

एका लिङ्गे गुदे तिस्रस्तथैकत्र करे दश ।

उभयोः सप्त दातव्या मृदः शुद्धिमभीप्सता ॥ (*MDh* 5.136)

इति मानवे तिस्र इत्याद्यवगतम् ।

स्नातकस्य त्रयोऽपाने पञ्चापानेऽग्निहोत्रिणः ।

सर्वानेवं गृहस्थेषु शौचकल्पान्नियोजयेत् ॥

इति पुलस्त्यवचने तिस्रः पञ्च वेत्याद्यवगतमित्यर्थः । अत्र विज्ञानेश्वरम् पूर्वश्लोके द्विजातिभिर्धर्मशास्त्रमध्येतव्यमिति प्रसाध्याह ।

अस्तु धर्मशास्त्रमध्येतव्यम् । याज्ञवल्क्यप्रणितस्य किमायातमित्यत आह ।

मन्वत्रिविष्णुहारीतयाज्ञवल्क्योशनाङ्गिराः ।

यमापस्तम्बसंवर्ताः कात्यायनबृहस्पती ॥

पराशरव्यासशङ्खलिखिता दक्षगौतमौ ।

शातातपो वसिष्ठश्च धर्मशास्त्रप्रयोजकाः ॥ (*YDh* 1.4–5)

उशनश्शब्दपर्यन्तो द्वन्द्वस्यैकवद्भावे याज्ञवल्क्यप्रणीतं धर्मशास्त्रमध्येतव्यमित्यभिप्रायः । नेयं परिसंख्या किंतु प्रदर्शनार्थम् । अतो बौधायनादेरपि धर्मशास्त्रकर्तृत्वमविरुद्धम् । एतेषां प्रत्येकं प्रामाण्येऽपि साकाङ्क्षाणामाकाङ्क्षापूरणमन्यतः क्रियते । विरोधे विकल्पः ।

इत्येतदेवास्य विज्ञानेश्वरम् । (*VijYDh* 1.4–5)

YDh 1.6

[देशे काल उपायेन द्रव्यं श्रद्धासमन्वितैः ।
पात्रे प्रदीयते यत्तत्सकलं धर्मलक्षणम् ॥]

"देशे काले" इत्यादि । अत्र मानवमन्वेष्यम् । "उक्तं धर्मादयः" (12.5) इति । न धर्म एव । अर्थकामापवर्गा अपीत्यर्थः । "सामान्यतः कृष्णोपलक्षितः" (12.8–9) इति ।

यस्मिन्देशे मृगः कृष्णस्तस्मिन्धर्मान्निबोधत । (*YDh* 1.2)

इत्यादिना सामान्येनोक्तत्वादित्यर्थः । मनुरप्याह ।

कृष्णसारस्तु चरति मृगो यत्र स्वभावतः ।

स ज्ञेयो याज्ञियो देशो म्लेच्छदेशस्त्वतः परः ॥ इति । (*MDh* 2.23)

"विशेषतः शुद्धादिकः" (12.9) इति । तथा च स्मृत्यन्तरम् ।

सुसमे भूप्रदेशे तु निर्जने निर्भये शुभे ।

सुसंवृते तु वस्त्राद्यैर्निर्मलैः सर्वतो दिशम् ॥
गोमयेनोपलिप्ते तु पुष्पैरभ्यर्चिते तथा ।
पूर्णकुम्भैश्च संयुक्ते दीपैर्दिक्षु समन्विते ।
वितानतोरणैर्युक्ते धूपदीपाधिवासिते ॥
दानादिकर्म कुर्वीत सम्यक् श्रद्धासमन्वितः ॥ इति ।

"**कालोऽप्यहःपूर्वाह्णादिकः**" (12.9) इति । कालोऽपि सामान्यविशेषात्मकत्वे न द्विविध इत्यर्थः । अत्र **स्मृत्यन्तरम्** ।

पूर्वाह्णे दैविकं दानमपराह्णे तु पैतृकम् ।
एकोद्दिष्टं तु मध्याह्ने प्रातर्वृद्धिनिमित्तकम् ॥ इति ।

दक्षोऽपि ।

देवकार्यं ततः कुर्याद्गुरुमङ्गलवीक्षणम् ।
देवकार्यस्य सर्वस्य पूर्वाह्णं तु विशिष्यते ॥
देवकार्याणि पूर्वाह्णे मनुष्याणां तु मध्यमे ।
पितृणामपराह्णे तु कार्याण्येतानि यत्नतः ॥ इति ।

बृहस्पतिरप्याह ।

रात्रौ दानं न कुर्वीत राहोरन्यत्र दर्शनात् ।
उभयोः संध्ययोश्चैव न कुर्वीत कदाचन ॥ इत्यादि ।

उपायोऽपि दृष्टादृष्टरूपेण द्विविध इत्यर्थः । तद्दर्शयति "**यथा**" (12.10) इत्यादिना ।

दातव्यं प्रत्यहं पात्रे निमित्तेषु विशेषतः ।
याचितेनापि दातव्यं श्रद्धापूर्वं तु शक्तितः ॥ (*YDh* 1.201)

इत्येतच्छ्लोकव्याख्याने वक्ष्यत्येतद् **आचार्य** एव ।

प्रत्यहमेवायाचितमुपनीय पात्रे दद्यात् । तथा चाम्नायः । "अहरहर्दद्यादोदपात्रादि" इत्यादि । तथा "हिरण्यमादायाग्नीध्रमभ्येति" इत्यादिनोपनीय दानं दर्शयति । तथा "यो वै ज्ञातो ज्ञातकुलीनः स पितृमान् पैतृमत्यः" इत्युपक्रम्य "यो वै ज्ञातायापि कतिपयीर्दक्षिणा ददाति, ताभिर्महज्जयति" (*ŚBr* 4.3.4.19) इति पात्र एव दानं दर्शयति । इति । (140.7–11)

"दातव्यं प्रत्यहं पात्रे" इत्यादिभ्यः श्लोकेभ्यश्चैकप्रकरणतयात्र दानापेक्षितः प्रकारो द्रष्टव्यः । **बृहस्पति**रेवंभूतस्य दानस्योत्तमत्वं दर्शयति ।

अभिगम्योत्तमं दानमाहूतं चैव मध्यमम् ।

कनिष्ठं याचमानं च देहि देहीति चाधमम् ॥ इति ।

उपवेशनं पराङ्मुखत्वादेरप्युपलक्षणम् । तथा च **शौनकः** ।

मनःप्रसादात्सत्योक्त्या तपसा स्नानकर्मणा ।
आचान्त्याथात्मनः शौचं कृत्वा कर्म समारभेत् ॥
अनादेशेऽन्वयं कर्ता स्याद्वा वाचनिकं परः ।
प्राक्कूलता साधनानां प्राक्संस्थत्वं च कर्मणाम् ॥
कर्तुः प्राङ्मुखतानुक्तेः क्रियायाः प्राक्समीहनम् ।
अङ्गद्वये च सत्येकेनाङ्गेनैव च नोदिते ॥
दक्षिणेन च कर्तव्यं तथानुक्तेऽङ्गकर्मणि ।
आसीनेनैव कर्तव्यं यत्र स्थानमचोदितम् ॥
हविष्याचोदने तद्वदाज्यं तत्र हविर्भवेत् ।
कर्मोपवीतिना कार्यं निवीतेनापि चोदितः ॥

इत्यादि सामान्येनैवाह । "**द्रव्यस्य प्राधान्यत्वात्**" (12.11–12) इति । तदाह **नारदः** ।

धनमूलाः क्रियाः सर्वा यत्नस्तत्साधने मतः ।
वर्धनं रक्षणं भोग इति तस्य विधिः क्रमात् ॥ इति । (*NSm* 1.39)

"**द्रव्यं शुक्लं हिरण्यमित्यादि**" (12.12) इति । शुक्लं शास्त्रीयोपायलब्धम् । तथा च **नारदः** ।

शुक्लं च शबलं चैव कृष्णं च त्रिविधं धनम् ।
शुक्लं न्यायार्जितं द्रव्यमितरं व्यावहारिकम् ॥ इत्यादि ।

पुनश्च **स** एवाह ।

धनमूलाः क्रियाः सर्वा यत्नस्तत्साधने मतः ।
वर्धनं रक्षणं भोग इति तस्य विधिः क्रमात् ॥ (*NSm* 1.39)
तत्पुनस्त्रिविधं शुक्लमुदयोऽप्यस्य तद्विधः । (*NSm* 1.40ab)
कुसीदकृषिवाणिज्यशुल्कं त्रित्वानुवृत्तिभिः ॥
कृतोपकारादाप्तं च शबलं समुदाहृतम् ।
तेन क्रयो विक्रयश्च दानं ग्रहणमेव च ॥
यथाविधेन द्रव्येण यत्किंचित्कुरुते नरः ।
तथाविधमवाप्नोति तत्फलं प्रेत्य चेह च ॥
तत्पुनर्द्वादशविधं प्रतिवर्णाश्रयं स्मृतम् ।
साधारणं स्यात् त्रिविधं शेषं नवविधं स्मृतम् ॥

क्रमागतं प्रीतिदायं प्राप्तं च सह भार्यया ।
अविशेषेण सर्वेषां वर्णानां त्रिविधं स्मृतम् ॥
वैशेषिकं धनं ज्ञेयं ब्राह्मणस्य त्रिलक्षणम् ।
प्रतिग्रहेण यल्लब्धं याज्यतः शिष्यतस्तथा ॥
त्रिविधं क्षत्रियस्यापि प्राहुर्वैशेषिकं धनम् ।
युद्धोपलब्धं कारं च दायं च व्यवहारतः ॥
वैशेषिकं धनं ज्ञेयं वैश्यस्यापि त्रिलक्षणम् ।
कृषिगोरक्षवाणिज्यं शूद्रस्यैभ्यस्त्वनुग्रहात् ॥
सर्वेषामेव वर्णानामेवं धर्म्यो धनागमः ।
विपर्ययादधर्मः स्यान्न चेदापद्गरीयसी ॥ इति । (*NSm* 1.42–51)

मनुरपि ।

अनर्हते यद्ददाति न ददाति यदर्हते ।
अर्हानर्हापरिज्ञानाद् धनाद्धर्माच्च हीयते ॥
काले न्यायागतं पात्रे विधिवत् प्रतिपादितम् ।
फलं ददाति परममिह लोके परत्र च ॥
प्रतिग्रहेण शुद्धेन जयेन क्रयविक्रयात् ।
यथाक्रमं द्विजातीनां धनं न्यायादुपागतम् ।
यद्यदिष्टतमं लोके यच्चान्यद्दयितं गृहे ।
तत्तद्गुणवते देयं तदेवाक्षयमिच्छते ॥ इति । (*MDh* 3.98 *Add)

पुनरपि स एवाह ।

सप्त वित्तागमा धर्म्या दायो लाभः क्रयो जयः ।
प्रयोगः कर्मयोगश्च सत्प्रतिग्रह एव च ॥ इति । (*MDh* 10.115)

वृद्धशातातपश्च ।

द्रव्येणान्यायलब्धेन यः करोत्यौर्ध्वदेहिकम् ।
न स तत्फलमाप्नोति तस्यार्थस्य दुरागमात् ॥ इति ।

और्ध्वदेहिकं दानादिकं कर्मेत्यर्थः । द्रव्यं चोत्कृष्टं हिरण्यादि प्रत्येतव्यम् "हिरण्यमादायाग्नीध्रमभ्येति" (*ŚBr* 4.3.4.19) इत्याम्नायात् ।

गोभूतिलहिरण्यादि पात्रे दातव्यमर्चितम् ।
नापात्रे विदुषा किंचिदात्मनः श्रेय इच्छता ॥ (*YDh* 1.201)

इति योगीश्वरवचनाच्च । "श्रद्धा प्रसिद्धैव" (12.12) इति । आस्तिक्यबुद्धिरित्यर्थः । तथा च बौधायनः ।

शुचिकामा हि देवा श्रद्दधानस्य हविर्जुषन्त इति ।
शुचेरश्रद्दधानस्य श्रद्दधानस्य चाशुचेः ।
मीमांसित्वोभयं देवाः सममन्नमकल्पयन् ॥
तान् प्रजापतिरित्याह मा कृढ्वं विषमं समम् ।
हतमश्रद्दधानस्य श्रद्धापूतं विशिष्यते ॥ (*BDh* 1.10.4–5)
अश्रद्धा परमः पाप्मा पाप्मा ह्यज्ञानमुच्यते ।
अज्ञानाल्लुप्यते धर्मो लुप्तधर्मोऽधमः स्मृतः ॥
श्रद्धया शुध्यते बुद्धिः श्रद्धया शुध्यते गतिः ।
श्रद्धया प्राप्यते ब्रह्म श्रद्धा पापप्रमोचनी ॥
तस्मादश्रद्धिना दत्तं हविर्नाश्नन्ति देवताः ।
इष्ट्वा दत्वापि यो मूर्खः स स्वर्गं न हि गच्छति ॥ इत्यादि । (cf. *BDh* 1.10.7)

"श्रद्धया देवो देवत्वमश्नुते" (*TaitBr* 3.12.3.1) इत्यादि श्रुतिः ।

अश्रद्धया हुतं दत्तं तपस्तप्तं कृतं च यत् ।
असदित्युच्यते पार्थ न च तत् प्रेत्य नो इह ॥ (*BhG* 17.28)

इति श्रीभगवद्गीतायामुक्तम् । "पात्रम्" (12.13) इति ।

न विद्यया केवलया तपसा वापि पात्रता ।
यत्र वृत्तमिमे चोभे तद्धि पात्रं प्रकीर्तितम् ॥ (*YDh* 1.198)

इत्यादिवक्ष्यमाणलक्षणं पात्रम् । मनुनाप्युक्तम् ।

दानधर्मं निषेवेत नित्यमैहिकपौर्तिकम् ।
परितुष्टेन भावेन पात्रमासाद्य शक्तितः ॥
यत्किंचिदपि दातव्यं याचितेनानसूयया ।
उत्पत्स्यते हि तत्पात्रं यत्तारयति सर्वतः ॥ इति । (*MDh* 4.227–28)

एवंभूतो ब्राह्मणो दानपात्रमित्यर्थः इतरयोः प्रतिग्रहानधिकारात् । तथा च मनुः ।

ब्राह्मणस्यैव कर्मैतदुपदिष्टं मनीषिभिः ।
राजन्यवैश्ययोस्त्वेवं नैतत्कर्म विधीयते ॥ (*MDh* 2.190) । इत्यादि ।

एतच्च ब्रह्मचारिप्रकरणे,

ब्रह्मचर्ये स्थितो नैकमन्नमद्यादनापदि ।

ब्राह्मणः काममश्नीयाच्छ्राद्धे व्रतमपीडयन् ॥ (*YDh* 1.31)

इत्यत्र विस्तरेण वक्ष्यामः । तथा चरकश्रुतौ ब्राह्मणस्यैव दानपात्रतेति स्पष्टमेवोक्तम् । "आग्नेयो वै ब्राह्मणः । आग्नेयं हिरण्यम् । तस्मादग्नये ब्राह्मणाय हिरण्यं दद्यात्" इति । बृहस्पतिरपि ब्राह्मणस्यैव प्रतिग्रहाधिकारमाह ।

विप्राय दद्यात्तु गुणान्विताय तपोऽभिजुष्टाय जितेन्द्रियाय ।

यावन्मही तिष्ठति सागरान्ता तावत्तपस्तस्य भवेदतुल्यम् ॥ इत्यादि ।

"यागाद्यशेषविहितकृत्योपलक्षणार्थः" (12.14–15) इति । यागहोमयोरपीत्यर्थः । "श्रुतिस्मृतिविहितो धर्मः" (*VaDh* 1.4) इति वदता वसिष्ठेनाप्येतदेवोक्तम् । "विपरीतश्चाधर्मः" (12.15) इति । तदाह बृहस्पतिः ।

अभिगम्योत्तमं दानमाहूतं चैव मध्यमम् ।

कनिष्ठं याचमानं च देहि देहीति चाधमम् ॥

अतो यत्सात्विकं दानं मुदापूर्वं तु शान्तिकम् ।

आशिषा पौष्टिकं दानं त्रिविधं दानलक्षणम् ॥ (*BṛSm Saṃ* 284)

दातव्यमिति यद्दानं दीयतेऽनुपकारिणे ।

देशे काले च पात्रे च तद्दानं सात्विकं स्मृतम् ॥

यत्तु प्रत्युपकारार्थं फलमुद्दिश्य वा पुनः ।

दीयते च परिक्लिष्टं तद्दानं राजसं स्मृतम् ॥

अदेशकाले यद्दानमपात्रेभ्यश्च दीयते ।

असंस्कृतमवज्ञातं तद्दानं तामसं स्मृतम् ॥ इति ।

अधर्मलक्षणं चाप्यर्थादुक्तमित्यर्थः । "यत्तु दानमेवोदाहृतं तत्सार्ववर्णिकाधिकारप्रदर्शनार्थम्" (12.15–16) इति । तथा च वक्ष्यति ।

अहिंसा सत्यमस्तेयं शौचमिन्द्रियनिग्रहः ।

दमः क्षमार्जवं दानं सर्वेषां धर्मसाधनम् ॥ इति । (*YDh* 1.121)

सर्वेषां ब्राह्मणादीनां मूर्धावसिक्तादीनां सूतादिनां चेत्यर्थः । मनुरपि ।

प्रतिग्रहाद्याजनाच्च तथैवाध्यापनादपि ।

प्रतिग्रहः प्रत्यवरः प्रेत्य विप्रस्य गर्हितः ॥

याजनाध्यापने नित्यं क्रियेते संस्कृतात्मनाम् ।

प्रतिग्रहस्तु क्रियते शूद्रादप्यन्त्यजन्मनः ॥ इति । (*MDh* 10.109–10)

शूद्रादप्यन्त्यजन्मन इति वदञ्छूद्रादेरपि दानाधिकारं दर्शयति । वसिष्ठश्च । "सर्वेषां सत्य-

मक्रोधो दानमहिंसा प्रजननं च" इति (*VaDh* 4.4) । दानादेः प्रजननसहपाठादेतदेव दर्शयति । "**कुरुक्षेत्रग्रहोपरागादयस्तु**" (12.16–17) इति ।

कुरुक्षेत्रं च मत्स्याश्च पाञ्चालाः शूरसेनकाः ।
एष ब्रह्मर्षिदेशो वै ब्रह्मावर्तादनन्तरः ॥ (*MDh* 2.19)

इति मन्वाद्युक्ता देशाः कुरुक्षेत्रादयः ।

शतमिन्दुक्षये दानं सहस्रं तु दिनत्रये ।
विषुवे शतसाहस्रं व्यतीपातेष्वनन्तकम् ॥
अक्षयं पुण्यतीर्थेषु पुण्यकाले तथैव च ॥

इति व्यासाद्युक्तग्रहोपरागादिकालाः । अत्र **विज्ञानेश्वरभाष्यम्** ।

इदानीं धर्मकारकहेतूनाह ।

देशे काल उपायेन द्रव्यं श्रद्धासमन्वितम् ।
पात्रे प्रदीयते यत्तत्सकलं धर्मलक्षणम् ॥ (*YDh* 1.6)

देशो "यस्मिन्देशे मृगः कृष्णः" इत्युक्तलक्षणः । कालः संक्रान्त्यादिः । उपायः शास्त्रोक्तेतिकर्तव्यताकलापः । द्रव्यं प्रतिग्रहादिलब्धं गवादि । श्रद्धा आस्तिक्यबुद्धिः । तदन्वितं यथा भवति तथा । पात्रं "न विद्यया"(*YDh* 1.199) इत्येवमादि वक्ष्यमाणलक्षणम् । प्रदीयते यथा न प्रत्यावर्तते तथा परस्वत्वावसानं त्यजते । एतद्धर्मोत्पादकं । किमेतावदेव नेत्याह "सकलम्" इति । अन्यदपि शास्त्रोक्तं जातिगुणहोमयागादि तत्सर्वं धर्मकारकम् । जातिगुणद्रव्यभावात्मकं चतुर्विधं धर्मस्य कारकमित्युक्तं भवति । तच्च समस्तं व्यस्तं वा यथाशास्त्रं द्रष्टव्यम् । श्रद्धा सर्वत्रानुवर्तते ॥

इति **विज्ञानेश्वरम्** (*VijYDh* 1.6) ।

वरदराजीयेऽप्ययं श्लोको व्याख्यातः ।

देशो ब्रह्मावर्तादिः । कालो विष्वयनसंक्रान्त्यादिः । अत्र **व्यासः** ।

त्रेतायामाब्दिको धर्मो द्वापरे मासिकः स्मृतः ।
यथाशक्ति चरेत् प्राज्ञस्तदह्ना प्राप्नुयात् कलौ ॥

अत्र पात्रशब्देन पित्रादय उच्यन्ते । तथा च **वृद्धशातातपः** ।

मातुः शतगुणं दानं सहस्रं पितुरुच्यते ।
अनन्तं दुहितुर्दानं सोदर्ये दत्तमक्षयम् ॥

"उपायेन" इति । न्यायागतस्य द्रव्यस्य दानं कर्तव्यं न विपरीतस्येत्यर्थः । तथा च **यमः** ।

अपहृत्य परस्यार्थं यस्तु दानं प्रयच्छति ।

स दाता नरकं याति यस्यार्थस्तस्य तत्फलम् ॥

न्यायागतस्य द्रव्यस्याभावे विशिष्टे देशे काले पुण्यमपि देयमित्याह देवलः ।

देवतानां गुरूणां च मातापित्रोस्तथैव च ।

पुण्यं देयं प्रयत्नेन नापुण्यं चोदितं क्वचित् ॥

अपुण्यं देयत्वे न चोदितमित्यर्थः । तथा विशिष्टपात्रे दानवद्विशिष्टदेवतोद्देशत्वेन त्यागः श्राद्धया वियुक्तेन कर्त्वयः । "पात्रे प्रदीयते" इति यागहोमयोरप्युपलक्षणम् ।

इति **वरदराजीये**ऽस्य विशेषो वर्णितः ।

संस्कारमञ्जर्यां तु मनूक्तधर्मलक्षणश्लोको व्याख्यातः । यथा ।

मनुमेकाग्रमासीनमभिगम्य महर्षयः ।
प्रतिपूज्य यथान्यायमिदं वचनमब्रुवन् ॥
भगवन्सर्ववर्णानां यथावदनुपूर्वशः ।
अन्तरप्रभवानां च धर्मान्नो वक्तुमर्हसि ॥ (*MDh* 1.1–2)

इत्येवं महर्षिभिः पृष्टो भगवानितिहासपुराणप्रसिद्धां जगत्सृष्टिं प्रश्नोत्तररूपेण श्रोतृणां प्ररोचनार्थम् "आसीदिदं तमोभूतमप्रज्ञातमलक्षणम्" (*MDh* 1.1.5) इत्यादिना सप्रपञ्चमुक्त्वा प्राधान्येन प्रथमं पृष्टं धर्ममाह ।

विद्वद्भिः सेवितः सद्भिर्नित्यमद्वेषरागिभिः ।
हृदयेनाभ्यनुज्ञातो यो धर्मस्तं निबोधत ॥ (*MDh* 2.1)

विद्वद्भिर्निरूपणकुशलैः सेवितो नित्यमनुष्ठितः सद्भिर्धार्मिकैः अद्वेषरागिभिः प्रियाप्रियरहितैः हृदयेनाभ्यनुज्ञातः हृदयं चेतो न विचिकित्सति यस्मिन्ननुष्ठते सोऽर्थो धर्म इति तमर्थं व्यवस्यत निबोधत । श्रौतस्मार्तेष्वपि केषुचिद्धृदयाभ्यनुज्ञा नास्त्यनुष्ठातुम् । गौरत्र वध्य इत्यादिषु श्रौतेषु । स्मार्तेष्वपि विधवानियोगादिषु । तेन श्रौतस्मार्तेष्वपि हृदयाभ्यनुज्ञातस्यैव धर्मत्वं नेतरस्येति । अथ वा श्रौतेषु स्मार्तेष्वपि क्रियमाणेषु विशिष्टसंमतस्यैव धर्मत्वं नेतरस्येति हृदयेनाभ्यनुज्ञात इत्युक्तम् ।

इति **संस्कारमञ्जर्यामुक्तम्**[22] ।

YDh 1.7

[वेदः स्मृतिः सदाचारः स्वस्य च प्रियमात्मनः ।
सम्यक्संकल्पजः कामो धर्ममूलमिदं स्मृतम् ॥]

"वेदः स्मृतिः" इत्यादि । नन्विदं "देशे काले" इत्याद्यनन्तरं "वेदः स्मृतिः" इत्याद्यभिधानमयुक्तम् । स्यादेतत् । त्रिविधे ह जिज्ञासा जायते — को धर्मः किंप्रमाणकः किंसाधनकश्चेति । तत्र को धर्म इत्यस्यां जिज्ञासायां देशकालइत्यादिनोपक्षीणायामेतत्स्थिरीकरणस्यापि हेतुभूतप्रमाणजिज्ञासोपशमनहेतुः प्रमाणप्रतिपादनं प्रसक्तमभिधीयत इति । तदपि पुरणन्यायेऽपि सर्वविद्यास्थानस्य धर्मं प्रति साधनत्वप्रतिपादनेनैव सिद्धत्वादसारम् । किं च । अष्टकादिनिखिलस्मार्तपदार्थविषयतयैवास्य शास्त्रस्यारम्भः इत्यग्निहोत्राद्यखिलश्रौतकर्मविषयस्य वेदस्यात्राभिधानं सुतरामेवानुपपन्नम् ।

इतीमामाशङ्कामपेक्षाक्रमोद्भावनद्वारेण निराकरोति । "**नन्वियं धर्मलक्षणावधृतिर्निर्मूलेव लक्ष्यते**" (12.23) इति । अयमभिप्रायः । पौरुषेये षु वाक्येषु प्रमाणान्तरपूर्वकं प्रामाण्यं युक्तम् । तत्र देशाद्युपायजन्योऽयं धर्म इत्यत्र पुनः प्रत्यक्षादि न संभवति, अतीन्द्रियत्वाद् धर्मस्य "चोदनालक्षण एव धर्मः" (*PMS* 1.1.2) इति च नियमात् । न चाम्नायोऽप्यग्निहोत्रादिष्विवोपलक्ष्यते । अतः प्रमाणमूलत्वासंभवात् पारिशेष्याद् भ्रान्त्यादिमूलत्वमवसीयते । इति लक्षणशब्दस्वरूपवचनः धर्मस्वरूपस्यावधृतिः व्यवच्छिन्नज्ञानम् । मूलशब्दः प्रमाणवचनः निष्प्रमाणे वेत्यर्थः । ज्ञाननिधेर्भगवतः समूलवचनतैव युज्यत इति वाशब्दः । एतच्चोद्यसमाधानपरत्वेन श्लोकमवतारयति "**आम्नायानभिज्ञ मैवम्**" (12.23) इति । वक्ष्यमाणरीत्यापत्यमानान्यथानुपपत्तिलक्ष्यत्वात् स्मृतिमूलस्यैतत् पर्यनुयुञ्जानस्य च तव मनसि तदनुपपत्यनुदयात् पठ्यमानमाम्नायं न तत्वतो जानासीत्याम्नायानभिज्ञेत्यस्यार्थः । उपहासोऽयं मैवमिति । नन्वित्यादिना यद् भवता पर्यनुयुक्तं तन्मा तन्नोपपत्तिमदित्यर्थः । मैवमित्यस्य प्रतिज्ञात्वाद्धेहोश्च प्रतिज्ञानन्तरीयनियमाद्यस्मादित्यादिहेतुप्रतिपादकं शब्दमन्तरेणैव स्थानसामर्थ्याद्धेतुत्वमवगम्यत इति कृत्वा श्लोकमेवानन्तरं पठति "वेदः स्मृतिः" (*YDh* 1.7) इत्यादि।

कथमनेन पूर्वं समुद्भावितं चोद्यं निवर्त्यत इत्याशङ्कायां तात्पर्यतस्तन्निवर्तकत्वमाह "**यदि हि**" (13.1) इत्यादिना । अस्यार्थः । यदि

स्मृतिः सदाचारः स्वस्य च प्रियमात्मनः ।
सम्यक्सङ्कल्पजः कामो धर्ममूलमिति स्मृतम् ॥ (*YDh* 1.7)

इत्येतदेवोच्येत तदा स्मृतेः पूर्वविज्ञानविषयविज्ञानलक्षणत्वाद् अष्टकादिस्वर्गादिसाध्यसाधनविषयायाश्च स्मृतेः पूर्वविज्ञानकारणत्वेन प्रत्यक्षादेरसंभवाच्चोदनायाश्च मूलकारणत्वानङ्गीकारात् पारिशेष्याद् भ्रान्त्यादिमूलतया "**निर्मूलता स्यात्**" (13.1–2) । एवमाचारादीनामपि तथाविधसाध्यसाधनभावस्य निर्मूलत्वमुन्नेयम् । "**यदा तु**" (13.2) इति। "**यदा**

त्वेषामपि" स्मृत्यादीनामपि पौरुषेयत्वेन संप्रतिपन्नानामपीति विरोधं द्योतयत्यपि शब्दः । "**वेदाविनिर्भागः**" (13.2) । वक्ष्यमा णनीत्या वेदमूलत्वेन वेदप्रतिपादितप्रतिपादकत्वेन वेदादपृथग्भावः । अनन्यतेति यावत् । "**तदा**" (13.2) वेदानन्यत्वे "**निर्मूलवचनं**" (13. 2) निर्मूलमिति वचनम् अथवा निर्मूलत्ववचनमिति भावप्रधानोऽयं निर्देशः । "**प्रलापः**". (13.2) निर्मूलत्वासिद्धेरनर्थकः । उक्तश्च **अमरकोशे** प्रलापशब्दार्थः ।

स्यादाभाषणमालापः प्रलापोऽनर्थकं वचः ।
अनुलापो मुहुर्भाषा विलापः परिदेवनम् ॥
विप्रलापो विरोधोक्तिः सल्लापो भाषणं मिथः ।
सुप्रलापः सुवचनमपलापस्तु निह्नवः ॥ इति । (*AK* 1.5.15–17)

तदेव वेदानन्यत्वं पौरुषेयाणां कथमित्याह । "**वेदपूर्वकतया च**" (13.3) इति । वेदः पूर्वो येषां प्रमाणत्वेन ते वेदपूर्वका इति यावत् । तेषां भावस्तत्ता । तया हेतुभूतया "**चैषां**" स्मृत्यादीनां "**प्रामाण्यं**" (13.3) न तु स्वातन्त्र्येण प्रत्यक्षादिपूर्वकतया वा । अयं भावः । इहाष्टकादिस्मार्तपदार्थविषयतयारभ्यमाणे शास्त्रे यद्वेदस्य धर्ममूलत्वं प्रतिपाद्यते तत्स्मृत्यादीनां तत्पूर्वकतया वेदमूलत्वप्रतिपादनार्थं तात्पर्यपर्यालोचनायामवसीयते ततश्च स्मृत्यादीनामपि वेदवद्धर्मप्रमाणत्वमुपपन्नमिति । एतदेव निगमयति "**अतः**" (13.3) इति। यत एवं पूर्वोक्तेन स्मृत्यादीनामपि धर्ममूलत्वम् अतो विशेषेण स "**धर्ममूलमिदं स्मृतमिति**" (13.3) । सर्वेषां तुल्यवद्धर्मप्रमाणत्वाभिधानं "**सुष्ठु**" (13.3) इत्यर्थः । अत्र स्वाख्याने साधकप्रमाणमाह । "**तथा च**" (13.4) इति । चशब्दः समुच्चये । न्यायेनैवायमर्थः सिध्यति । मानवीयाद् आगमाच्च इत्यर्थः । एवं हि **मानवम्** ।

वेदोऽखिलो धर्ममूलं स्मृतिशीले च तद्विदाम् ।
आचारश्चैव साधूनामात्मनस्तुष्टिरेव च ॥ इति । (*MDh* 2.6)
वेदः स्मृतिः सदाचारः स्वस्य च प्रियमात्मनः ।
एतच्चतुर्विधं प्राहुः साक्षाद्धर्मस्य लक्षणम् ॥ इति च । (*MDh* 2.12)

गौतमोऽपि ।

वेदो धर्ममूलं तद्विदां च स्मृतिशीले । दृष्टो धर्मव्यतिक्रमः साहसं च महताम् । न तु दृष्टार्थे परदौर्बल्यात् । तुल्यबलविरोधे विकल्पः । इति । (*GDh* 1.1–4)

वरदराजीये "वेदोऽखिलः" इत्यस्यार्थो वर्णितः ।

वेदोऽखिलो विध्यर्थवादमन्त्रात्मकः न तु विध्यंश एव । तद्विदामिति स्मृतिशीलादेर्वेदमूलत्वेन प्रामाण्यं न तु स्वरूपेणेति दर्शयति । यत् कर्माचर्यमाणमभ्युदयाय भवति विपरीतं प्रत्यवा-

याय तच्छीलशब्देनोच्यते । यत् पुनराचर्यमाणमभ्युदयायानाचर्यमाणं न प्रत्यवायाय तदाचारशब्देनोच्यते । यथा सावित्रीजपादावेकपादेनावस्थानमूर्ध्वबाहुत्वं चेति । आत्मतुष्टिर्भावप्रसादश्रद्धापर्यायः । स च शास्त्राविरुद्धो विहितक्रियातिरेकेण प्रमाणम् । "एका लिङ्गे गुदे तिस्रः" (*MDh* 5.136) इत्यादिषु लिङ्गे द्वितीयं मृद्ग्रहणं गुदे चतुर्थस्य ग्रहणमात्मतुष्टिप्रमाणकमेव । अत्र **याज्ञवल्क्यः** ।

श्रुतिः स्मृतिः सदाचारः स्वस्य च प्रियमात्मनः ।
सम्यक्सङ्कल्पजः कामो धर्ममूलमिदं स्मृतम् ॥ (*YDh* 1.7)

"स्वस्य च प्रियमात्मनः" इति । वैकल्पिकविषये स्वस्य प्रियमिच्छैवान्यतरनियामिकेत्यर्थः । "सम्यक्सङ्कल्पजः कामः" इति । सङ्कल्पविषया कामना सङ्कल्पजा कामनेत्यर्थः । भोजनव्यतिरेकेण कालान्तरे पानीयं न पातव्यमित्यविरुद्धे सङ्कल्पे कामनैव प्रमाणमिति । अतो धर्मे श्रुतिः स्मृतिः सदाचारः कामश्च प्रमाणमित्युक्तम् ।

इति **वरदराजीयम्** । "संध्योपरमणकाले त्रिः प्रदक्षिणादयः शिष्टाचाराः" इति **मस्करीयम्** (*MasGDh* 1.2) । **स्मृतिचन्द्रिकायामपि** "वेदोऽखिलो धर्ममूलम्" इतीदं व्याख्यातम् ।

शीलं रागद्वेषवर्जनम् । आचारः कङ्कणबन्धनादिः । आत्मतुष्टिर्वैकल्पिकेषु यस्मिन् क्रियमाण आत्मनः प्रीतिः सापि प्रमाणमिति । **व्यासोऽपि** ।

धर्ममूलं वेदमाहुर्ग्रन्थराशिमकृत्रिमम् ।
तद्विदां स्मृतिशीले च साध्वाचारं मनः प्रियम् ॥ इति ।

साधवः शिष्टाः । तथा च **मनुः** ।

शिष्टाचारः स्मृतिर्वेदस्त्रिविधं धर्मलक्षणम् । इति । (not in *MDh*)

लक्षणं प्रमाणमित्यर्थः । शिष्टानामपि स्वरूपं स एवाह ।

धर्मेणाधिगतो यैस्तु वेदः सपरिबृंहणः ।
ते शिष्टा ब्राह्मणा ज्ञेयाः श्रुतिप्रत्यक्षहेतवः ॥ इति। (*MDh* 12.109)

इतिहासपुराणान्यङ्गानि च वेदस्य परिबृंहणानि । तथा च **बृहस्पतिः** ।

इतिहासपुराणाभ्यां वेदं समुपबृंहयेत् ।
बिभेत्यल्पश्रुताद्वेदो मामयं प्रतरिष्यति ॥ इति ।

श्रुतिः प्रत्यक्षो हेतुर्धर्माधिगतेर्येषां ते तथोक्ताः ।

इति **स्मृतिचन्द्रिकायाम्** (*SmC* I: 5–6) उक्तम् । "**वेदस्मृती प्रसिद्धे**" (13.4) इति । तयोः प्रसिद्धिमाह **मनुः** ।

श्रुतिस्तु वेदो विज्ञेयो धर्मशास्त्रं तु वै स्मृतिः ।

ते सर्वार्थेष्वमीमांस्ये ताभ्यां धर्मो हि निर्बभौ ॥ इति । (*MDh* 2.10)
श्रुतिं पश्यन्ति मुनयः स्मरन्ति तु तथा स्मृतिम् ।
तस्मात् प्रमाणमुभयं प्रमाणैः प्रमितं भुवि ॥ इति च । (*MDh* 2.15 *add)

"अकामात्मानो डम्भादिरहिताः" (13.5) इत्यत्र डम्भो लोकावर्जनार्थं धर्मपूजा । आदिशब्देन लोभादिर्गृह्यते । तथा च **बोधायनः** ।

शिष्टाः खलु विगतमत्सरा निरहङ्काराः कुम्भिधान्या अलोलुपा दम्भदर्पलोभमोहविवर्जिताः ।

धर्मेणाधिगतो येषां वेदः सपरिबृंहणः ।
शिष्टास्तदनुमानज्ञाः श्रुतिप्रत्यक्षहेतवः ॥ इति । (*BDh* 1.1.5–6)

येषामिति "कर्तृकर्मणोः कृति" (Pāṇ 2.3.65) इति कृद्योगलक्षणा षष्ठीति । **"तेषां यददृष्टायाचरणम्"** (13.5–6) इति। तेषां बह्वनामन्यतमस्येत्यर्थः । एवंविधानामेव दृष्टार्थतया धर्मव्यतिक्रमदर्शनाद् अदृष्टायेत्युक्तम् । **"तथा च"** (13.6) इति । अत्र **वसिष्ठः** ।

अथातः पुरुषनिश्रेयसार्थं धर्मजिज्ञासा । ज्ञात्वानुष्ठानं धार्मिकः प्रशस्यतमो भवति लोके प्रेत्य च स्वर्गलोकं समश्नुते । श्रुतिस्मृतिविहितो धर्मस्तदलाभे शिष्टाचारः प्रमाणम् । शिष्टः पुनरकामात्मा । अगृह्यमाणकारणो धर्मः ॥ इति । (*VaDh* 1.1–7)

ननु यदि वेदविदामाचारः प्रमाणं तर्हीन्द्रचन्द्रादेरहल्यातारादिगमनमपि प्रमाणं स्यात् । न च तथा । अतः कथमाचारप्रामाण्यम् । तदाह **गौतमः** । "दृष्टो धर्मव्यतिक्रमः साहसं च महताम्" (*GDh* 1.3) इति । साहसं परशुरामादेर्मातृशिरश्छेदादि ।

उच्यते । सत्यमिन्द्रादीनामहल्यादिगमनमस्ति । तथापि तेषां तपस्संजनिततेजोविशेषयोगिनां प्रत्यवायो न भवति । अस्मदादीनां तु तदभावेन तत्करणे भवत्येव प्रत्यवायः । तदाह **आपस्तम्बः** ।

तेषां तेजोविशेषेण प्रत्यवायो न विद्यते ।
तदन्वीक्ष्य प्रयुञ्जानः सीदत्यवरजोऽबलः ॥ इति । (*ĀpDh* 2.13.7–8)

मनुरपि ।

धर्मव्यतिक्रमो दृष्टो महतां साहसं तथा ।
तदन्वीक्ष्य प्रयुञ्जानस्सीदत्यवरजोऽबलः ॥ इति । (*MDh* 2.15 *add)

कथं पुनर्धर्मव्यतिक्रमसाहसयोर्भेद उच्यते । विषयाभिलाषया यदनुक्तमाचर्यते स धर्मव्यतिक्रमः । यथा प्रजापतिः स्वां दुहितरमभ्यध्यायदित्यादि । क्रोधाद्यभिभवेन यत् क्रियते तत् साहसम् । यथा परशुरामादेर्मातृशिरश्छेदनादि । इति तयोर्भेदः[23] ।

इति **स्मृतिचन्द्रिकादौ** (*SmC* I: p. 6-7) उक्तम् । **वरदराजीये** तु ।

नन्वाचारस्य धर्ममूलत्वेऽतिप्रसङ्ग इत्याह ।

धर्मव्यतिक्रमो दृष्टो महतां साहसं तथा ।

तदन्वीक्ष्य प्रयुञ्जानः सीदत्यवरजोऽबलः ॥ (*MDh* 2.15 *add)

यथा च **गौतमः** । "दृष्टो धर्मव्यतिक्रमः साहसं च महताम्" (*GDh* 1.3) इति । भीष्मस्यानाश्रमित्वावस्थानं धर्मव्यतिक्रमः । साहसं च जामदग्न्यस्य स्वमातृशिरश्छेदः । परिहरति । "देशजातिकुलधर्माश्चाम्नायैरविरुद्धाः प्रमाणम्" (*GDh* 11.20) इति न सर्वस्याचारस्य प्रामाण्यमिष्यते । किं तु वेदाविरुद्धांशस्यैव प्रामाण्यम् । तथा च सति नातिप्रसङ्गदोषः । तथा च **वसिष्ठः** । "श्रुतिस्मृतिविहितो धर्मस्तदलाभे शिष्टाचारः प्रमाणम् । शिष्टः पुनरकामात्मा" इति (*VaDh* 1.4–6) । अतस्तेषां विरुद्धानुष्ठानेऽपीदानींतनानां धर्ममूलत्वबुध्या तदनुष्ठानं नास्त्येवेति नातिप्रसङ्गदोषः । तेषामपि विरुद्धानुष्ठनाद् दोषो नास्तीत्याह **बौधायनः**[24] ।

तेषां तेजोविशेषेण प्रत्यवायो न विद्यते ।

तदन्वीक्ष्य प्रयुञ्जानः सीदत्यवरजन्मजः ॥ (*ĀpDh* 2.13.8)

तथा च **लिखितः** ।

तेजोमयानि पूर्वेषां शरीराणीन्द्रियाणि च ।

लिप्यते न स पापेन पद्मपत्रमिवाम्भसा ॥

इति **वरदराजीये**ऽभिहितम् । "**ब्राह्मणपरिव्राजकवत्**"[25] (13.7-8) इति । यथा लोके ब्राह्मणा आयाताः परिव्राजकाश्चेत्येवमादौ लिङ्गधारणाद्विशेषाद् ब्राह्मणेभ्यो भेदेन परिव्राजका उपादीयन्ते ब्राह्मणत्वाविशेषेऽपि । एवमनुपनिबन्धनत्वाद् विशेषात् सदाचारस्य स्मृतेर्भेदेनोपादानं स्मृतित्वेऽपीत्यर्थः । अनुपनिबन्धनमेव तर्हि कस्मात् । तत्राह । "**अनुपनिबन्धनत्वं तु**" (13.8) इति । "**स्मृत्यन्तरार्थवत्**" (13.8) इति । **स्मृत्यन्तरार्थानां** यथानन्त्याद्वैकल्पिकत्वाद्वानुपनिबन्धनत्वम् एवं सदाचाराणामपीत्यर्थः । इति । "**विचिकित्साशङ्कया**" इति (13.10)। विचिकित्सार्थमाह **अमरः** ।

अध्याहारस्तर्क ऊहो विचिकित्सा तु संशयः ।

सन्देहद्वापरौ चाथ समौ निर्णयनिश्चयौ ॥ इति । (*AK* 1.4.3)

"**यथैतदेवं तथा तदाश्रमनिरूपणे वक्ष्यामः**" (13.10–11) इति । तृतीयाध्याये

सुतविन्यस्तपत्नीकस्तया वानुगतो वने ।

वानप्रस्थो ब्रह्मचारी साग्निः सोपासनः क्षमी ॥ (*YDh* 3.45)

इत्यत्र वनस्थविचारे । "जरामर्यं वा एतत्सत्रं यदग्निहोत्रम् । दर्शपूर्णमासौ । जरया ह वा

एष एताभ्यां मुच्यते मृत्युना वा" (*ŚBr* 12.4.1.1; cf. *PMS* 2.4.1.5) इति श्रुतेर्न्याया-च्चावधिसङ्कल्पनायाः समुच्चयेनाश्रमविकल्पसामार्थ्यादधिकारानुसारेणावध्यवाप्तौ गृही वनं प्रविशेत् । यदि गृहमेव कामयेत तदा "यावज्जीवमग्निहोत्रं जुहुयात्" (cf. *VārŚr* 1.1.1. 86) इति जाबालिश्रुतेर्जीवनश्रुत्यविरोधिन्यैवेच्छया वैखानसाद्याश्रमाश्रयणमुपपन्नमेवेति वक्ष्याम इत्यर्थः । "तथा चाहुः" (13.16) इत्यत्र मनुना गृहस्थस्य यमनियमप्रकरणेऽभिहि-तम् ।

सत्यधर्मार्यवृत्तेषु शौचे चैवारमेत्सदा ।
शिष्यांश्च शिष्याद्धर्मेण वाग्बाहूदरसंयतः ॥
परित्यजेदर्थकामौ यौ स्यातां धर्मवर्जितौ ।
धर्मं चाप्यसुखोदर्कं लोकसंक्रुष्टमेव च ॥
न पाणिपादचपलो न नेत्रचपलोऽनृजुः ।
न स्याद्वाक्चपलश्चैव न परद्रोहकर्मधीः ॥
येनास्य पितरो याता याता येन पितामहाः ।
तेन यायात्सतां मार्गं तेन गच्छन्न रिष्यति ॥ इति ॥ (*MDh* 4.175–78)

सतां मार्गं विहितानुष्ठानप्रतिषिद्धवर्जनलक्षणं यायादित्यर्थः । न रिष्यतीत्यत्र "रुष रिष हिंसायाम्" इति धातुः (*DhPā* 1231–2) । न रिष्यति न रिष्टो भवति । न नश्यतीत्यर्थः । व्यासश्च ।

श्रेयान् स्वधर्मो विगुणः परधर्मात् स्वनुष्ठितात् ।
स्वधर्मे निधनं श्रेयः परधर्मो भयावहः ॥ इति । (*MBh* 6.25.35)

तथा श्रीगीतायाम् अप्युक्तम् ।

श्रेयान् स्वधर्मो विगुणः परधर्मात् स्वनुष्ठितात् ।
स्वभावनियतं कर्म कुर्वन्नाप्नोति किल्बिषम् ॥
सहजं कर्म कौन्तेय सदोषमपि न त्यजेत् । इति । (*BhG* 18.47-48)
उत्सन्नकुलधर्माणां मनुष्याणां जनार्दन ।
नरके नियतं वासो भवतीत्यनुशुश्रुम ॥ इति । (*BhG* 1.44)

तथा सुमन्तुरपि ।

उदितेऽनुदिते चैव होमभेदो यथा भवेत् ।
तस्मिन्कुलक्रमायातमाचारं चाचरेद्बुधः ।
स गरीयान्माहाबाहो सर्वशास्त्रोदितादपि ॥ इति ।

मनुरपि ।

यो लोभादधमो जात्या जीवेदुत्कृष्टकर्मभिः ।

तं राजा निर्धनं कृत्वा क्षिप्रमेव प्रवासयेत् ॥

वरं स्वधर्मो विगुणो न पारक्यः स्वनुष्ठितः ।

परधर्मेण जीवन्हि सद्यः पतति जातितः ॥ इति । (*MDh* 10.96–97)

"प्रियं त्वात्मन आत्मतुष्टिः" (13.19) इति । "वेदविदां सकलानुष्ठानपराणां निर्दोषत्वेन यद्विज्ञानमुत्पद्यते सा आत्मतुष्टिः" इति **मस्करीयगौतमभाष्येऽभिहितमात्मतुष्टेर्लक्षणम्** (*MasGDh* 1.2) । अत्र **विज्ञानेश्वरम्** (*VijYDh* 1.7) ।

एवमिदानीं धर्मस्य ज्ञापकहेतूनाह । "श्रुतिः स्मृतिः सदाचारः" इति । श्रुतिर्वेदः स्मृतिर्धर्मशास्त्रम् । तथा च मनुः ।

श्रुतिस्तु वेदो विज्ञेयो धर्मशास्त्रं तु वै स्मृतिः । इति । (*MDh* 2.10)

सतां शिष्टानामाचारोऽनुष्ठानं स्वस्य चात्मनः प्रियं वैकल्पिकविषये यथा "गर्भाष्टमेऽष्टमे वा" (*YDh* 1.14) इत्यादावात्मेच्छैव नियामिका । सम्यक्सङ्कल्पजः कामः शास्त्राविरुद्धः । यथा मया भोजनव्यतिरेकेणोदकं न पातव्यमिति । एते धर्मस्य मूलानि । एतेषां विरोधे पूर्वं पूर्वं बलीयः ॥

इति **विज्ञानेश्वर** उक्तम् । अथ **स्मृतिचन्द्रिका** (*SmC* I: 15) ।

अथ श्रुत्यादीनां बलाबलम् । तत्र मनुः ।

श्रुतिद्वैधं तु यत्र स्यात्तत्र धर्मावुभावपि । इति । (*MDh* 2.14)

श्रुतिप्रतिपादितौ द्वावपि धर्मौ । यतो मन्वादिभिः पूर्वतरैरपि तौ धर्मा वुक्तौ तुल्यप्रमाणशिष्टत्वाद् अनयोर्विकल्प इति । श्रुतिस्मृत्योर्विरोधे स्मृतेर्बाध एव । यथाह लोगाक्षिः ।

श्रुतिस्मृतिविरोधे तु श्रुतिरेव गरीयसी ।

अविरोधतया कार्यं स्मार्तं वैदिकवत्सदा ॥ इति ।

एवमाचारस्यापि स्मृतिविरोधे बाध एव । "श्रुतिस्मृतिविहतो धर्मस्तदलाभे शिष्टाचारः प्रमाणम्" इति वसिष्ठवचनात् (*VaDh* 1.4–5) । एवं पर्षद्वचनेऽपि द्रष्टव्यम् । तदुक्तं चतुर्विंशतौ ।

स्मृतेर्वेदविरोधेन परित्यागो यथा भवेत् ।

तथैव लौकिकं वाक्यं स्मृतिबाधात्परित्यजेत् ॥ इति ।

यत्र पुनर्मानवस्य स्मृत्यन्तरेण विरोधः तत्र मनूक्त एव श्रेयान् । यथाह अङ्गिराः ।

यत्पूर्वं मनुना प्रोक्तं धर्मशास्त्रमनुत्तमम् ।

न हि तत्समतिक्रम्य वचनं हितमात्मनः ॥

मनूक्तमतिक्रम्यान्यदीयं वचनमात्मनो हिताय न भवतीत्यर्थः । **बृहस्पतिरपि** ।

वेदादुपनिबद्धत्वात् प्राधान्यं तु मनोः स्मृतम् ।
मन्वर्थविपरीता तु या स्मृतिः सा न शस्यते ॥ (*BṛSm* Saṃ, 13)

श्रुतिरपि । "यद्वै किंच मनुरवदत् तद्भेषजम्" इति (*TaitS* 2.2.10.1) । तत्र लघुधर्मस्यैव बाध इत्याह **व्यासः** ।

धर्मं यो बाधते धर्मो न स धर्मः कदाचन ।
अविरोधी तु यो धर्मः स धर्मः सद्भिरुच्यते ॥ (*MBh* 3.131.10)
तस्माद्विरोधे धर्मस्य निश्चित्य गुरुलाघवम् ।
यतो भूयस्ततो विद्वान् कुर्याद्धर्मविनिर्णयम् ॥

इति **स्मृतिचन्द्रिकायाम्** उक्तम् । "**कुतः पुनरिदं स्मृतेराम्नायमूलत्वमवगमितम्**" इति (14.1-2) । अत्र **टीकार्थः** प्रदर्श्यते । मनुयाज्ञवल्क्यादीनां स्ववचनव्यतिरेकेण किं प्रमाणमित्यभिप्रायेण "**कुतः पुनः**" इत्युक्तम् । पुंवाक्यस्य प्रामाण्यं नास्तीति भावः । "**कतिपयवाक्यदर्शनं तु**" (14.3) इति । पौर्वापर्यपर्यालोचनशून्यं कथं निश्चिनुयादिति भावः । "**अनुमानादेः**" इति (14.4) । प्रत्यक्षानवकाशाभिधानादेवानुमानाशङ्का नास्तीत्यतिप्रसिद्धिः । प्रतिकूलतर्काभावाद् वेदमूलत्वस्यानुच्छिन्नाशङ्काव्युदासर्थं "**विपर्यये वा तत्प्रवृत्तिः**" (14.4–5) इति । स्मृतिर्निर्मूला "**सर्वात्मकवेदमूलत्वानुपपत्तेः**" (14.5) असच्छास्त्रवत् । इति सर्वात्मकवेदमूलत्वानुपपत्तेरित्यस्याभिप्रायः । विधिमन्त्रार्थवादनामधेयात्मकत्वं वेदस्य सर्वात्मकत्वम् । सर्वात्मकवेदमूलत्वानुपपत्तिमुपपादयति "**न तावत्**" (14.5) इति । अत्र हेतुमाह "**अदर्शनात्**" (14.5–6) इति । सर्वेषां सर्वस्रष्टृत्वानुपपत्तेरदर्शनादिति हेतुर्न पर्याप्त इत्याह "**स्मृत्यानर्थक्यात्**" (14.6) इति । अप्रत्यक्षभावसद्भावे कथं स्मृत्यानर्थक्यमित्याह "**तथा हि**" (14.6) इत्यादि ।

अत्रैव मतान्तरं दर्शयामः । इह स्मृतिमूलत्वं प्रति विवदन्ते वादिनः । तत्र स्वपक्षस्थापनार्थं पक्षान्तराणि विकल्प्य निराकरोति "**कुतः पुनः**" इत्यादि-"**दौहित्रस्मरणवत्**" इत्येवमन्तेन (14.1–22.7) ।

तत्र प्रथमं भट्टमतं निराकरोति "**एवं तावद् विप्रकीर्णविधिमूलत्वमनुपपन्नम्**" इत्येवमन्तेन (17.15) । "**कुतः पुनरिदमाम्नायमूलत्वं स्मृतेरवगमितम्**" (14.1–2) । "वेदः स्मृतिः सदाचारः" (*YDh* 1.7) इत्यनेन स्मृतेर्वेदमूलत्वमवगमितम् । तत्कुतः । केन प्रमाणेन वेदमूलत्वमवधार्य वेदमूलत्वं प्रतिज्ञातमित्यर्थः । तत्र प्रत्यक्षं निराकरोति "**न तावत्**

सर्वस्मृतीनाम्" (14.2) इत्यनेन । "**कतिपय**" (14.3) इति । क्वचिद्दर्शनेनान्यत्रापि कर्तृ-सामान्यादनुमातुं न शक्यते । असदागमेष्वपि तथात्वप्रसङ्गादित्यर्थः । एवं प्रत्यक्षं निराकृत्य क्रमप्राप्तमनुमानं बहुवक्तव्यतयोत्कृष्यागमं निराकरोति "**न च**" (14.3) इति । वेदः स्वयमेव स्मृतेर्वेदमूलतां प्रतिपादयितुं न समर्थः नित्यानित्ययोर्मूलमूलीभावासंभवादित्यर्थः । अथवा "यद्वै किंच मनुरवदत्तद्भेषजं भेषजमेवास्मै" (*TaitS* 2.2.10.2–3) इत्याम्नायो वेदमूलत्वं प्रतिपादयतीत्याशङ्कायामाह "**न च**" इति । अयमपि वेदमूलतां प्रतिपादयितुं न समर्थः किं तु प्रामाण्यमात्रं प्रतिपादयितुम् । वेदामूलतया चात्र प्रामाण्यं प्रतिज्ञातम् । यां विनात्र प्रमाणं भवितुमर्हतीति भावः । तर्ह्यनुमानादीनामप्यन्यतमं भवतु । तत्राह "**अनुमानादेस्तु**" इति (14.4) । प्रत्यक्षसव्यपेक्षत्वादनुमानादीनामिति भावः । नानुमानादेरत्राप्रवृत्तिमात्रं विपर्यये प्रवृत्तिरपीत्याह "**विपर्यये वा**" (14.4) इति । वेदमूलत्वाभाव इत्यर्थः । कथमित्याह "**स-र्वात्मक**" इति (14.5) । विधिमन्त्रार्थवादनामधेयात्मकस्य पठ्यमानस्योत्सन्नस्य वा वेदस्य मूलत्वानुपपत्तेरित्यर्थः । तेषां क्रमशो मूलत्वानुपपत्तिं दर्शयति "**न तावत्**" (14.5) इत्या-दिना । स्मृतेर्विध्यात्मकत्वात् तन्मूलस्यापि वेदस्य विधिरूपत्वं प्रकृतिसारूप्याद्युज्यत इति द्योतयितुं तावच्छब्दः । कुत इत्याह "**अदर्शनात्**" (14.5–6) इति । प्रयत्नेनान्विष्यमाण-स्याप्यनुपलब्धिरित्यर्थः । अस्मदाद्यनुपलब्धावपि मन्वादिप्रत्यक्षगम्यतास्तु । तत्राह "**स्मृ-त्यानर्थक्याच्च**" (14.6) इति । आनर्थक्यमुपपादयति "**तथाहि**" (14.6) इत्यादिना । यदि विधिरूपस्य वेदस्याप्रत्यक्षत्वात् प्रत्यक्षतः शब्दोपनिबन्धनम् प्रत्यक्षस्य वाविधिरूपस्याविधि-रूपत्वाद् उपनिबन्धनं स्मृतिभिः क्रियेत । ततः किमप्यर्थवत्त्वं स्मृतिप्रणयनस्य स्यात् । उभ-यरूपत्वे सति स्वाध्यायाध्ययनविधिप्रापितेन तेनैवाष्टकादिकर्मानुष्ठानावगमसंभवादकिंचित्क-रतैव स्मृतिप्रणयनस्य स्यादित्यर्थः । तत्रैव किंचिदर्थवत्तामाशङ्क्य निराकरोति "**कल्पकाराः**" (14.8) इत्यादिना । एवमुभयरूपत्वेऽपि लाघवेनानुष्ठानार्थं तदनुरूपमर्थमात्रं संक्षिप्य स्मृ-तिप्रणयनं यदि क्रियते ततः कल्पकारसाध्यत्वादस्य कल्पविद्यास्थानान्तरत्वं न विधिरूपत्वेन स्यादित्यर्थः । यदि लघुतायै प्रकल्पनं तदा कल्पकारास्तत्कुर्युरिति योजना । यद्वैवं योजना

"**प्रत्यक्षे विधिरूपे च वेदे सति मुधा स्मृतिः ।**" (14.7)

कुतः ।

"**कल्पकारास्तदा कुर्युर्लघुतायै प्रकल्पनम् ॥**" इति । (14.8)

"प्रत्यक्षे विधिरूपे च" इत्यस्यानुवादः "तदा" इति । अयमर्थः । प्रत्यक्षे विधिरूपे च सति द्विधा स्मृतिप्रणयनं संभवति । तथैवानुष्ठानार्थत्वं संक्षिप्य वा उभयत्रापि वेदकल्पयोरन्यतरे-णैव सिद्धार्थत्वात् स्मृतिप्रणयनवैय्यर्थ्यमिति । तत्र कल्पशास्त्रात् स्मृतेर्विप्रकीर्णत्वकृतं विशे-

षमाशङ्कते **"वाक्यानाम्"** (14.9) इति । विप्रकीर्णानां संक्षिप्यार्थमात्रग्रहणार्था स्मृतिः । अविप्रकीर्णविषयः कल्प इति भेद इति चेदित्यर्थः । **"तदसत्"** (14.10) । तदसाधु । कुत इत्यत आह **"स्मार्तता मा भूत्"** (14.10) इति । **"ताद्रूप्यात्"** (14.10) इति । विप्रकीर्ण-सङ्ग्रहणार्थत्वादित्यर्थः । ज्योतिष्टोमविषयस्य कल्पैकदेशस्य यत्तादृग्द्रव्यं तत्तत्प्रतिपाद्येऽप्यु-पचर्येयमुक्तिः । **"ज्योतिष्टोऽपि हि"** (14.10) इति । ज्योतिष्टोमस्यापीत्यर्थः । तथा च वक्ष्यति । **"ज्योतिष्टोमादितुल्यत्वं स्मृतीनामतिदुर्भणम्"** (14.16) इति ।

ज्योतिस्ताराग्निभाज्वालादृक्पुत्रार्थाध्वरात्मसु । (*YVai* 6.3.10)

इति यादवस्मरणमपि । ताद्रूप्यहेतुमाह **"संहारात्"** (14.11) इति । एकशाखागतत्वेऽपि आदिमध्यान्तेषु वर्तमानानां वाक्यानां संग्रहणाज्ज्योतिष्टोमस्य ताद्रूप्यात् स्मार्तता स्यात् । तदा च "कर्म स्मार्तं विवाहाग्नौ" (*YDh* 1.96) इति नियमाद् विवाहाग्नौ प्रसज्येत । अतो ज्योतिष्टोमस्य स्मार्तत्वं मा प्रसाङ्क्षीदितीदमपि लक्षणं न साध्वित्यस्यार्थः । यद्येकशाखात्वं तर्हि स एव विशेषोऽस्तु । तत्राह **"शाखान्तरगतानां च"** (14.12) इति । **"समाहारः"** इति (14.12) । अस्तीति शेषः । कथमित्याह **"प्रवर्ग्यवत्"** (14.12) इति । नानाशाखा-धिगतमन्त्रयुक्तप्रवर्ग्यवत्वादित्यर्थः ।

उक्तज्योतिष्टोमसाम्यं भाट्टसिद्धान्तानुसारेण परिहरति **"मैवम्"** (14.13) इति । **"इति-कर्तव्यता तद्वत्"** (14.14) इति । यथा तत्र ज्योतिष्टोमे दीक्षाकर्तव्यता सन्निधौ क्लृप्ता पठ्य-मानास्ति नैवमत्रेत्यर्थः । उक्तमेव वैषम्यं स्पष्टयति **"एकैकशः"** (14.15) इत्यादिना । अने-कशाखाधिगतानामित्यर्थः । ऐकध्यसंहरणम् एकधासंहरणम् । "एकाद्धो ध्यमुञन्यतरस्या-म्" इति ध्यमुञ् (Pāṇ 5.3.44–45) । उक्तनीत्या यद्यप्यानर्थ्यात्मकहेतुर्निराकृतः तथाप्य-दर्शनादिति हेतुरवतिष्ठत एव । तत्राह **"शाखानां विप्रकीर्णत्वात्"** (14.17) इत्यादि । विप्र-कीर्णत्वात् प्रचितत्वात् । अनेकदेशावस्थितानेकपुरुषाधिगमेन तत्वेन एकेनैवेयत्तयावस्था-तुमशक्यत्वादित्यर्थः । निगमयति **"कार्योऽतश्च"** इति **"पुरुषानुग्रहात्मकः"** (14.19) इति । कार्यकारणयोरभेदोपचारादियमुक्तिः । **"तद्वेद"** (14.20) इति । तेषामुपसंह्रियमा-णानां कर्मणां मूलभूतवेदवाक्यानामदर्शनान्न दोषाय जायत इत्यर्थः ।

न च सर्वेषामदर्शनमित्याह **"स्मृतिमूला हि विधयः सन्ति"** (14.21) इत्युक्तम् । के पुनस्त इत्यत आह **"उत्कृष्टव्यस्तु"** (14.23) इति । क्रतुप्रकरणात् पुरुषधर्मत्वेनोत्कृष्टव्य-त्वेन प्रसिद्धो न्यायविदामित्यर्थः । दर्शपूर्णमासयोरयं विधिः पठ्यते । इममेव विधिमुदाहृत्य **शाबरे** प्रकरणानुसारेण दर्शपूर्णमासशेषतामाशङ्क्य "यस्य व्रत्येऽहनि पत्न्यन्यनालम्भुका भवति तामवरुध्य यजेत सर्वेण यज्ञेन यजते" (*TaitBr* 3.7.1.9) इति रजस्वलायाः

प्रागेवावरुद्धत्वाद् दर्शपूर्णमासशेषत्वेन प्राप्त्यभावात् प्रतिषेधो न युक्त इति पुरुषमात्राश्रयत्वेनायं प्रतिषेधोऽवकल्पनीयः इति प्रतिपादतिम् (see Śab 3.4.18)। तत्र जैमिनिः । "प्रागवरोधान्मलवद्वाससोऽन्नप्रतिषेधाच्च" (*PMS* 3.4.18-19) इति । "नास्या अन्नमद्यात्" (*TaitS* 2.5.1.5–6) इत्यन्नप्रतिषेधः । अन्नमिति चोपगमनमुच्यते । "इतीति च" (14.26) इति । द्वितीय इतिशब्द आद्यर्थः ।

इतिर्हेतुप्रकरणप्रकारादिसमाप्तिषु । (*AK* 3.3.246)

इति अमरः । तेन च दर्शपूर्णमासयोः "देवा वै शंयुं बार्हस्पत्यमब्रुवन्" (*TaitS* 2.6.10.1) । हव्यं नो वहेति प्रकृत्य वचनमिदं भवति "किं मे प्रजायाः" (*TaitS* 2.6.10.1) इति । "तेऽब्रुवन् यो ब्राह्मणायापगुरेत् तं शतेन यातयात् । यो निहनत् तं सहस्रेण यातयात् । यो लोहितं करवद्यावत् प्रस्कन्द्य पांसून् संगृह्णात्तावतः संवत्सरान्पितृलोकं न प्रजानीति" (cf. *TaitS* 2.6.10.2) इत्येवमादयो गृह्यन्ते एवं दर्शपूर्णमासादिप्रकरणे सन्ति अप्रकरणेऽपि सन्तीत्याह । "अनारभ्य च" (15.1) इति । "तस्मात् सुवर्णं हिरण्यं भार्यं दुर्वर्णोऽस्य भ्रातृव्यो भवति" (*TaitBr* 2.2.4.6) इत्यादि । अत्रापि जैमिनिः । "अप्रकरणे तु तद्धर्मस्ततो विशेषात्" (*PMS* 3.4.20) इति । अप्रकरणे यो विहितः स पुरुषधर्मः । तस्मात् प्रकरणाभावलक्षणात् प्रकरणाधीतैर्विशेषादित्यर्थः । "यस्य पर्णमयी जहूर्भवति न स पापं श्लोकं शृणोति" (*TaitS* 3.5.7.2) इत्यादिवत् क्रतुसंबन्धः संभवति हिरण्यस्य क्रतुसंबन्धव्यभिचारादिति ।

"उत्क्रष्टव्यस्तु" (14.23) इत्यत्र विशेषतः अमृतस्यन्दिनी अनुसरणीया । अत्रापि च टीकार्थः प्रदर्श्यते । "उत्क्रष्टव्यस्तु" (14.23) इति । "स्मृतिमूलत्वसंमतः" (14.23) चातुर्वर्ण्यविषयतया प्रतीयेत इति भावः । "तस्मान्मलवद्वाससा सह न संवदेन्न सहासीत न तस्या अन्नमद्यात्" (*TaitS* 2.5.1.5–6) इत्यादेः "न रजस्वलाम्" (*GDh* 9.29) इत्यादिस्मृतिमूलत्वमस्तीति भावः । अनेकशाखापठ्यमानत्वाभावात् स्मृतिमूलत्वं कथमङ्गीकुर्म इत्याह "आत्रेय्या" (14.25) इति । "यदु ह घातयितैनस्वी भवेदात्रेय्या सवनगते न किल्बिषी स्यात् घातयिता" इत्यादेः "आत्रेय्यां चैवम्" (*GDh* 22.12) "राजन्यवैश्यौ चेजानौ" (*MDh* 11.88) इत्यादेर्मूलभूतवाक्योपलब्धिरस्तीति भावः ।

एवमपि स्मृत्याचारयोरखण्डमूलानुपलब्धेरेतदुदाहरणमनुदाहरणमेव स्यादित्याशङ्क्याह । "वृत्तं तस्मात्" (14.26) इति । "तस्मादनिन्द्यस्य वृत्तं नापक्रामेत्" (14.26) अनिन्द्यं वन्देतानिन्द्यं प्रशंसेदनिन्द्यस्यैष्टलोक इत्यादेः "तद्विदां च स्मृतिशीले" (*MDh* 2.6) इत्यादेराचारस्य च मूलमुदाहृतम् । अन्यान्यव्यापारमूलानि बहुशः पठ्यन्ते "इतीति"शब्दः

(14.26) । आरभ्याधीतानां कर्मशेषत्वाङ्गीकारात् स्मृतिमूलत्वे को हेतुरित्याह **"अनारभ्य च"** (15.1) इति । "यं प्रजातिर्मनसा यजमानोऽरोषीत् तं प्रजापतिरग्रसत् । तच्छुक्लमभवत् तेन तेजस्यभवत् तेनासुरानपानुदत ततो देवाः प्रजापतेः शुक्लमैच्छन् तत्प्रजापतिरस्विदत् तत् सुवर्णमभवत् तेन देवा असुरानपानुदन्त तस्मात् सौवर्णं हिरण्यं भार्यं तेनाभ्रातृव्यो भवति" इत्यादिसुबालश्रुत्या "दाक्षायणी ब्रह्मसूत्री" (*YDh* 1.132) इत्यादेर्वेदमूलत्वं ज्ञापितम् । एतदपि प्रजापतिदैवतशतकृष्णलादिहोमशेषत्वाध्यवसायाशङ्कापि स्यादिति नोदाहरणमित्यसर्वशेषोदाहरणमाह **"रूपसंपत्तये"** (15.2) इति । अस्य "शुक्लाम्बरधरः" (*YDh* 1.130, 288) इत्यादेर्मूलत्वमवगम्यत इति भावः । इति **टीकार्थः** ।

इदानीम् **"उत्कृष्टव्यस्तु"** (14.23) इत्यादौ वचनान्युदाहृीयन्ते । तत्र तावन् **मनुः** ।

नोपगच्छेत् प्रमत्तोऽपि स्त्रियमार्तवदर्शने ।
समानशयने चैव न शयीत तया सह ॥
रजसाभिप्लुतां नारीं द्विजस्याभ्युपगच्छतः ।
प्रज्ञा तेजो यशश्चक्षुरायुश्चैव प्रहीयते ॥
तां विवर्जयतस्तस्य रजसा समभिप्लुताम् ।
प्रज्ञा तेजो यशश्चक्षुरायुश्चैव विवर्धते ॥ इति । (*MDh* 4.40–42)

गौतमश्चाह । "नाकल्यां नारीमभिरमयेत् । न रजस्वलाम् । न चैनां श्लिष्येत्" इति (*GDh* 9.28–30) । एवमादीनां "तस्मान्मलवद्वाससा सह न संवसेन्न सहासीत नास्या अन्नमद्यात्" (*TaitS* 2.5.1.5–6) इत्यादिदर्शपूर्णमासपठितश्रौतविधिमूलत्वम् । **"आत्रेय्या"** इत्यत्र (14.25) **गौतमः** । "प्रायश्चित्तम् । अग्नौ सक्तिर्ब्रह्मघ्नस्त्रिरवच्छातस्य" (*GDh* 22.1–2) इत्यादिब्रह्महत्याप्रायश्चित्तमुपदिश्यातिदिशति । "आत्रेय्यां चैवम् । गर्भे चाविज्ञाते ब्राह्मणस्य" (*GDh* 22.12–13) इत्यादि। **मनुरपि** ।

ब्रह्महा द्वादशाब्दानि कुटीं कृत्वा वने वसेत् ।
भैक्षं चात्मविशुध्यर्थं कृत्वा शवशिरोध्वजम् ॥ (*MDh* 11.73)

इत्यादिब्रह्महत्याप्रायश्चित्तमुक्त्वातिदिशति ।

हत्वा गर्भमविज्ञातमेतदेव व्रतं चरेत् ।
राजन्यवैश्यौ चेजानावात्रेयीमेव च स्त्रियम् ॥ (*MDh* 11.88)

इत्यादि । **योगीन्द्रश्चाह** ।

यागस्थक्षत्रविड्घाते चरेद् ब्रह्महणो व्रतम् ।
गर्भहा च यथावर्णं तथात्रेयीनिषूदकः ॥ (*YDh* 3.251)

इत्येवमादीनां "ततोऽत्रिः संबभूव तस्मादात्रेय्या योषितैनसवी" (*ŚBr* 2.4.2.15) इत्यादि-ज्योतिष्टोमप्रकरणपठितश्रौतविधिमूलत्वं । **"वृत्तं तस्मात्"** (14.26) इत्यत्र **स्मृत्यन्तरम्** "आम्नायप्रामाण्यादाचारः प्रमाणम्" इत्यादि । **गौतमश्च** । "वेदो धर्ममूलम् । तद्विदां च स्मृतिशीले" (*GDh* 1.1–2) इत्यादि । **मनुरपि** ।

वेदोऽखिलो धर्ममूलं स्मृतिशीले च तद्विदाम् ।
आचारश्चैव साधूनामात्मनस्तुष्टिरेव च ॥ (*MDh* 2.6)

इत्यादि । **आचार्यश्च** ।

वेदः स्मृतिः सदाचारः स्वस्य च प्रियमात्मनः ।
सम्यक्सङ्कल्पजः कामो धर्ममूलमिदं स्मृतम् ॥ (*YDh* 1.7)

इत्येवमादीनां "तस्मादनिन्द्यस्य वृत्तं नापक्रमेदनिन्द्यं वन्देतानिनद्यं प्रशंसेदनिनद्यस्यैष्ट-लोकः" (cf. *ŚBr* 3.5.1.17) इत्यादिविधिमूलत्वम् । **"इतीति च"** (14.26) इत्यनेनान्यान्यपि स्मृत्याचारमूलानि बहूनि पठ्यन्त इत्येवमुक्तम् । **तथाहि** ।

नास्य ब्राह्मणोऽनाश्वान् गृहे वसेत् । (cf. *BhārŚr* 5.16.13)
तस्माद्ब्रह्मणाय नापगुरेत । (cf. *BDh* 2.1.7)
तस्माद् गर्भेणाविज्ञातेन ब्रह्महा सवनगतेन किल्बिषी स्यात् । (?)
यान्यस्माकं सुचरितानि तानि त्वयोपास्यानि नो इतराणि । (*TaitU* 1.11.2–3)

इत्यादीनि । तत्र आचार्यः ।

अतिथित्वेऽपि वर्णेभ्यो देयं शक्त्यानुपूर्वशः ।
अप्रणोद्योऽतिथिः सायमपि वाग्भूतृणोदकैः ॥ (*YDh* 1.106)

इत्यादि । **मनुरपि** ।

अप्रणोद्योऽतिथिः सायं सूर्योढो गृहमेधिना ।
काले प्राप्तस्त्वकाले वा नास्यानश्नन् गृहे वसेत् ॥ (*MDh* 3.105)
सिलेनाप्युञ्छतो नित्यं पञ्चाग्नीनपि जुह्वतः ।
सर्वं सुकृतमादत्ते ब्राह्मणोऽनर्चितो वसन् ॥ (*MDh* 3.100)

इत्येवमादीनां "नास्य ब्राह्मणोऽनाश्वान् गृहे वसेत्" (cf. *BhārŚr* 5.16.13) इत्यादिवेदमूलत्वम् । **गौतमश्चाह** । "अभिक्रुद्धावगुरणं ब्राह्मणस्य वर्षशतमस्वर्ग्यम् । निपाते सहस्रम् । लोहितदर्शने यावतस्तत् प्रस्कन्द्य पांसून्संगृह्णीयात्" (*GDh* 21.20–22) इत्यादि । **मनुरपि** ।

अवगूर्य त्वब्दशतं सहस्रमभिहत्य तु ।

जिघांसया ब्राह्मणस्य नरकं प्रतिपद्यते ॥

शोणितं यावतः पांसून्संगृह्णाति द्विजन्मनः ।

तावन्त्यब्दसहस्राणि तत्कर्ता नरके वसेत् ॥ (*MDh* 11.207–8)

इत्येवमादीनां "यो ब्राह्मणायापगुरेत् तं शतेन यातयात् । यो निहनत् तं सहस्रेण यातयात् । यो लोहितं करवद्यावत् प्रस्कन्द्य पांसून्संगृह्णात् तावतः संवत्सरान् पितृलोकं न प्रजानीत् । तस्माद् ब्राह्मणाय नापगुरेत" (cf. *TaitS* 2.6.10.2) इत्येतद्वेदमूलत्वम् । मनुरप्याह ।

हत्वा गर्भमविज्ञातमेतदेव व्रतं चरेत् ।

राजन्यवैश्यौ चेजानावात्रेयीमेव च स्त्रियम् ॥ इति । (*MDh* 11.88)

आचार्यश्चाह ।

यागस्थक्षत्रविङ्घाते चरेद् ब्रह्महणो व्रतम् ।

गर्भहा च यथावर्णं तथात्रेयीनिषूदकः ॥ (*YDh* 3.251)

इत्येवमादीनां "तस्माद्गर्भेणाविज्ञातेन ब्रह्महा सवनगतेन किल्बिषी स्यात्" (TaitS 6.3.10. 2–3) इत्येतद्वेदमूलत्वं गम्यते । एवं सर्वत्रोन्नेयम् । ग्रन्थगौरवभयात्त्विह न प्रपञ्च्यते ।

"**अनारभ्य च**" (15.1) इत्यत्र आचार्यः ।

दाक्षायणी ब्रह्मसूत्री यष्टिमान् सकमण्डलुः ।

कुर्यात् प्रदक्षिणं देवमृद्गोविप्रवनस्पतीन् ॥ (*YDh* 1.132)

स्वायम्भुवेऽप्युक्तम् ।

वौणवीं धारयेद्यष्टिं सोदकं च कमण्डलुम् ।

यज्ञोपवीतं वेदं च शुभे रौम्ये च कुन्डले ॥ (*MDh* 4.36)

इत्येवादीनां "तस्मात् सौवर्णं हिरण्यं भार्यं दुर्वर्णोऽस्य भ्रातृव्यो भवति" (*TaitBr* 2.2.4.6) इत्यादिविधिमूलत्वम् । "**रूपसम्पत्तये**" (15.2) इत्यत्र गौतमः । "न सति विभवे जीर्णमलवद्वासा स्यात् । न रक्तमुल्बणमन्यधृतं वा वासो बिभृयात् । न स्रगुपानहौ । नर्निक्तमशक्तौ ।" इति (*GDh* 9.3–6) । स्वयम्भुवाप्युक्तम् ।

न सीदेत् स्नातको विप्रः क्षुधा शक्तः कथंचन ।

न जीर्णमलवद्वासा भवेच्च विभवे सति ॥

क्लृप्तकेशनखश्मश्रुर्दान्तः शुक्लाम्बरः शुचिः ।

स्वाध्याये चैव युक्तः स्यान्नित्यमात्महितेषु च ॥ इति । (*MDh* 4.34–35)

योगीश्वरेणाप्युक्तम् ।

शुक्लाम्बरधरो नीचकेशश्मश्रुनखः शुचिः ।

न भर्यादर्शनेऽश्नीयान्नैकवासा न संस्थितः ॥ (*YDh* 1.130)

इत्येवमादीनां “सुवाससा भवितव्यम् । रूपमेव तेन बिभर्ति” (cf. *ŚBr* 3.2.1.16)[26] इत्यादिविधिमूलत्वमध्यवसीयते ।

एवं तर्हि “वक्तारो धर्मशास्त्राणाम्” (*YDh* 1.4) इत्यादेरप्रामाण्यं प्रसज्येत इत्याशङ्कते “**ननु**” (15.3) इति ।

“सैवेयमष्टका” इति प्रत्यभिज्ञाबलादैक्यमव्याहतमिति भावः ।

इति टीकायां “**नन्वेवम्**” इत्यस्य व्याख्यानम् । अन्येऽप्येवमेतद्वर्णयन्ति “**नन्वेवम्**” इति (15.3) ।

प्रत्यक्षमूलत्वे सति प्रकरणभेदात् सर्वशाखाप्रत्ययमेकं कर्मेत्यग्निहोत्रादि । भिन्नत्वाद् “वक्तारो धर्मशास्त्राणाम्” इति पूर्वं प्रतिपादितस्मृतिभेदो न सङ्गच्छेत । इति ।

एतत् परिहरति “**नैतत्**” (15.5) इति । “**अस्त्येव**” (15.5) इति । “**स्मृतीनाम्**” इति (15.3) प्रकृतत्वात् । कथमित्यत आह “**कर्मणां भेदकैः**” (15.6) इत्यादि । षड्विधानि भेदकप्रमाणानि । शब्दान्तराभ्याससंख्यागुणप्रक्रियानामधेयात्मकानि । तत्र शब्दान्तरात् । यथा तावज्ज्योतिष्टोमे “सोमेन यजेत” (*TaitBr* 4.2.2.3), “दाक्षिणानि जुहोति”, “हिरण्यमात्रेयाय ददाति” (*ŚBr* 4.3.4.21; cf. Śab 2.2.1) इति यागादीनां कर्मणां भेदः । देवतोद्देशेन द्रव्यत्यागो यागः । स एव देशविशेषगतद्रव्यप्रक्षेपोपाधिश्च होमः । अभिसंहितपरस्वत्तापत्तिफलश्च स एव दानमिति । यथोक्तं शब्दान्तरे कर्मभेदः कृतानुबन्धत्वादिति । तथा विध्युच्चारणाभ्यासादसति शब्दभेदे कर्मभेदो भवति । यथा दर्शपूर्णमासयोः समिधो यजति तनूनपातं यजति इडो यजति बर्हिर्यजति स्वाहाकारं यजतीति । पञ्चकृत्वोऽभ्यस्तो यजतिशब्दः कर्मभेदं विधत्ते । अन्यथैकस्यैव पुनर्वचनमकिंचित्करं स्यात् । न च तनूनपातादिदेवताविधानार्थोऽनुवादः संभवति “देवताया आग्नेय” (?) इत्यादिश्रुतिसिद्धत्वात् । वाक्यात् प्रकरणाद्वा सिद्धतया तनूनपातादिदेवताया विकल्पस्यान्यायत्वात् । अतः प्रत्यभ्यासं कर्मभेदः । अत्र सूत्रम् । “एकस्यैवं पुनः श्रुतिरविशेषादनर्थकं हि स्यात्” (*PMS* 2.2.2) इति । संख्यया भेदानुपातिन्या कर्मभेदो यथा “वाजपेयेन स्वाराज्यकामो यजेत” (cf. *PMS* 1.4.6) इत्यत्र वाजपेये सप्तदशप्राजापत्यान् पशूनालभते “सप्तदशो वै प्रजापतिः । प्रजापतेराप्त्यै श्यामाकास्तूपरा एकरूपा भवन्ति । एवमिव हि स प्रजापतिः समुध्या” (?) इति सप्तदश यागकर्माणि । सप्तदशप्राजापत्यानिति द्रव्यदेवतासंबन्धानां सप्तदशधा भेदावगमान्न हि सप्तदशभिः पशुभिरेको यागो निवर्तयितुं शक्यः । एकादशभिरवदानगणैरेको यागो निवर्तनीयः । तानि चावदानान्येकस्मादेव लभ्यन्ते । अतः सप्तदशा-

नामेव यागानां सप्तदशपशुभिः प्रयोजनम् । तथा **सूत्रम्** । "पृथत्त्वनिवेशात् संख्यया कर्मभेदः स्यात्" (*PMS* 2.2.21) इति । गुणभेदादपि कर्मभेदो यथा । उत्पत्तौ यत्कारकसंयुक्तं यत्कर्म प्रतीयते ततोऽन्येन कारणेन संयुक्तं पूर्वस्मात्कर्मान्तरं भवति । तद्यथा चातुर्मास्येषु वैश्वदेवपर्वणि । तप्ते पयसि दध्यानयति सा वैश्वदेव्यामिक्षा वाजिभ्यो वाजिनमित्यत्रामिक्षागुणकत्वेनोत्पन्नाद् वैश्वदेविकात्कर्मान्तरं वाजिनगुणकं कर्म । यदि हि तत्र वाजमन्नलक्षणयामिक्षामुक्त्वा तद्वत्तया वाजिनो विश्वेदेवा इति । विश्वान्देवानुद्दिश्यामिक्षागुणके वाजिनं गुणान्तरं विधीयते तदा वाक्ययोर्विषमत्वं स्यात् । वैश्वदेवीति तद्धितनिर्देशाच्छ्रुत्या देवतात्वं विश्वेषां देवानां वाजिभ्य इति वाक्याल्लाक्षणिकत्वाल्लक्षणायाश्च वाक्याधीनत्वात् । यथाह ।

वाच्यस्यार्थस्य वाक्यार्थे (थो?) संबन्धानुपपत्तितः।
तत्संबन्धवशाप्राप्तस्यान्वयो लक्षणोच्यते ॥ इति । (*BhoŚṛṅ* 8.46)

न च विषमशिष्टयोर्विकल्पो युक्तः । अतः कर्मान्तरम् । अत्रापि **सूत्रम्** । "गुणश्चापूर्वसंयोगे वाक्ययोः समत्वात्" (*PMS* 2.2.23) इति । अप्रमितसंयोगे हि वाक्ययोः समत्वं स्यात् । न च प्रकृतानुवादे । अतो गुणश्च भेदक इत्यर्थः । प्रकरणान्तरतः कर्मभेदो यथा कुण्डपायिनामयने मासमग्निहोत्रं हुह्वति । मासं दर्शपूर्णमासाभ्यां यजते इति नित्यादग्निहोत्रान्नित्याभ्यां दर्शपूर्णमासाभ्यां कर्मान्तरम् । न चाग्निहोत्रस्य दर्शपूर्णमासयोश्चोपसदः सन्ति । न चोपसदामपि विधिः, अनेकगुणविधाने वाक्यभेदप्रसङ्गात् । अतो विशिष्टविधिरूपतया कर्मान्तरमित्यभ्युपेयम् । अत्र **सूत्रम्** । "प्रकरणान्तरे प्रयोजनान्यत्वम्" (*PMS* 2.3.24) इति । अग्निहोत्रं दर्शपूर्णमास इति नामधेयमिति । **टीकायामप्युक्तम्** ।

> यजति ददाति जुहोतीति शब्दान्तरम् । तरति ब्रह्महत्यां योऽश्वमेधेन यजते । य उ चैनमेवं वेदेत्यभ्यासः । सप्तदश प्राजापत्यान् पशूनालभत इति संख्या । कुण्डपायिनामयने मासमग्निहोत्रं जुहोतीत्यादिको गुणः । बृहस्पतिसवेनेष्ट्वा वाचस्पतिना यजेतेति प्रक्रिया । अग्निहोत्रं दर्शपूर्णमास इति नामधेयम् ।

इति **टीकायामप्युक्तम्** ।

प्रबोधचन्द्रोदयव्याख्यानेऽपि "विभिद्य कर्माणि"[27] इत्यस्मिञ्छ्लोकेऽभिहितमेतत् । तत्र कर्मविभेदस्तावच्छब्दान्तराभ्याससंख्यागुणप्रक्रियानामधेयैर्भवति । तत्र शब्दभेदात् तावद्यजति ददाति जुहोतीत्यादिषु यागदानहोमादिषु कर्मणां भेदः प्रसिद्धः । तथा तनूनपातमित्यादिषु यजतीत्याद्यभ्यासभावाद् भेदः । संख्याभेदात्तु प्राजापत्याः सप्तदश पशवः आलभ्या इत्यत्र कर्मणां भेदः । गुणभेदादप्यामिक्षा वैश्वदेवी वाजिनं वाजिभ्य इत्यत्रामिक्षा वाजिनगुण-

भेदाद्भेदः । तथा प्रक्रियाभेदादपि पूर्वं तावदुपसच्छब्दवाच्यद्वादशोष्टिभिश्चरित्वानन्तरं कुण्डपायिनामयनं नामाग्निहोत्रे मासवेशेषो होतव्यत्वेन श्रूयमाणः पूर्वस्मान्नैय्यमिकक्रतुविशेषादन्य एव प्रकारभेदान्मासाग्निहोत्रहोम इति क्रतुभेदः । तथा नामधेयभेदादपि । अथ शब्दोपपदसर्वज्योतिर्विश्वज्योतिरित्यादौ नामधेयभेदाद्विश्वज्योतिरादीनां कर्मणां भेदः इति सम्यक्परिज्ञानार्थमेषां बहूनां मतमुपन्यस्तम् ।

अतोऽत्र "वक्तारो धर्मशास्त्राणाम्" (*YDh* 1.4) इति शास्त्रबहुत्वावगतेः शास्त्रादिषु च,

अनेन विधिना श्राद्धं त्रिरब्दस्येह निर्वपेत् ।
हेमन्तग्रीष्मवर्षासु पाञ्चयज्ञिकमन्वहम् ।। (*MDh* 3.281)

इत्यत्र त्रिरब्दस्येत्यादिना यथासंख्यावगतेः परस्परभेदावगमात् कर्मणां भेदः । हविरपूपपश्वादिद्रव्यसाध्यत्वादष्टकादिकर्मणां गुणभेदाद्भेदः । अनारभ्याधीतत्वात् प्रकरणान्तराद्भेदः । अन्यान्यप्येवमुन्नेयानि । अत्र च शास्त्रान्तरे प्रकरणलक्षणमुक्तम् ।

शास्त्रैकदेशसंबद्धं शास्त्रकार्यान्तरे स्थितम् ।
आहुः प्रकरणं नाम ग्रन्थभेदं विपश्चितः ॥ इति ।[28]

तत्प्रकरणग्रन्थविषयं सर्वविषयं वेति दोषज्ञैरन्वेषणीयम् । अत्रापि च **टीकार्थः** कथ्यते (cf. p. 97) ।

एवं च सति प्रकृतोपयोगित्वं कथमीत्याह "**भिन्नत्वाच्च**" (15.7) इति । गुणभेदात् कर्मभेद उक्तः । गुणैक्यादैक्यमपि प्रसज्यत इति चेन्नेत्याह "**उद्दिश्य**" (15.9) इति । गुणविशिष्टप्रधानाद्धे सामान्यमविशिष्टमेव तदा भवतीति भावः । मन्वाद्यनेकस्मृत्यभिहिताष्टकादिकर्मणां नामैक्यादैक्यं कथं न स्यादित्याह "**साधारणं हि**" (15.11) इति । "**अक्षशब्दवत्**" (15.11) इति ।

अक्षो रथाङ्ग आधारे व्यवहारे विभीतके ।
शकटे पाशके कर्षे द्यूतभेदेऽक्षमिन्द्रिये ॥ इति । (?)
द्यूतेऽक्षे शारफलकेऽप्याकर्षेऽथाक्षमिन्द्रिये ।
ना द्यूताभ्रकर्षचक्रे व्यवहारे कलिद्रुमे ॥ (*AK* 3.3.222–23)

इति अमरकोशादावुक्तम् । "**भिन्नार्थग्रहात्**" (15.12) । भिन्नाभिधेयसंग्रहादित्यर्थः । कर्मभेदाङ्गीकारे प्रतिकर्मकर्तव्यताध्यवसानादनुष्ठानविरोधः स्यादित्याशङ्क्याह "**एकैकं च**" (15.13) इति । एकस्मिन् धर्मशास्त्रे सर्वकर्मानुपसंग्रहस्तद्धेतुक इत्यर्थः । आलस्यादज्ञानाच्च सर्वानभिधानमुपपद्यत इति चेन्नेत्याह "**सर्वेषाम्**" (15.15) इति ।

प्रयोजकहेतूननुस्मृत्य कौमारिलराद्धान्तमुपसंहरति "**एवं च**" (15.17) इति । विप्रकी-

र्णतया स्मृतिवैयर्थ्यपरिहारः । विप्रकीर्णताया हेतुरेकशाखाशाखान्तराश्रयमिति तत्र प्रामाण्यं दृश्यमानमिति । प्रत्यक्षत्वे क्रतुशेषता कथं न स्यादित्यत्र **"स्मृतेर्मूलम्"** (15.18) इति । **"न शक्यते"** (15.18) इति । वैदान्तिकप्रभाकरवैशेषिकनैय्यायिकपाशुपतपाञ्चरात्रिकपौराणिकैतिहासिकबौद्धादिभिरागमिकैस्तार्किकैश्चापहातुं न शक्य इति भावः ।

अत्र दूषणमाह **"सम्यक्"** (15.19) इति । अयं पक्षोऽस्माकं शिष्याणामपि स्पृहणीयो न भवति । किं पुनर्विदुषामित्याचार्येणेत्यस्यार्थः । अस्मच्चित्तरङ्गादुत्पतन्तीनामनुपपत्तीनां बाहुल्यादित्यर्थः । कास्ता इत्याशङ्कायां द्वयोर्मूलमाह **"जीवतः"** (15.21) इत्यादि । हेतुमन्तरेण प्रतिज्ञामात्रस्य विप्रतिपत्तिविषयता स्यादित्याह **"कर्तव्यत्वाविशेषात्"** (15.23) इति । प्रकरणादिभिर्भेदाङ्गीकारे कर्तव्यताप्रतीतिसाम्यात् सर्वकर्मानुष्ठेयत्वं भवतीति भावः । फलसाम्यादिति चेन्न । स्वोक्तिव्यतिरेकेण प्रमाणाभावादित्यभिप्रायः । सर्वकर्मानुष्ठेयत्वमप्यस्माभिरङ्गीक्रियत इत्याशङ्कते **"तथास्तु"** (15.25) इति । मानवाद्यप्रमाणत्वाभिधानेन न यः कश्चिद्दोष इत्यभिप्रायः । तथापि नैरपेक्ष्यबाधः स्यादित्याशङ्क्याह **"अन्योन्यनिरपेक्षत्वम्"** (16.3) इति । मानवादिप्रतिपादितैककर्मकरणे तदेवालं शास्त्रमित्यर्थः । दूषयति **"मैवम्"** (16.5) इति । **"अखिलग्रहः"** (16.5) वेदोक्तो न वेदप्रतिपादितमन्त्रादि न सङ्गच्छेतेत्यर्थः । देशकालाद्यपेक्षावन्मन्त्रापेक्षापि नैरपेक्ष्यं न प्रतिषेधेद्येत्याह (?) । **"अनुष्ठानविरोधस्तु"** (16.6) इति । युष्मदुक्तक्रियामात्रभेदेऽपि कर्तव्यतासाम्यादनुष्ठानविरोधचोद्यं द्वितीयमव्याहतमिति भावः । एवं चेन्नैरपेक्ष्यमुक्तप्रकारेण सुस्थितम् । अनुष्ठानविरोधं जायमानश्रुतिसंबन्धवत् परिहरिष्याम इत्याशङ्कसे चेत्तत्राह **"कर्तुः"** (16.7) इति । **"नियोगेनैककालिकम्"** (16.7) इत्यत्र एककालिकमिति पदच्छेदः । वैदिकपदवत् "तत्र भव" (Pāṇ 4.3.53) इति **पाणिनीयसूत्रेण** एककाले भव इत्यस्मिन्नर्थे ठक् प्रत्ययः । "ठस्येकः" (Pāṇ 7.3.50) इति सूत्रेण इकादेशः । "किति च" (Pāṇ 7.2.118) इति सूत्रेण आदिवृद्धिश्च भवति । तथा सति ऐककालिकमिति रूपं भवतीति । एककालिमिति वा पदच्छेदः । "सन्धिन्यनिर्दशावत्सगोः पयः परिवर्जयेत्" (*YDh* 1.169) इत्यत्र "एककालिकेत्यन्ये" (120.9) इति वक्ष्यमाणत्वात् । अखिलस्मर्तॄणां स्मृतावैकैकत्रेत्यर्थः । अनभिधाने को दोष इत्याह **"सर्वं चैतत्"** (16.9) इति । स्मृत्यप्रमाणत्वं स्मृतेरभावबोधकत्वाभावः । एवं हि **श्राद्धसंग्रहे** वक्ष्यति ।

> कस्मात् पुनर्मानवोऽपि श्राद्धकल्प आचार्येण नोपनिबद्धः । समानार्थत्वादनेनैव च प्रयोजनावाप्तेः । न च सर्वं सर्वस्मर्तृभिर्वक्तव्यं स्मृतिबहुत्वानर्थक्यप्रसङ्गात् । मैवम् । एककालिनं हि यत् पुंसो नैय्योगिकं कार्यं तत् सर्वैः स्मर्तव्यम् । अन्था सापेक्षत्वप्र-

सङ्गात् । ननु च यद्येनोपलब्धं स तदेव स्मर्तुं क्षमः (173.3–7) इत्यादि । सर्वकर्मणां कर्तव्यताप्यस्ति तथाप्येकस्मरणे हेत्वन्तरमाह **"कालैक्येन"** (16.11) इति । पुरुषानुग्रहरूपत्वान्मन्वादिस्मरणस्याबुद्धिपूर्वप्रवृत्तश्रुतिवाक्यवद् वाचोयुक्तिर्न स्यादिति भावः । नियोगपक्षे भावनापक्षे वा निवृत्तेस्तदधिकृतस्य कर्मान्तरासंबन्धादित्यर्थः । एवमपि मन्वादिवाक्यानामनाश्वास इत्याह । **"तथापि"** (16.12) इति । द्वित्राण्यप्यनुष्ठानानि ब्रूयुरित्यर्थः । यत्कालविशिष्टं यत्कर्म प्रत्यक्षवाक्येन लभ्यते तावन्तं कालमावृत्यापि तत्कर्म कृत्वा कालपरिसमाप्तौ संध्यावद् व्युदस्येदित्यर्थः । सर्वकर्मणां क्षणिकत्वेन क्षणकालसंबन्धादेकैकस्मरणमाशङ्क्य दूषयति **"पूर्वाह्णानुपसंहारात्"** (16.13) इति । प्रधानस्याङ्गवशवर्तित्वे युक्तिर्न संगच्छेत । तथा हि ।

प्रधानस्याक्रियायां तु साङ्गं तत् क्रियते पुनः ।
तदङ्गस्याक्रियायां तु नावृत्तिर्नैव तत्क्रिया ॥ इति । (cf. Vācaspatya I: 41)

कर्मणां भेदाङ्गीकारे तुल्यार्थत्वे प्रमाणाभावादनुष्ठानविरोधस्मर्तृरचनाविरोधावुक्तौ । उभयपरिहारायापरं प्रकारमाशङ्कते **"संस्कारत्वात्"** (16.15) इति । उपनयनान्नप्राशनजातकर्मसपिण्डीकरणादिवदष्टकामासश्राद्धादीनामपि संस्कारत्वमिदम्प्रयमवाच्यमित्यर्थः (?) । मन्वादीनामेककर्माभिधानादेव तथात्वानुमाने को दोषः । तथा च **गौतमीये**ऽष्टकादीनां तथात्वं "चत्वारिंशत्संस्कारैः संस्कृतः" (*GDh* 8.8) इत्युपक्रम्योक्तम् ।

गर्भाधानपुंसवनसीमन्तोन्नयनजातकर्मनामकरणान्नप्राशनचौलोपनयनम् । चत्वारि वेदव्रतानि । स्नानं सहचारिणीसंयोगः पञ्चानां यज्ञानामनुष्ठानं देवपितृमनुष्यभूतब्रह्मणाम् । एतेषां च । अष्टका पार्वणश्राद्धं श्रावण्याग्रहायणी चैत्राश्वयुजीति सप्त पाकयज्ञसंस्थाः । अग्न्याधेयमग्निहोत्रं दर्शपूर्णमासावाग्रयणं चातुर्मास्यानि निरूढपशुबन्धः सौत्रामणीति सप्त हविर्यज्ञसमस्थाः । अग्निष्टोमोऽत्यग्निष्टोम उक्थ्यः षोडशी वाजपेयोऽतिरात्रोऽप्तोर्याम इति सप्त सोमयज्ञसंस्थाः । इत्येते चत्वारिंशत्संस्काराः । इति । (*GDh* 8.14–21)

अत आह **"कृत्वैकाम्"** (16.17) इति । "हेमन्तशिशिरयोश्चतुर्णामपरपक्षाणामष्टमीष्वष्टका । एकस्यां वा । पूर्वेद्युः पितृभ्यो दद्यात् । ओदनं कृसरं पायसम्" (*ĀśGr* 2.4.1–4) । इत्याश्वलायनाद्येकगृह्यविहितानामप्येकां कृत्वा परान्न कुर्युः । तथा सति त एव **मन्वादय** इत्यर्थः । सावधानं कुर्वन्तीति भावः । **"जीवतश्चेत्"** (15.22) इत्ययं पक्षो दूषितः ।

द्वितीयं दूषयितुमाह **"कामिनाम्"** (16.18) इति । अष्टकादिवाक्ये कामसंबन्धाभावात् तत्कल्पनेऽपि कदाचित्कृत्वा कर्माप्रवृत्तिरित्यर्थः । तथापि प्रवृत्तिः प्रसज्येतेति चेत् तत्राह

"नित्यवत्" (16.19) इति । **"स्मर्तॄणां"** विवेकशीलानामित्यर्थः । एवं नित्यकाम्यविषयतया कर्मानधिकारेऽभिहिते नैमित्तिकोऽयमपरोऽधिकारः इत्याह **"तस्मादियमकल्पना"** इति (16.20)। यदेवं कल्पितं भवता इयमकल्पनेत्यर्थः । तत्र **पातञ्जलं भाष्यम्** । "निर्देश्यमानप्रतिनिर्देश्यमानयोरेकत्वमापादयन्ति । सर्वनामानि तज्जलिङ्गं पर्यायेणोपाददत इति अनुपपत्तीनां बाहुल्यात्" (?) इत्युक्तम् । दूषणान्तरमाह **"किञ्च"** (16.21) इति । यद्यपि प्रकृतिभूतज्योतिष्टोमादेः स्मृतिसादृश्यं नास्ति तथापि विकाराणां सादृश्यमव्याहतं स्यात् । वैषम्यमाह **"क्लृप्तोकारसंबन्धात्"** (16.24) इति । यादृशी विप्रकीर्णतास्माभिरुक्ता तादृशी विप्रकीर्णता तत्र नास्तीति चेत् तत्राह **"तद्वत् स्यात्"** (16.25) इति । पिण्डत्रयनिवापात्मकं श्राद्धं पिण्डपितृयज्ञेतिकर्तव्यताकमिति कथं न स्यादित्यर्थः । एवं हि वैकृतत्वं कल्प्यते । यदि क्वचित् प्रधानमेव पठितं नान्यत् किंचनाङ्गं तत्राङ्गापेक्षायाम् ।

उपकारविशेषस्य कल्पनायाः क्षमं हि यत् ।
प्रकृतेरेव गृह्णाति लाघवं तत्र कारणम् ॥
क्लृप्तकल्प्यविरोधे हि लघुः क्लृप्तपरिग्रहः ।
सवाक्यनामलिङ्गैश्च क्लृप्तोऽसौ सन्निधाप्यते ॥

इतिन्यायानुसारेणैकस्मिन् प्रधाने क्लृप्तान्यङ्गानि भवन्तीति प्राप्ते,

सवाक्यनामलिङ्गैश्च क्लृप्तोऽसौ सन्निधाप्यते ।

इति वाक्याद्यन्यतमवशादस्य विकृतिरियमिति । समानमितरच्छ्येनेनेति वाक्यम् । एवमन्यत्रापि पिण्डदानलिङ्गादष्टकाद्यपि पौर्णमासपिण्डपितृयज्ञविकारः स्यादित्यर्थः । स्मार्तवैदिकयोर्जातिभेदात् कार्यकारणभावो न घटत इति चेत् तत्राह **"न चासति"** (16.26) इति । एवमप्यपूर्वा इत्यनेन वैदिकवैकारिकत्वं प्रतिषिध्यत इति चेत् तत्राह **"दर्वीहोमेषु"** (16.27) इति। सादृश्यानुपलब्धेः कल्पकारैः कथितं न प्रमाणनिर्देश इत्यर्थः । केचद् **"दर्वीहोमेष्वपूर्वत्वमुक्तं सादृश्यहानकः"** (16.27) इत्यत्रैवं व्याचक्षते । विकृतिषु यत्सादृश्येन यदपूर्वं स्मर्यमाणं स्वोपकारकं स्मारयति येनैवोपकरणेन परिपूरणम् ।अतो यत्र बहुतरधर्मसाधारण्यनिबन्धनं सादृश्यमत्यन्तोल्बणं तत्रैव शीघ्रं स्मृत्युत्पत्तेस्तदीयोपकारपरिग्रह एव । दर्वीहोमेषु तु सर्वापूर्वाणामविशेषाद्विशेषो ग्रहीतुमशक्य इत्यनध्यवसाय एव । प्रकृतस्योपकारस्येति तत्रैवोपकारकल्पना दर्वीहोमेष्वपि श्रौतद्रव्यदेवता स्मृत्याचारप्राप्ताचमनादीतिकर्तव्यतामात्रेणोपकारक्लृप्तेरभिमतत्वादिति नास्ति पूर्वं किंचित् प्रकृतिभूतं कर्मान्तरं दर्व्यैतिहोमान्तरप्रकृतित्वाभावादपूर्वा दर्वीहोमा इति ।

आत्मनि प्रामाणिकत्वसंप्रतिपत्त्येदानीन्तनपुरुषान् कुतूहलयितुमाचार्येण निरूपितोऽयं

मार्गं इत्याह "**अन्वारुह्य**" (17.1) इति । ऋग्यजुस्साम्नां मध्ये सहस्रशाखाध्यायिनामस्माकमष्टका कर्तव्येति लिङ्लोड्व्यान्ततया नोपलभ्यत इत्यर्थः । पूर्वोदाहृतानां वाक्यानां पठ्यमानत्वाङ्गीकारे कीदृशो युष्मत्पक्ष इत्येवं निरूपणीयमित्याशङ्क्याह "**प्रकीर्णाः**" (17.3) इति । अधिकारविशेषप्रतिपादकानामित्यर्थः । एतेषामनुष्ठानोपपत्यर्थं यदि कर्तारं कल्पयति तथापि वैदिकाधिकृत एव कल्पनीयः स्यादित्याह "**प्रत्यक्षम्**" (17.5) इति । वाक्यानां विप्रकीर्णत्वाद्बोध्यकर्मणां वा पर्यायेण कल्पने निन्द्या स्युः । कल्पकारत्वं हीयेतेत्यर्थः । संप्रतिपन्नभट्टमतस्य दूषणबाहुल्यपापलतायाः को वापरः स्थेयान् हेतुरित्याह "**मन्त्रार्थवादमूलत्वम्**" (17.7) इति । "लाङ्गलं परीरवत् सुशेवं सुमतित्सरु । उदित्कृषति गामविं प्रफर्व्यं च पीवरीम्" (*VaDh* 2.34) इत्यनेन मन्त्रवर्णेन कृषिवाणिज्यादीन्यपि विधाय "कथं लाङ्गलमेतानुद्वपेत्" इति वसिष्टवाक्यम् (*VaDh* 2.36) । अन्ये त्वन्यथेमं मन्त्रार्थं वर्णयन्ति । "लाङ्गलं पवीरवत् सुशेवं सुमतित्सरु उदुद्वपत् इति गामविं प्रफर्व्यं च पीवरीम्" (*VaDh* 2.34) इति । लाङ्गलं हलम् । पकारोऽनर्थकः । "अनर्थका उपजाना भवन्ति" (?) इति नैरुक्ताः । वीरो मनुष्यः । तद्बलीवर्दस्याप्युपलक्षणम् । मनुष्यवत् बलीवर्दवच्चेत्यर्थः । सुशेवं सुमुखं सुखेन कर्षणार्हमित्यादि । अपर आहुः । मन्त्रार्थवादमूलत्वमिति वासिष्ठादिस्मृत्यन्तर इत्यर्थः । तथा च वासिष्ठे स्वधर्मवृत्तिसाधनमुक्त्वोक्तम् ।

अजीवन्तः स्वधर्मेणानन्तरां पापीयसीं वृत्तिमातिष्ठेयुर्न तु कदाचिज्ज्यायसीम् । वैश्यजीविकामास्थाय पण्येन जीवतोऽश्मलवणमपण्यं शाणकौशेयक्षौमाजिनानि तान्तवं तस्य च रक्तं च सर्वं च कृतान्नं पुष्पमूलफलानि च उदकं च ओषधीनां रसः सोमं च शस्त्रं विषं मांसं च क्षीरं सविकारं अयस्त्रपु सीसकं च । अथाप्युदाहरन्ति ।

भोजनाभ्यञ्जनाद्दानाद्योऽन्यत्र कुरुते तिलैः ।
कृमिभूतश्च विष्ठायां पितृभिः सह मज्जति ॥

कामं वा स्वयं कृष्योत्पाद्य तिलान्विक्रीणीयात् । तस्मात्साण्डाभ्यामनन्योताभ्यां प्राक्प्रातराचकर्षी स्यात् । दिनपदार्घेऽपः प्रयच्छेत् ।

लाङ्गलं परीरवत् सुशेवं सुमतित्सरु उदुद्वपति गामविं प्रफर्व्यं च पीवरिं प्रस्थावद्रथवाहनम् ।

लाङ्गलं पवीरवत् मनुष्यवदनडुवत् सुशेवं कल्याणनासिकं कल्याणी ह्यस्य नासिका नासिकयोद्वपति दूरेऽपविध्यति सोमपित्सरु सोमो ह्यस्य प्राप्नोति तत्सरु तदुद्वपति गामविमजानश्वानश्वतरखरोष्ट्रांश्च प्रफर्व्यं च पीवरीं कल्याणीं च प्रथमयुवतीम् । कथं लाङ्गलमुद्वपेदन्यत्र धान्यविक्रयात् । रसा रसैः समतो हीनतो वा । न त्वेव लवणं

रसैः । तिलतण्डुलपक्वान्नं विद्यामानुष्याश्च विहिताः परिवर्तकेन ।

(*VaDh* 2.22–39)

इत्यादि । बहुविरुद्धोऽयं पक्ष इत्याह **"व्याख्यानतः"** (17.9) इति । **एतेन शुनःशेफो** व्याख्यात इति । हरिश्चन्द्रोपाख्यानेन शुनःशेपः क्रीत इति प्रसिद्धेश्चार्थवादजाः स्मृतयो भवन्तीति चोक्तम् । अपर आह **"व्याख्यानतः शुनःशेप इति"** (17.9) । अत्रापि च वासिष्ठे "द्वादश त्वेव पुत्राः पुराणे दृष्टाः" (*VaDh* 17.12) इत्यारभ्य दायादबान्धवानां षन्नां पुत्राणामुत्पत्तिक्रमावुक्त्वोक्तम् ।

अथादायादबन्धूनां सहोढ एव प्रथमः । या गर्भिणी संस्क्रियते सहोढः पुत्रो भवति । दत्तको द्वितीयः । यं मातापितरौ दद्याताम् । क्रीतस्तृतीयस्तच्छुनःशेफेन व्याख्यातम् । हरिश्चन्द्रो ह वै राजा । सोऽजीगर्तस्य सुवयसः पुत्रं चिक्राय । स्वयमुपगतश्चतुर्थः । तच्छुनःशेफेन व्याख्यातम् । शुनःशेपो ह वै यूपे नियुक्तो देवतास्तुष्टाव । तस्य ह वा देवाः पाशान् विमुमुचुः । तमृत्विज ऊचुः । ममैवायं पुत्रो ममैवायं पुत्रस्त्विति । तान्ह न संवदेते । संवादयामासुः । एष एव यं कामयते तस्य पुत्रस्त्विति । तस्य ह विश्वामित्रो होतासीत् । तस्य पुत्रत्वमियाय । अपविद्धः पञ्चमः । यं मातापितृभ्यामपास्तं प्रतिगृह्णीयात् । शूद्रापुत्र एव षष्टो भवतीत्याहुः । इत्येतेऽदायादबान्धवाः । (*VaDh* 17.26–38)

इत्यादि । अत्र **विभावना** "क्रीतस्तृतीयः । तच्छुनःशेपेन व्याख्यातम्" इत्युक्त्वाह ।

"हरिश्चन्द्रो ह वै राजाजीगर्तेस्सुवयसः पुत्रस्य हस्तात् पुत्रं क्रीतवान्" इत्यर्थवादः । तन्मूलत्वेन रचितो **वसिष्ठेन** । तदेतदाह **"व्याख्यानतः"** (17.9) इति । व्याख्या नत उक्तार्थव्याख्यानत्वेन शिष्टाचारस्पष्टीकरणाय शुनःशेपस्तेन व्याख्यात इत्युक्तेरर्थवादजा तन्मूला स्मृतिरवगम्यत इत्यर्थः । कथं लाङ्गलमुद्वपेदित्युक्तेर्मन्त्रजा स्मृतिरिति शेषो द्रष्टव्यः ।

इति **विभावनायामुक्तम्** ।

मन्त्रार्थवादप्रशंसापरत्वेनापि **वसिष्ठवाक्योपपत्तेः** स्मर्त्रन्तरसम्प्रतिपत्यभावादयं पक्षो नैव स्थेयानित्याह **"श्रुत्या"** (17.10) इति । "तुल्यबलविरोधे विकल्पः" (*GDh* 1.4) इति **गौतमस्मरणाच्छ्रुतिस्मृत्योर्विकल्पः** स्यादित्यर्थः । को दोष इत्याह **"तत्र"** (17.11) इति । श्रुतिस्मृत्योर्विरोधे श्रुतिरेव ज्यायसीत्यर्थः । यथाह **लौगाक्षिः** ।

श्रुतिस्मृतिविरोधे तु श्रुतिरेव गरीयसी ।
अविरोधतया कार्यं स्मार्तं वैदिकवत् सदा ॥ इति ।

तथा **स्कान्धपुराणे**ऽप्युक्तमीश्वरसरस्वतीसंवादे ।

श्रुतिर्बलीयसी प्रोक्ता प्रमाणानां सुलोचने ।
स्वतश्च परतो भेदो न हि तस्याः कदाचन ॥
अन्येषामक्षजादीनां प्रमाणानामविद्यया ।
दोषसम्भावनास्त्येव ततस्तेषां सुलोचने ॥
विरोधे वेदवाक्येन प्रामाण्यं नैव सिध्यति ।
स्मृतयश्च पुराणानि भारतादीनि सुन्दरि ॥
वेदमूलान्यतस्तेन विरोधे मूलिनामपि ।
न सिध्यत्येव सुश्रोणि प्रामाण्यं सूक्ष्मदर्शने ॥ इति ।

आपस्तम्बश्च "श्रुतिर्बलीयस्यानुमानिकात्" (*ĀpDh* 1.4.8) इति । श्रुतिप्रशंसापरत्वेनाप्युपपद्यत इति चेन्नेत्याह "**द्वितीयः**" (17.12) इति । एवं हि **बौधायनवचनम्** "उपदिष्टो धर्मः प्रतिवेदं तस्यानु व्याख्या । स्मार्तो द्वितीयः । तृतीयः शिष्टागमः" (*BDh* 1.1.1–4) इत्यादि । पर्षद्विचारे चैतदुदाहरिष्यामः । दूषणमुपसंहरति "**अनया**" (17.13) इति । स्मृत्यप्रामाण्यवादिभिरसत्तर्काभिनिविष्टैरपि बौद्धादिभिराक्षेपयोग्योऽयं पक्षः किं पुनर्वैदिकैरित्यर्थः ।

उक्तप्रकारेणायं पक्षो बाधितः स्यादिति मत्वा दूषणान्तरं नाभिदध्म इत्याह "**एवं तावत्**" इति (17.15) । अथ तर्हि वसिष्ठादिवाक्यानुसारेण मन्त्रार्थवादयोर्मूलत्वमेवास्तीति चेत् तत्राह "**मन्त्रार्थवादयोस्तु**" (17.15) इति । सिद्धे विधौ तच्छेषतया मन्त्रार्थवादावुत्पद्येते । तयोश्च तत्स्तुतिनिन्दापरतया कृतार्थत्वप्रसङ्गाद् दूरापेतं मूलत्वमिति । "तु"शब्दादाख्यातकर्मणां मन्त्राणां मूलत्वं न स्यात् । अनाख्यातकर्मणां मूलत्वाङ्गीकारे को दोष इत्याह "**किंच मन्त्रः**" (17.16) इति । ग्राहकग्रहणशून्यस्याप्राकरणिकस्य स्वार्थावबोधकत्वं मन्दफलमित्यर्थः । "**स्वाध्यायाध्ययनविधेरपि**"(17.18) इति। जपयज्ञाख्यकर्ममात्रान्वयान्मन्त्रस्मारितकर्मविशेषेऽध्ययनविधेरौदासीन्यमेव स्यात् । "**आदि**"शब्देन (17.18) वाचस्तोमो गृह्यते । तथा च वाचस्तोमक्रतुविशेषे प्रातरनुवाके श्रुतावुक्तम् "अपि सर्वा दाशतयीरनुब्रूयात्" (*ĀśŚr* 14.24.2) इति । अस्यार्थः । दशतयानि मण्डलानि दशतयसंबन्धिन्यो दाशतयः । ता ऋचः अनुब्रूयादिति । अन्यत्रानुपयुक्तानां वाचस्तोमे विनियोग इति न्यायात् । अपूर्वताभिधेयस्य प्रशस्तिः फलहेतुता ।

लिङादीनां प्रयोगश्च चतुर्धा विधिरुच्यते ॥ इति ।

प्रशस्तेर्विधिपर्यवसानादर्थवादस्य मूलत्वे न किंचिद्दोष इत्याशङ्क्याह "**अर्थवादास्तु**" इति (17.19) । प्रत्यक्षवाक्यविहितप्रशंसापरस्यानवकाशः । इतरेषां विधिकल्पनातः प्रागपर्यव-

सानात् कस्य प्रशंसेत्यपरिज्ञानात् तत्प्रशस्यविधेरननुष्ठेयताभ्युपगमे तत्प्रशंसापरत्वात् तस्य स्मार्तविधित्वेऽग्निहोत्रादिकर्मणां तुल्यन्यायत्वात् तस्य स्मृतिकारणत्वं नास्तीत्यर्थः । मन्त्रार्थवादयोर्वाक्यस्य मूलत्वं यदि नाम स्यात् तथापि तयोरेव प्राकरणिकाप्राकरणिकविशेषशून्यं प्रकरणान्तरेण मूलत्वमाशङ्कते "**अथ**" (17.20) इति । कुत्रान्वितानामर्थाकाङ्क्षेत्याह "**प्र ते यक्षि**" (17.22) इति । "प्र ते यक्षि प्र त इयर्मि मन्म भुवो यथा वन्द्यो नो हवेषु । धन्वन्निव प्रपा असि त्वमग्न इयक्षवे पूरवे प्रत्न राजन्" (*RV* 10.4.1) इति **ऋग्वेदपठितो**ऽयं मन्त्रः । इह तावद्वाक्ये नाग्निः प्रकाश्यते । हे अग्ने प्रत्न पुरातन राजन् दीप्तिमन् ते त्वदर्थं प्रयक्षि प्रकर्षेण यजे । ततो नोऽस्माकं हवेषु यज्ञेषु त्वं वन्द्यो यथा भुवो भवसि तथा ते त्वदीयं मन्म मामसमनुग्रहविशेषं प्रकर्षेणेच्छामि । प्रपा पानीयार्था शालोच्यते ।

प्रपा पानीयशाला स्यात् सत्रशाला प्रजाश्रयः । (*HalAbhi* 2.142)

इति **हलधरस्मरणात्** । अग्न्यभिधानपरे देवतास्मारक इत्यर्थः । अन्वितपदार्थसत्यताकाङ्क्षा बहूनां वाक्यानामस्तीत्याह "**तथा**" (17.24) इति । "**तस्माच्छ्रेयांस पापीयान् पश्चादन्वेति**" (17.24–18.1) "**पापवस्यसस्य व्यावृत्यै**" (*TaitS* 5.1.2.3) इत्यत्र तस्मादिति हेतुसिध्यर्थम् । अनुमितविध्यर्थस्य मूलत्वं तन्मूलतया स्मृतिशब्दप्रवृत्तिरित्यर्थः । एवं ह्यर्थवादस्तैत्तिरीयाम्नातः "पापीयान् ह्यश्वाद्गर्दभोऽश्वं पूर्वं नयति पापवस्यसस्य व्यावृत्यै तस्माच्छ्रेयांसं पापीयान् पश्चादन्वेति" इतिपदवाच्यस्य भेदतयावसानात् तत्सिद्धिरपेक्षितेति चेन्नेत्याह "**भ्रान्तिजनितोऽपि**" (18.2) इति । दृष्टदोषप्रतीतस्यापि प्रयुज्यमानस्य शब्दस्य पदार्थालम्बनत्वं भ्रान्तिव्यवहारवत् सिद्धमिति भावः । तत्वातत्वयोरन्यो हेतुरित्यर्थः । करणदोषेणैव पदार्थविपर्यासः । यथाकथंचित्प्रयुज्यमानस्य शब्दस्यार्थावबोधकत्वाल्लौकिकेषु ज्ञानेषु करणदोषादत्र भ्रान्तिर्वैदिकेषु कथमित्याह "**भ्रान्तिः किमिति चेत्**" (18.3) इति । परिहरति "**अस्मादेव**" (18.3) इति । वाक्यार्थस्यान्यपरत्वादन्वितपदप्रतीयमानप्रपादेरपि तस्मिन्नेव शक्तिसमन्वयाद्विपर्यासः । तथा चोक्तम् ।

अन्यत्रान्यस्य धर्मस्तु प्रतितो विभ्रमो मतः ॥ इति । (*SūtSaṃ SG* 4.3.15)

अन्वितपदप्रतीयमानप्रपादेर्विधेयत्वेऽपि वह्निस्मारकत्वस्याव्याघातात् को विशेष इत्याशङ्कते "**सत्यतया**" (18.4) इति । "विज्ञानघन एवैतेभ्यो भूतेभ्यः समुत्थाय तान्येवानु विनश्यति न प्रेत्य संज्ञास्ति" (*BāU* 4.5.13) इत्यत्र विज्ञानघन इत्येतदंशस्यैव सत्यत्वप्रतिपादने प्रपञ्चस्य विज्ञानरूपत्वाज्ज्ञातृज्ञेययोरभावाद् वैदिकव्यवहारस्य दौश्लिष्ट्यमेव स्यात् । विज्ञानघन इत्यादिको **बृहदारण्यके** मैत्रेयीब्राह्मणे एकायनप्रक्रियायामुक्तः ।

स यथा सैन्धवखिल्य उदके प्रास्त उदकमेवानुविलीयेत न हास्योद्ग्रहणायैव स्याद्यतो

यतस्त्वाददीत लवणमेव एवं वा अरे इदं महद्भूतमपारं विज्ञानघन एवैतेभ्यो भूतेभ्यः समुत्थाय तान्येवानु विनश्यति । न प्रेत्य संज्ञास्तीत्यरे ब्रवीमीति होवाच याज्ञवल्क्यः। इति । (*BāU* 2.4.12)

पदार्थसत्यताभावे वाक्यार्थासिद्धिरिति चेदप्रामाण्यं भवतो दोषः । अन्वितपदार्थसत्यत्वे वाक्यार्थविरोधः क्वचिदिति मे दोषः । इति दोषसाम्यमाशङ्कते "तथास्त्विति चेत्" (18.6) इति । दूषयति "कः खलु" (18.6) इति । इयन्तं कालमसद्वादपक्षपातिनं भवन्तं न जानीमः। संप्रति मूलीभाव एवास्माकं शरणमित्यर्थः । तर्कादिभिः कल्पनारोपणे वेदस्याप्रामाण्यमेव स्यात् । तथोक्तं स्कान्दपुराणे ।

वेदानामन्यथैवार्थं ये वदन्ति विमोहिताः ।
महासाहसिका एव ते नरा न हि संशयः ॥ (*SūtSaṃ SG* 4.12.50)
अतीन्द्रियार्थविज्ञाने प्रमाणं श्रुतिरेव हि ।
श्रुत्यैकगम्ये सूक्ष्मार्थे स तर्कः किं करिष्यति ॥
मानानुग्राहकस्तर्को न स्वतन्त्रः कदाचन । (*SūtSaṃ SG* 4.3.5–6)
यत्संबन्धेन यो भावो यस्य प्राज्ञः प्रसिध्यति ॥
स तस्य भ्रान्तिरेव स्यान्न स्वभावः कथंचन ।
जपाकुसुमलौहित्यमिष्टकायां न वास्तवम् ॥ (*SūtSaṃ SG* 4.3.12–13)
लौहित्यं तैजसांशस्तु नेष्टकाया निरूपणे ।
अन्यत्रान्यस्य धर्मस्तु प्रतीतो विभ्रमो मतः ॥
आप्तापेक्षा तु शब्दस्य प्रामाण्याय न सर्वथा ।
अनाप्तायोगाच्छब्दस्य प्रमाण्यं मुनिपुङ्गवाः ॥
स्वतःसिद्धं तिरोभूतं तन्नाशाय हि केवलम् ॥ इति । (*SūtSaṃ SG* 4.3.14–16)

अतः कल्पनादिभिर्वेदाप्रामाण्यं न केनापि कार्यमित्यर्थः । वाक्यसमुदायिनो भ्रान्तित्वं वाक्यस्याभ्रान्तित्वमिति कथं कथ्येतेत्याह "यथा" (18.7) इति । कुदृष्टीनां काचकामिलादिदुष्टचक्षुषां प्रतिषेध्यत्वेन बाधकोपलब्ध्या पदार्थालम्बनत्वं शब्दस्येति भावः । अनुपहतचक्षुषां सत्यालम्बनत्वं च तथैतेषामन्वितपदानामित्यविरोधः । वैय्यधिकरण्यपरिहारः । यत्र तु वेदव्यवहारविरोधः तत्र कल्पना न स्यात् । अन्यत्र कल्पना चेति को दोष इत्याशङ्क्य परिहरति "कल्पनायाम्" (18.8–9) इति । "फलवत्प्रयोगवचनान्तर्गतेः" (18.9) इति । फलवत्सन्निधावफलं तदङ्गमिति न्यायादित्यर्थः (see Śab 4.4.19) । फलवत्प्रयोगवचनः साङ्गप्रोगविधिः । एवं विधिमन्त्रार्थवादानां मूलत्वाभावः । नामधेयस्य का कथेत्याह "नाम्नां

तु" (18.10) इति । नामधेयस्य विध्यन्तर्भावात् तस्यैव गुणफलान्वयप्रयोजनत्वात् "चित्रया यजेत पशुकामः" (*TaitS* 2.4.6.1) इत्यत्र चित्राया गुणत्वं पशोः प्रयोजनत्वं यथा ज्ञायते तथेत्यर्थः । अन्ये तु "शरदि वाजपेयेन यजेत" (*ĀpŚr* 18.1.1) इति नामाश्रयं शरत्कालगुणविधानम् "अन्नाद्यकामो वाजपेयेन यजेत" इति क्रियाफलोपदेशो नामाश्रय इति वर्णयन्ति ।

चतुष्प्रकारस्य वेदस्य मूलत्वानुपपत्तिरुक्ता । तस्यैवोत्सन्नशाखामूलत्वं कैश्चिदभ्युपगम्यते । तच्चतुष्प्रकारस्य वेदस्य मूलत्वानुपपत्तिप्रदर्शनेन व्याख्यातमित्यर्थः । इत्येवं टीकार्थोऽस्माभिः प्रदर्शितः (cf. p. 84) ।

अतः परम् अमृतस्यन्दिनी एवानुसरणीया । **"ये तु वेदवत्"** (18.19) इत्यादि । **"अबाधकत्वेऽपि हि पुरुषाप्रणीतेर्वेदः प्रमाणम्"** (18.21) इति ।

पुरुषाप्रणीतत्वेन वेदप्रामाण्यं साधितम् ।

गद्यरूपे सर्वसिद्धान्तसङ्ग्रहे भट्टाचार्यमते (*SarSS* 8.12–41) । वेदेनैके नैव धर्माधर्मौ ज्ञातव्यौ न तु शब्दान्तरेण न च प्रत्यक्षादिना न च योगिज्ञानेन योगिनामभावात् । न खल्विन्द्रियान्तरेण विषयान्तरं जानन्सर्वज्ञो वा योगी दृश्यते प्रत्यक्षादिप्रमाणपञ्चकेन न धर्मो ज्ञातुं शक्यते पौरुषेयवचनेन च । अपि तर्हि वेदेनैव धर्मो ज्ञेयः । वेदविहितमतोऽनुष्ठेयम् । तत्र काम्यं निषिद्धं च कर्म न कर्तव्यम् । नित्यं नैमित्तिकं च कर्तव्यं तेनैव प्रत्यवायपरिहारो भवति । वेदश्चापौरुषेयो नित्यः । पौरुषेयत्वे तस्याप्रामाण्यमापतेत् पुरुषाणां रागादिमत्वात् । यत् पुनरीश्वरकृतत्वाद्वेदः प्रमाणमित्युच्यते । तन्न युक्तम् ईश्वरस्यैवाप्रामाणिकत्वात् । न खलु जगल्लिङ्गेन सोऽनुमातुं शक्यते जगतो नित्यतया कार्यत्वाभावात् । एकदेशविनाशस्तु न प्रयोजकः । आगमेनापीश्वरो न कल्पनीयः अन्योन्याश्रयत्वप्रसङ्गात् । आगमेन हीश्वरः साध्यते । ईश्वरकृतत्वेनागमस्य प्रामाण्यमवगम्यत इति । **"मन्वादीनां च स सर्वोऽभिहितो वेदे"** (18.24–25) इति । अत्र मनुः ।

वेदोऽखिलो धर्ममूलं स्मृतिशीले च तद्विदाम् ।
आचारश्चैव साधूनामात्मनस्तुष्टिरेव च ॥
यः कश्चित् कस्यचिद्धर्मो मनुना परिकीर्तितः ।
स सर्वोऽभिहितो वेदे सर्वज्ञानमयो हि सः ॥
सर्वं तु समवेक्ष्येदं निखिलं ज्ञानचक्षुषा ।
श्रुतिप्रामाण्यतो विद्वान् स्वधर्मे निविशेत वै ।
श्रुतिस्मृत्युदितं धर्ममनुतिष्ठन् हि मानवः ।

इह कीर्तिमवाप्नोति प्रेत्य चानुत्तमं सुखम् ॥ इत्यादि । (*MDh* 2.6–9)

गौतमश्च "वेदो धर्ममूलम् । तद्विदां च स्मृतिशीले" (*GDh* 1.1–2) इति । **बौधायनाश्च** । "उपदिष्टो धर्मः प्रतिवेदम्" (*BDh* 1.1.1) इत्यादि । इत्येवमाद्यादिशब्दार्थः । "**काठकादिचरणानि च तां तां शाखां बिभ्रति**" (18.26–27) इति । काठकादिचरणवन्तः इत्यर्थः । "चरणा बह्वृचादयः" (*YVai* 7.4. 37) इति यादवः । व्रतानध्यायानादरश्चैवमुत्पद्यत इति । **यथाह मनुः** ।

अपां समीपे नियतो नैत्यकं विधिमास्थितः ।
सावित्रीमभ्यधीयीत गत्वारण्यं समाहितः ॥
वेदोपकरणे चैव स्वाध्याये चैव नैत्यके ।
नानुरोधोऽस्त्यनध्याये होममन्त्रेषु चैव ह ॥
नैत्यके नास्त्यनध्यायो ब्रह्मसत्रं हि तत् स्मृतम् ।
ब्रह्माहुतिहुतं पुण्यमनध्यायवषट्कृतम् ॥
यः स्वाध्यायमधीतेऽब्दं विधिना नियतो द्विजः ।
तस्य नित्यं क्षरत्येव पयोदधिघृतं मधु ॥ इति । (*MDh* 2.104–07)

"वेदोपकरणे चैव" इत्यनेन स्मृत्यादेरनध्यायादरणमुक्तम् । **व्रतानादरणं चापस्तम्बेनोक्तम्** ।

व्रते छन्दांसि सिध्यन्ति कामादीनि भवन्ति च ।
छन्दसां साधनार्थं हि व्रतानीह चरेद्बुधः ॥ इति ।

बौधायनेनापि । "चत्वारि वेदव्रतानि । होतारं शुक्रियाण्युपनिषदरुणानि" इति (?) । **गौतमेनापि** । "अष्टाचत्वारिंशद्वर्षाणि वेदब्रह्मचर्यम् । ग्रहणान्तं वा" (cf. *GDh* 2.45–47) इति । **मनुनापि** ।

षट्त्रिंशदाब्दिकं चर्यं गुरौ त्रैवेदिकं व्रतम् ।
तदर्धिकं पादिकं वा ग्रहणान्तिकमेव वा ॥ इति । (*MDh* 3.1)

आचार्योऽपि वक्ष्यति ।

प्रतिवेदं ब्रह्मचर्यं द्वादशाब्दानि पञ्च वा ।
ग्रहणान्तिकमित्येके केशान्तश्चैव षोडशे ॥ इति । (*YDh* 1.36)

व्यासश्च ब्रह्मचारिधर्ममुक्त्वाह ।

एवंव्रतो गुरुकुले वसेद्भोगविवर्जितः ।
विद्या समाप्यते यावच्चरेद् व्रतमखण्डितम् ॥ इति ।

इत्येवमादिभिर्वचनैर्वेदानामेव व्रतादरणमिति ज्ञायते न स्मृत्यादेरपि अश्रवणात् । "यदि

तावत् कतिपयमन्वादिप्रणीता एवेत्युच्येत" (19.3) इति ।

वक्तारो धर्मशास्त्राणां मनुर्विष्णुर्यमोऽङ्गिराः ।
वसिष्ठदक्षसंवर्तशातातपपराशराः ॥
आपस्तम्बोशनोव्यासाः कात्यायनबृहस्पती ।
गौतमः शङ्खलिखितौ हारीतोऽत्रिरहं तथा ॥ (*YDh* 1.4–5)

इत्येतावत्य एवेत्यर्थः । "**नारदादेरप्रामाण्यप्रसङ्गः**" (19.3–4) इति । "वक्तारो धर्मशास्त्राणाम्" इत्यत्र ।

नारदः पुलहो गार्ग्यः पुलस्त्यः शौनकः क्रतुः ।
बौधायनो जातुकर्णौ विश्वामित्रः पितामहः ॥ इति ।

"तथा"शब्दाक्षिप्तस्य (*YDh* 1.5d) नारदादेरित्यर्थः । "**यत्त्वप्रयत्नपूर्वकं सर्वा ब्रह्मणो मुखान्निस्सृता इति**" (19.5–6) इति । तदाह **व्यासः** ।

साङ्गा वेदाः प्रमाणानि स्मृतिर्न्यायो विचारणा ।
नाट्यायुश्शिल्पधनुषां विद्याश्चेशमुखोद्गताः ॥ इति ।

अत्रेशशब्देन ब्रह्मैवोच्यते । यथाह ।

अनादिनिधना नित्या वागुत्सृष्टा स्वयंभुवा ।
आदौ वेदमयी दिव्या यतः सर्वा प्रवृत्तयः ॥ इति ।

तथा **पुराणान्तरे**ऽपि ।

पुरा सर्वे महाविष्णोः पलये विलयं गते ।
मयि संस्काररूपेण स्थिता वेदाः सनातनाः ॥
कल्पादौ पूर्ववन्मत्तः प्रसृता विमलाः पुनः ॥

इत्यादि । एवमेवोक्तं **श्रीमच्छारिरकभाष्ये** "**शास्त्रयोनित्वात्**" इत्यस्य सूत्रस्य व्याख्याने वेदस्येश्वरप्रणीतत्वम् (Śaṃkara on *VeSū* 1.1.3) । "अस्य महतो भूतस्य निश्वसितमेतत् । यदृग्वेदो यजुर्वेदः सामवेदोऽथर्ववेदः" (*BāU* 2.4.10) इत्यादि । अत्र गद्यरूपसर्वसिद्धान्तसंग्रह[29] उपन्यस्यते ।

> अथ नैय्यायिकपक्षः । प्रमाणप्रमेयसंशयप्रयोजनदृष्टान्तसिद्धान्तावयवतर्कनिर्णयवादजल्पवितण्डाहेत्वाभासछलजातिनिग्रहस्थानानीति षोडशपदार्थाः । प्रत्यक्षमनुमानमुपमानमागमश्चेति चत्वारि प्रमाणानि । केषांचिदुपमानं विना त्रीण्येव । चेतन आत्मा । स नाना जीवपरभेदेन । जीवा बहवः सुरनरतिर्यगादिभेदात् । परस्त्वेक एव परमेश्वरापरपर्यायो नित्यः सर्वज्ञः सर्वजगत्सृष्ट्यादिकर्ता । तत्कृतत्वादेव वेदाः प्रमाणम् । वेदस्मृतिपुराणादिकमीश्वर-

वचनमेव । तदुक्तकर्मानुष्ठानादीश्वरप्रणीतौ सत्यां विशिष्टेश्वरसमाराधनाच्चेश्वरानुग्रहेण जन्तोर्मोक्षो भवति । मोक्षश्च शरीरेन्द्रियादिविरहेण नित्यनिरवधिकलोकोत्तरपरमानन्दानुभवः । केषांचित् पाषाणवदवस्थानम् । तत्र योगः परमसाधनं योगस्य चाङ्गानि यमादीन्यष्टौ ।

इति **सर्वसिद्धान्तसंग्रहे** नय्यायिकपक्षः । वैशेषिकपक्षोऽपीश्वरकृतत्वादेव वेदादेः प्रामाण्यम् ।

अत्र **टीकार्थो** लिख्यते । सर्वस्मृतीनां नूतनानूतनादिविशेषरहितं प्रकारान्तरेण नित्यत्वमाशङ्क्य परिहरति **"यत् तु"** (19.5) इति ।

पुंसः संनिधिमात्रेण कुड्यादिभ्योऽपि देशना ।

इतिवत् । **"स्थूलम्"** (19.6) अल्पमित्यर्थः। **"देशना"** (19.6) चैत्यवन्दनाद्युपदेशः । **"शाक्यमुनिः"** (19.6) बुद्धमुनिः । तदुक्तम् **अमरकोशे** ।

सर्वज्ञः सुगतो बुद्धो धर्मराजस्तथागतः ।
समन्तभद्रो भगवान् मारजिल्लोकजिज्जिनः ॥
षडभिज्ञो दशबलोऽद्वयवादी विनायकः ।
मुनीन्द्रः स श्रीघनः शास्ता मुनिः शाक्यमुनिस्तु यः ॥ इति । (*AK* 1.1.13–14)

सर्वसिद्धानतसंग्रहे बौद्धधर्मा उक्ताः ।

चैत्यं वन्देत चैत्याद्या धर्मा बुद्धागमोदिताः ।
अनुष्ठेया न यागाद्या वेदाद्यागमचोदिताः ॥
क्रियायां देवतायां च यागं शून्यं वदेत् क्रमात् ।
वैभाषिकादयो बौद्धाः स्थिताश्चत्वार एव ते ॥ इति । (*SarSS* 4.iv.39–40)

चैत्यं वन्देत स्वर्गकामः ।
केशोल्लुञ्चनात् स्वर्गो भवति ।
पञ्चमलधारणात् स्वर्गो भवति ।
दिक्पटधारणात् स्वर्गो भवति ।
तप्तशिलारोहणात् स्वर्गो भवति ।
क्षितिधराक्रमणात् स्वर्गो भवति ।

इत्यादि शब्दार्थः । वेदमूलतया नित्यत्वं युष्माभिरभ्युपगम्यते । तद्वदेवानपेक्षमस्माभिर्नित्यत्वमङ्गीक्रियते प्रतिकल्पं मन्वादिभिर्ग्रन्थोऽपि वेदवदुपलभ्यत इति को दोष इत्याह । **"अपि च"** (19.6) इति । सर्वग्रन्थानां नित्यत्वेनाध्ययनप्रसङ्गः । ततश्च किमित्याह । **"संप्रदायोच्छित्तिः"** (19.7) इति । संप्रदायोच्छित्तिमुद्धरति **"नन्वस्ति"** (19.7) इति । एवं हि स्वायंभुवम् ।

उत्तमाङ्गोद्भवाज्ज्यैष्ठ्याद् ब्रह्मणश्चैव धारणात् ।
सर्वस्यैवास्य सर्गस्य धर्मतो ब्राह्मणः प्रभुः ॥ (*MDh* 1.93)

इत्युपक्रम्य

तस्य धर्मविवेकार्थं शेषाणां चानुपूर्वशः ।
स्वायंभुवो मनुर्धीमानिदं शास्त्रमकल्पयत् ॥
विदुषा ब्राह्मणेनेदमध्येतव्यं प्रयत्नतः ।
शिष्येभ्यश्च प्रवक्तव्यं सम्यङ्नान्येन केनचित् ॥ (*MDh* 1.102–3)

इत्यादि । दूषयति **"न तेन"** (19.9) इति । **"इदमिति"** (19.9) । उपलक्षणार्थत्वे को दोष इत्याह **"प्रकृतेऽपि च"** (19.10) इति । को विरोध इत्याह । **"यदि हि"** (19.10) इति । **"तदानुपनीतस्य"** (19.11) इति । अत्र मनुः ।

मातुरग्रेऽधिजननं द्वितीयं मौञ्जिबन्धने ।
तृतीयं यज्ञदीक्षायां द्विजस्य विधिचोदितम् ॥ (*MDh* 2.169)

इत्युक्त्वाह ।

न ह्यस्य विद्यते कर्म किंचिद् आ मौञ्जिबन्धनात् ॥
नाभिव्याहारयेद् ब्रह्म स्वधानिनयनादृते ।
शूद्रेण हि समस्तावद्यावद्वेदे न जायते ॥
कृतोपनयनस्यास्य व्रतादेशनमिष्यते ।
ब्रह्मणो ग्रहणं चैव क्रमेण विधिपूर्वकम् ॥ (*MDh* 2.171–73)

इत्यनुपनीतस्य शूद्रसमत्वमुक्तम् । **"वेदार्थत्वेन च"** (19.11) इति। "उपनीय तमध्यापयीत" इति श्रुतेरुपनयनस्य वेदार्थत्वं गम्यते । उपनीत्यनन्तरं चाध्ययननियममाह मनुः ।

योऽनधीत्य द्विजो वेदानन्यत्र कुरुते श्रमम् ।
स जीवन्नेव शूद्रत्वमाशु गच्छति सान्वयः ॥ इति । (*MDh* 2.168)

"संध्योपासनादि" (19.12) इति । उपनीत्युपाकरणमध्येऽपि न स्मृत्यध्ययनं संध्योपासनादिशिक्षणमेव हि तत्र विहितमित्यर्थः । यथाह मनुः ।

उपनीय गुरुः शिष्यं शिक्षयेच्छौचमादितः ।
आचारमग्निकार्यं च संध्योपासनमेव च ॥ इति । (*MDh* 2.69)

वक्ष्यति च ।

उपनीय गुरुः शिष्यं महाव्याहृतिपूर्वकम् ।
वेदमध्यापयेत् पश्चाच्छौचाचारांश्च शिक्षयेत् ॥ इति । (*YDh* 1.15)

यत्तु विज्ञानेश्वरभाष्ये (*VijYDh* 1.1, p. 2)।

प्रागुपनयनात् कामाचारः । ऊर्ध्वमुपनयनात् प्राग्वेदाध्ययनोपक्रमाद् धर्मशास्त्राध्ययनम् । ततो धर्मशास्त्रविहितयमनियमोपेतस्य वेदाध्ययनम् । ततस्तदर्थजिज्ञासा । ततस्तदर्थानुष्ठानम् ।

इत्ययं क्रम इति तच्छिक्षणवचनादसम्यगिव मन्यते । **"अधीतवेदस्य च"** (19.13) इति । "अधीत्य स्नायात्" इति वचनादित्यर्थः । **मनुरपि** ।

वेदानधीत्य वेदौ वा वेदं वापि यथाक्रमम् ।
अविप्लुतब्रह्मचर्यो गृहस्थाश्रममाव्रजेत् ॥ इति । (*MDh* 3.2)

वक्ष्यति च ।

गुरवे तु वरं दत्वा स्नायीत तदनुज्ञया ।
वेदं व्रतानि वा पारं नीत्वाप्युभयमेव वा ॥ इति । (*YDh* 1.51)
वैवाहिकेऽग्नौ कुर्वीत गृह्यकर्म यथाविधि ।
पञ्चयज्ञविधानं च पङ्क्तिं चान्वाहिकीं गृही ॥ (*MDh* 3.67)

इत्यादिमनुवचनाद् विवाहाद्यनुष्ठानमेवानन्तरं कार्यम् **"इत्यादि प्रपञ्चनीयम्"** (19.13) इत्यर्थः । पक्षान्तरेण दूषणसाम्यमाशङ्क्य परिहरति **"वेदमूलत्वे"** (19.14–15) इति । **"स्वाध्यायाध्ययनविधिविजृम्भणात्"** (19.15) स्मृतेर्वेदार्थनिर्णायकत्वादित्यर्थः । अपसिद्धान्ते वादिनमारोपयितुं पूर्वोक्तमेवानुसंधत्ते **"तदेव"** (19.15) इति ।

एवं स्वातन्त्र्ये दूषितेऽन्यस्वातन्त्र्यवादी स्वपक्षं प्रत्यवस्थापयति **"नैवम्"** (19.16) इति । "त्रुटि च्छेदने" (*DhPā* 1376) इति धातुः । त्रुटितेन भङ्गुरेण विकल्पजालेन मादृशाः स्वातन्त्र्यवादिनो गृह्यन्ते । परावृत्तौ परदूषणभङ्गे चतुरा पटीयसी प्रज्ञा बुद्धिर्येषां सहायो बन्धुः ते **"परावृत्तिचतुरप्रज्ञासहायाः"** (19.16–17) । प्रतिवादिनो वाचाटत्वमेवावरुध्यते न तर्कभङ्ग इत्याह **"को वा"** (19.17) इति । स्वातन्त्र्यवादिनो वेदमूलत्वाङ्गीकारं मम माता वन्ध्येतिवत् स्वव्याहतमितिवत् के न जानन्तीत्यर्थः । प्रमाणतो हि स्वातन्त्र्यं न स्वेच्छात इत्याह **"संप्रदाय"** (19.18) इति । स्मृतयः स्वतः प्रमाणम् संप्रदायाविच्छेदात् वेदग्रन्थवत् । स्वतः प्रमाणं मूलान्तरानपेक्षम् संप्रदायाविच्छेदात् । अबाध्यत्वाद् वेदवत् प्रमाणान्तरानपेक्षमन्त्रब्राह्मणाख्यग्रन्थराशौ यथाबाध्यत्वेन सार्वभौमी प्रतिपत्तिः तद्वदष्टकादावित्यर्थः ।

घटे पटे वा वेदे वा स्याच्च कौतुकमङ्गले ।
विशयः सार्वभौमे चेद् व्यवहारे न निर्णयः ॥

इत्यादिमीमांसकैरुक्तत्वादित्यभिप्रायः । घटपटादौ दृष्टार्थं तया प्रवृत्तेः । कौतुकमङ्गलेऽपि

कर्माङ्गतया प्रवृत्तेः । व्यवहाराद् वेदेऽपि च वेदोऽध्येतव्य इति वचनबलात् प्रवृत्तिः । अत्र किन्निमित्ता प्रवृत्तिरित्याह । "**न च**" (19.18) इति । अध्ययनविध्यभावाद् यः प्रवृत्तिनिमित्तो हेतुर्न प्रसज्यत इत्यर्थः । न च निर्णयस्य भ्रान्तिः कारणमित्याह "**प्रमाणान्तरस्य निराकृतत्वात्**" (19.25) इति । एवं हि दृढत्वावगतिर्न स्यात् । यदि प्रतीत्यनन्तरं कालान्तरे वान्यतमेन प्रमाणेन बाधः । तदुक्तम् ।

तस्माद् दृढं यदुत्पन्नं न हि संबाध्यमृच्छति ।
मानान्तरेण विज्ञानं तत् प्रमाणं प्रतीयताम् ॥ इति ।

स चात्र नास्ति असांदृष्टिकत्वादेवेत्यर्थः । आगमश्चाष्टकादीनां नैष्फल्यं न प्रतिपादयति । अस्ति चावगतेर्दार्ढ्यम् । तस्मादभ्रान्तिरित्यर्थः । "**न च परोक्षत्वात् फलसाधनशक्तेरलौकिकत्वाभिधानम्**" (19.28–20.1) इति । यदि लोकानुष्ठानादेवेदं कर्मेदमस्य फलमित्येवमवधार्यैतत् फलं मयापि संपादनीयमिति बुद्धिः स्यात् तर्ह्येव लौकिकत्वम् । सा चात्र न संभवति समनन्तरं फलादर्शनात् कालान्तरोत्पादनशक्तेः परोक्षत्वाच्च । तस्मान्न लोकानुष्ठानेनैव प्रवृत्तिः । अतो लौकिकत्वमिति च न वक्तव्यमित्यर्थः । कस्मात् । यस्मात् यद्यत् परोक्षं तत्तदेवालौकिकमिति व्याप्त्यभावः । यथा शब्दशक्तेः परोक्षत्वेऽपि लौकिकत्वमित्याह "**शब्दशक्तिवत्**" (20.1) इति । "**दृढत्वात् प्रत्ययस्य**" (20.2) इति । प्रत्ययो ज्ञानम् । तथा च ।

प्रत्ययोऽधीनशपथज्ञानविश्वासहेतुषु । (*AK* 3.3.147)

इति अमरः । "**तथा चाह**" (20.8) इत्यत्र ।

कश्चिच्छिष्टोऽतिकारुण्यात् सर्वधर्मागमार्थवित् ।
"**अग्रन्थकानामर्थानां चकारोपनिबन्धनम् ॥ इति**" । (20.9)

"**आम्नायश्च**" (20.10) इति । "म्ना अभ्यासे" (*DhPā* 929) इति धातोर्निष्पन्नत्वादाम्नाय इति पठ्यमानो वेद इत्यर्थः । "**यद्यृक्तो भूरित्याद्युपक्रम्य**" (20.10) । "**यद्यृक्तो** यज्ञ आर्तिमागच्छेत् । भूरिति गार्हपत्ये स्रुवाहुतिं जुहुयात् । यदि यजुष्टो भुव इति दक्षिणाग्नौ । यदि सामतस्सुवरित्याहवनीये । यद्यविज्ञातम् भूर्भुवस्सुवः स्वाहेत्याहवनीय एव" (cf. *AitBr* 25.7) इति । तथा चैतरेयब्राह्मणेऽप्युक्तम् ।

ते देवा अब्रुवन् प्रजापतिम् । यदि नो यज्ञ ऋक्त आर्तिः स्यात् । यदि यजुष्टो यदि सामतः । यद्यविज्ञाता । सर्वव्यापद्वा । का प्रायश्चित्तिरिति । स प्रजापतिरब्रवीद् देवान् यदि वो यज्ञ ऋक्त आर्तिर्भवति । भूरिति गार्हपत्ये जुहवाथ । यदि यजुष्टो भुव इत्याग्नीध्रीये । अन्वाहार्यपचने वा हविर्यज्ञेषु । यदि सामतः स्वरित्याहवनीये यद्य-

विज्ञाता सर्वव्यापद्वा भूर्भुवःस्वरिति सर्वा अनुद्रुत्याहवनीय एव जुहवाथेति । इति ।
(*AitBr* 25.7)

आश्वलायनसूत्रेऽप्युक्तम् ।

विपर्यासेऽन्तरिते मन्त्रे कर्मणि व्याख्याते वोपलक्ष्य वाजान् वाच्याहुतिं जुहुयात् । ऋक्तश्चेद्भूरिति गार्हपत्ये यजुष्टो भुव इति दक्षिणे आग्नीध्रीये सोमेषु । सामतः स्वरित्याहवनीये सर्वतोऽविज्ञाते वा भूर्भुवःस्वरित्याहवनीय एव । इति ।
(*ĀśŚr* 1.12. 31–33)

"साहसिक मैवम्" (20.14) इति । **स्कान्दे हि साहसिकलक्षणमुक्तम् ।**

वेदानामन्यथैवार्थं ये वदन्ति विमोहिताः ।
महासाहसिका एव ते नरा न हि संशयः ॥ इति । (*SūtSaṃ SG* 4.12.50)

तथा स्मृत्यन्तरे च ।

वेदविद्भिरदृष्टार्थं क्रियते यद्धि सादरम् ।
तस्यापि वेदमूलत्वं नास्तीत्युक्तिस्तु साहसम् ॥ इति ।

"राजन्वान्" (20.14) इत्यत्र अमरः ।

सुराज्ञि देशे राजन्वान् स्यात् ततोऽन्यत्र राजवान् । इति । (*AK* 2.1.14)

पाणिनिरपि । "राजन्वा न् सौराज्ये" इति (Pāṇ 8.2.14) । **"मा भूच्चैत्यवन्दनादिक्रियास्वपि तथात्वम्"** (20.16–17) इति ।

चैत्यं वन्देत स्वर्गकामः ।
तप्तशिलारोहणात् स्वर्गो भवति ।
पञ्चमलधारणात् स्वर्गो भवति ।
केशोल्लुञ्चनात् स्वर्गो भवति ।

इत्यादिका बौद्धानां चैत्यवन्दनादिक्रियाः । तास्वपि तथात्वं मा भूदित्यर्थः । **"सांदृष्टिकफलास्त इति चेत्"** (20.20) इति । सांदृष्टिकफलाः संनिकृष्टफलाः, "संनिकृष्टफलाः कृष्यादयः" (19.22) इति पूर्वमुक्तत्वात् ।

सांदृष्टिकं फलं सद्य उदर्कं फलमुत्तरम् । (*HalAbhi* 1.118)

इति हलधरणस्मरणमपि । **"न ह्यसांदृष्टिकमर्थमागमानपेक्षो लोकः प्रतिवक्तुं क्षमः"** इति (20.21) । **एवं ह्युक्तं स्कान्दपुराणे ।**

अतीन्द्रियार्थविज्ञाने प्रमाणं श्रुतिरेव हि ।
श्रुत्यैकगम्ये सूक्ष्मार्थे स तर्कः किं करिष्यति ।

मानानुग्राहकस्तर्को न स्वतन्त्रः कदाचन ॥ इति । (*SūtSaṃ SG* 4.3.5–6)

"न चाभियुक्तमन्वादिस्मरणाद् विशेषोपपत्तिः व्यवहारमूलत्वेऽसदागमैरविशेषात्" इति (20.24–25) । मनुबुद्धयोः स्वशिष्यापेक्षयाप्तत्वसाम्यादवेदार्थस्मर्तृत्वसाम्याच्चेति मन्यते । उक्तं चैतत् ।

योऽसौ बुद्धमुनिः कामं करुणाविष्टमानसः ।
संसारदुःखहानाय मोक्षशास्त्रं प्रणीतवान् ॥
निरस्ताखिलदोषोऽसौ प्रमादभ्रान्तिवर्जितः ।
वनिष्ठकारणग्रम आप्तानामग्रणीर्मतः ॥
मध्यस्थमतयः के वा मन्वादीनामपि स्मृतेः ।
चैत्यवन्दनवाक्यस्य वैषम्यं वक्तुमीशते ॥ इति ।

एवं तावद्विधिमन्तरेण केनचिदपि प्रकारेण न स्मृतेः प्रामाण्यमित्युक्तम् ।

इदानीं गुरुमतानुसारेण नित्यानुमेयविधिमूलत्ववादी प्रामाण्यसमर्थनायारभते । "एवं तर्हि" (21.3) त्यादिना। "चोदना" (21.3) विधिः । तथा हि भट्टवार्तिकम् ।

चोदना चोपदेशश्च विधिश्चैकार्थवाचिनः । इति । (*ŚV* 2.11)

"त्रैवर्णिकानामसांदृष्टिको व्यवहारश्चोदनामूलो दृष्टः । तथाविधश्चायम् । तस्मादत्राप्यस्ति चोदना मूलभूतेति (21.6–7) । स्यादेतत् । नैतदनुमानमात्मानं लभते प्रतिज्ञाहेत्वोरनभिधानात् । तदादिकमेव ह्यनुमानं विपश्चितः प्रयुञ्जते । किंच अनुमानस्य पञ्चावयवत्वमभ्युपेयम् । तथा चाहुः ।

ते प्रतिज्ञादिरूपेण पञ्चेति न्यायविस्तरः । इति ।

तस्मादिदमनुमानं न चातुरीं धत्ते ।

अत्रोच्यते । साध्वेवैतदनुमानम् । तथा हि अनुमानस्याबाधितविषयत्वं प्रदर्शयितुं प्रतिज्ञावचनेनानुमानस्य विषयो निर्देष्टव्यः । पर्वतोऽग्निमानिति । एकदेशस्य गम्यैकदेशान्तरसंबन्धनियमं दर्शयितुं दृष्टसंबन्धनीयमधर्मिलक्षणं दृष्टान्तमपि प्रयुञ्जीत । स चेत्थं यो यो धूमवान् सो सोऽग्निमानेव यथा महानसादिरिति संबन्धनियमं स्मरतश्चैकदेशदर्शनादनुमानमुत्पद्यत इत्येकदेशत्वं दर्शयितुं हेतुवचनं प्रयोक्तव्यम् । धूमवांश्चायमिति दृष्टान्तहेतुवचनयोश्च प्रयोगे क्रमनियमो नादरणीयः । एकदेशदर्शनपूर्वकादपि संबन्धनियमस्मरणादनन्तरं साध्यज्ञानं जायते । संबन्धनियमस्मरणपूर्वकमप्येकदेशदर्शनमनुमानमुत्पादयत्येव । तत्रैकदेशदर्शनपूर्वकं संबन्धनियमस्मरणं कुर्वता प्रतिज्ञानन्तरं हेतुवचनं प्रयोक्तव्यम् । पर्वतोऽग्निमान् धूमवत्वादिति । दृष्टान्तश्च यो योऽग्निमान् स स धूमवानेवेति पश्चादुपादातव्यः । दृष्टान्तपुर-

स्सरं हेतुप्रयोगे प्रतिज्ञामुपादाय यो यो धूमवान् स सोऽग्निमान् महानसवदिति चाभिधाय धूमवांश्चायमिति हेतुवचनं प्रयोक्तव्यम् । हेतूपनययोरन्यतरेणापि साध्यसिद्धेरुभयोरुपादानमनर्थकमिति मीमांसकाः । तथा चोक्तम् ।

त्रीनुदाहरणान्तान् वा यद्वोदाहरणादिकान् ॥ इति ।

तस्मादयमग्निमानिति निगमनमनर्थकमेव यथोदितहेतुबलसिद्धत्वात् तदर्थस्य । एवं च प्रयोगस्योदाहरणान्तत्वे प्रतिज्ञाहेतुभ्यामेवोपनयनिगमनार्थसिद्धेः । उदाहरणादित्वे उपनयनिगमनाभ्यामेव हेतुप्रतिज्ञार्थसिद्धेस्त्र्यवयवत्वं युक्तमेव । अतः पूर्वोक्तदोषप्रपञ्चनं न संगच्छत इति ।

"**इतरव्यवहारे तु व्याप्त्यभावाद् वैषम्यम्**" (21.9) इति । इतरव्यवहारो बुद्धादिव्यवहारः । योगिप्रत्यक्षस्यैव तैः प्रामाण्यमभ्युपगम्यते नानुमानादेः । तेन व्याप्त्यभाव इत्यर्थः । तथा च **तार्किकरक्षायां**[30] वादिनां प्रमाणाङ्गीकरणमुक्तम् ।

प्रत्यक्षमेकं चार्वाकाः कणादसुगतौ पुनः ॥
अनुमानं च तच्चाथ सांख्याः शब्दं च ते अपि ।
न्यायैकदेशिनोऽप्येवमुपमानं च केचन ॥
अर्थापत्त्या सहैतानि चत्वार्याह प्रभाकरः ।
अभावषष्ठान्येतानि भाट्टा वेदान्तिनस्तथा ॥
संभवैतिह्ययुक्तानि तानि पौराणिका जगुः । (*VarTār* 1.7–10; p. 56) । इति ।

"**स्वातन्त्र्ये तु क्रियानुष्ठानं तत्र च फलाभावप्रसङ्गः अनन्तरोत्पादनानन्वयफलानाम्**" इति (21.13–14) । अयमभिप्रायः । चोदनानैरपेक्ष्ये हि कर्मणामनुष्ठानमेव सिध्यति । फलं न सिध्यति क्रियानुष्ठानसमनन्तरमेव फलोत्पत्त्यभावात् । क्रियायाः क्षणभङ्गिन्याः कालान्तरभाविस्वर्गादिसाधनत्वं न संभवति । अतस्तज्जन्यकार्यस्यापूर्वाख्यस्यैव फलसाधकत्वं संगच्छते तस्य च चोदनैकगम्यत्वाच्चोदनायाश्च त्वयानङ्गीकृतत्वात् तत्पक्षे कर्मणां फलाभाव एव प्रसज्यते इति । तथा च कार्यस्वरूपं निरूपयता **शालिकानाथेन**[31] क्रियामात्रस्य कालान्तरभाविफलानुत्पादकत्वमनुवर्णितम् । तथा हि ।

लिङादिस्तत्र कार्यं चेत् क्रियामेवावबोधयेत् ।
समन्वयो नियोज्येन तदानीमपहीयते ॥
क्रिया हि क्षणिकत्वेन न कालान्तरभाविनः ।
स्वर्गादेः साध्यमानस्य समर्था[32] जननं प्रति ॥
इष्टस्याजनिका सा च नियोज्येन फलार्थिना ।

कार्यत्वेन न संबन्धमर्हति क्षणभङ्गिनी ॥
तस्मान्नियोज्यसंबन्धसमर्थं विधिवाचिभिः ।
कार्यं कालान्तरस्यापि क्रियातो भिन्नमुच्यते ॥
तद्धि कालान्तरस्थानाच्छक्तं स्वर्गादिसिद्धये ।
संबन्धोऽप्युपपद्येत नियोज्येनास्य कामिना ॥
क्रियादिभिन्नं यत्कार्यं वेद्यं मानान्तरैर्न तत् ।
अतो मानान्तरापूर्वमपूर्वमिति गीयते ॥
कार्त्यत्वेन नियोज्यं च स्वात्मनि प्रेरयन्नसौ ।
नियोज्य इति मीमांसानिष्णातैरभिधीयते ॥
कार्यस्यैव प्रधानत्वाद् वाक्यार्थत्वं च घोष्यते[33] ।
वाक्यं तदेव हि प्राह नियोज्यविषयान्वितम् ॥
आत्मसिध्यनुकूलस्य नियोज्यस्य प्रसिद्धये ।
कुर्वन् स्वर्गादिकमपि प्रधानं कार्यमेव नः ॥
विषयानुष्ठितौ सत्यां सिद्धोऽपि न[34] विधिः फलम् ।
तदानीमेव कुरुते सहकारिव्यपेक्षया ॥
सहकारिव्यपेक्षा च कारणत्वं न बाधते ।
अतः पुरुषकारं च दैवं च फलसाधनम् ॥
एवं कामाधिकारार्थपर्यालोचनयोत्थिता ।
व्युत्पत्तिः सर्वकार्यार्थप्रतिपत्तिनिबन्धनम्[35] ॥
व्युत्पत्तिरिति[36] कार्येऽर्थे व्यवहारानुसारिणी ।
किं तु निर्धारणामात्रं वेदवाक्यविमर्शजम् ॥
व्यवहारत एवाहुर्व्युत्पत्तिमितरे पुनः ।
कार्ये मानान्तरावेद्ये क्रियादिव्यतिरेकिणि ॥
सितेतर इव त्वेष पक्षश्चित्तं न कर्षति ।
चन्द्रातपामलन्यायप्रवासमलिनीकृतः ॥
कार्ये मानान्तरावेद्ये[37] पार्श्वस्थस्तन्निबन्धनम् ।
व्यवहारं कथंकारं शब्दात् प्रागवबुध्यताम् ॥ (missing line?)
प्रतिपत्तिः कथं ज्ञेया शब्दशक्तिः कथन्तराम् ।
कार्यप्रतीतिमात्रं च प्रवृत्तेरनुमीयताम् ॥

किं तु कार्यं क्रियैवेति[38] लोकदृष्ट्यावसीयते ।
वेदार्थाचार्यवाक्येषु प्रवृत्तिर्या च दृश्यते ॥
तत्राप्येषैव सम्बन्धपरिज्ञानविधौ[39] भवेत् ।
तस्माल्लोकानुसारेण व्युत्पत्तिः कार्यमात्रके ॥
तस्य त्वपूर्वरूपत्वं वेदवाक्यानुसारतः । इति । (*PraPañ*, pp. 183–95)

"दर्शनानि चात्राप्युपपद्यन्त एव" (21.16) इति ।

कश्चिच्छिष्टोऽतिकारुण्यात् सर्वधर्मागमार्थवित् ।
अग्रन्थकानामर्थानां चकारोपनिबन्धनम् ॥ इति ।

"यद्युक्तो भूः" इत्यादीनि (see p. 100) अत्रापि अनुमानपक्षेऽपि तथाविधश्चायं तस्मादत्राप्यस्ति चोदना मूलभूतेत्येतदनुमानम् । **"एवं सत्यत्रापि भ्रान्त्युपप्लवाद् व्यभिचारः"** इति (21.26–27) । भ्रान्त्युपप्लवाद् भ्रान्तिप्राप्तेरित्यर्थः । "प्लु गतौ" इति धातुः (*DhPā* 958) । **"वेदविरुद्धे हि स्मृत्यर्थेऽबाधदर्शनात्"** (21.27–22.1) इति । यथा "औदुम्बरी सर्वा वेष्टयितव्या" (*MīKo* III: 1344) इति स्मृत्या प्रतीतस्य सर्ववेष्टनस्य "स्पृष्ट्वोद्गायेत्" इति श्रुत्या (*LātŚr* 2.6.2) बाधो दृष्टः । तथा दर्शनादित्यर्थः । तदाह जैमिनिः । "विरोधे त्वनपेक्ष्यं स्यादसति ह्यनुमानम्" इति (*PMS* 1.3.3) । भाट्टवार्तिकमपि ।

विरोधे त्वनपेक्ष्यं स्यादसति ह्यनुमीयते ।
विरोधे वेदवाक्येन तेन चार्थेऽनधिष्ठितः ॥ इति । (*TV* II: 82)

लौगाक्षिरपि ।

श्रुतिस्मृतिविरोधे तु श्रुतिरेव गरीयसी ।
अविरोधतया कार्यं स्मार्तं वैदिकवत्सदा ॥ इति ।

"स सर्वोऽभिहितो वेदे इत्याद्यसंबद्धमिव स्यात्" (22.3) इत्यत्र मनुः ।

यः कश्चित्कस्यचिद्धर्मो मनुना परिकीर्तितः ।
स सर्वोऽभिहितो वेदे सर्वज्ञानमयो हि सः ॥
सर्वं तु समवेक्ष्येदं निखिलं ज्ञानचक्षुषा ।
श्रुतिप्रामाण्यतो विद्वान् स्वधर्मे निविशेत वै ॥ इति । (*MDh* 2.7–8)

गौतमश्चाह । "वेदो धर्ममूलम्" (*GDh* 1.1) इति । तथा **"आम्नायप्रामाण्यादाचारः"** इति (22.10) । बौधायनश्च । "उपदिष्टो धर्मः प्रतिवेदम् (*BDh* 1.1.1) इति । इत्येवमादि **"आदि"**शब्दार्थः (22.11) । प्रत्यक्षवेदेऽभिहितः नानुमितश्रुतावित्यर्थः । **"प्रमाणरहितकारणकल्पनायां त्वन्धपरम्परा"** (22.4) इति । जात्यन्धपरम्परान्यायश्चापद्येत । तत्र हि

सर्वेषाममार्गगमनेन पतनमेवेत्यर्थः । तथा हि मुण्डोपनिषदि दृष्टान्तेन स्पष्टीकृतम् ।

अविद्यायामन्तरे वर्तमानाः स्वयंधीराः पण्डितंमन्यमानाः ।

जघन्यमानाः परियन्ति मूढा अन्धेनेव नीयमाना यथान्धाः ॥ इति । (*MuU* 1.2.9)

तथा स्मृतावपि ।

सङ्गं न कुर्यादसता शिश्नोदरतृपा क्वचित् ।

तस्यानुगस्तमस्यन्धे पतत्यन्धानुगोऽन्धवत् ॥ इति ।

"न्यायोक्ते तु दर्शनानामात्मलाभः" (22.4–5) **इति ।**

कश्चिच्छिष्टोऽतिकारुण्यात् सर्वधर्मागमार्थवित् ।

अग्रन्थकानामर्थानां चकारोपनिबन्धनम् ॥ इति ।

"यद्यृक्तो भूः" इत्याद्युपक्रम्य "यद्यविज्ञातम्" इति च दर्शनान्येतानि (see p. 100) **। "वचनानि"** (22.5) **इत्यत्र जैमिनिः । "वचनानि त्वपूर्वत्वाद्यथोपदेशं स्युः"** (*PMS* 4.4.21) **इति । अत्र वयं विभावनां विभावयामः ।**

अथापि स्यात् । "अधस्तात्समिधं धारयन्ननुद्रवेत्"[40] इत्यस्य विधेरर्थवादस्थानीयस्याप्युपरि हि देवेभ्य इत्युपरिधारणस्यापूर्वत्वाद् यथा विधेयता तथैषामपि लिङ्गानां स्मृतिस्वातन्त्र्यविधायकत्वमिति । तत्राह "**वचनाति तु**" (22.5) इति । अनुष्ठानस्यान्यपरत्वेन प्रतीतस्याप्यपूर्वत्वात् प्रयोजनविशेषाय विधिराश्रीयते नेतरस्यासाध्यत्वादित्यर्थः । अविज्ञातत्वादेः पक्षान्तरेऽपि कथंचित् संभवादिति वान्यथा वा सर्वथापि तेषामत्र न प्रमाणता ।

इति विभावनायामुक्तम् । अमृतस्यन्दिनी अप्येतत्स्पष्टीकरणाय प्रदर्शयिष्यामः ।

नन्वन्यपरस्यापि वाक्यस्य सामर्थ्यानुसारेण तद्गमकत्वमभ्युपगम्यते । "अधस्तात् समिधं धारयन्नुपद्रवेत्" इति प्रेताग्निहोत्रविषयसमिद्धारणविधेरर्थवादस्योपरि हि देवेभ्य इत्यस्यापूर्वत्वादुपरिधारणस्य विधिपरत्वदर्शनादित्याशङ्क्याह "**वचनानि**" (22.5) इति । यद्धि मानान्तरासिद्धमनुष्ठेयं वस्तु तस्यापूर्वत्वेनोपादेयत्वात् तद्विषयवाक्यस्यानुवादकत्वे विधिकल्पकत्वं युक्तमित्यनेनोच्यते तच्चाविज्ञातपदस्य न संभवति । अविज्ञातत्वस्य मूलानुपपत्तिसिद्धत्वादक्रियात्मत्वेन चाननुष्ठेयत्वात् पक्षविषयत्वमस्य कल्पयितुं न युक्तम् ।

इत्यमृतस्यन्दिन्यामुक्तम् । यत् त्वनुमानादेस्त्वसामर्थ्यमतिप्रसिद्धं विपर्यये वा तत्प्रवृत्तिरिति पूर्वमुक्तम् तदेतत् पारिशेष्यादनुमानमुच्यते । "सर्वथा तु स्मृतीनामप्रामाण्यम्" (22.6) **इत्यादि ।**

"नैवं स्वोत्प्रेक्षितविकल्पजालैः स्मृतीनामप्रामाण्यारोपणं युक्तम्" (22.8–9) **इति । स्वोत्प्रेक्षितस्याप्रामाण्यं भट्टवार्तिकेऽभहितम् ।**

प्रतिभान्त्यः स्वयं पुंसामपूर्वा ह्युपपत्तयः ।
भ्रान्ति बहुमताः सत्यः कुर्युरज्ञानबोधनात् ॥ इति । (*TV* II: 80)

"स सर्वो भिहितो वेदे" (22.9) इत्यत्र **मनुः** ।

यः कश्चित्कस्यचिद्धर्मो मनुना परिकीर्तितः ।
स सर्वोऽभिहितो वेदे सर्वज्ञानमयो हि सः ॥ इत्यादि । (*MDh* 2.7)

"वेदो धर्ममूलम् । तद्विदां च स्मृतिशीले" इत्यादि **गौतमः** (*GDh* 1.1–2) । "आम्नायप्रामाण्यादाचारः प्रमाणम्" इत्यादि **स्मृत्यन्तरम्** । "उपदिष्टो धर्मः प्रतिवेदं तस्यानु व्याख्या स्मार्तो द्वितीयस्तृतीयः शिष्टागमः" इत्यादि **बौधायनः** (*BDh* 1.1.1–4) ।

वेदः स्मृतिः सदाचारः स्वस्य च प्रियमात्मनः ।
सम्यक्सङ्कल्पजः कामो धर्ममूलमिदं स्मृतम् ॥ (*YDh* 1.7)

इति आचार्यः ॥ "श्रुतिस्मृतिविहितो धर्मस्तदलाभे शिष्टाचारः प्रमाणम्" इति **वसिष्ठः** (*VaDh* 4-5) इत्येवमादि "आदि"शब्देन गृह्यते (22.11) । **"चोदनालक्षण एव धर्म इति नियमो यतः"** (22.13) इति । "चोदनालक्षणोऽर्थो धर्मः" इति चोदनासूत्रे (*PMS* 1.1.2) समर्थितत्वादित्यर्थः । **शाबरे भाष्येऽ**प्युक्तम् । "चोदना हि भूतं भवन्तं भविष्यन्तं व्यवहितं विप्रकृष्टमेवंजातीयकमर्थं शक्नोत्यवगमयितुं नान्यत्किंच, नेन्द्रियम्" (Śab I: 15) इति । **"न च भ्रान्त्यादि"** (22.13–14) इति । भ्रमविप्रलम्भादि "आदि"शब्देन गृह्यते । **"चैत्यवन्दनादिवत्"** (22.15) इति । "चैत्यं वन्देत स्वर्गकामः" इत्यादिवदित्यर्थः । **"वेदविदो हि मन्वादय इति स्मरणात्"** (22.16) इति । "यद्वै किंच मनुरवदत् तद्भेषजं भेषजमेवास्मै करोति" इत्याम्नायो (*TaitS* 2.2.10.2) मनोस्तावद्वेदवित्त्वं द्योतयति । **मानवमपि** ।

यः कश्चित्कस्यचिद्धर्मो मनुना परिकीर्तितः ।
स सर्वोऽभिहितो वेदे सर्वज्ञानमयो हि सः ॥
सर्वं तु समवेक्ष्येदं निखिलं ज्ञानचक्षुषा ।
श्रुतिप्रामाण्यतो विद्वान् स्वधर्मे निविशेत वै ॥ इति । (*MDh* 2.7–8)

भृगुरपि ।

वेदादुपनिबद्धत्वात् प्राधान्यं तु मनोः स्मृतम् ।
मन्वर्थविपरीता तु स्मृतिः सा न शस्यते ॥ इति ॥ (*BṛSm*, Saṃs 13)

अन्येषामपि स्मर्तॄणां वेदवित्त्वं **वृद्धयाज्ञवल्क्यो** ज्ञापयति ।

भूयांसो धर्मवक्तार उत्पन्ना भाविनस्तथा ।
निधानं सर्वधर्माणां वेद एव हि शाश्वतम् ॥ इति ।

मरीचिरपि ।

दुर्बोधा वैदिकाः शब्दाः प्रकीर्णत्वाद्धि येऽखिलाः ।
तज्ज्ञैस्त एव स्पष्टार्था स्मृतितन्त्रे प्रतिष्ठिताः ॥ इति ।

इत्येवमाद्यालोच्य **"वेदविदो हि मन्वादयः इति स्मरणात्"** (22.16) इत्युक्तम् । **"स्मर्तृत्वस्मरणवत्"** (22.17) इति । मन्वादीनां कर्तृत्वमाह देवलः ।

मन्वादयः प्रयोक्तारो धर्मशास्त्रस्य कीर्तिताः ।
तत्प्रयुक्तप्रयोक्तारो गृह्यकाराः स्वतन्त्रतः ॥ इति ।
वक्तारो धर्मशास्त्राणां मनुर्विष्णुर्यमोऽङ्गिराः ।
वसिष्ठदक्षसंवर्तशातातपपराशराः ॥ (*YDh* 1.4)

इत्याद्यत्रैव । **"आह च"** (22.17) इति । भट्टाचार्य इति शेषः ।

**"भ्रान्तेरनुभवाच्चापि पुंवाक्याद् विप्रलम्भनात् ।
दृष्टानुगुण्यसाध्यत्वाच्चोदनैव लघीयसी ॥ इति ।"**(22.18–20; *TV* II: 74)

भ्रमविप्रलम्भादिमूलत्वमप्रामाण्यवादिनो मतम् । अनुभवमूलत्वं योगिनः । पुंवाक्यमूलत्वं वेदनैरपेक्ष्यवादिनः । कृत्स्नदृश्यमानवेदवित्परिग्रहानुगुणभावेन साध्यत्वाद् भ्रान्त्यादिभ्यश्चोदनैव कल्पयतुं लघीयसीत्यर्थः । **"दृष्टानुगुणसाध्यत्वात्"** इति पाठान्तरम् । वेदवित्परिग्रहस्य दृष्टत्वात् तदानुगुण्यादित्यर्थः । **"तथाहि"** (22.23) इति ।

विस्तीर्य हि महाग्रन्थमृषिः संक्षेपमब्रवीत् ।
इष्टं हि विदुषां लोके समासव्यासधारणम् ॥

इतिन्यायात् प्रथममस्य संक्षेपं करोतीत्यर्थः ।

"अध्ययनविधिरपि तत्प्रयुक्त्यैवोपपन्नानुष्ठानोऽधिकारकल्पनामन्तरेणौदासीन्यं प्रतिपद्यते" (22.25–26) इति । तत्रान्ये पुनरेवं पूर्वपक्षयन्ति । अध्यापनविधिप्रयुक्तमध्ययनमध्यापनाङ्गं भविष्यतीति । तदङ्गतया स्वाध्यायस्यान्यपरत्वादविवक्षितार्थत्वमिति । तत्रोच्यते । तदयुक्तं प्रयुक्तिमात्रेण तादर्थ्यानुपपत्तेः ।

स्यान्मतम् । यथा प्रजापतिव्रतेषु स्वतन्त्रकर्त्रवगमात् तद्धेतुभूताधिकारसिध्यर्थं नियोज्यपरिकल्पनं तथात्र प्रयुक्तिदर्शनात् तादर्थ्यं परिकल्प्यतामिति । तन्न प्रयुक्तेस्तादर्थ्यव्यभिचारात् । असत्यपि तादर्थ्ये केवलोपकरणमात्रेणाधानस्य क्रतुविधिभिः प्रयुज्यमानत्वादिति ।

"प्रजोत्पादनविध्यपेक्षायाम्" (23.1) इति । "प्रजामुत्पादयेत्" (*BDh* 2.16.3, 11) इति विधिः प्रजोत्पादनविधिः । **"अग्निहोत्राद्यनुष्ठानस्य च पत्न्यपेक्षत्वात्"** (23.2–3) इति । तदाह मनुः ।

वैवाहिको विधिः स्त्रीणां संस्कारो वैदिकः स्मृतः ।
पतिसेवा गुरौ वासो गृहार्थोऽग्निपरिक्रिया ॥ (*MDh* 2.67)
सह ब्रह्मौदनं कुर्यात् सहाग्न्याधानमेव च ।
सह यज्ञक्रियाः सर्वा हविषां भक्षणाद्विना ॥
अग्निहोत्रस्य शुश्रूषा सायोद्वासनमेव च ।
कार्यं पत्न्या प्रतिदिनं प्रतिकर्म च नैत्यकम् ॥ इति । (*MDh* 2.67* add)

पुनरपि स एवाह ।

प्रजनार्थं स्त्रियः सृष्टाः सन्तानार्थं च मानवाः ।
तस्मात्साधारणो धर्मः श्रुतौ पत्न्या सहोदितः ॥ इति । (*MDh* 9.96)

षड्गुत्रकारश्च ।

तुल्य एवाधिकारः स्याद्दम्पत्योरुभयोर्मिथः ।
कर्तृत्वं च तयोस्तुल्यं द्रव्यत्यागे प्रचक्षते ॥
यद्वा त्यागं पतिः कुर्यात्पत्नी तमनुमन्यते ।
अधिकारेऽपि वैषम्यं प्रोक्तं शब्दानुसारिणा ॥
प्राधान्येन सुनिष्ठः सन्यजमानोऽधिकारवान् ।
पत्नी तत्परतन्त्रा सत्यङ्गभूताधिकारिणी ॥ इत्यादि ।

"तथाङ्गसम्बन्धः प्रत्यक्षैरानुमानिकैश्च श्रुत्यादिभिरध्यवसेयः" (23.5–6) इति । श्रुत्यादीनि विनियोजकप्रमाणानि । तदाह जैमिनिः । "श्रुतिलिङ्गवाक्यप्रकरणस्थानसमाख्यानां समवाये परदौर्बल्यमर्थविप्रकर्षात्" (*PMS* 3.3.14) इति । अत्र च अमृतस्यन्दिनी विशेषतोऽनुसरणीया । "निपुणतस्तु ग्रन्थव्याख्यायामेव प्रदर्शयिष्यामः" (23.6) इति ।

गर्भाष्टमेऽष्टमे वाब्दे ब्राह्मणस्योपनायनम् ।
राज्ञामेकादशे सैके विशामेके यथाकुलम् ॥ (*YDh* 1.14)

इत्येतद्ग्रन्थव्याख्यायामित्यर्थः ।

"चतुरवत्तविशिष्टः सर्पिषा होमः" (23.9–10) इति । "सर्पिषा जुहुयात् । चतुरवत्तं जुहोति (*TaitS* 2.6.3.2) । स्रुवेणावद्यति (*MS* 3.10.4) । हस्तेनावद्यति (*ĀpŚr* 2.8.19) । स्वधितिनावद्यति (*MS* 3.10.4) । यस्य खादिरः स्रुवो भवति । यस्य पर्णमयी जुहूर्भवति (*TaitS* 3.5.7.1–2)" इत्यादिको विधिः । "पञ्चावत्तं जामदग्न्यानाम्" (cf. *ĀpŚr* 2.18.2) इति श्रुतेर्जामदग्न्यव्यतिरेकिणश्चतुरवत्तिनः । तदाह शौनकः ।

यजमानो जामदग्न्यः पञ्चावत्त्येष उच्यते ।

तस्मादन्ये द्विजाः सर्वे ज्ञेयाश्चतुरवत्तिनः ॥ इत्यादि ।

"उपप्लवमानः" (23.11) इति । "प्लु गतौ" इति धातुः (*DhPā* 958) । उपगच्छन्नित्यर्थः । **"का वार्ताष्टकादिषु"** (23.17) इति । अत्र **अमरः** ।

वार्ता वृत्तौ जनश्रुतौ इति ॥ (*AK* 3.3.75)

यादवश्च ।

वार्तोदन्तो हि वृत्तान्तः किंवदन्ती जनश्रुतिः ॥ इति । (*YVai* 2.4.39)

"स्वाध्यायाध्ययनविधेर्मन्त्राणां चोपपन्नत्वात्" (23.18) इति । अध्ययनविधेरपि जपयज्ञाद्युपयोगित्वेन नैराकाङ्क्ष्यादौदासीन्यमिति पूर्वमुक्तत्वादित्यर्थः (cf. 22.25–26) । **"न च स्पष्टतरविनियोगोपलब्धिः यद्बलेनाख्याया बाधः"** (23.20–21) इति । "ऐन्द्या गार्हपत्यमुपतिष्ठते" (*MS* 3.2.4) इतिवल्लिङ्गादिबाधिका विनियोगोपलब्धिः । विनियोगश्रुतिरित्यर्थः । सामान्यविनियोगो न लिङ्गादिबाधक इति "स्पष्टतर"शब्देन द्योतयति । जपयज्ञवाजस्तोमादौ विनियोगः सामान्यविनियोग एवेत्यर्थः । **"शक्यते च मन्त्रैर्द्रव्यदेवतासंयोगोऽधिकारहेतुत्वं च प्रतिपादयितुम्"** (23.21–22) इति । "अपूपं जुहोमि घृतवन्तमद्य स्वधावन्तं पितृणां तर्पणाय जातवेदः यथायथं वह हव्यानि देवान् पुत्रः पितृभ्य आहुतिं जुहोमि" (cf. *HirGṛ* 2.5.14.4; *ĀgGṛ* 3.2.1) इत्यादिभिरष्टकादिमन्त्रैरपूपादिद्रव्यं पितृदेवताकं होमात्मकं पितृतृप्तिद्वाराखिलार्थसाधनं पुत्राधिकारं च कर्मावगम्यत इत्यर्थः । द्रव्यदेवतासंयोगः कर्मस्वरूपमधिक्रियत इत्यधिकारः फलम् । तद्धेतुत्वमधिकारहेतुत्वं कर्मण इति शेषः । द्वयं च मन्त्रैः प्रतिपादयितुं शक्यत इत्यर्थः । यद्वा विधिपुरुषसंबन्धहेतुत्वमधिकारहेतुत्वं कामनादेरित्यध्याहारः इति । **"अङ्गान्वयप्रकारस्तूक्त एव"** (23.23) इति । तथाङ्गसंबन्धः प्रत्यक्षैरानुमानिकैश्च श्रुत्यादिभिरध्यवसेय इत्युक्त एवेत्यर्थः ।

एवं तावत्समाख्यानुरोधादष्टकादिप्रयोगसिद्धिरित्युक्तम् । इदानीं समाख्यामूलत्वात् कर्मकल्पनायास्तस्याश्च प्राधान्येनानुरोधनियमादभेदेन "वक्तारो धर्मशास्त्राणाम्" इत्यत्र समर्थितम् । प्रयोगभेदमाशङ्कते **"नन्वेवं समाख्यानाभेदादशेषैर्मन्त्रैरेकमेवाष्टकाकर्मानुमीयेत"** इति (23.23–24) । **"न खल्वेकशाखाधिगतक्रियानुष्ठाने तदकरणनिमित्तप्रत्यवायो न परिहृतः स्यात्"** (23.27–24.1) इति । स्वशाखाध्ययनस्यैव नैय्योगिकत्वादिति मन्यते । तदेतद् **वरदराजेनोक्तं** चत्वारिंशत्संस्कारविधाने ।

स्वकस्वकगृह्योक्तं समस्तमिहाभिप्रेतम् । अत्र छन्दोगपरिशिष्टं कात्यायनः ।

अक्रिया त्रिविधा प्रोक्ता विद्वद्भिः सर्वकर्मणाम् ।
अक्रिया च परोक्ता च तृतीया चान्यन्थाक्रिया ॥

स्वशाखाश्रयमुत्सृज्य परशाखास्वाश्रयं च यः ।
कर्तुमिच्छति दुर्मेधा मोघं तत्तस्य यत्कृतम् ॥ (*KātKPra* 3.1–2)

तथा च गृह्यपरिशिष्टे वचनम् ।

बह्वल्पं वा स्वगृह्योक्तं यस्य यावत् प्रकीर्तितम् ।
तस्य तावति शास्त्रार्थे कृते सर्वः कृतो भवेत् ॥

एतत् स्वशास्त्रसंभवविषयम् । स्वशास्त्रासंभवे परशास्त्रोक्तमपि कर्तव्यम् । अत एवोक्तम् ।

स्वशास्त्रे विद्यमाने यः परशास्त्रोक्तमाचरेत् ।
ब्रूणहत्या समं तस्य स्वशास्त्रमवमन्यतः ॥

इति वरदराजेनोक्तम् । स्मृतिचन्द्रिकायाम् अप्युक्तम् ।

ननु किमत्र सकलस्मार्ताङ्गोपसंहारेणानुष्ठानम् । उत न । यदि नोपसंहारः तदा ।

सर्वशाखोपसंहारादुक्तः श्रौतो यथा विधिः ।
सर्वस्मृत्युपसंहारात् स्मार्तोऽप्युक्तस्तथा विधिः ॥

इत्यादिविरोधः स्यात् । अथोपसंहारः । तदा नानुष्ठातुं शक्यं विरुद्धोपसंहारासंभवात् । उच्यते । सत्यं यदि सर्वोपसंहारः स्यात् किंतु यन्नाम्नातं स्वतन्त्रे तावन्मात्रपरिपूरणमेवान्यतः क्रियत इत्यविरोधः । अत एव कात्यायनः ।

यन्नाम्नातं स्वशाखायां पारक्यमविरोधि च ।
विद्वद्भिस्तदनुष्ठेयमग्निहोत्रादिकर्मवत् ॥ इति ।

अनेनैवाभिप्रायेणोक्तम् । "सर्वस्मृत्युपसंहारात्" इति । यत्तु कात्यायनेनोक्तम् ।

बह्वल्पं वा स्वगृह्योक्तं यस्य कर्म प्रकीर्तितम् ।
तस्य तावति शास्त्रार्थे कृते सर्वः कृतो भवेत् ॥ इति ।

तन्निराकाङ्क्षाभिप्रायम् । यतः स एवाह ।

आत्मतन्त्रे तु यन्नोक्तं तत्कुर्यात् पारतन्त्रिकम् ॥ (*SmC* I: 12–13)

इति चन्द्रिकायाम् उक्तम् । "अष्टकाद्यभिन्नकालसंबन्धिनस्तदनुसारेण प्रयोजनस्याभेदात्" (24.3–4) इति । अत्राष्टकादिशब्देनाष्टकादिकाल उच्यते । अष्टकाद्याख्येन कालेनाभिन्नेनाभेदेन संबन्धोऽस्यास्तीति "अष्टकाद्यभिन्नकालसंबन्धी" । तस्य "अष्टकाद्यभिन्नकालसंबन्धिनः" अष्टकादिकर्मणः "तदनुसारेण" अष्टकादिकालानुसारेण "प्रयोजनस्य" तदकरणनिमित्तप्रत्यवायनिवृत्तिरूपस्य "अभेदात्" इत्यर्थः । प्रत्यक्षत्वे हि "अग्निहोत्रं जुहोति" (*TaitS* 1.5.9.1) इत्यादौ "उदिते जुहोति" (*TaitBr* 3.8.16) इत्यादिवद् भिन्नत्वेन कालसंबन्धो भवति । अनुमेयत्वे तु कालकर्मणोरभेदात् कालानुसार एव युक्त इत्यभिप्रायः । यद्वा नास्मा-

द्भिन्न इत्यभिन्नः । अभिन्नश्चासौ कालश्चाभिन्नकालः । अष्टकाद्याख्यस्याभिन्नकालस्य संबन्धो ऽस्यास्तीत्यभिन्नकालसंबन्धी । तस्याभिन्नकालसंबन्धिन इत्येवं समासः । समानमन्यत् । एतदेव प्रपञ्चयति "**किञ्च**" (24.7) इति । "**विरोधादर्शनात्तु चतस्रोऽष्टकाः क्रियन्त इत्यनवद्यम्** (24.21–22) इति ।

एवं कालान्वितविधाने विरोधाभावं दर्शयति **आश्वलायनः** । "हेमन्तशिशिरयोश्चतुरणामपरपक्षाणामष्टमीष्वष्टकाः । एकस्यां वा । पूर्वेद्युः पितृभ्यो दद्यात् । ओदनं कृसरं पायसम्" इत्यादि (*ĀśGṛ* 2.4.1–4) । यथा "श्रेयाननुगन्तव्यः" इति यथा "अनिन्द्यं प्रशंसेत" (cf. *ŚBr* 4.5.1.17) इत्यादिश्रुतिलिङ्गात् "श्रेयाननुगन्तव्यः" इत्यादिविधिः कथ्यते । "प्रपा कर्तव्या" इत्यादीति ।

प्र ते यक्षि प्र त इयर्मि मन्म भुवो यथा वन्द्यो नो हवेषु ।

धन्वन्निव प्रपा असि त्वमग्न इयक्षवे पूरवे प्रत्न राजन् ॥ (*RV* 10.4.1; cf. 17.22)

इत्यस्मिन्मन्त्रादौ धन्वन्निवेत्यादिना प्रपा कर्तव्येत्यादिरपीत्यर्थः ।

इदानीं स्वाभिमतविधिमूलत्वनिगमनाय मन्त्रादिमूलत्वप्रकारप्रपञ्चनाय च पूर्वोक्तमनुवदति । एवं तावत् प्रायशो विध्यन्यथानुपपत्या "**सामान्यतः कार्यावगमः**" (24.23) इत्यादि । "**प्रायशः**" (25.5) इति ।

प्रायो वयसि बाहुल्ये तुल्यानशनमृत्युषु ।[41]

इति **अमरः** । कथमस्य परैर्मन्त्रार्थवादैस्तदपेक्षितप्रकारविशेषः प्रतिपाद्यत इत्याह । "**यथा 'स्थलयोदकं परिगृह्णन्ति' इति तटाकादिकरणम्**" (25.2) इति । सत्रिणो यजमानसंघस्य समफलावाप्तिदृष्टान्तोऽयमर्थवादः । यथा स्थलया स्थलेन तटाकादिना पक्षपातरहितं सर्वभूतसमानफलमुदकं परिगृह्णन्ति लौकिका इत्यर्थः । उदकपरिग्रहस्य चास्य दृष्टार्थतया प्रवृत्यसंभवाददृष्टार्थत्वमेवेति कूपखननाद्यनेन प्रतिपाद्यते । एवं **पुराणेऽप्युक्तम्** ।

देवाः स्वं भागमर्हन्तु ये तुल्यायाः सहेतवः ।

सत्रयाग इव ह्यस्मिन्नेष धर्मः सनातनः ॥ (*BhPu* 8.8.40)

इत्यमृतमन्थने दानवाभिधानम् । एकाहा हीनसत्राणीति यागभेदाः । तत्रायं सत्रप्रकारश्च **आश्वलायनसूत्र** उक्तः । "एत एवाहिताग्नय इष्टप्रथमयज्ञा गृहपतिसप्तदशा दीक्षित्वा समोप्याग्नींस्तन्मुखाः सत्राण्यासते" (*ĀśŚr* 4.1.8) इत्यादि । तथा **स्मृत्यन्तरेऽप्युक्तम्** ।

एकेनाह्ना क्रियन्ते ये ते स्युरेकाहसंज्ञकाः ।

द्व्यादिद्वादशाहान्तान् ते अहीनाख्याः प्रकीर्तिताः ॥

द्वादशाद्यैरहोभिर्ये ते सर्वे सत्रसंज्ञकाः ।

दीक्षोपसदहोयुक्तं सुत्यमेवाहरुच्यते ॥ इत्यादि ।

"यत्तु फलवत्प्रयोगवचनान्तर्गतेः" (25.3) इत्यत्र पूर्वं मन्त्रार्थवादमूलत्वनिराकरणे कल्पनायामपि फलवत्प्रयोगवचनान्तर्गतेस्तादर्थ्यादपुरुषार्थत्वेन स्मृत्यविषयतया प्रसङ्ग इत्युक्तमित्यर्थः । "तल्लिङ्गेन प्रकरणस्य बाध्यमानत्वादचोद्यम्" (25.4) इति श्रुतिलिङ्गवाक्यप्रकरणस्थानसमाख्यानां समवाये परदौर्बल्यमर्थविप्रकर्षादिति न्यायानुसारेणेत्यर्थः । अर्थविप्रकर्षादिति अर्थासन्निधानादित्यर्थः । श्रुत्या लिङ्गस्य बाधो यथा ।

कदा चन स्तरीरसि नेन्द्र सश्चसि दाशुषे ।

उपोपेन्नु मघवन्भूय इन्नु ते दानं देवस्य पृच्यते ॥ (*TaitS* 1.4.22.1)

इत्यादिमन्त्रस्येन्द्रप्रशंसार्थत्वं प्रतीयते । ततश्चार्थादिन्द्रस्तवनेऽस्य विनियोग इति च । श्रुत्या च "ऐन्द्या गार्हपत्यमुपतिष्ठते" (*MS* 3.2.4) इत्यनेनेन्द्रसंबद्धया ऋचा गार्हपत्याग्नेरुपस्थानं कर्तव्यमित्युक्तम् । एवमुत्तरत्राप्युदाहार्यम् ।

प्रबोधचन्द्रोदयव्याख्यानेऽप्युक्तम् "विभिद्य कर्माणि" (*PCU* 6.18) इत्यस्मिञ्छ्लोके ।

> तत्र श्रुत्यादयस्तावच्छ्रुतिलिङ्गवाक्यप्रकरणस्थानसमाख्याः प्रमाणानि । तत्र पदान्तरनिरपेक्षः शब्दः श्रुतिः । यथा "ऐन्द्या ऋचा गार्हपत्यमुपतिष्ठेत्" इत्यन्यनिरपेक्षमेव निर्णयेनोक्ति । श्रुतसामर्थ्यं लिङ्गम् । यथा खण्डनयोग्यम् "बर्हिर्देवानां सदनमासदनं दामि" (*MS* 1.1.2) इत्यत्र खण्डनकरणे तत्प्रकाशकबर्हिर्मन्त्रविनियोगो[42] लिङ्गप्रमाणं निर्णीयते । तथा आकाङ्क्षासन्निधियोग्यतावन्ति पदानि वाक्यम् । यथा खलु होमकरणभूतजुहूद्रव्यस्य पर्णमयीत्वनिर्णयो वाक्यप्रमाणात् । तथारभ्याधीतं प्रकरणम् । यथा दर्शपूर्णमासप्रकरणपठितानां प्रयाजादीनां प्रकरणप्रमाणात् तदङ्गत्वनिर्णयः ।
>
> यद्धि प्रकरणे यस्य तत्तदङ्गं प्रचक्षते ।
>
> इतिन्यायादिति । समसंख्यानां यथाक्रमं संबन्धः स्थानम् । यथा खलु काम्ययाज्याकाण्डानां मन्त्राणां काम्ययाज्याकाण्डेष्टिभिः संबन्धः स्थानप्रमाणादवगम्यते । संज्ञासाम्यं सामाख्या । यथा आध्वर्यवसंज्ञकानां मन्त्राणामाध्वर्यवसंज्ञकैः कर्मभिः संबन्धः संज्ञासाम्यप्रमाणनिमित्तकः इति । (*PCU* Govinda, p. 193)

"**तथा च**" (25.11) इत्यत्र मनुः ।

यः कश्चित्कस्यचिद्धर्मो मनुना परिकीर्तितः ।

स सर्वोऽभिहितो वेदे सर्वज्ञानमयो हि सः ॥ इति । (*MDh* 2.7)

"**आपस्तम्बश्च**" (25.13) इति । एवं हि तत्र पौर्वापर्यम् उपाकर्मोत्सर्गानध्यायानुपक्रम्योक्तम् ।

अथ यदि वातो वा वायाद्विद्योतेत वावस्फूर्जेद् वैकां वर्चं वा यजुरेकं वा सामाभिव्याहरेत् । भूर्भुवः स्वः सत्यं तपः श्रद्धायां जुहोमीति वैतत् । तेनो हैवास्यैतदहः स्वाध्याय उपात्तो भवति । एवं सत्याचार्यसमयेनाविप्रतिषिद्धम् । अध्यायानध्यायं ह्युपदिशन्ति । तदनर्थकं स्याद्वाजसनेयिब्राह्मणं चापेक्षेत । आर्यसमयो ह्यगृह्यमाणकारणः । विद्यां प्रत्यनध्यायः श्रूयते न कर्मयोगेन मन्त्राणां । ब्राह्मणोक्ता विधयस्तेषामुत्सन्नाः पाठाः प्रोगादनुमीयन्ते । यत्र तु प्रीत्युपलब्धितः प्रवृत्तिर्न तत्र शास्त्रमस्ति । तदनुवर्तमानो नरकाय राध्यति ॥ (*ĀpDh* 1.12.5–12)

इत्यादि । **"शिष्टानभ्यु पगमात्"** (25.17) इति । तत्र **जैमिनिः** । "विरोधे त्वनपेक्ष्यं स्यादसति ह्यनुमानम्" (*PMS* 1.3.3) । इति । अस्यार्थो **भट्टवार्तिक** उपवर्णितः ।

विरोधे त्वनपेक्ष्यं स्यादसति ह्यनुमीयते ।
विरोधे वेदवाक्येन तेन चार्थेऽनधिष्ठिते ॥ इति । (*TV* II:82)

आपस्तम्बश्च । "श्रुतिर्हि बलीयस्यानुमानिकात्" (*ĀpDh* 1.4.8) इति । **लौगाक्षिरपि** ।

श्रुतिस्मृतिविरोधे तु श्रुतिरेव गरीयसी ।
अविरोधतया कार्यं स्मार्तं वैदिकवत्सदा ॥ इति ।

इत्येवमादिकम्

तत्र शङ्खवचो दुस्थं तयोश्च ज्यायसी श्रुतिः ।

इत्यत्र प्रपञ्चितम् । तदेतत् तस्मादेवावगन्तव्यम् ।

"गोवधं नानुमन्यन्ते श्रुत्युक्तमपि तद्विदः" (25.20) इति । "गामालभेत" इत्यादिश्रुत्युक्तमपीत्यर्थः । "तद्विदः" स्मृतिविदः । **"तस्योपपातकश्रैष्ठ्यं श्रुतौ[43] यस्मादुदाहृतम्"** इति (25.21) । गोवधस्योपपातकश्रैष्ठ्यं **मनुना** तावदुक्तम् ।

गोवधोऽयाज्यसंयाज्यं पारदार्यात्मविक्रयः ।
गुरुमातृपितृत्यागः स्वाध्यायाग्न्योः सुतस्य च ॥ (*MDh* 11.60)

इत्युपक्रम्य ।

स्त्रीशूद्रविट्क्षत्रवधो नास्तिक्यं चोपपातकम् ॥ इति । (*MDh* 11.67)

योगीश्वरेणाप्युक्तम् ।

गोवधो व्रात्यता स्तैन्यमृणानां चानपक्रिया ।
अनाहिताग्नितापण्यविक्रयः परविन्दनम् ॥ (*YDh* 3.235)

इत्युपक्रम्य ।

भार्याविक्रयणं चैषामेकैकमुपपातकम् ॥ इति ॥ (*YDh* 3.242)

"**करणं च श्रुतेर्ज्ञातम्**" (25.22) इति । "वसन्ते वसन्ते ज्योतिषा यजेत" (*ĀpŚr* 10. 2.5) इत्यादिश्रुतेर्ज्ञातमित्यर्थः । "**स्तेयाद्यर्थार्जनेनापि**" (25.23) इति । अद्रव्यताया अनधिकारनिमित्तत्वाभावादननुष्ठाने दोषश्रवणाच्चेति मन्यते ।

किं ते कृण्वन्ति कीकटेषु गावो नाशिरं दुह्रे न तपन्ति घर्मम् ।
आ नो भर प्रमगन्दस्य वेदो नैचाशाखं मघवन् रन्धया नः ॥ (*RV* 3.53.14)

इत्याम्नायात् क्रत्वनुष्ठानार्थं स्तेयादि कर्तव्यमेवेति ज्ञापितम् ।

धनं यद्यागशीलानां देवस्वं तद्विदुर्बुधाः ।
अयज्वानां तु यद्वित्तमसुरस्वं तदुच्यते ॥ (*MDh* 11.20)
योऽसाधुभ्योऽर्थमादाय साधुभ्यः संप्रयच्छति ।
स कृत्वा प्लवमात्मानं संतारयति तावुभौ ॥ (*MDh* 11.19)

इत्यादिमनुवचनाच्च, "द्रव्यादानं विवाहसिध्यर्थं धर्मतन्त्रसङ्गे च" (*GDh* 18.24) इत्यादि-गौतमवचनाच्च । अस्यार्थः । पूर्वसूत्रे विवाहार्थं द्रव्याभावे द्रव्यापहरणं कर्तव्यमित्युक्त्वाह "धर्मतन्त्रस्याग्निहोत्रादेः प्रवृत्तस्य विच्छेदः सङ्गः तस्मिंश्च सति परस्वापहरणं कुर्यात् । तन्त्र-ग्रहणं यत्प्रक्रान्तमवश्यं कर्तव्यं तस्यैव सङ्गे । न त्वप्रवृत्तस्य प्रवृत्त्यर्थमपीत्यस्यानुकर्षणार्थ-श्चकारः । यावता निर्वर्तेत तावदेव गृह्णीयात् । न ततोऽधिकम्" इति मस्करीयभाष्य उक्तम् (*MasGDh* 18.24) । आचार्येण तावदकरणे दोष उक्तः ।

त्रैवार्षिकाधिकान्नो यः स सोमं हि पिबेद् द्विजः ।
प्राक्सौमिकाः क्रियाः कुर्याद्यस्यान्नं वार्षिकं भवेत् ॥ (*YDh* 1.123)

इति काम्यार्थमुक्त्वा ।

प्रतिसंवत्सरं सोमः पशुः प्रत्ययनं तथा ।
कर्तव्याग्रयणेष्टिश्च चातुर्मास्यानि चैव हि ॥ (*YDh* 1.124)

इति नित्यार्थं चोक्त्वोक्तम् ।

एषामसंभवे कुर्यादिष्टिं वैश्वानरीं द्विजः ॥ (*YDh* 1.125)

इति सोमाद्यभावे चेष्टिवचनेन यथाकथंचिदननुष्ठाने दोष एवेति ज्ञापितम् । तथा श्रीविष्णु-पुराणेऽपि गार्हस्थ्यत्यागिनं प्रकृत्य पराशरो मैत्रेयं प्रत्याह ।

नित्यानां कर्मणां विप्र तस्य हानिरहर्निशम् ।
अकुर्वन्नुचितं कर्म शक्तः पतति तद्दिने ॥
प्रायश्चित्तेन महता शुद्धिमाप्नोत्यनापदि ।
पक्षं नित्यक्रियाहानेः कर्ता मैत्रेय मानवः ॥

संवत्सरं क्रियाहानिर्यस्य पुंसोऽभिजायते ।
तस्यावलोकनात् सूर्यो निरीक्ष्यः साधुभिः सदा ॥
स्पृष्टे स्नानं सचेलस्य शुद्धिहेतोर्महामुने ।
पुंसो भवति तस्योक्ता न शुद्धिः पापकारिणः ॥
देवर्षिपितृभूतानि यस्य विप्रस्य वेश्मनि ।
प्रयान्त्यनर्चितान्यत्र लोके तस्मान्न पापकृत् ॥ इति । (*ViPu* 3.18.39–43)

एतच्च "किं ते कृण्वन्ति" (*RV* 3.53.14) इत्यादिस्तेयाद्यर्थार्जनवचनं द्रव्याभावे प्रवृत्तकर्मानुष्ठानस्यैव भवति । इदं त्वप्रवृत्तकर्मानुष्ठानस्य प्रवृत्त्यर्थमप्यर्थात् स्तेयादि कर्तव्यमेवेति ज्ञापनार्थं **"स्तेयाद्यर्थार्जनेनापि"** (25.23) इत्युक्तमिति द्रष्टव्यम् । **"न तत् स्मृतिविरोधतः"** इति (25.23)।

अहिंसा सत्यमस्तेयं शौचमिन्द्रियनिग्रहः ।
दमः क्षमार्जवं दानं सर्वेषां धर्मसाधनम् ॥ इति । (*YDh* 1.121)
नाहितं नानृतं चैव न स्तेनः स्यान्न वार्धुषी । (*YDh* 1.131)

इत्याद्याचार्यवचनादौ स्तेयनिषेधादित्यर्थः । मानवेऽपि ।

मणिमुक्ताप्रवालानि हृत्वा लोभेन मानवः ।
विविधानि च रत्नानि जायते हेमकर्तृषु ॥ इति । (*MDh* 12.61)

पुनरपि तस्मिन्नेव ।

धान्यं हृत्वा भवत्याखुः कांस्यं हंसो जलं प्लवः ।
मधु दंशः फलं काको रसं श्वा नकुलो गृहम् ॥ (*MDh* 12.62)

इत्याद्युक्त्वोक्तम् ।

यद्वा तद्वा परद्रव्यमपहृत्य बलान्नरः ।
अवश्यं याति तिर्यक्त्वं जग्ध्वा चैवाहुतं हविः ॥
स्त्रियोऽप्येतेन कल्पेन चोरत्वं याः प्रकुर्वते ।
एतेषामेव जन्तूनां भार्यात्वमुपयान्ति ताः ॥ (*MDh* 12.68–69)

इत्यादि । स्तेयादिदोषमुक्त्वा तत्प्रायश्चित्तान्यप्युक्तानि ।

एषोऽनाद्यादनस्योक्तो व्रतानां विविधो विधिः ।
स्तेयदोषापहर्तॄणां व्रतानां श्रूयतां विधिः ॥
धान्यान्नधनचौर्याणि कृत्वा कामाद् द्विजोत्तमः ।
स्वजातीयगृहादेव कृच्छ्राब्देन विशुध्यति ॥ (*MDh* 11.162–63)

इत्यादि **"स्मृतिविरोधतः"** इत्यर्थः । एवमेव षट्त्रिंशन्मतसारेऽप्युक्तम् ।

निर्धनो धनसाध्येषु नित्येष्वधिकृतो यदि ।
चौर्यादन्यैः कुमार्गेण यज्ञार्थं धनमाश्रयेत् ॥ इति ।

तदलाभे चौर्येणापीत्यर्थः **"स्तेयाद्यर्थार्जनेनापि"** (25.23) इत्युक्तत्वात् ।

"न हि छागवधं तज्ज्ञा न कुर्वन्ति निवारितम्" (25.26) इति । एवं हि मानवे छाग-वधो निषिद्धः ।

खरोष्ट्राश्वमृगेभानामजाविकवधं तथा ।
संकीर्णकरणं ज्ञेयं मीनाहिमहिषस्य च ॥ इति । (*MDh* 11.69)

पुनरपि तस्मिन्नेवोक्तम् ।

वासो दद्याद्धयं हत्वा पञ्चनीलान् गजान् वृषान् ।
अजमेषावनड्वाहं खरं हत्वैकहायनम् ॥ इति । (*MDh* 11.137)

आचार्येणापि ।

गजे नीला वृषाः पञ्च शुके वत्सो द्विहायनः ।
खराजमेषेषु वृषो देयः क्रौञ्चे त्रिहायनः ॥ इति । (*YDh* 3.274)

एवं स्मृत्या निवारितमपि "अग्नीषोमीयं पशुमालभेत" (*TaitS* 6.1.11.6) इत्यादिश्रुतिवि-हितं छागवधं न हि कुर्वन्तीत्यर्थः । **"अवारितः स चेत् स्मृत्या"** (25.27) इति ।

यज्ञार्थं पशवः सृष्टाः स्वयमेव स्वयंभुवा ।
यज्ञो हि भूत्यै सर्वस्य तस्माद्यज्ञे वधोऽवधः ॥ (*MDh* 5.39)

इत्यादिमनुवचनात् स छागवधो न निवारितः । रागतः प्राप्त एव निवारित इति चेदित्यर्थः । **"गोवधोऽपि हि तत्समः"** (25.27) इति । गोवधोऽपि हि रागतः प्राप्त एव निवारित इत्यर्थः । **"स्मार्तोऽपि गोवधोऽस्त्यर्घ्यमर्हयेत् प्रथमं गवा"** (26.3) । तदेतदाह मनुः ।

षट्त्रिंशदाब्दिकं चर्यं गुरौ त्रैवेदिकं व्रतम् ।
तदर्धिकं पादिकं वा ग्रहणान्तिकमेव वा ॥
वेदानधीत्य वेदौ वा वेदं वापि यथाक्रमम् ।
अविप्लुतब्रह्मचर्यो गृहस्थाश्रममावसेत् ॥
तं प्रतीतं स्वधर्मेण ब्रह्मदायहरं पितुः ।
स्रग्विणं तल्प आसीनमर्हयेत् प्रथमं गवा ॥
गुरुणानुमतः स्नात्वा समावृत्तो यथाविधि ।
उद्वहेत द्विजो भार्यां सवर्णां लक्षणान्विताम् ॥ इत्यादि । (*MDh* 3.1–4)

वर्णितश्चास्यर्थो वरदराजेन ।

तं स्नातकं दारग्रहणाभिमुखम् । दीयत इति दायो वेदः तं हरतीति ब्रह्मदायहरं पितुः सकाशादधीतवेदमित्यर्थः । स्रगस्यास्तीति स्रग्विणं स्वास्तीर्णशयनोपविष्टं पूजयेत् पिताचार्यो वा । गवा मधुपर्केणेति ।

तथा च **ऐतरेयब्राह्मणे** सोमक्रयणे सोमराजं प्रत्यातिथ्यकरणं दृष्टान्तेनोपपादयति । "तद्यथादो मनुष्यराज आगतेऽन्यस्मिन्वार्हत्युक्षाणं वा वेहतं वा क्षदन्त एवमेवास्मा एतत् क्षदन्ते यदग्निं मन्थन्ति । अग्निर्हि देवानां पशुः" (*AitBr* 1.3.4) इति । तथा **आश्वलायनगृह्येऽपि** । "आचान्तोदकाय गां वेदयन्ते । हतो मे पाप्मा पाप्मा मे हत इति जपित्वोङ्कुरुतेति कारयिष्यन् । 'माता रुद्राणां दुहिता वसूनाम्' (*RV* 8.101.15) इति जपित्वोमुत्सृजतेत्युत्स्रक्ष्यन् । नामांसो मधुपर्को भवति" (*ĀśGr̥* 1.24.30–33) इति । **"गवार्घ्यमर्हयेत्"** (26.3) इत्यत्रातिथ्यन्यायातिदेशार्थमिदमुदाहृतम् ।

"नित्यानि चाष्टकादीनि" (26.4) इति । गव्यमांसवन्तीति शेषः । तदेतद् **वाधूलककल्पेऽभ्यधायि** । "अष्टकां करिष्यमाण उपकल्पयते उक्षाणं वा वेहनं वा व्रीहीनन्नाय" इत्युपक्रम्य,

परिषिच्योपाकरणीयां जुहोति 'इमां पितृभ्यो जुष्टामुपाकरोम्यूर्जस्वतीं स्वधाविनीम् । तां मे जुषन्तां पितरः समेताः सा मे पितॄन् सांपराये धिनोतु स्वधा हव्यं स्वधा नमः स्वाहा' इति हुत्वोक्षाणं वा वेहनं वोपाकरोति । इत्यादि । (VādhūGr̥ 5.1.1, 18)

वेहत् गर्भभागिनी गौः । "बभ्रुश्वेतकपिलम्" इति **यजुर्भाष्येऽभिहितम्** ।

स्वगर्भघातिनी गौर्या वेहदित्यभिधीयते ।

इति वा वेहल्लक्षणम् । तथा **आश्वलायनगृह्येऽपि** ।

हेमन्तशिशिरयोश्चतुर्णामपरपक्षाणामष्टमीष्वष्टकाः । एकस्यां वा । पूर्वेद्युः पितृभ्यो दद्यात् । ओदनं कृसरं पायसं चतुःशरावस्य वापूपान् "उदीरतामवर उत्परास" (*RV* 10.15.1–8) इत्यष्टाभिर्हुत्वा यावतीभिर्वा कामयीत । अथ श्वोभूतेऽष्टका पशुना स्थालीपाकेन च । अप्यनडुहो यवसमाहरेत् । (*ĀśGr̥* 2.4.1–6)

इत्यादिनाष्टकाया गव्यमांसवत्वमुक्तम् । **आपस्तम्बश्च** अष्टकां प्रकृत्याह । "श्वो भूते दर्भेण गामुपाकरोमि" (*ĀpGr̥* 8.22.3) इत्यादि ।

"वेदमूलबलं वापि" (26.5) इति ।

माता रुद्राणां दुहिता वसूनां स्वसादित्यानाममृतस्य नाभिः ।
प्र नु वोचं चिकितुषे जनाय मा गामनागामदितिं वधिष्ट ॥ (*RV* 8.101.15)

इत्यस्मिन् मन्त्रवर्णे "मा गां वधिष्ट" (*RV* 8.101.15) इति वेदमूलबलम् । "मा गां प्रमापय" इत्यादिमन्त्रनिषेधसामर्थ्यं वेत्यर्थः ।

"**भ्रान्तिर्वा**" (26.5) इति । "गामालभेत", "मा गां प्रमापय" इति च वैदिकयोरेव विधिनिषेधयोः "तुल्यबलविरोधे विकल्पः" (*GDh* 1.4) इति न्यायाद् विकल्पप्रसङ्गे सति, अत्यन्तगोवधाभावस्य भ्रान्तिरेव हेतुरित्यर्थः । किंच "मा गां प्रमापय" इत्यादिमन्त्रनिषेधस्य वा विधेरत्यन्तदौर्बल्याद् भ्रान्तिरेवेत्यवसीयते ।

"**अर्धास्तमित आदित्ये**" (26.7) इति । तथाह आश्वलायनः । "यज्ञोपवीती नित्योदकः संध्यामासीत वाग्यतः सायमुत्तरापरमभिमुखोऽन्वष्टमदेशमर्धास्तमिते मण्डल आ नक्षत्रदर्शनात् । एवं प्रातः प्राङ्मुखस्तिष्ठन्नामण्डलदर्शनात्" (*ĀśGṛ* 3.6.3–4) इति । मनुरपि ।

पूर्वां संध्यां जपंस्तिष्ठेत् सावित्रीमार्कदर्शनात् ।
पश्चिमां तु समासीत सम्यगृक्षविभावनात् ॥ इति । (*MDh* 2.101)

वक्ष्यति च ।

प्राणानायम्य संशुद्धस्तृचेनाब्दैवतेन तु ।
जपन्नासीत सावित्रीं प्रत्यङातारकोदयात् ॥
संध्यां पराङ् प्रातरेवं हि तिष्ठेदासूर्यदर्शनात् ॥ इति । (*YDh* 1.24–25)

"**विरोधादग्निहोत्रादिभिः**" (26.8) इति । कालैक्यात् स्मार्तेन श्रौताग्निहोत्रहोमविरोधादित्यर्थः । तथा चोक्तम् ।

श्रुतिस्मृतिविरोधे तु श्रुतिरेव गरीयसी ।
अविरोधतया कार्यं स्मार्तं वैदिकवत् सदा ॥ (Laugākṣi at p.105)

इत्यादि । तथा हि श्रुतिः । "उदिते जुहोति" (*TaitBr* 3.8.16.4) "प्रातः प्रातरनृतं ते वदन्ति पुरोदयाज्जुह्वति येऽग्निहोत्रम् । दिवा कीर्त्यमदिवा कीर्तयन्तः सूर्यो ज्योतिर्न तदा ज्योतिरेषाम्" (*AitBr* 5.31) इत्यादि । "अनुदिते जुहोति" (*TaitBr* 3.8.16.4) । "यथातिथये प्रद्रुतायान्नं हरेयुस्तादृक् तद्यदुदिते जुह्वति" (cf. *TaitBr* 2.1.2.12) इत्यादि ।

"**मा भूद्ध धर्मः खरारूढावस्त्रसञ्छादनाद्यपि**" (26.10) इति । तदेतदाह वसिष्ठः ।

शूद्रश्चेद् ब्राह्मणीमभिगच्छेद्वीरणैर्वेष्टयित्वा शूद्रमग्नौ प्रास्येत् । ब्राह्मण्याः शिरसि वपनं कारयित्वा सर्पिषाभ्यज्य नग्नां कृष्णखरमारोप्य महापथमनुसंव्राजयेत् । पूता भवतीति विज्ञायते । वैश्यश्चेद् ब्राह्मणीमभिगच्छेल्लोहितदर्भैर्वेष्टयित्वा वैश्यमग्नौ प्रास्येत् । ब्राह्मण्याः शिरसि वपनं कारयित्वा सर्पिषाभ्यज्य नग्नां खरमारोप्य महाप-

थमनुसंव्राजयेत् । पूता भवतीति विज्ञायते । राजन्यश्चेद् ब्राह्मणीमभिगच्छेच्छर-
पत्रैर्वेष्टयित्वा राजन्यमग्नौ प्रास्येत् । ब्राह्मण्याः शिरसि वपनं कारयित्वा सर्पिषाभ्यज्य
महापथमनुसंव्राजेत् । पूता भवतीति विज्ञायते । एवं वैश्यो राजन्यायाम् । एवं शूद्रो
राजन्यवैश्ययोः । इति । (*VaDh* 21.1–5)

"वेदमेव त्वदृष्टार्थे" (26.11) इति । तदाह मनुः ।

श्रुतिस्मृत्युदितं धर्ममनुतिष्ठन् हि मानवः ।
इह कीर्तिमवाप्नोति प्रेत्य चानुत्तमं सुखम् ॥
श्रुतिस्तु वेदो विज्ञेयो धर्मशास्त्रं तु वै स्मृतिः ।
ते सर्वार्थेष्वमीमांस्ये ताभ्यां धर्मो हि निर्बभौ ॥
योऽवमन्येत ते तूभे हेतुशास्त्राश्रयाद् द्विजः ।
स साधुभिर्बहिष्कार्यो नास्तिको वेदनिन्दकः ॥ (*MDh* 2.9–11)

इति तुल्यप्रमाणत्वेनोक्त्वा,

वेदः स्मृतिः सदाचारः स्वस्य च प्रियमात्मनः ।
एतच्चतुर्विधं प्राहुः साक्षाद्धर्मस्य लक्षणम् ॥
अर्थकामेष्वसक्तानां धर्मज्ञानं विधीयते ।
धर्मं जिज्ञासमानानां प्रमाणं परमं श्रुतिः ॥ (*MDh* 2.12–13)

इत्याह । **"मन्यन्ते चातिदौर्बल्यम्"** (26.13) इति । तत्र तावन् मनुः ।

वेदोऽखिलो धर्ममूलं स्मृतिशीले च तद्विदाम् ।
आचारश्चैव साधूनामात्मनस्तुष्टिरेव च ॥ इति । (*MDh* 2.6)

गौतमश्च । "वेदो धर्ममूलं तद्विदां च स्मृतिशीले" (*GDh* 1–2) इति । **बौधायनश्च** । "उप-
दिष्टो धर्मः प्रतिवेदं तस्यानु व्याख्यास्यामः । स्मार्तो द्वितीयः । तृतीयः शिष्टागमः" (*BDh*
1.1.1–4) इत्येवमादयः **"स्मर्तारः"** (26.13) इत्यनेन गृह्यन्ते । **"तेन वेदविरुद्धायाः"** इति
(26.15) । तथा च जैमिनिः । "विरोधे त्वनपेक्ष्यं स्यादसति ह्यनुमानम्" (*PMS* 1.3.3)
इत्यादि तत्र तत्रैवमेव प्रपञ्चितम् । यत्तु ।

कठमैत्रायणीयादिपठितश्रुतिमूलिकाः ।
दृश्यन्ते स्मृतयः सर्वा भद्रोपनयनादिषु ॥
तदा तन्मध्यपात्येकं वाक्यं किंचिदपस्मृतिः ।
मूलान्तरोद्भवं वक्तुं जिह्वा नो न प्रवर्त्तते ॥ (*TV* II, p. 105)

इति स्मृतेर्बाधाभाववचनं तद्विप्रकीर्णविधिमूलत्वस्य निराकृतत्वात् स्मर्तृभिर्न्यायविद्भिश्च

श्रुतिस्मृतिविरोधे स्मृतेर्बाध्यत्वाभ्युपगमनान्न युक्तम् ।

"एवं प्रामाण्यमालोच्य" (27.1) इति ।

श्रुतिस्तु वेदो विज्ञेयो धर्मशास्त्रं तु वै स्मृतिः ।
ते सर्वार्थेष्वमीमांस्ये ताभ्यां धर्मो हि निर्बभौ ॥ (*MDh* 2.10)

इति मानवम् । वेदमूलत्वावधारणेनैव स्मृतेरमीमांस्यत्वमुक्तम्, अन्यथा स्ववचनविरोधात् । यथोक्तम् ।

यः कश्चित्कस्यचिद्धर्मो मनुना परिकीर्तितः ।
स सर्वोऽभिहितो वेदे सर्वज्ञानमयो हि सः ॥ (*MDh* 2.7)

इत्यादि । वेदमूलत्वावधारनमपि युक्तमेव । यतः स्वयमेवाह ।

आर्षं धर्मवचनं (च?) वेदशास्त्राविरोधिना ।
यस्तर्केणानुसंधत्ते स धर्मं वेद नेतरः ॥ इति । (*MDh* 12.106)

एवं प्रामाण्यजलधिर्वारियादोदुरासदः ।
देशिकाद्युपदेशेन यानपात्रेण लङ्घितः ॥
सुखप्रतीतये यत्नो मत्कृतोऽयमतो यतः ।
पौनरुक्त्यादिको दोषो दोषज्ञैर्नात्र गृह्यताम् ॥

YDh 1.8

[इज्याचारदमाहिंसादानस्वाध्यायकर्मणाम् ।
अयं तु परमो धर्मो यद्योगेनात्मदर्शनम् ॥]

"इज्याचार" इत्यादि ॥

अहिंसा सत्यमक्रोधः शौचमिन्द्रियनिग्रहः ।
एष साधारणो धर्मश्चातुर्वर्ण्ये प्रकीर्तितः ॥ (*MDh* 10.63)

इतिमानवीयादिन्द्रियनिग्रहवचनाद् "दम इन्द्रियसंयमः" (27.9) इति व्याख्यातमित्यवगन्तव्यम् । "अहिंसा यज्ञाद्याततायिव्यतिरेकेण" (27.9–10) इति । आदिशब्दः स्मार्तानां ग्राहकः । यज्ञादिहिंसाया विहितत्वादित्यर्थः । तथा च श्रुतिः । "अग्नीषोमीयं पशुमालभेत (*TaitS* 6.1.11.6) । "सप्तदश प्राजापत्यान् पशूनालभते" (*TaitBr* 1.3.4.3) । "वायव्यं

श्वेतमालभेत भूतिकामः" (*TaitS* 2.1.1.?) । "गामालभेत" । "ब्रह्मणे ब्राहम्णमालभेत । क्षत्राय राजन्यम् । मरुद्भ्यो वैश्यम्" (*TaitBr* 3.4.1) इत्यादि । स्मृतिश्च । तथाह मनुः ।

यज्ञार्थं पशवः सृष्टाः स्वयमेव स्वयंभुवा ।
यज्ञो हि भूत्यै सर्वस्य तस्माद्यज्ञे वधोऽवधः ॥
ओषध्यः पशवो वृक्षास्तिर्यञ्चः पक्षिणस्तथा ।
यज्ञार्थं निधनं प्राप्ताः प्राप्नुवन्त्युच्छ्रितीः पराः ॥
मधुपर्के च यज्ञे च पितृदैवतकर्मणि ।
अत्रैव पशवो हिंस्या नान्यत्रेत्यब्रवीन्मनुः ॥
एष्वर्थेषु पशुं हिंसन् वेदतत्वार्थविद् द्विजः ।
आत्मानं च पशूंश्चैव गमयत्युत्तमां गतिम् ॥
गृहे गुरावरण्ये वा निवसन्नात्मवान् द्विजः ।
नावेदविहितां हिंसामापद्यपि समाचरेत् ॥
या वेदविहिता हिंसा नियतास्मिंश्चराचरे ।
अहिंसामेव तां विद्याद्वेदाद्धर्मो हि निर्बभौ ॥ इति । (*MDh* 5.39–44)

तथा च वाधूलककल्पः । "अष्टकां करिष्यमाण उपकल्पयते उक्षाणं वा वेहनं वा व्रीहीनन्नम्" इत्युपक्रम्य,

परिषिच्योपाकरणीयां जुहोति "इमां पितृभ्यो जुष्टामुपाकरोम्यूर्जस्वतीं स्वधाविनीम् । तां मे जुषन्तां पितरः समेताः सा मे पितॄन् सांपराये धिनोतु स्वधा हव्यं स्वधा नमः स्वाहा" इति हुत्वोक्षाणं वा वेहनं वोपाकरोति । इत्यादि । (*VādhūGṛ* 5.1.1, 18)

अतो यज्ञादिहिंसा विहितत्वाद्धर्म्यैवेति स्थितम् ।

भो भो प्रजापते राजन्पशून्पश्य त्वयाध्वरे ।
संज्ञापिताञ्जीवसङ्घान् निर्घृणेन सहस्रशः ॥
एते त्वां संप्रतीक्षन्ते स्मरन्तो वैशसं तव ।
संपरेतमयःकूटैश्छिन्दन्त्युत्थितमन्यवः ॥ (*BhPu* 4.25.7–8)

इति यदुक्तं चतुर्थस्कन्धे नारदप्राचीनबर्हिषोः संवादे तदात्मज्ञानप्रशंसार्थमेवेति प्रकरणाद्द्रष्टव्यम् अन्यथा "अग्नीषोमीयं पशुमालभेत" (*TaitS* 6.1.11.6) इत्यनेकश्रुतिस्मृतिबाधप्रसङ्गात् ।

आततयिशब्दश्चाहवादीनामपि ग्राहकः । तथा च मनुः ।

न निवर्तेत सङ्ग्रामात् क्षात्रं धर्ममनुस्मरन् ॥

सङ्ग्रामेष्वनिवृत्तिश्च प्रजानां चैव पालनम् ।
ब्राह्मणानां च शुश्रूषा राज्ञः श्रेयस्करं परम् ॥
आहवेषु मिथोऽन्योन्यं जिघांसन्तो महीक्षितः ।
युध्यमानाः परं शक्त्या स्वर्गं यान्त्यपराङ्मुखाः ॥ (*MDh* 7.87–89)

इत्युपक्रम्याहवधर्ममुक्त्वाह ।

एषोऽनुपस्कृतः प्रोक्तो राजधर्मः सनातनः ।
अस्माद्धर्मान्न च्यवते क्षत्रियो घ्नन् रणे रिपून् ॥ इति । (*MDh* 7.98)

योगीन्द्रश्च वक्ष्यति ।

नातः परतरो धर्मो नृपाणां यद्रणार्जितम् ।
विप्रेभ्यो दीयते द्रव्यं प्रजाभ्यश्चाभयं सदा ॥
य आहवेषु वध्यन्ते भूम्यर्थमपराङ्मुखाः ।
अकूटैरायुधैर्यान्ति ते स्वर्गं योगिनो यथा ॥ इति ॥ (*YDh* 1.318–19)

व्यासश्च ।

अदण्ड्यदण्डनं चैव युद्धे भीत्या पलायनम् ।
क्षत्रियस्य विशेषेण महापातकमुच्यते ॥ इति ॥

मनुरपि ॥

उद्यतैराहवे शस्त्रैः क्षत्रधर्महतस्य च ।
सद्यः संतिष्ठते यज्ञो नास्याशौचं विधीयते ॥ इति । (*MDh* 5.98)

गौतमस्त्वत्र विशेषमाह । "न दोषो हिंसायामाहवे । अन्यत्र व्यश्वसारथ्यनायुधकृताञ्जलिप्रकीर्णिकेशपराङ्मुखोपविष्टस्थलवृक्षारूढदूतगोब्राह्मणवन्दिभ्यः" (*GDh* 10.17–18) इति ।

पराशरश्च ।

द्वाविमौ पुरुषौ यातौ भित्वा सूर्यस्य मण्डलम् ।
परिव्राड्योगयुक्तस्तु रणे चाभिमुखो हतः ॥
यत्र यत्र हतः शूरः शत्रुभिर्विनिपातितः ।
अक्षयाल्ँलभते लोकान् यदि क्लीबं न भाषते ॥ (*PārDh* 3.30–31)
अस्त्रप्रहाराद् रुधिरस्य धारा यस्याहतस्य प्रविशन्ति वक्त्रे ।
तत्सोमपानेन कृतस्य तुल्यं सङ्ग्रामयज्ञं ह्यृषयो वदन्ति ॥

एवं मृगयादिकर्तव्यताप्रतिपादकान्यपि वचनान्युदाहर्तव्यानि । यत्तु ।

क्षात्रधर्मस्थितो जन्तून्व्यवधीर्मृगयादिभिः ।

समाहितस्तत्तपसा जह्यघं मदुपाश्रय: ॥ (*BhPu* 10.52.62)

इति दशमस्कन्धे मुचुकुन्दं प्रति भगवतोक्तं तदपि क्षात्रधर्मस्थित इति वचनात् क्रत्वर्थहिंसा-निरासवदात्मज्ञानप्रशंसार्थमेवेति युक्तम् । एवं हि ब्रह्मप्रकरणे वक्ष्यति ।

नाश्रम: कारणं धर्मे क्रियमाणो भवेद्धि स: ।
अतो यदात्मनोऽवश्यं परस्य न तदाचरेत् ॥ इति । (*YDh* 3.65)

अत्र नैषधचरिते च मृगयायां दोषाभावो दर्शित: ।

अबलस्वकुलाशिनो झषान्निजनीडद्रुमपीडिन: खगान् ।
अनवद्यतृणार्दिनो मृगान्मृगयाघाय न भूभुजां घ्नताम् ॥ (*Naiṣ* 2.10)

तथा शान्तिपर्वणि उमामहेश्वरसंवादे मृगयाधर्म उक्त: ।

मृगयात्रां तु वक्ष्यामि श्रुणु तां धर्मचारिणि ।
मृगान्हत्वा महीपालो यथा पापैर्न लिप्यते ॥
निर्मानुषामिमां सर्वे मृगा इच्छन्ति मेदिनीम् ।
भक्षयन्ति च सस्यानि शासितव्या नृपेण ते ॥
दुष्टानां शासनं धर्म: शिष्टानां परिपालनम् ।
कर्तव्यं भूमिपालेन नित्यं कार्येषु चार्जवम् ॥
स्वर्गं मृगाश्च गच्छन्ति स्वयं नृपतिना हता: । इति ।

(*MBh* 13, App. 15.1271–77)

तथाततायिनं प्रकृत्याह मनु: ।

शस्त्रं द्विजातिभिर्ग्राह्यं धर्मो यत्रोपरुध्यते ।
द्विजातीनां च वर्णानां विप्लवे कालकारिते ॥
आत्मनश्च परित्राणे दक्षिणानां च संगरे ।
स्त्रीबालाभ्यवपत्तौ च घ्नन् धर्मेण न दुष्यति ॥
गुरुं वा बालवृद्धौ वा ब्राह्मणं वा बहुश्रुतम् ।
आततायिनमायान्तं हन्यादेवाविचारयन् ॥
नाततायिवधे दोषो हन्तुर्भवति कश्चन ।
प्रकाशं वाप्रकाशं वा मन्युस्तं मन्युमृच्छति ॥ इति । (*MDh* 8.348–51)

वसिष्ठश्च ।

आततायिनं हत्वा नास्य प्राणानां छेत्तु: किल्बिषमाहु: ।
अग्निदो गरदश्चैव शस्त्रपाणिर्धनापह: ।

क्षेत्रदारहरश्चैव षडेते आततायिनः ॥
आततायिनमायान्तमपि वेदान्तपारगम् ।
जिघांसन्तं जिघांसीयान्न तेन ब्रह्महा भवेत् ॥ इति । (*VaDh* 3.15–17)

"दानम्" (27.10) इत्यत्र ।

देशे काल उपायेन द्रव्यं श्रद्धासमन्वितैः ।
पात्रे प्रदीयते यत्तत्सकलं धर्मलक्षणम् ॥ (*YDh* 1.6)

इत्युक्तत्वात् **"प्रसिद्धम्"** (27.10) इत्युक्तम् । **"स्वाध्यायः"** (27.10) इति । तदाह **शाण्डिल्यः** ।

स्वशाखाध्ययनं विप्रा ब्रह्मयज्ञ इति स्मृतम् ।
हेमाङ्गुलीयसंयुक्तो ब्रह्मबन्धयुतोऽपि वा ॥
विधिवद्ब्रह्मयज्ञं तु कुर्यात् सूत्री समाहितः ॥ इति । (cf. *LiPu* 1.26.16, 30, 31)

जातिगुणक्रियाभिः समुदायादेकदेशस्य पृथक्करणं निर्धारणमिति न्यायभ्रमोऽत्र मा भूदिति **"एषां कर्मणाम्"** (27.10) इत्युक्तं प्रत्येकं कर्मशब्दसंबन्धर्थं च ।

इष्ट्वेह देवता यज्ञैः स्वर्लोकं याति याज्ञिकः ।
भुञ्जीत देववत्तत्र भोगान्दिव्यान्निजार्जितान् ॥
तावत् प्रमोदते स्वर्गे यावत्पुण्यं समाप्यते ।
क्षीणपुण्यः पतत्यर्वागनिच्छन्कालपालितः ॥

इति व्यासवचनात् **"एषां कर्मणां धर्म्यत्वं यद्यपि प्रसिद्धम्"** (27.10–11) इत्याद्युक्तम् । धारणाद्धर्म इत्यवयवार्थः । समुदायवृत्तिर्योगः । **"मनोवृत्ति"** (27.12) इत्यत्र **योगसूत्रम्** । "अथ योगानुशासनम् । योगश्चित्तवृत्तिनिरोधः । प्रमाणसंशयविपर्ययविकल्पनिद्रास्मृतयः" इति (*YogS* 1.1–2, 6) । प्रमाणाद्या वृत्तय इति । **"स्मार्तत्व"** (27.15) इति । तथा **चाम्नायः** । "तस्माच्छान्तो दान्तस्तितिक्षुरुपरतः" (*BāU* 4.4.23) इत्यादि । "दमेन दान्ताः किल्बिषमवधून्वन्ति दमेन ब्रह्मचारिणः सुवरगच्छन्" (*MNU* 521) इति च । "दानेन द्विषन्तो मित्रा भवन्ति । दाने सर्वं प्रतिष्ठितम् । तस्माद्दानं परमं वदन्ति" (*MNU* 523) इति च । "एतदु खल्वध्वा तपो यदहिंसा यद्दमो यद्दानं यदतिथिसम्पर्या" (?) इत्यादि च । अथ **"स्वाध्यायमधीत"** इत्यादि च **"प्रत्यक्षश्रुतिपाठेऽपि"** (27.17) इति । यथा **आश्वलायनः** । "यदृचोऽधीते पयसः कुल्या अस्य पितॄन् स्वधा उपक्षरन्ति । यद्यजूंषि घृतस्य कुल्या यत् सामानि मध्वः कुल्या यदथर्वाङ्गिरसः सोमस्य कुल्या यद्ब्राह्मणानि कल्पान् गाथा नाराशंसीरितिहासपुराणानीत्यमृतस्य कुल्याः" (*ĀśGr* 3.2.8) इति ।

वाकोवाक्यं पुराणं च नाराशंस्योऽथ गाथिकाः ।

इतिहासांस्तथा विद्यां योऽधीते शक्तितोऽन्वहम् ॥ (*YDh* 1.45)

इत्यत्र गाथादौ शूद्रस्याधिकारं वक्ष्यति हि। एषां स्मार्तत्वप्रदर्शनार्थं पृथगुपन्यास इत्यर्थः ।

"तथा च" (27.19) इत्यत्र **मनुः** ।

ब्राह्मणार्थे गवार्थे वा देहत्यागोऽनुपस्कृतः ।

स्त्रीबालाभ्यवपत्तौ [च बाह्यानां सिद्धिकारणम्] ॥ (*MDh* 10.62)

"तथा च" (27.23) इति ।

भार्यारतिः शुचिर्भृत्यभर्ता श्राद्धक्रियारतः ।

नमस्कारेण मन्त्रेण पञ्चयज्ञान्न हापयेत् ॥ (*YDh* 1.120)

इत्येतद्वक्ष्यमाणम् । **"अथ वा"** (27.24) इत्यत्र **गौतमः** । "चत्वारिंशत्संस्कारैः संस्कृतः" इत्यारभ्याह,

गर्भाधानपुंसवनसीमन्तोन्नयनजातकर्मनामकरणान्नप्राशनचौलोपनयनम् । चत्वारि वेदव्रतानि । स्नानं सहचारिणीसंयोगः पञ्चानां यज्ञानामनुष्ठानं देवपितृमनुष्यभूतब्रह्मणाम् । एतेषां च । अष्टका पार्वणश्राद्धः श्रावण्याग्रहायणी चैत्राश्वयुजीति सप्त पाकयज्ञसंस्थाः । अग्न्याधेयम् अग्निहोत्रं दर्शपूर्णमासावाग्रयणं चातुर्मास्यानि निरूढपशुबन्धः सौत्रामणीति सप्त हविर्यज्ञसंस्थाः । अग्निष्टोमोऽत्यग्निष्टोम उक्थ्यः षोडशी वाजपेयोऽतिरात्रोऽप्तोर्याम इति सप्त सोमसंस्थाः । इत्येते चत्वारिंशत्संस्काराः । अथाष्टावात्मगुणाः । दया सर्वभूतेषु क्षान्तिरनसूया शौचमनायासो मङ्गलमकार्पण्यमस्पृहेति ।यस्यैते चत्वारिंशत्संस्कारा न चाष्टावात्मगुणाः न स ब्रह्मणः सायुज्यं सालोक्यं च गच्छति । यस्य तु खलु संस्काराणामेकदेशोऽप्यष्टावात्मगुणाः स ब्रह्मणः सायुज्यं सालोक्यं च गच्छति । (*GDh* 8.14–25)

अत्र **मस्करीयगौतमभाष्ये** त्वात्मगुणानां लक्षणमुक्तं यथा ।

दया शिवहितचिन्तनम् । तथा पुराण उक्तम् ।

आत्मवत्सर्वभूतेषु यः शिवाय हिताय च ।

वर्तते सततं हृष्टः कृत्स्ना ह्येषा दया स्मृता ॥ इति ।

सर्वग्रहणात् स्थावरेष्वपि । क्षान्तिर्वाङ्मनःकायात्मिका द्वन्द्वसहिष्णुता । यथाह व्यासः ।

आक्रुष्टोऽभिहतो वापि न क्रोशेन्न च ताडयेत् ।

अदुष्टो वाङ्मनःकायैः सा तितिक्षा क्षमा स्मृता ॥ इति ।

अनसूया गुणवतामुपरि प्रद्वेषाभावः । तथाह ।

यो धर्ममर्थं कामं वा लक्षते मोक्षमेव वा ।
न द्विष्यात् तं सदा प्राज्ञमनसूयेति सा स्मृता ॥ इति ।

शौचं द्रव्यादिशौचम् । तथा च ।

द्रव्यशौचं मनःशौचं वाक्शौचं कायिकं तथा ।
शौचं चतुर्विधं प्रोक्तमृषिभिस्तत्वदर्शिभिः ॥ इति ।

अनायास आत्मपीडानारम्भः । यथाह ।

यदारम्भे भवेत्पीडा नित्यमत्यन्तमात्मनः ।
तद्वर्जयेद्धर्ममपि सोऽनायासः प्रकीर्तितः ॥ इति ।

प्रशस्ताचरणं मङ्गलमप्रशस्तविवर्जनं च । यथाह ।

प्रशस्ताचरणं नित्यमप्रशस्तविवर्जनम् ।
एतद्धि मङ्गलं प्रोक्तं मुनिभिस्तत्वदर्शिभिः ॥ इति ।

अकार्पण्यमत्यन्तापद्यप्यदीनता संविभागरुचित्वं च । यथाह ।

आपद्यपि च कष्टायां भवेद्दीनो न कस्यचित् ।
संविभागरुचिश्च स्यात् तदकार्पण्यमुच्यते ॥ इति ।

अस्पृहा विषयसंतोषः परद्रव्यानभिलाषश्च । यथाह ।

विवर्जयेदसन्तोषं विषयेषु सदादरम् ।
परद्रव्याभिलाषं च तदस्पृहमिति स्मृतम् ॥ इति ।

इतिकरणः समाप्त्यर्थः । एतावान्पुरुषस्य संस्कार इति । असमासः फलपृथक्त्वज्ञापनार्थः । यथाह ।

क्षमावाञ्जयते भूमिं दयावान्सुखमेधते ।
अनसूयुर्भवेत् स्वर्गं शौचेनाध्यात्ममेव च ॥
मङ्गलेन च संपूज्य इह लोके परत्र च ।
अनायासात् सुरसाम्यमकार्पण्यात् प्रकृतौ लयम् ॥
अस्पृहो लभते नित्यमानन्त्यं सुखमेव च ।
सर्वैस्तु ब्रह्मणः स्थानं संस्कारैश्च तथैव च ॥ इति ।

एवं च सर्वालाभे यथालाभपरिग्रहोऽपि कर्तव्यः । पृथग्भूतस्यापि फलश्रवणादिति ।

(*MasGDh* 8.23)

बृहस्पतिरप्यात्मगुणानां लक्षणमाह ।

परे वा बन्धुवर्गे वा मित्रे द्वेष्टरि वा सदा ।

आपन्ने रक्षितव्यं तु दयैषा परिकीर्तिता ॥
बाह्ये चाभ्यन्तरे चैव दुःख उत्पादिते परैः ।
न कुप्यति न वा हन्ति सा क्षमा परिकीर्तिता ॥
न गुणान्गुणिनो हन्ति स्तौति मन्दगुणानपि ।
नान्यदोषेषु रमते सानसूया प्रकीर्तिता ॥
अभक्षपरिहारस्तु संसर्गं चाप्यनिन्दितैः ।
स्वधर्मे च व्यवस्थानं शौचमेतत् प्रकीरतितम् ॥
शरीरं पीड्यते येन सुशोभेनापि कर्मणा ।
अत्यन्तं तन्न कर्तव्यमनायासः स उच्यते ॥
प्रशस्ताचरणं नित्यमप्रशस्तविवर्जनम् ।
एतद्धि मङ्गलं प्रोक्तमृषिभिस्तत्वदर्शिभिः ॥
स्तोकादपि हि दातव्यमदीनेनान्तरात्मना ।
अहन्यहनि यत्किंचिदकार्पण्यं हि तत् स्मृतम् ॥
यथोत्पन्नैस्तु सन्तोषः कर्तव्यः स्वागतैर्धनैः ।
परार्थं नाभिलाषेत सास्पृहा परिकीर्तिता ॥ इति ।

केचित् षोडशसंस्कारान्वर्णयन्ति ।

आधानं तनयस्य पुंसवविधिः सीमन्तजाताह्वयौ
निष्क्रामोऽन्नविधिः क्षुरोपनयने त्रीणि व्रतानि क्रमात् ।
गोदानं च समापनं व्रतविधेः पाणिग्रहाग्न्याहिती
विप्राणां विहिता श्रुतौ निगदिताः कार्याः क्रिया षोडश ॥ इति ।

अन्या च स्मृतिः ।

निषेकपुंससीमन्तजातनामाशनक्रियाः ।
चौलोपनयने वेदे व्रतानां च चतुष्टयम् ॥
गोदानं च समावर्तो विवाहश्चाहिताग्निता ।
षोडशैताः क्रियाः प्रोक्ता विप्रस्य विहिताः क्रमात् ॥ इति ।

"तदेतद्दचाप्युक्तम् 'तमेवं विदित्वा मृत्युमत्येति'" (28.1) इत्याद्युक्तशेषोऽन्वेष्यः । तथा "तमेव विदित्वातिमृत्युमेति नान्यः पन्था विद्यतेऽयनाय" (*VS* 31.18; *ŚveU* 3.8) इत्यादिका श्रुतिरपि श्रूयत एव । तथा कैवल्योपनिषद्यपि ।

विविक्तदेशे च सुखासनस्थः शुचिः समग्रीवशिरःशरीरः ॥

अत्याश्रमस्थः सकलेन्द्रियाणि निरुध्य भक्त्या स्वगुरुं प्रणम्य ।
हृत्पुण्डरीकं विरजं विशुद्धं विचिन्त्य मध्ये विशदं विशोकम् ॥
अनन्तमव्यक्तमचिन्त्यरूपं शिवं प्रशान्तममृतं ब्रह्मयोनिम् ।
तथादिमध्यान्तविहीनमेकं विभुं चिदानन्दमरूपमद्भुतम् ॥
उमासहायं परमेश्वरं प्रभुं त्रिलोचनं नीलकण्ठं प्रशान्तम् ।
ध्यात्वा मुनिर्गच्छति भूतयोनिं समस्तसाक्षिं तमसः परस्तात् ॥
स ब्रह्मा स हरिः स शिवः सेन्द्रः सोऽक्षरः परमः स्वराट् ।
स एव विष्णुः स प्राणः स कालोऽग्निः स चन्द्रमाः ॥
स एव सर्वं यद्भूतं यच्च भव्यं सनातनम् ।
ज्ञात्वा तं मृत्युमत्येति नान्यः पन्था विमुक्तये ॥
सर्वभूतेषु चात्मानं सर्वभूतानि चात्मनि ।
संपश्यन् ब्रह्म परमं याति नान्येन हेतुना ॥ इति । (*KaivU* 5–10)

"स्मृतिश्च" (28.1–2) इत्यत्र मनुः ।

वेदाभ्यासस्तपो ज्ञानमिन्द्रियाणां च संयमः ।
अहिंसा गुरुसेवा च निःश्रेयसकरं परम् ॥
सर्वेषामपि चैतेषां शुभानामपि कर्मणाम् ।
किं स्विच्छ्रेयस्करतरं कर्मोक्तं पुरुषं प्रति ॥
सर्वेषामपि चैतेषामात्मज्ञानं प्रशस्यते ।
तद्ध्यग्र्यं सर्वविद्यानां प्राप्यते ह्यमृतं ततः ॥ इति । (*MDh* 12.83–85)

तथा स्कान्देऽप्युक्तं हरिहरसंवादे ।

ज्ञानमेव महाविष्णो मोक्षसाधनमुच्यते ।
ज्ञानं वेदशिरोद्भूतमिति मे निश्चिता मतिः ॥
अनेकजन्मसिद्धानां श्रौतस्मार्तानुवर्तिनाम् ।
जायते तच्छिवज्ञानं प्रसादादेव मे हरे ॥ इति ।

पुनरपि तस्मिन्नेवोक्तम् ।

यज्ञैर्देवानवाप्नोति तपोभिर्ब्रह्मणः पदम् ।
दानैर्भोगानवाप्नोति ज्ञानाद् ब्रह्माधिगच्छति ॥
कर्मणा केचिदिच्छन्ति कैवल्यं मुनिसत्तम ।
ते मूढा मुनिशार्दूल प्लवा ह्येत इति श्रुतिः ॥ (*SūtSaṃ JñY* 2.16.58–59)

इति बृहस्पतिसंवादे । तथा च मुण्डोपनिषदि श्रूयते । "प्लवा एते ह्यदृढा यज्ञरूपा अष्टादशोक्तमवरं येषु कर्म । एतच्छ्रेयो येऽभिनन्दन्ति मूढा जरां मृत्युं ये पुनरेवापियान्ति" । (*MuU* 1.2.7) इत्यादि । एतच्च

अनेन विधिना देहं साधयन्विजितेन्द्रियः ।
ब्रह्मलोकमवाप्नोति न चेहाजायते पुनः ॥ (*YDh* 1.50)

इत्यत्र वक्ष्यामः ।

YDh 1.9

[चत्वारो वेदधर्मज्ञाः पर्षत् त्रैविद्यमेव वा ।
सा ब्रूते यं स धर्मः स्यादेको वाध्यात्मवित्तमः ॥]

"चत्वारः" (28.9) इत्यादि । "तथा चैकस्मादेव वाक्यात्" (28.5–6) इति । तत्र मन्त्रवर्णः पुरुषाणां बुद्धिसामर्थ्यभेदमाह ।

अक्षण्वन्तः कर्णवन्तः सखायो मनोजवेष्वसमा बभूवुः ।
आदघ्नास उपकक्षास उ त्वे ह्रदा इव स्नात्वा उ त्वे ददृश्रे ॥ इति । (*RV* 10.71.7)

अस्यार्थो निरुक्त उक्तः । "अक्षण्वन्तोऽक्षिमन्तः । समानख्याना ऋत्विजः । मनसां प्रजवेष्वसमा बभूवुः । आस्यदघ्ना अपरे । उपकक्षदघ्ना अपरे । स्नात्वा स्नानार्हाः" (Nir 1.9) । इति । आचार्येण चोत्तररामपितेयमेवार्थ उपनिबद्धः ।

वितरति गुरुः प्राज्ञे विद्यां यथैव तथा जडे
न तु खलु तयोर्ज्ञाने शक्तिं करोत्यपहन्ति वा ।
भवति च पुनर्भूयान् भेदः फलं प्रति तद्यथा
प्रभवति शुचिर्बिम्बोद्ग्राहे मणिर्न मृदां चयः ॥ इति । (*BhavURC* 2.4)

उक्तं च वाक्यलक्षणं स्कान्दपुराणे ।

तात्पर्योपेतशब्दोत्थं ज्ञानं शाब्दमुदाहृतम् ।
शब्दस्तु ब्रह्मविच्छ्रेष्ठास्त्रिविधः परिकीर्तितः ॥
अक्षराणि तथा विप्राः पदानि च तथैव च ।
वाक्यानि चेति तत्रापि केषांचिद् द्विजपुङ्गवाः ॥
अर्थानामक्षराण्येव वाचकानि तथैव च ।

अर्थानामपि केषांचित्पदान्येव द्विजोत्तमाः ॥
वाचकानि च वाक्यानि तथैव ब्रह्मवित्तमाः ।
अर्थानामपि केषांचित्प्रमाणानि प्रदीपवत् ॥
भवन्त्येकाक्षराण्येव पदानि द्विजपुङ्गवाः ।
अक्षराणि च संभूय पदानि स्युस्तथैव च ॥
पदानां समुदायस्तु भवेद्वाक्यं द्विजोत्तमाः ।
प्रधानं गुणभूतं च द्विविधं वाक्यमीरितम् ॥
महावाक्यमिति प्रोक्तं प्रधानं मुनिपुङ्गवाः ।
गुणभूतं तु यद्वाक्यं तदवान्तरसंज्ञितम् ॥
उभयं चैकवाक्यं स्यादर्थैकत्वविवक्षया ।
पदानि शक्त्या स्वार्थानां वाचकानि तथैव च ॥
तात्पर्यादेव वाक्यानि स्वार्थानां बोधकानि च ।
तात्पर्यं तु द्विधा प्रोक्तं विप्रा वाक्यविशारदैः ॥
महातात्पर्यमेकं स्यादवान्तरमथेतरम् ।
महातात्पर्यशेषं स्यादवान्तरसमाह्वयम् ॥ इत्यादि । (*SūtSaṃ YV* 10.18–27)

“**धर्मस्य तत्वम्**” (28.7) इत्यत्र ।

तर्कोऽप्रतिष्ठः श्रुतयो विभिन्ना
न चानृषेर्दर्शनमस्ति किंचत् ।
धर्मस्य तत्वं निहितं गुहायां
महाजनो येन गतः स पन्थाः ॥ इति । (*MBh* 3. App 32: 65–68)

“**पारार्थ्याच्च**” (28.12) इति । पारार्थ्यं च ज्ञानस्यानुष्ठानार्थत्वम् । तस्य तादर्थ्यादित्यर्थः । इदमत्राधुना विचार्यते । किमिदं पर्षत्वं नाम । केषामुपदिश्यत इति । “चत्वारो वेदधर्मज्ञाः पर्षत्” इतिवचनाद् द्विजातीनामिति ब्रूमः । तथा हि तत्र तावत् प्रथमं द्विजातीनां गर्भाष्टमादिकाल उपनयनं कर्तव्यम्,

गर्भाष्टमेऽब्दे कुर्वीत ब्राह्मणस्योपनायनम् ।
गर्भादेकादशे राज्ञो गर्भात्तु द्वादशे विशः ॥ (*MDh* 2.36)

इतिमनुवचनात् । शूद्रस्य तूपनयनं न कर्तव्यम्,

मातुरग्रेऽधिजननं द्वितीयं मौञ्जिबन्धने ।
तृतीयं यज्ञदीक्षायां द्विजस्य विधिचोदितम् ॥ (*MDh* 2.169)

इति द्विजस्यैव मानवे तद्विधानात् ।

ब्राह्मणः क्षत्रियो वैश्यस्त्रयो वर्णा द्विजातयः ।
चतुर्थ एकजातीयः शुद्रो नास्ति तु पञ्चमः ॥ (*MDh* 10.4)

इति मानवे त्रैवर्णिकानामेव द्विजातिपरिभाषा कृता । शूद्रस्य त्वेकजातिपरिभषैव कृता । "तस्माच्छूद्रो यज्ञेऽनवक्लृप्तः" (*TaitS* 7.1.1.6) इति श्रुतेः ।

न हि शूद्रस्य यज्ञेषु कश्चिदस्ति परिग्रहः । (*MDh* 11.13)

इति स्मृतेश्च, श्रुतितो द्रवतीति शूद्रसमाख्यानाच्च तदध्ययनाङ्गभूतोपनयनद्वितीयजन्मानधिकारात् तस्यैकजातित्वमित्यर्थः ।

न ह्यस्य विद्यते कर्म किंचिदामौञ्जिबन्धनात् ॥
नाभिव्याहारयेद्ब्रह्म स्वधानिनयनादृते ।
शूद्रेण हि समस्तावद्यावद्वेदे न जायते ॥
कृतोपनयनस्यास्य व्रतादेशनमिष्यते ।
ब्रह्मणो ग्रहणं चैव क्रमेण विधिपूर्वकम् ॥ (*MDh* 2.171–73)
न शूद्राय मतिं दद्यान्नोच्छिष्टं न हविष्कृतम् ।
न चास्योपदिशेद्धर्मं न चास्य व्रतमादिशेत् ॥
यो ह्यस्य धर्ममाचष्टे यश्चोपदिशति व्रतम् ॥
सोऽसंवृतं नाम तमः सह तेनैव गच्छति ॥ (*MDh* 4.80–81)

इति मानवेऽनुपनीतानां शूद्रसमत्वोपदेशात् "अशूद्राणामदुष्टानां कर्मणामुपनयनं वेदाध्ययनमग्न्याधेयं फलवन्ति च कर्माणि" इति आपस्तम्बवचनाच्च (*ĀpDh* 1.1.6) शूद्रवर्जं त्रैवर्णिकानामुपनयनं कर्तव्यमिति स्थितम् । उपनीयानन्तरं वेदश्चाध्यापयितव्यः "उपनीय तमध्यापयीत" (cf. *PMinS* p. 169) इति श्रुतावुपनयनस्याध्यापनाङ्गत्वनियमात् ।

उपनीय गुरुः शिष्यं महाव्याहृतिपूर्वकम् ।
वेदमध्यापयेत् पश्चाच्छौचाचारांश्च शिक्षयेत् ॥ (*YDh* 1.15)

इति आचार्योपदेशाच्च ।

उपनीय गुरुः शिष्यं शिक्षयेच्छौचमादितः ।
आचारमग्निकार्यं च संध्योपासनमेव च ॥ (*MDh* 2.69)

इति मनुवचनाच्छौचादिशिक्षणानन्तरमेव तत्कर्तव्यम् । उपनीय चानधीत्य वेदानन्यत्र प्रवर्तते चेन्नियतं शूद्र एव स्यात् । तथा च मनुः ।

योऽनधीत्य द्विजो वेदानन्यत्र कुरुते श्रमम् ।

स जीवन्नेव शूद्रत्वमाशु गच्छति सान्वयः ॥ इति । (*MDh* 2.168)

अतः प्रयत्नतो वेदाधिगमः कार्यः ।

तपोविशेषैर्विविधैर्व्रतैश्च विधिचोदितैः ।
वेदः कृत्स्नोऽधिगन्तव्यः सरहस्यो द्विजन्मना ॥
वेदमेव सदाभ्यस्येत्तपस्तप्स्यन्द्विजोत्तमः ।
वेदाभ्यासो हि विप्रस्य तपः परमिहोच्यते ॥ (*MDh* 2.165–66)

इति मनुवचनाच्च । कृत्स्नवचनाच्च साङ्गवेदाध्ययनमिष्यते ।

अङ्गाध्ययनहीनस्य स्वाध्यायाध्ययनं वृथा ।
न ह्यङ्गेन विनाङ्गी स्यात्तस्मात्साङ्गोऽधिगम्यते ॥

इति स्मृत्यन्तरात् । तस्मात्साङ्गाध्ययननियमः । वेदाभ्यासश्च पञ्चधा भवति ।

वेदस्वीकरणं पूर्वं विचारोऽभ्यसनं जपः ।
प्रदानं चैव शिष्येभ्यो वेदाभ्यासो हि पञ्चधा ॥

इति दक्षवचनात् । धर्मशास्त्रं चाध्येतव्यम् । तथा च ।

उत्तमाङ्गोद्भवाज्ज्यैष्ठ्याद् ब्रह्मणश्चैव धारणात् ।
सर्वस्यैवास्य सर्गस्य धर्मतो ब्राह्मणः प्रभुः ॥ इति । (*MDh* 1.93)

ब्राह्मणं प्रकृत्याह मनुः ।

तस्य धर्मविवेकार्थं शेषाणां चानुपूर्वशः ।
स्वायंभुवो मनुर्धीमानिदं शास्त्रमकल्पयत् ॥
विदुषा ब्राह्मणेनेदमध्येतव्यं प्रयत्नतः ।
शिष्येभ्यश्च प्रवक्तव्यं सम्यङ्नान्येन केनचित् ॥ इति । (*MDh* 1.102–3)

ब्राह्मणग्रहणं च द्विजात्युपलक्षणार्थम् । यथाह यमः ।

इदं शास्त्रमधीयानो ब्राह्मणः क्षत्रियोऽपि विट् ।
पुनाति हि पितॄन्पूर्वान्सप्त सप्त परांस्तथा ॥ इति ।

नान्येन केनचिदत्येतच्छूद्राधिकारनिवृत्तिपरम् । अत एव शूद्रं प्रकृत्याह यमः ।

तस्मादस्याधिकरोऽस्ति न हि वेदेषु न हि स्मृतौ ॥ इति ।

बृहस्पतिरपि ।

एवं दण्डादिकैर्युक्तं संस्कृत्य तनयं पिता ।
वेदमध्यापयेद्यत्नाच्छास्त्रं मन्वादिकं तथा ॥ इति ।
श्रुतिस्मृतिर्हि विप्राणां चक्षुषी परमे मते ।

काणस्तत्रैकया हीनो द्वाभ्यामन्धः प्रकीर्तितः ॥
अधीत्य चतुरो वेदान्सषडङ्गपदक्रमान् ।
स्मृतिहीना न शोभन्ते चन्द्रहीनेव शर्वरी ॥

इति च बृहस्पतिः । धर्मशास्त्राध्ययनाधिकारश्च मानव एवोक्तः ।

निषेकादिश्मशानान्तो मन्त्रैर्यस्योदितो विधिः ।
तस्य शास्त्रेऽधिकारोऽस्मिन् ज्ञेयो नान्यस्य कस्यचित् ॥ इति । (*MDh* 2.16)
धारणं धर्मशास्त्रस्य वेदानां धारणं यथा ।
म्रियते नानपत्यश्च नार्थकृच्छ्रमिहर्च्छति ॥ (*MDh* 1.106 *Add)

इति वेदवद्धर्मशास्त्रं धार्यमिति च स्माह मनुः । स्मृत्यन्तरेऽप्युक्तम् ।

यथा हि वेदाध्ययनं धर्मशास्त्रमिदं तथा ।
अध्येतव्यं ब्राह्मणेन नियतं स्वर्गमिच्छता ॥ इति ।

हारीतश्च ।

अमार्गेण प्रवृत्तानां व्याकुलेन्द्रियचेतसाम् ।
निवर्तकं धर्मशास्त्रं व्याधीनामिव भेषजम् ॥ इति ।

शङ्खलिखितावप्याहतुः ।

रागद्वेषाग्निदग्धानामज्ञानविषपायिनाम् ।
चिकित्सा धर्मशास्त्राणि व्याधीनामिव भेषजम् ॥ इति ।

तस्माद्धर्मनिर्णयार्थं वेदाध्ययनवद् धर्मशास्त्राध्ययनमपि द्विजातिभिः कर्तव्यमिति स्थितम् । पुराणादीन्यप्यधिगन्तव्यानि ।

इतिहासपुराणाभ्यां वेदं समुपबृंहयेत् ।
बिभेत्यल्पश्रुताद्वेदो मामयं प्रतरिष्यति ॥ (*VaDh* 27.6)

इतिवसिष्ठबृहस्पत्योर्वचनात् । मीमांसाप्यधिगन्तव्या ।

धर्मे प्रमीयमाणे हि वेदेन करणात्मना ।
इतिकर्तव्यताभागं मीमांसा पूरयिष्यति ॥[44]

इति भट्टवार्तिकवचनात् ।

आदौ व्याकृत्य पदशः प्रमाणेन प्रमृद्य च ।
विचार्य पुनरस्यार्थमारम्भः कर्मणां भवेत् ॥
पदवाक्यप्रमाणज्ञो वेत्ति वेदार्थमग्रजः ।
पदवाक्यप्रमाणानि तस्माज्ज्ञेयानि सर्वशः ॥

इतिस्मृत्यन्तराच्च । अस्मादेव वचनात्तर्कोऽपि ज्ञेय इति गम्यते ।

आर्षं धर्मवचनं वेदशास्त्राविरोधिना ।
यस्तर्केणानुसंधत्ते स धर्मं वेद नेतरः ॥ (*MDh* 12.106)

इति मनुवचनाच्च । शास्त्राणि च वैदिकानि मानवादीन्येवोपादेयानि न तु तद्विपरीतानि बौद्धादीन्यपि । वेदो विद्या ब्राह्मणस्य तत्परिज्ञानार्थमङ्गानि धर्मशास्त्राणि च । तस्माद् ब्राह्मणो वेदाङ्गश्रुतिभ्योऽन्यन्नाधीयीत ।

असच्छास्त्राणि चान्यानि यानि बाह्योदितानि च ।
सर्वेषु तेष्वभिरतान् दृष्ट्वा नेत्रे निमीलयेत् ॥

अतोऽनुष्ठानायार्थनिर्णयज्ञानं यावद्भिः सिध्यति तावन्त्यधिगन्तव्यानीति, "वेदाङ्गेतिहासपुराणतर्कमीमांसाधर्मशास्त्राण्यधिगन्तव्यानि" इति हारीतोपदेशात् ।

अर्हच्चार्वाकवाक्यानि बौद्धादिपठितानि च ।
विप्रलम्भकवाक्यानि सर्वाणि परिवर्जयेत् ॥

इतिस्मृत्यन्तराच्च ।

पितृदेवमनुष्याणां वेदश्चक्षुः सनातनः ।
अतर्क्यं चाप्रमेयं च वेदशास्त्रमिति स्थितिः ॥
या वेदबाह्या श्रुतयो याश्च काश्च कुदृष्टयः ।
सर्वास्ता निष्फलाः प्रेत्य तमोनिष्ठा यतः स्मृताः ॥ (*MDh* 12.94–95)

इति मनुवचनाच्च । एवं सपरिबृंहणो वेदो गुरोरेवाधिगन्तव्यः ।

यथा खनन् खनित्रेण नरो वार्यधिगच्छति ।
तथा गुरुगतां विद्यां शुश्रूषुरधिगच्छति ॥ (*MDh* 2.218)

इति नियमपूर्वकमेव मन्वभिधानात् । प्रसङ्गाध्ययनमपि मानव एव निषिध्यते ।

ब्रह्म यस्त्वननुज्ञातमधीयानादवाप्नुयात् ।
स ब्रह्मस्तेयसंयुक्तो नरकं प्रतिपद्यते ॥ इति । (*MDh* 2.116)

ज्ञेयश्च वेदार्थः ।

स्थाणुरयं भारहारः किलाभूदधीत्य वेदं न विजानाति योऽर्थम् ।
अर्थज्ञ इत्सकलं भद्रमश्नुते नाकमेति ज्ञानविधूतपाप्मा ॥ (*Nir* 1.18)[45]

इति श्रुतेः । दक्षस्मृतेश्च ।

न वेदपाठमात्रेण संतोषं कारयेद्गुरुः ।
अज्ञानतोऽर्थं तत्सर्वं तुषाणां खण्डनं यथा ॥

योऽधीत्य विधिवद्विप्रो वेदार्थं न विचारयेत् ।
स सान्वयः शूद्रसमः पात्रतां न प्रपद्यते ॥
अधीत्य यत्किंचिदपि वेदार्थाधिगमे रतः ।
स्वर्गलोकमवाप्नोति धर्मानुष्ठानविद्धि सः ॥
श्रुतहीनमधीतं यन्नेह नामुत्र तद्भवेत् ।
श्रुतं तु केवलमपि समुद्धाराय कल्पते ॥
ज्ञानं कर्म च संयुक्तं मुक्त्यर्थं कथितं यथा ।
अधीतं श्रुतसंयुक्तं तथा श्रेष्ठं न केवलम् ॥
समुच्चितं स्तोकमपि श्रुताधीतं विशिष्यते ।
चतुर्णामपि वेदानां केवलाध्ययनाद् द्विजः ॥ इति ।

मनुरपि ।

चातुरवर्ण्यं त्रयो लोकाश्चत्वारश्चाश्रमाः पृथक् ।
भूतं भवद्भविष्यच्च सर्वं वेदात् प्रसिध्यति ॥
शब्दः स्पर्शश्च रूपं च रसो गन्धश्च पञ्चमः ।
वेदादेव प्रसिध्यन्ति प्रसूतिर्गुणकर्मणः ॥
बिभर्ति सर्वभूतानि वेदशास्त्रं सनातनम् ।
तस्मादेतत्परं मन्ये यज्जन्तोरस्य साधनम् ॥
सेनापत्यं च राज्यं च दण्डनेतृत्वमेव च ।
सर्वलोकाधिपत्यं च वेदशास्त्रविदर्हति ॥
यथा जातबलो वह्निर्दहत्यार्द्रानपि द्रुमान् ।
तथा दहति वेदज्ञः कर्मजं दोषमात्मनः ॥
वेदशास्त्रार्थतत्वज्ञो यत्र कुत्राश्रमे वसन् ।
इहैव लोके तिष्ठन्स ब्रह्मभूयाय कल्पते ॥ इति । (*MDh* 12: 97–102)

एतत्सर्वं

गुरवे तु वरं दत्वा स्नायीत तदनुज्ञया ।
वेदव्रतानि वा पारं नीत्वाप्युभयमेव वा ॥ (*YDh* 1.51)

इत्यस्मि श्लोके सप्रपञ्चमुदाहरिष्यामः । एवं ज्ञानिनाप्यनुष्ठानं च कर्तव्यम् ।

नाचरेद्यदि वेदोक्तं स्वकर्मज्ञो जितेन्द्रियः ।
विकर्मणा ह्यधर्मेण मृत्योर्मृत्युमपैति सः ॥

वेदोक्तमेव कुर्वाणो निःसङ्गोऽर्पितमीश्वरे ।
नैष्कर्म्यं लभते सिद्धिं रोचनार्था फलश्रुतिः ॥ (*BhP* 11.3.45–46)

इति व्यासवचनात् ।

श्रुतिस्मृत्युदितं धर्ममनुतिष्ठन्हि मानवः ।
इह कीर्तिमवाप्नोति प्रेत्य चानुत्तमां गतिम् ॥ (*MDh* 2.9)
वेदोदितं स्वकं कर्म नित्यं कुर्यादतन्द्रितः ।
तद्धि कुर्वन्यथाशक्ति प्राप्नोति परमां गतिम् ॥ (*MDh* 4.14)

इति मनुवचनाच्च ।

अधीतिचोदना चेष्टा त्रयाणामेव युज्यते ।
कर्मानुष्ठानसिद्ध्यर्था वेदाध्ययनचोदना ॥

इति च स्मृत्यन्तरम् ।

अतो वेदार्थज्ञानवदनुष्ठानमप्यवश्यं कर्तव्यमेवेति स्थितम् । अपि च यथाविध्यनुष्ठातॄणामेव शिष्टत्वम् । "अकामात्मानो डम्भादिरहिता वेदार्थविदोऽनुष्ठातारश्च सन्तः" (13.5) इत्याचार्येण शिष्टलक्षणस्योक्तत्वात् । सन्तः शिष्टा इत्यर्थः । तथा हि तेनैवास्य ज्ञापकत्वेन "शिष्टः पुनरकामात्मा" (*VaDh* 1.6) इति वासिष्ठमुदाहृतम् (13.6–7) । एवंविधानां शिष्टानामेव च पर्षत्वम् ।

अनाम्नातेषु धर्मेषु कथं स्यादिति चेद्भवेत् ।
यं शिष्टा ब्राह्मणा ब्रूयुः स धर्मः स्यादशङ्कितः ॥ (*MDh* 12.108)

अनाम्नातेष्वज्ञातेष्वित्यर्थः ।

धर्मेणाधिगतो यैस्तु वेदः सपरिबृंहणः ।
ते शिष्टा ब्राह्मणा ज्ञेयाः श्रुतिप्रत्यक्षहेतवः ॥
दशावरा वा परिषद्यं धर्मं परिकल्पयेत् ।
त्र्यवरा वापि वृत्तस्था तं धर्मं न विचारयेत् ॥ (*MDh* 12.109–10)

इति मनुवचनात् । ब्राह्मणानामेव च पर्षत्वं तेषामेव प्रवचनाधिकारात् ।

आधीयीरंस्त्रयो वर्णाः स्वकर्मस्था द्विजातयः ।
प्रब्रूयाद्ब्राह्मणस्त्वेषां नेतराविति निश्चयः ॥
सर्वेषां ब्राह्मणो विद्याद् वृत्त्युपापान् यथाविधि ।
प्रब्रूयादितरेभ्यश्च स्वयं चैव तथा भवेत् ॥
वैशिष्ट्यात् प्रकृतिश्रैष्ठ्यान्नियमस्य च धारणात् ।

संस्कारस्य विशेषाच्च सर्वेषां ब्राह्मणः प्रभुः ॥ इति । (*MDh* 10.1–3)

अङ्गिरा अपि ।

चत्वारो वा त्रयो वापि वेदवन्तोऽग्निहोत्रिणः ।
ब्राह्मणास्तु समावस्थाः पर्षदित्यभिधीयते ॥ इति ।

एतच्चाचार्य एव द्रव्यशुद्धिप्रकरणे[46] पर्षच्छ्लोकशेषत्वेनैवंभूतानां ब्राह्मणानामेव पर्षत्वाधिकारं वक्ष्यति ।

तपस्तप्त्वासृजद्ब्रह्मा ब्राह्मणान्वेदगुप्तये ।
तृप्त्यर्थं पितृदेवानां धर्मसंरक्षणाय च ॥ (*YDh* 1.196)

इत्यादिश्लोकद्वयेन । तेषामेव च विवेकिनामेव पर्षत्वम् ।

सहसा विदधीत न क्रियामविवेकः परमापदाम्पदम् ।
वृणुते हि विमृश्यकारिणं गुणलुब्धाः स्वयमेव सम्पदः ॥ (*Kirā* 2.30)

इति भारविवचनात् । तथा चाङ्गिरसे ।

अत ऊर्ध्वं प्रवक्ष्यामि उपस्थानस्य लक्षणम् ।

इत्युपक्रम्य ।

प्रायश्चित्ते समुत्पन्ने श्रीमान्सत्यपरायणः ।
मृदुरार्जवसंपन्नः शुद्धिं याचेद् द्विजः सदा ॥

इत्यादिना दोषवतः पर्षदुपस्थानं तद्याचनप्रकारं चोक्त्वा पर्षद्धर्ममाह ।

तस्मिन्नुत्सारिते पापे यथावद्धर्मपाठकाः ।
ते तथा तत्र जल्पेयुर्विमृशन्तः परस्परम् ॥

इति विमर्शपूर्वमभिधानं दर्शितम् ।

मिथिलास्थः स योगीन्द्रः सम्यग् ध्यात्वाब्रवीन्मुनीन् ।
यस्मिन्देशे मृगः कृष्णस्तस्मिन्धर्मान्निबोधत ॥ (*YDh* 1.2)

इति वदता योगीश्वरेणाप्येतद्दर्शितम् । अपि च । केनचिदयं धर्म इत्यापाततः प्रतीते विवेकेन युक्त्यादिभिरयमेव धर्म इति निर्णीतस्यैवानुष्ठेयतया धर्मत्वं नापाततः प्रतीतस्यापि । तथा ह्याचार्येणोक्तम् ।

कस्यचित्त्वाप्ताभिहितमात्रेण तत्वावधृतिः स्यात् । अन्यस्य मूलप्रमाणप्रतिपत्या यावदस्य निर्विचिकित्सं सम्यक् संकल्पजः कामः स्यात् तदा तस्यात्मनः प्रियं धर्ममूलतयावसेयमिति । (13.20–22)

अनेवंविधानां पर्षत्वाभावश्च मानव एवोक्तः ।

अव्रतानाममन्त्राणां जातिमात्रोपजीविनाम् ।
सहस्रशः समेतानां पर्षत्वं न विद्यते ॥
यद्वदन्ति तमोभूता मूर्खा धर्ममतद्विदः ।
तत्पापं शतधा भूत्वा तान्वक्तॄनधिगच्छति ॥ इति । (*MDh* 12.114–15)

तत्र श्रुतिद्वयविरोधे तुल्यप्रमाणत्वात् तयोस्तदुक्तमन्यतरदुपादेयम् । "तुल्यबलविरोधे विकल्पः" (*GDh* 1.4) इति गौतमस्मरणात् तौ द्वावपि धर्मावेव । यथाह मनुः ।

श्रुतिद्वैधं तु यत्र स्यात्तत्र धर्मावुभावपि ।
उभावपि हि तौ धर्मौ सम्यगुक्तौ मनीषिभिः ॥
उदितेऽनुदिते चैव समयाध्युषिते तथा ।
सर्वथा वर्तते यज्ञ इतीयं वैदिकी श्रुतिः ॥ इति । (*MDh* 2.14–15)

श्रुतिस्मृत्योर्विरोधे तु स्मृतेर्बाध एव[47] । यथाह लौगाक्षिः ।

श्रुतिस्मृतिविरोधे तु श्रुतिरेव गरीयसी ।
अविरोधतया कार्यं स्मार्तं वैदिकवत्सदा ॥ इति ।

एवमाचारस्यापि स्मृतिविरोधे बाध एव "श्रुतिस्मृतिविहितो धर्मस्तदलाभे शिष्टाचारः प्रमाणम्" इति वसिष्ठस्मरणात् (*VaDh* 1.4–5) । स्मृतिविरोधे लौकिकवाक्यमप्युपेक्षणीयम् । तदुक्तं चतुर्विंशतौ ।

स्मृतेर्वेदविरोधेन परित्यागो यथा भवेत् ।
तथैव लौकिकं वाक्यं स्मृतिबाधात्परित्यजेत् ॥ इति ।

यत्र पुनर्मानवस्य स्मृत्यन्तरेण विरोधस्तत्र मनूक्त एव श्रेयान् । यथाहाङ्गिराः ।

यत्पुनर्मनुना प्रोक्तं धर्मशास्त्रमनुत्तमम् ।
न हि तत्समतिक्रम्य वचनं हितमात्मनः ॥ इति ।

बृहस्पतिरपि ।

वेदादुपनिबद्धत्वात् प्राधान्यं तु मनोः स्मृतम् ।
मन्वर्थविपरीता तु या स्मृतिः सा न शस्यते ॥ इति । (*BṛSm*, Saṃs 13)

श्रुतिरपि । "यद्वै किंच मनुरवदत् तद्भेषजं भेषजमेवास्मै करोति" (*TaitS* 2.2.10.2) इति । यत्र पुनर्धर्मद्वयविरोधस्तत्र लघुधर्मस्यैव बाधः । यथाह व्यासः ।

धर्मं यो बाधते धर्मो न स धर्मः कदाचन ।
अविरोधी तु यो धर्मः स धर्मः सद्भिरुच्यते ॥
तस्माद्विरोधे धर्मस्य निश्चित्य गुरुलाघवम् ।

यतो भूयस्ततो विद्वान्कुर्याद्धर्मविनिर्णयम् ॥ इति । (*MBh* 3.131.10–12)
यस्माच्चैवं तस्माद्विवेकः कर्तव्यः इत्युक्तम् ।

एवं चोभयकुलपरिशुद्धानां यथाविध्युपनयनादिसंस्कारसाङ्गवेदाध्ययनतदर्थज्ञानानुष्ठानवतां विवेकिनां शिष्टानां ब्राह्मणानामेवोपदेष्टृत्वेन पर्षत्वमिति सिद्धं भवति । तथाचार्यो हीममेवार्थमभिप्रेत्याह "पारार्थ्याच्च ज्ञानस्य" (28.12) इत्यादि । अतश्चायमेवार्थो यथायथं योज्यः ।

आचार्येण विचारितोऽप्यचरमेणाप्ताग्रसंचारिणाम्
अर्थोऽयं स तु यत्र तत्र निपुणैरन्वेषणीयः परम् ।
तत्कारुण्यबलान्मया पुनरयं मन्दप्रबोधोदया-
यैकत्रोपहितश्रुतिस्मृतिगतैर्वाक्यैः प्रयत्नाहृतैः ॥[48] इति ।

"त्रैविद्यं वा" (*YDh* 1.9) इत्यत्र स्मृतिचन्द्रिका । "तिस्रो विद्या येषां ते त्रिविद्याः । तेषां समूहस्त्रैविद्यम् । ऋगादिवेदत्रयज्ञाः ज्ञातधर्माश्च त्रयो वा पर्षदित्यभिप्रायः" इति (*SmṛC* I: 8) । केचित्त्वेवमेतद्व्याचक्षते । तिस्रो विद्यास्त्रिविद्याः । तेषां समूहस्त्रैविद्यम् । तेन तद्वान् लक्ष्यते । त्रिविद्याशब्देन सामर्ग्यजूंष्युच्यन्ते इत्याह "त्रयी विद्या ऋग्यजुःसामलक्षणा" इति (28.14) । तेन तद्वांल्लक्ष्यत इति योजयति "यस्मिन्" (28.14) इत्यनेनेति । विज्ञानेश्वरे तु "तिस्रो विद्या अधीयन्त इति त्रैविद्याः । तेषां समूहस्त्रैविद्यम् । धर्मशास्त्रमत्राप्यनुवर्तते" इत्युक्तम् (*VijYDh* 1.9) । "पुरुषसंख्या" (28.15) इति ।

चातुर्वैद्यं विकल्पी चाप्यङ्गविद्धर्मपाठकः ।
आश्रमस्थास्त्रयो मुख्याः पर्षदेवं दशावरा ॥ (*BDh* 1.1.8; *VaDh* 3.20)

इति वासिष्ठबौधायनयोश्चातुर्वैद्यश्रवणात् "चत्वारश्चतुर्णां पारगा वेदानाम्" इति गौतमवचनाच्च (*GDh* 28.49) । "अथर्ववेदाध्ययनमविरुद्धम्" (28.15–16) इत्युक्तम् । न संख्यानुरोधादेवेत्यभिप्रायः । "एवकारस्त्वप्यर्थः । स च संभावनायाम्" (28.17) इति । तथा च पाणिनीयं सूत्रम् । "अपिः पदार्थसंभावनान्ववसर्गगर्हासमुच्चयेषु" (Pāṇ 1.4.96) इति । "वा विकल्पोपमानद्वन्द्वसमुच्चयेषु" (?) इति अव्ययवृत्तावुक्तम् । "वा विकल्पोपमानयोः" (*HalAbhi* 5.87) इति अमरश्च[49] । "द्वौ वा यदि स्याताम्" (28.18–19) इत्यत्र अङ्गिरसा द्वयोरपि पर्षत्वमुक्तम् ।

ये च पूर्वं मया प्रोक्तास्तेषां या या परे पथि ।
स्ववृत्तिपरितुष्टानां परिषद् द्वावुदाहृतौ ॥ इति ।
चत्वारः स्युस्त्रयो द्वौ वा यद्वैकः स्यादनिन्दितः ।

यतीनामग्र्यविद्यानामेकोऽपि पर्षद्भवेत् ॥ इति च ।

"तथा च" (28.20) इत्यत्र **मनुः** ।

एकोऽपि वेदविद्धर्मं यं व्यवस्येद् द्विजोत्तमः ।

स धर्म इति विज्ञेयो नाज्ञानामुदितो युतैः ॥ इति । (*MDh* 12.113)

अज्ञनिन्दनं चात्र सोपपत्तिकमेवोक्तम् ।

पदच्छेदेऽप्यशक्तस्य पदार्थावगतिः कुतः ।

यवाग्वादिषु संदेहे कोकुन्दादिषु का कथा ॥ इति ।

वसिष्ठश्चाह ।

त्रैविद्यवृद्धा यं ब्रूयुर्धर्मविदो जनाः ।

पत्तने वा वने चैव स धर्मो नात्र संशयः ॥ इति । (*VaDh* 1.16)

विश्वामित्रश्च ।

यमार्याः क्रियमाणं तु शंसन्त्यागमवेदिनः ।

स धर्मो यं विगर्हन्ते तमधर्मं प्रचक्षते ॥ इति ।

"आत्मयाजिनोऽपि" (28.22) इत्यत्र **ऐतरेयोपनिषत्** । "एतद्ध स्म वै तद्विद्वांस आहुः ऋषयः कावषेयाः किमर्था वयमध्येष्यामहे । किमर्था वयं यक्ष्यामहे । वाचि हि प्राणं जुहुमः । प्राणे वा वाचम् । यो ह्येव प्रभवः स एवाव्ययः" (*AitĀ* 3.2.6) इति । **मनुरपि** ।

यथा यथा हि पुरुषः शास्त्रं समधिगच्छति ।

तथा तथा विजानन्ति विज्ञानं चास्य रोचते ॥

ऋषियज्ञं देवयज्ञं भूतयज्ञं च सर्वदा ।

नृयज्ञं पितृयज्ञं च यथाशक्ति न हापयेत् ॥

एतानेके महायज्ञान्यज्ञशास्त्रविदो जनाः ।

अहीयमानाः सततमिन्द्रियेष्वेव जुह्वति ॥

वाच्येके जुह्वति प्राणं प्राणे वाचं च सर्वदा ।

वाचि प्राणे च पश्यन्तो यज्ञनिर्वृत्तिमक्षयाम् ॥

ज्ञानेनैवापरे विप्रा यजन्त्येतैर्मखैः सदा ।

ज्ञानमूलां क्रियामेषां पश्यन्तो ज्ञानचक्षुषा ॥ (*MDh* 4.20–24)

इति मानवम् ऐतरेयोपनिषन्मूलमिति गम्यते ॥ **पुनरपि मनुः** ।

सुखाभ्युदयिकं चैव नैःश्रेयसिकमेव च ।

प्रवृत्तं च निवृत्तं च द्विविधं कर्म वैदिकम् ॥

इह वामुत्र वा काम्यं प्रवृत्तं कर्म कीर्त्यते ।
निष्कामं ज्ञानपूर्वं तु निवृत्तमुपदिश्यते ॥
प्रवृत्तं कर्म संसेव्य देवानामेति सार्ष्टिताम् ।
निवृत्तं सेवमानस्तु भूतान्यभ्येति पञ्च वै ॥
सर्वभूतेषु चात्मानं सर्वभूतानि चात्मनि ।
समं पश्यन्नात्मयाजी स्वाराज्यमधिगच्छति ॥
यथोक्तान्यपि कर्माणि परिहाप्य द्विजोत्तमः ।
आत्मज्ञाने शमे च स्याद्वेदाभ्यासे च यत्नवान् ॥
एतद्धि जन्मसामाग्र्यं ब्राह्मणस्य विशेषतः ।
प्राप्यैतत्कृतकृत्यो हि द्विजो भवति नान्यथा ॥ इति । (*MDh* 12.88–93)

अन्या च श्रुतिः । "धर्माधर्मौ हविर्मनः स्रुवः प्राणोऽध्वर्युरिन्द्रियाण्युद्गाता शब्दादयो होता एतैर्ऋत्विग्भिस्तत्स्रुवेण तद्धविरहरहर्यतिना परमात्मन्यग्नौ होतव्यम्" (?) इति । बौधायनश्च ।

आधानप्रभृति यजमान एवाग्नयो भवन्ति । तस्य प्राणो गार्हपत्योऽपानोऽन्वाहार्यो व्यानोऽप्याहवनीय उदानसमानौ सभ्यावसथ्यौ । पञ्च वा एतेऽग्नय आत्मस्था आत्मन्येव जुह्वति । स एष आत्मयज्ञ आत्मनिष्ठ आत्मप्रतिष्ठ आत्मानं क्षेमं नयतीति विज्ञायते । इति । (*BDh* 2.18.8–9)

पुनरपि स एवाह । "अथ शालीनयायावराणामात्मयाजिनां प्राणाहुतीर्व्याख्यास्यामः" इत्युपक्रम्य (*BDh* 2.12.1), तत्प्रकारं व्याख्याय,

सर्वक्रतुयाजिनामात्मयाजी विशिष्यते । अथाप्युदाहरन्ति ।

यथा हि तूलमैषीकमग्नौ प्रोतं प्रदीप्यते ।
तद्वत्सर्वाणि पापानि दह्यन्तेऽध्यात्मयाजिनः ॥

(*BDh* 2.12.15–2.13.1)

इत्याह । आचार्यश्च वक्ष्यति ।

न्यायार्जितधनस्तत्वज्ञाननिष्ठोऽतिथिप्रियः ।
श्राद्धकृत्सत्यवादी च गृहस्थोऽपि हि मुच्यते ॥ इति । (*YDh* 3.196)

तथान्यत्र ।

प्रत्यक्प्रवणतां बुद्धेः कर्माण्युत्पाद्य शुद्धितः ।
कृतार्थान्यस्तमायान्ति प्रावृडन्ते घना इव ॥ इति । (*NaiṣKS* 1.49)

तथा च भगवद्गीतायाम् ।

संन्यासः कर्मयोगश्च निःश्रेयसकरावुभौ ।
तयोश्च कर्मसंन्यासात्कर्मयोगो विशिष्यते ॥ (*BhG* 5.2)
कर्मणैव हि संसिद्धिमास्थिता जनकादयः ।
लोकसंग्रहमेवापि संपश्यन्कर्तुमर्हसि ॥ इति । (*BhG* 3.20)

तथा च श्रीभागवते भगवद्वचनम् ।

सिलोञ्छवृत्त्या परितुष्टचित्तो
धर्मं महान्तं विरजं जुषाणः ।
मय्यर्पितात्मा गृह एव तिष्ठन्
नातिप्रसक्तः समुपैति शान्तिम् ॥ इति । (*BhPu* 11.17.43)

तथा च तस्मिन्नेव ।

परोक्षवादो वेदानां बालानामनुशासनम् ।
कर्ममोक्षाय कर्माणि विधत्ते ह्यगदं यथा ॥
नाचरेद्यदि वेदोक्तं स्वकर्मज्ञो जितेन्द्रियः ।
विकर्मणा ह्यधर्मेण मृत्योर्मृत्युमुपैति सः ॥
वेदोक्तमेव कुर्वाणो निस्सङ्गोऽर्पितमीश्वरे ।
नैष्कर्म्यां लभते सिद्धिं रोचनार्था फलश्रुतिः ॥ इति । (*BhPu* 11.3.44–46)

"नैष्ठिकाश्च" (28.22) इत्यत्र आचार्यो वक्ष्यति ।

अनेन विधिना देहं साधयन्विजितेन्द्रियः ।
ब्रह्मलोकमवाप्नोति न चेहाजायते पुनः ॥ इति । (*YDh* 1.50)

मनुरपि ।

आ समाप्तेः शरीरस्य यस्तु शुश्रूषते गुरुम् ।
स गच्छत्यञ्जसा विप्रो ब्रह्मणः सद्म शाश्वतम् ॥ इति । (*MDh* 2.244)

तथा च श्रीभागवते भगवद्वचनम् ।

अग्नौ गुरावात्मनि च सर्वभूतेषु मां परम् ।
अपृथग्धीरुपासीत ब्रह्मवर्चस्व्यकल्मषः ॥ इति । (*BhPu* 11.17.32)

बृहस्पतिश्च ।

उपकुर्वाणकस्यैतत्समादिष्टं मया व्रतम् ।
अधुना संप्रवक्ष्यामि नैष्ठिकस्य समासतः ॥
सन्ध्याग्निकार्यं स्वाध्यायं भैक्षाधःशयनं दया ।

आ मृत्योर्नैष्ठिकः कुर्याद् ब्रह्मलोकमवाप्नुयात् ॥ इति ।

यमोऽपि ।

आ निपाताच्छरीरस्य येऽचरन्नूर्ध्वरेतसः ।

ते यान्ति ब्रह्मणः स्थानं न जायन्ते पुनर्भुवि ॥ इति ।

"**वनस्थाश्च**" (28.22–23) इत्यत्र आचार्यः ।

यः कण्टकैर्वितुदति चन्दनैर्यश्च लिम्पति ।

अक्रुद्धोऽपरितुष्टश्च समस्तस्य तस्य च ॥ (*YDh* 3.53)

इत्यादिना आत्मवित्त्वं दर्शयति । तथा च श्रीभागवते भगवद्वचनम् ।

एवंविधेन तपसा मुनिर्धमनिसन्ततः ।

मां तपोमयमाराध्य ऋषिलोकादुपैति माम् ॥ इति । (*BhPu* 11.18.9)

मनुरपि ।

आसां महर्षिचर्याणां त्यक्त्वान्यतमया तनुम् ।

वीतशोकभयो विप्रो ब्रह्मलोके महीयते ॥ इति । (*MDh* 6.32)

"**तदर्थम्**" (28.23) इति ।

परिबोधात् परिछेदात् परिपूर्णावलोकनात् ।

परिपूर्णफलत्वाच्च परिव्राजक उच्यते ॥ इति ।

परिव्राजकस्यैव सर्वपरिपूर्णत्वादध्यात्मवित्तमत्वं संभवतीत्यभिप्रायः । तथा चोक्तं स्कान्दपुराणे ।

अथातः संप्रवक्ष्यामि संन्यासं मुनिसत्तम ।

चतुर्विधास्तु विज्ञेया भिक्षवो वृत्तिभेदतः ॥

कुटीचको मुनिश्रेष्ठ तथैव च बहूदकः ।

हंसः परमहंसश्च तेषां वृत्तिं वदामि ते ॥ (*SūtSaṃ JñY* 2.6.1–2)

इत्युपक्रम्य तद्वृत्तिभेदमुक्त्वोक्तम् ।

तेषां कुटीचकाः श्रेष्ठास्ततः श्रेष्ठा बहूदकाः ।

बहूदकात्परो हंसो हंसात्परमहंसकः ॥

परहंसादपि श्रेयानात्मविन्नास्त्यतोऽधिकः । इति । (*SūtSaṃ JñY* 2.8.31–32)

विष्णुरपि ।

चतुर्विधा भवन्त्येते कुटीचकबहूदकौ ।

हंसः परमहंसश्च यो यः पश्चात्स उत्तरः ॥ इति । (*LViSm* 5.11)

"नन्वेतत्" (28.23) इत्यत्र **गौतमः** । "अनिचयो भिक्षुः" इत्युपक्रम्याह "समो भूतेषु हिंसानुग्रहयोरनारम्भी" (*GDh* 3.11. 24–25) इति । **"तथा"** (28.25) इत्यत्र **व्यासः** ।

सर्वभूतगणाद्रोही चरेदव्याहरन्नपि ।
पृष्टोऽन्यैः साधुभिर्ब्रूयात् पृच्छेदन्यांश्च संशये ॥ इति । (29.1–2)
धर्मयोगं पथिप्रश्नं स्वाध्यायं च तथैव च ।
भिक्षार्थं देहिवचनं न निन्दन्ति यतेरपि ॥

इति **स्मृत्यन्तरम्** ।

आगच्छ तिष्ठ तिष्ठेति स्वागतं सुहृदोऽपि वा ।
समानस्यापि न ब्रूयान्मुनिर्मोक्षपरायणः ॥
पन्थानं परिपृच्छेत भिक्षां देहीति च द्वयम् ।
एतावदेव व्याहारः शेषमन्यन्निषिध्यते ॥ इति च ।

"यत्तु" (29.3) इत्यत्र **गौतमः** पूर्वं "ब्रह्मचारी गृहस्थो भिक्षुर्वैखानसः" (*GDh* 3.2) इत्याश्रमक्रममभिधायैतदाह ।

अनाज्ञाते दशावरैः शिष्टैरूहवद्भिरलुब्धैः प्रशस्तं कार्यं । चत्वारश्चतुर्णां पारगा वेदानां प्रागुत्तमा त्रय आश्रमिणः पृथग्धर्मशास्त्रविदस्त्रयः । एतान् दशावरान् पर्षदित्याचक्षते । असंभवे त्वेतेषाम् श्रोत्रियो वेदविच्छिष्टो विप्रतिपत्तौ यतोऽयमप्रभवो भूतानां हिंसानुग्रहयोगेषु । धर्मिणां विशेषेण स्वर्गं धर्मविदाप्नोति ज्ञानाभिनिवेशाभ्याम् । इति धर्मो धर्मः । इति (*GDh* 28.48–53)

"भिक्षोः" (29.4) इत्यत्र **मनुः** ।

न चोत्पातनिपाताभ्यां न नक्षत्राङ्गविद्यया ।
नानुशासनवादाभ्यां भिक्षां लिप्सेत कर्हिचित् ॥
न तापसैर्ब्राह्मणैर्वा वयोभिरपि वा श्वभिः ।
आकीर्णं भिक्षुकैरन्यैरगारमुपसंविशेत् ॥ (*MDh* 6.50–51)
विधूमे सन्नमुसले व्यङ्गारे भुक्तवर्जिते ।
वृत्ते शरावसम्पाते भिक्षां नित्यं यतिश्चरेत् ॥ इति । (*MDh* 6.56)

गौतमश्च ।

अनिचयो भिक्षुः । ऊर्ध्वरेताः । ध्रुवशीलो वर्षासु । भिक्षार्थी ग्राममियात् । जघन्यमनिवृत्तं चरेत् । निवृत्ताशीः । वाक्चक्षुःकर्मसंयतः । कौपीनाच्छादनार्थं वासो बिभृयात् । इत्यादि । (*GDh* 3.11–18)

"तत्रापि" (29.4) इत्यत्रावश्यं पाठक्रमोऽनुसर्तव्यश्चेत् तथापि न विरोध इत्यर्थः । **"तथा च"** (29.5) इत्यत्राङ्गिरसे "ब्रह्मचार्याश्रमादूर्ध्वं त्रय आश्रमिणः स्मृताः" (29.6) इत्यत्र ।

ब्रह्मचार्याश्रमादूर्ध्वमाश्रमी वृद्ध उच्यते ।
एषामेव तु वृद्धानां य एते संप्रकीर्तिताः ॥

इत्युक्तम् । अस्यार्थतः पाठो वा पाठान्तरं वैतदिति न विद्मः । **"सा पर्षदन्योन्यम्"** इत्यत्र (29.11) **अङ्गिराः** ।

चत्वारो वा त्रयो वापि वेदवन्तोऽग्निहोत्रिणः ।
ब्राह्मणास्तु समावस्थाः पर्षदित्यभिधीयते ॥ इति ।

"समावस्थाः" इत्यनेन विमर्शपूर्वमभिधाननियमं दर्शयति । तथा च स एवाह ।

तस्मिन्नुत्सारिते पापे यथावद्धर्मपाठकाः ।
ते तथा तत्र जल्पेयुर्विमृशन्तः परस्परम् ॥ इति ।

"तथा च" (29.13) इत्यत्र **गौतमः** । "स विधिपूर्वं स्नात्वा भार्यामधिगम्य यथोक्तान् गृहस्थधर्मान् प्रयुञ्जान इमानि व्रतान्यनुकर्षेत् । स्नातकः । नित्यं शुचिः सुगन्धः स्नानशीलः" (*GDh* 9.1–2) इत्यादितद्धर्मकलापमभिधायाह **"यच्चात्मवन्तो वृद्धाः सम्यग्विनीता डम्भलोभमोहवियुक्ता वेदविद आचक्षते तत्समाचरेत्"** (29.13–15) इति (*GDh* 9.62) । इदमस्य सूत्रस्य **मस्करीयभाष्यम्** ।

> इदानीमानन्त्यादाचाराणामशेषतो वक्तुं न शक्यत इति संक्षिप्याह "यच्च" इति । चशब्दस्तु शब्दस्यार्थे सोऽपि विशेषवाची । अदृष्टमुद्दिश्येति । आत्मवन्तो ज्ञानकर्मसमुच्चयनिष्ठा इत्यर्थः । वृद्धा वेदावस्थिततत्वज्ञानात् । सम्यग्विनीता गुरुभिः सुशिक्षिताचाराः । डम्भो लोकरञ्जनार्थं धर्मादिसेवनम् । लोभोऽन्यायेन परद्रव्यादित्सा । मोहो लोकविरुद्धज्ञानम् । एतैर्वियुक्ता अव्याप्ताः । वेदविदः विदिर्लाभे । अधीतसकलवेदा यददृष्टार्थमुद्दिश्य आचक्षते तत् समाचरेत् कुर्यात् । (*MasGDh* 9.62)

इति **मस्करीयभाष्यम्** ।

अमीमांसा बहिःशास्त्रा ये चान्ये वेदवर्जिताः ।
यत्ते ब्रूयुर्न तत् कुर्याद्वेदाद्धर्मो विधीयते ॥

इति च । तथा **चतुर्विंशतौ** च ।

अर्हच्चार्वाकवाक्यानि बौद्धादिपठितानि च ।
विप्रलम्भकवाक्यानि सर्वाणि परिवर्जयेत् ॥ इति ।

व्यासोऽपि ।

एतेभ्योऽपि यदन्यत् स्यात् किंचिद्धर्माभिधायकम् ।
तद्दूरतरतो विद्धि मोहस्तस्याश्रयो यतः ॥
वेदार्थवित्तमैः कर्म यत् स्मृतं मुनिभिः पुरा ।
तद्यत्नेनानुतिष्ठेत तन्निषिद्धं तु वर्जयेत् ॥
ते हि वेदार्थतत्वज्ञा लोकानां हितकाम्यया ।
आदिष्टवन्तो यं धर्मं तं धर्मं न विचारयेत् ॥

बौधायनश्च ।

धर्मशास्त्ररथारूढा वेदखड्गधरा द्विजाः ।
क्रीडार्थमपि यं ब्रूयुः स धर्मः परमः स्मृतः ॥ इति । (*BDh* 1.1.13)

व्यासश्च ।

धर्मं यो बाधते धर्मो न स धर्मः कदाचन ।
अविरोधी तु यो धर्मः स धर्मः सद्भिरुच्यते ।
तस्माद्विरोधे धर्मस्य निश्चित्य गुरुलाघवम् ।
यतो भूयस्ततो विद्वान्कुर्याद्धर्मविनिर्णयम् ॥ इति ।

यदि "चत्वारः" (*YDh* 1.9) इति पञ्चादिव्यावृत्यर्थं तर्हि पञ्चावरा दशावरा वा पर्षन्न युज्यते । अत आह **"या तु पञ्चावरा दशावरा वा"** (29.16) इति । तत्र **गौतमः** । "अनाज्ञाते दशावरैः शिष्टैरूहविद्भिरलुब्धैः प्रशस्तं कार्यम् । चत्वारश्चतुर्णां पारगा वेदानां प्रागुत्तमा त्रय आश्रमिणः पृथग्धर्मशास्त्रविदस्त्रयः एतान्दशावरान्पर्षदित्याचक्षते" (*GDh* 28.48–49) इति । **वसिष्ठश्च** ।

चातुर्वैद्यं विकल्पी चाप्यङ्गविद्धर्मपाठकः ।
आश्रमस्थास्त्रयो मुख्या पर्षदेषां दशावरा ॥ इति । (*VaDh* 3.20)

चातुर्वैद्यमित्यस्यार्थ उपरिष्टादत्रैवाङ्गिरसे लाघवाद्वक्ष्यते । **बौधायनश्च** ।

उपदिष्टो धर्मः प्रतिवेदम् । तस्यानु व्याख्या । स्मार्तो द्वितीयः । तृतीयः शिष्टागमः । शिष्टाः खलु विगतमत्सरा निरहङ्काराः कुम्भीधान्या अलोलुपा दम्भदर्पलोभमोहविवर्जिताः ।

धर्मेणाधिगतो यैस्तु वेदः सपरिबृंहणः ।
शिष्टास्तदनुमानज्ञा श्रुतिप्रत्यक्षहेतवः ॥

तदभावे दशावरा पर्षत् । अथाप्युदाहरन्ति ।

चातुरवैद्यं विकल्पी चाप्यङ्गविद्धर्मपाठकः ।

आश्रमस्थास्त्रयो विप्रा पर्षदेषां दशावरा ॥
पञ्च वा स्युस्त्रयो वा स्युरेको वा स्याददनिन्दितः ।
प्रतिवक्ता तु धर्मस्य नेतरे तु सहस्रशः ॥
यथा काष्ठमयो हस्ती यथा चर्ममयो मृगः ।
तथा विप्रोऽनधीयानस्त्रयस्ते नामधारिणः ॥
यद्वदन्ति तमोमूढा मूर्खा धर्ममजानतः ।
तत्पापं शतधा भूत्वा तान्वक्तॄनधिगच्छति ॥
बहुद्वारस्य धर्मस्य मूक्ष्मा दुरनुगा गतिः ।
तस्मादवाच्यो ह्येकेन बहुज्ञेनापि संशये ॥
शरीरं बलमायुश्च वयः कालं च कर्म च ।
समीक्ष्य धर्मविद्बुध्या प्रायश्चित्तानि निर्दिशेत् ॥
अव्रतानाममन्त्राणां जातिमात्रोपजीविनाम् ।
सहस्रशः समेतानां पर्षत्वं न विद्यते ॥ इति । (*BDh* 1.1–16)

आङ्गिरसापि ।

चत्वारो वा त्रयो वापि वेदवन्तोऽग्निहोत्रिणः ।
ब्राह्मणास्तु समावस्थाः पर्षदित्यभिधीयते ॥
अनाहिताग्नयो ये तु केवलं वेदपारगाः ।
पञ्च ते ये च वेदज्ञा दश ते येऽग्निहोत्रिणः ॥
ये तु सम्यक्स्थिता विप्राः कार्याकार्यविनिश्चिताः ।
प्रायशचित्तप्रणेतारः सप्त तेऽपि प्रकीर्तिताः ॥
एकविंशतिभिश्चान्यैः पर्षत्त्वं समागतैः ।
गायत्रीमात्रसारैश्च चीर्णवेदव्रतैर्द्विजैः ॥
यतीनामग्र्यविद्यानां ध्यानिनामात्मयाजिनाम् ।
शिरोव्रतं च स्नातानामेकोऽपि पर्षद्भवेत् ॥
ये च पूर्वं मया प्रोक्तास्तेषां या या परे पथि ।
स्ववृत्तिपरितुष्टानां पर्षद् द्वावुदाहृतौ ॥
एषा लघुष्टकार्येषु मध्यमेषु तु मध्यमा ।
महापातकचिन्तासु शतशोऽथ सहस्रशः ॥
अत ऊर्ध्वं तु ये विप्राः केवलं नामधारकाः ।

पर्षत्त्वं न तेष्वस्ति सहस्रगणनास्वपि ॥
जन्मशारीरविद्याभिराचारेण श्रुतेन च ।
स्वधर्मेण यथोक्तेन ब्राह्मणत्वं विधीयते ॥
चित्रकर्म यथानेकैरङ्गैरुन्मील्यते शनैः ।
ब्राह्मण्यमपि तद्वत् स्यात्संस्कारैर्विधिपूर्वकैः ॥
चातुरवैद्यो विकल्पी वाप्यङ्गविद्धर्मपाठकः ।
त्रयश्चाश्रमिणो मुख्याः पर्षदेषां दशावरा ॥
चतुर्णामपि वेदानां पारगा ये द्विजोत्तमाः ।
स्वैः स्वैरङ्गैर्विनाप्येते चातुर्वैद्या इति स्मृताः ॥
धर्मस्य पर्षदश्चैव प्रायश्चित्तक्रमस्य च ।
त्रयाणां यः प्रमाणज्ञः स विकल्पी भवेद् द्विजः ॥
शब्दे छन्दसि कल्पे च शिक्षायां च सुशिक्षितः ।
ज्योतिषामयने चैव स नैरुक्तोऽङ्गविद्भवेत् ॥
वेदविद्याव्रतस्नातः कुलशीलसमन्वितः ।
अधीतधर्मशास्त्रस्तु स एको धर्मपाठकः ॥
ब्रह्मचार्याश्रमादूर्ध्वमाश्रमी वृद्ध उच्यते ।
एषामेव तु वृद्धानां य एते संप्रकीर्तिताः ॥
यदा या ब्राह्मणानां तु राज्ञां सा द्विगुणा स्मृता ।
वैश्यानां त्रिगुणा चैव पर्षत्तद्वच्च तद्व्रतम् ॥
ब्राह्मणो ब्राह्मणानां तु क्षत्रियाणां पुरोहितः ।
वैश्यानां याजकश्चैव प्रायश्चित्तं विनिर्दिशेत् ॥
अगुरुः क्षत्रियाणां यो वैश्यानामप्ययाजकः ।
प्रायश्चित्तं समादिश्य तप्तकृच्छ्रं समाचरेत् ॥ इति ।

मनुरपि ।

नैःश्रेयसमिदं कर्म यथोदितमशेषतः ।
मानवस्यास्य शास्त्रस्य रहस्यमुपदेक्ष्यते ॥
अनाम्नातेषु सर्वेषु कथं स्यादिति चेद्भवेत् ।
यं शिष्टा ब्राह्मणा ब्रूयुः स धर्मः स्यादशङ्कितः ॥
धर्मेणाधिगतो यैस्तु वेदः सपरिबृंहणः ।

ते शिष्टा ब्राह्मणा ज्ञेया श्रुतिप्रत्यक्षहेतवः ॥
दशावरा वा पर्षद्यं धर्मं परिकल्पयेत् ।
त्र्यवरा वापि वृत्तस्था तं धर्मं न विचारयेत् ॥
त्रैविद्यो हैतुकस्तर्की नैरुक्तो धर्मपाठकः ॥
त्रय आश्रमिणः पूर्वे पर्षत् स्याद्दशावरा ।
ऋग्वेदविद्यजुर्वेदी सामवेदविदेव च ॥
त्र्यवरा परिषज्ज्ञेया धर्मसंशयनिर्णये । इति । (*MDh* 12.107–12)

"**सा महापातकादिप्रायश्चित्तविषया द्रष्टव्या**" (29.17) इत्यत्राङ्गिरसास्या महापातकादि-विषयत्वं दर्शितम् ।

चत्वारो वा त्रयो वापि वेदवन्तोऽग्निहोत्रिणः ।
ब्राह्मणास्तु समावस्थाः पर्षदित्यभिधीयते ॥

इत्युपक्रम्याह ।

एषा लघुषु कार्येषु मध्यमेषु तु मध्यमा ।
महापातकचिन्तासु शतशोऽथ सहस्रशः ॥ इति ।

स्मृत्यन्तरे च ।

पातकेषु शतं पर्षत्सहस्रं तु महादिषु ।
उपपातकेषु पञ्चाशत् स्वल्पा स्वल्पे तथा भवेत् ॥
स्वयं तु ब्राह्मणा ब्रूयुरल्पदोषेषु निष्कृतिम् ।
राजा च ब्राह्मणश्चैव महत्सु सुपरीक्षितम् ॥ इति ।

"**शुध्यशुध्योस्तत्र प्रकाशत्वात्**" (29.18) इत्यत्र आचार्यः प्रायश्चित्तप्रकरणे वक्ष्यति ।

विख्यातदोषः कुर्वीत पर्षदानुमतं व्रतम् ।
अनभिख्यातदोषस्तु रहस्यं व्रतमाचरेत् ॥ इति । (*YDh* 3.303)
घटेऽपवर्जिते ज्ञातिमध्यस्थः प्रथमं गवाम् ।
प्रदद्याद्यवसं गोभिः सत्कृतस्य सहक्रिया ॥ (*YDh* 3.302)

इति चात्रैव वक्ष्यति । **मनुरपि** ।

एनस्विभिरनिर्णिक्तैर्नार्थं किंचित्समाचरेत् ।
कृतनिर्णेजनांश्चैनान्न जुगुप्सेत कर्हिचित् ॥ (*MDh* 11.190)

इत्यादि । पुनश्चाह ।

उपवासकृशं तं तु गोव्रजात्पुनरागतम् ।

प्रणतं परिपृच्छेयुः साम्यं सौम्येच्छसीति किम् ॥
सत्यमुक्त्वा तु विप्रेषु विकिरेद्यवसं गवाम् ।
गोभिः प्रवर्तिते तीर्थे कुर्युस्तस्य प्रतिग्रहम् ॥ इति । (*MDh* 11.196–97)

पुनरप्याह ।

ख्यापनेनानुतापेन तपसाध्ययनेन च ।
पापकृन्मुच्यते पापात्तथा दानेन चापदि ॥ इति । (*MDh* 11.228)

आम्नायश्च । "इत्थं ब्राह्मणमवधिषमित्थं गुरोर्जायामभ्यागाम्" (?) इति । **निरुक्तम्** "एनो यथा यथा । तानृत्विजो राजा च प्रब्रूयुरश्वमेधावभृथपूता भवथ" (?) । इत्येवमादिभिर्वचनैः शुध्यशुध्योस्तत्र प्राकाश्यत्वं गम्यते । यदि विदुषां समूह एव पर्षत् कथं तर्हि ।

एकविंशतिभिश्चान्यैः पर्षत्वं समागतैः ।
गायत्रीमात्रसारैश्च चीर्णवेदव्रतैर्द्विजैः ॥

इति **आङ्गिरसे** । तत्राह **"या तु"** (29.18) इति । **"एकविंशत्या शतेन च"** इति भेदः ।

महापातकचिन्तासु शतशोऽथ सहस्रशः ।

इत्येतच्छतेनेत्युक्तम् । **"पूर्वोक्तपर्षत् प्रशंसार्थं वा"** (29.21) इति । अत्र **आङ्गिरसे** ।

चत्वारो वा त्रयो वापि वेदवन्तोऽग्निहोत्रिणः ।
ब्राह्मणास्तु समावस्थाः पर्षदित्यभिधीयते ॥
अनाहिताग्नयो ये तु केवलं वेदपारगाः ।
पञ्च ते ये च वेदज्ञा दश ते येऽग्निहोत्रिणः ॥
ये च सम्यक्स्थिता विप्राः कार्याकार्यविनिश्चिताः ।
प्रायश्चित्तप्रणेतारः सप्त ते विप्रकीर्तिताः ॥

इत्येषा पूर्वोक्ता पर्षत् । **"तथा"** (29.21) इत्यत्र **वसिष्ठः** ।

चत्वारो वा त्रयो वापि यं ब्रूयुर्वेदपारगाः ।
स धर्म इति विज्ञेयो **"नेतरे तु सहस्रशः"** (29.22) ॥ इति । (*VaDh* 3.7)

बौधायनश्च ।

पञ्च वा स्युस्त्रयो वा स्युरेको वा स्यादनिन्दितः ।
प्रतिवक्ता तु धर्मस्य नेतरे तु सहस्रशः ॥ इति । (*BDh* 1.1.9)

मनुरपि ।

अव्रतानाममन्त्राणां जातिमात्रोपजीविनाम् ।
सहस्रशः समेतानां पर्षत्त्वं न विद्यते ॥

यं वदन्ति तमोभूता मूर्खा धर्ममतद्विदः ।
तत्पापं शतधा भूत्वा तान्वक्तॄनधिगच्छति ॥ इति । (*MDh* 12.114–15)
अत ऊर्ध्वं तु ये विप्राः केवलं नामधारकाः ।
पर्षत्त्वं न तेष्वस्ति सहस्रगणनास्वपि ॥

इति अङ्गिरा अपि । "यत्तु" (29.23) इत्यत्र अङ्गिराः ।

यदा या ब्राह्मणानां तु राज्ञां सा द्विगुणा स्मृता ।
वैश्यानां त्रिगुणा चैव पर्षत्तद्वच्च तद्वतम् ॥ इति ।

"आपद्विषयं वा" (29.25) इत्यत्र मनुः ।

अब्राह्मणादध्ययनमापत्काले विधीयते ।
अनुव्रज्या च शुश्रूषा यावदध्ययनं गुरोः ॥(*MDh* 2.241)

इत्यादि । गौतमश्च । "आपत्कल्पो ब्राह्मणस्याब्राह्मणाद्विद्योपयोगः । अनुगमनं शुश्रूषा । समाप्ते ब्राह्मणो गुरुः" (GDh 7.1–3) इति । मनुरपि ।

अधीयीरंस्त्रयो वर्णाः स्वकर्मस्था द्विजातयः ।
प्रब्रूयाद् ब्राह्मणस्त्वेषां नेतराविति निश्चयः ॥
सर्वेषां ब्राह्मणो विद्याद्वृत्त्युपायान्यथाविधि ।
प्रब्रूयादितरेभ्यश्च स्वयं चैव तथा भवेत् ॥
वैशिष्ट्यात् प्रकृतिश्रैष्ठ्यान्नियमस्य च धारणात् ।
संस्कारस्य विशेषाच्च सर्वेषां ब्राह्मणः प्रभुः ॥ इति । (*MDh* 10.1–3)

एवमादिभिर्वचनैर्ब्राह्मणस्य च मुख्यतयोपदेष्टृत्वं क्षत्रियवैश्ययोः पुनरापत्कल्पेनैवोपदेष्टृत्वमिति स्थितम् । तथा च मनुः ।

न शूद्रराज्ये निवसेन्नाधर्मिकजनावृते ।
न पाषण्डिजनाक्रान्ते नोपसृष्टेऽन्त्यजैर्नृभिः ॥ (*MDh* 4.61)

इति सामान्येनैवाह । पुनश्चाह ।

जातिमात्रोपजीवी वा कामं स्याद् ब्राह्मणब्रुवः ।
धर्मप्रवक्ता नृपतेर्न तु शूद्रः कथंचन ॥
यस्य शूद्रः प्रकुरुते राज्ञो धर्मविवेचनम् ।
तस्य सीदति तद्राष्ट्रं पङ्के गौरिव पश्यतः ॥
यद्राष्ट्रं शूद्रभूयिष्ठं नास्तिकाक्रान्तमद्विजम् ।
विनश्यत्याशु तत्कृत्स्नं दुर्भिक्षं व्याधिपीडितम् ॥ इति । (*MDh* 8.20–22)

नृपतिवचनं सर्वेषां वर्णानामुपलक्षणार्थम् । शूद्रस्तु कस्यापि न प्रवक्तेत्यर्थः । तथा च "श्रुतितो द्रवति" इति हि तस्य शूद्रनिर्वचनम् । अधीतवेदस्य च प्रवक्तृत्वम् । तस्यैतदपि यथा कथंचित्संभवतीति चेत् तथाप्यस्य वचनम् ।

पण्डितस्यापि शूद्रस्य शास्त्रज्ञानरतस्य च ।
वचनं तस्य न ग्राह्यं शुना लीढं हविर्यथा ॥

इतिस्मृतेर्न ग्राह्यमेव ।

एकजातिर्द्विजातिं तु वाचा दारुणया वदन् ।
जिह्वायाः प्राप्नुयाच्छेदं जघन्यप्रभवो हि सः ॥ (*MDh* 8.270)

इत्युपक्रम्य,

धर्मोपदेशं दर्पेण विप्राणामस्य कुर्वतः ।
तप्तमासेचयेत्तैलं वक्त्रे श्रोत्रे च पार्थिवः ॥ (*MDh* 8.272)

इति मानवे दण्डविधानाच्च ।

नामजातिग्रहं त्वेषामभिद्रोहेण कुर्वतः ।
निखेयोऽयोमयः शङ्कुः शूद्रस्याष्टादशाङ्गुलः ॥ (*NSm* 15-16.23)

इति शूद्रं प्रकृत्य

धर्मोपदेशं दर्पेण द्विजानामस्य कुर्वतः ।
तप्तमासेचयेत्तैलं वक्त्रे श्रोत्रे च पार्थिवः ॥ (*NSm* 15-16.24)

इति नारदीयाच्च । तस्मात् "अब्राह्मणादध्ययनमापत्कल्पे विधीयते" (*MDh* 2.114) इति मानवादाप्तब्राह्मणशब्देन क्षत्रियवैश्ययोरेव ग्रहणम् न तु शूद्रस्यापीति स्थितम् । इत्येवमभिप्रायेण "आपद्विषयम्" (29.25) इत्युक्तम् । "पर्षदि वा चावेदननियमार्थं वा" (29.26) इति । तदाह अङ्गिराः ।

कृत्वा पापं न गूहेन गूहितं वर्धते सदा ।
स्वल्पं वाथ प्रभूतं वा धर्मविद्भ्यो निवेदयेत् ॥ इति ।

तथा च मनुः ।

तेषां वेदविदो ब्रूयुस्त्रयोऽप्येनस्सु निष्कृतिम् ।
सा तेषां पावनाय स्यात् पवित्रं विदुषां हि वाक् ॥ इति । (*MDh* 11.86)
ख्यापनेनानुतापेन तपसाध्ययनेन च ।
पापकृन्मुच्यते पापात्तथा दानेन चापदि ॥ इति च ॥ (*MDh* 11.228)
शिष्ट्वा वा भूमिदेवानां नरदेवसमागमे ।

स्वमेनोऽवभृतस्नातो हयमेधे विमुच्यते ॥

धर्मस्य ब्राह्मणो मूलमग्रं राजन्य उच्यते ।

तस्मात्समागमे तेषामेनो विख्याप्य शुध्यति ॥ इति च ॥ (*MDh* 11.83–84)

एतत्सर्वं मनुः ।शङ्खोऽप्याह ।

पर्षदानुमतं सम्यगेनो विख्याप्य तत्वतः ।

यद् ब्रूयुस्तद्विधानज्ञास्तद्धुद्धिकरमुत्तमम् ॥ इति ।

"प्रायश्चित्तस्य वा" (29.25) इत्यत्र मनुः ।

प्रायश्चित्तीयतां प्राप्य दैवात्पूर्वकृतेन वा ।

न संसर्गं व्रजेत्सद्भिः प्रायश्चित्तेऽकृते द्विजः ॥ इति । (*MDh* 11.47)

चरितव्यमतो नित्यं प्रायश्चित्तं विशुद्धये ।

निन्द्यैर्हि लक्षणैर्युक्ता जायन्तेऽनिष्कृतैनसः ॥ इति च । (*MDh* 11.54)

आचार्यश्च वक्ष्यति ।

तस्मात्तेनेह कर्तव्यं प्रायश्चित्तं विशुद्धये ।

एवमस्यान्तरात्मा च लोकश्चैव प्रसीदति ॥ इति । (*YDh* 3.221)

यदि प्रायश्चित्तं पर्षदा विधातव्यं तर्हि कथम् ।

ब्राह्मणो ब्राह्मणानां तु क्षत्रियाणां पुरोहितः ।

वैश्यानां याजकश्चैव प्रायश्चित्तं विनिर्दिशेत् ॥

अगुरुः क्षत्रियाणां यो वैश्यानामप्ययाजकः ।

प्रायश्चित्तं समादिश्य तप्तकृच्छ्रं समादिशेत् ॥

इत्याङ्गिरसे पुरोहितादिनियमः क्षत्रियवैश्ययोः प्रायश्चित्तदाने । अत आह "यत्तु" (30.1) इति । "तत् प्रायश्चित्तप्रकरणे वक्ष्यामः" (30.2) इति चिन्त्यमेतत् । न च तत्र तदेतत् स्पष्टमुदाहृतम् । अमृतस्यन्दिन्यां तस्य निर्वाहो निरूपितः । सोऽयं तस्या एवावगन्तव्यः ।

YDh 1.10

[ब्रह्मक्षत्रियविड्शूद्रा वर्णास्त्वाद्यास्त्रयो द्विजाः ।
निषेकाद्याः श्मशानान्तास्तेषां वै मन्त्रतः क्रियाः ॥]

"**ब्रह्म**" इत्यादि । "**उक्तं धर्मादीनां स्वरूपम्**" (30.8) इत्यत्र ।

देशे काल उपायेन द्रव्यं श्रद्धासमन्वितैः ।
पात्रे प्रदीयते यत्तत्सकलं धर्मलक्षणम् ॥ इत्यादि । (*YDh* 1.6)

"**प्रमाणं च**" (30.8) इत्यत्र ।

वेदः स्मृतिः सदाचारः स्वस्य च प्रियमात्मनः ।
सम्यक्सङ्कल्पजः कामो धर्ममूलमिदं स्मृतम् ॥ (*YDh* 1.7)

इत्युक्तमित्यर्थः । "**इदानीं तत्साधनानि वाच्यानि**" (30.8) इत्यत्र ।

गर्भाधानमृतौ पुंसः सवनं स्पन्दनात्पुरा ।
षष्टेऽष्टमे वा सीमन्तो मासेऽतो जातकर्म च ॥ (*YDh* 1.11)

इत्यादीनि । **विज्ञानेश्वरे** (*VijYDh* 1.10) तु "एतैर्नवभिः श्लोकैः सर्वशास्त्रोपोद्घातमुक्त्वेदानीं वर्णादीनां धर्मान् प्रवक्तुं प्रथमं तावद्वर्णानाह ब्रह्म" इत्यादिश्लोकसङ्गतिरुक्ता । "**ब्राह्मण**" इति (30.12) अत्र **वसिष्ठः** । "चत्वारो वर्णा ब्राह्मणक्षत्रियवैश्यशूद्रास्त्रयो वर्णा द्विजातयो ब्राह्मणक्षत्रियवैश्याः" (*VaDh* 2.1–2) इति । "**आद्यास्त्रयो द्विजाः**" (30.13) इत्यत्र **मनुः** ।

ब्राह्मणः क्षत्रियो वैश्यस्त्रयो वर्णा द्विजातयः ।
चतुर्थ एकजातीयः शूद्रो नास्ति तु पञ्चमः ॥ इति । (*MDh* 10.4)

"**रथकार**" (30.15) इति । अत्र वक्ष्यति ।

महिष्योग्रौ प्रजायेते विड्शूद्राङ्गनयोर्नृपात् ।
शूद्रायां करणो वैश्याद्विन्नास्वेष विधिः स्मृतः ॥
माहिष्येण करण्यां तु रथकारः प्रजायते ।
असत्सन्तस्तु विज्ञेयाः प्रतिलोमानुलोमतः ॥ (*YDh* 1.91, 94)

इत्येतद् रथकारलक्षणम् ।

ब्राह्मणादेर्वसन्तादावुपनीतिः श्रुतौ श्रुता ।
शूद्रादेर्न श्रुता तस्मादनध्ययनमस्य हि ॥
अतश्च रथकारस्याप्युपनीतिर्न विद्यते ।
उपनीतेरश्रुतत्वाद्वचनात्कर्म तस्य तु ॥
त्रयाणामेव वर्णानां तस्मादध्ययने विधिः ।
तेषामेवोपनयनं तदर्थत्वादतो भवेत् ॥

इत्याहुः । "**यत्तु**" (30.15) इति । तथा स्मरन्ति । "वसन्ते ब्राह्मणमुपनयीत । ग्रीषमे राजन्यं वर्षासु रथकारम् । शरदि वैश्यम्" इति वरदराजीयेऽप्युक्तम् । **शङ्कः** ।

क्षत्रियवैश्यानुलोमान्तरजातो रथकारः । तस्येज्याधानोपनयनसंस्कारक्रियाश्चाप्रतिषिद्धाः तस्याश्च रथसूत्रवास्तुविद्याध्यापनवृत्तिकाश्चेति । वैश्याङ्गनायां क्षत्रियजो माहिष्यः । वैश्याच्छूद्रायामुत्पन्ना करणी । तस्यां तेनोत्पादितो रथकारः । वर्षर्तुरुपनयन आधाने च कालः । इति ।

"रथकारो वास्तुवृत्तिरिज्याधानोपनीतिमान्" इति च यादवः (*YVai* 3.5.90) । "तत्" इति (30.16) । तथा च श्रुतिः । "रथकारोऽग्नीनादधीत" (*TaitBr* 1.1.4.8) इत्यादि । "विकल्पो वा" इति (30.16–17)। "तुल्यबलविरोधे विकल्पः" (*GDh* 1.4) इति गौतमस्मरणादिति मन्यते । "नेत्याचार्याभिप्रायः" (30.17) इति मानवेऽनुपदेशादिति मन्यते । "निषेकाद्या" (30.17) इत्यत्र मनुः ।

श्रुतिं पश्यन्ति मुनयः स्मरन्ति तु तथा स्मृतिम् ।
तस्मात् प्रमाणमुभयं प्रमाणैः प्रमितं भुवि ॥
धर्मव्यतिक्रमो दृष्टो महतां साहसं तथा ।
तदन्वीक्ष्य प्रयुञ्जानः सीदत्यवरजोऽबलः ॥ (*MDh* 2.15 *add)
निषेकादिश्मशानान्तो मन्त्रैर्यस्योदितो विधिः ।
तस्य शास्त्रेऽधिकारोऽस्मिन्नेतरेषां कथंचन ॥ इति । (*MDh* 2.16)

"मन्त्रतः" (30.18) इत्यस्मिन्पक्षे "तृतीयार्थे पञ्चमी द्रष्टव्या" (30.18) इत्युक्तम् । "उपनयनाख्यं जन्म" (30.19) इति । तथा च गौतमः । "उपनयनं ब्राह्मणस्याष्टमे नवमे पञ्चमे वा काम्यम् । गर्भादिः संख्या वर्षाणाम् । तद् द्वतीयं जन्म" (*GDh* 1.5–8) इत्यादि । मनुरपि ।

मातुरग्रेऽधिजननं द्वितीयं मौञ्जिबन्धने ।
तृतीयं यज्ञदीक्षायां द्विजस्य विधिचोदितम् ॥ इति । (*MDh* 2.169)

आचार्योऽपि ।

मातुरग्रेऽधिजायन्ते द्वितीयं मौञ्जिबन्धने ।
ब्राह्मणक्षत्रियविशस्तस्मादेते द्विजातयः ॥ इति । (*YDh* 1.39)

"यस्मान्मन्त्रार्हम्" (30.19) इति । तत्र गौतमः । "प्रागुपनयनात् कामचारवादभक्षोऽहुतात् । ब्रह्मचारी यथोपपादमूत्रपुरीषो भवति । नास्याचमनकल्पो विद्यते" (*GDh* 2.1–2) इत्युपक्रम्य ।

न त्वेवैनम्[50] अग्निहवनबलिहरणयोर्नियुञ्ज्यात् । न ब्रह्माभिव्याहारयेदन्यत्र स्वधानिनयनात् । उपनयनादिर्नियमः । उक्तं ब्रह्मचर्यम् । अग्नीन्धनभैक्षचरणे अपामुपस्प-

र्शनम् । एके गोदानादि । बहिःसंध्यत्वं च । तिष्ठेत्पूर्वां संध्यामासीनोत्तरां सज्योतिष्या ज्योतिषो दर्शनाद्वाग्यतः (*GDh* 2.4–11)

इत्यादिना मन्त्रार्हत्वमुपनयनजन्मनः प्रदर्शयति । शूद्रस्य त्वमन्त्रा एवैताः क्रियाः कार्याः तस्यैकजातित्वाच्छूद्रत्वाच्च । तथा च मस्करीयेऽभिहितम् ।

"शूद्रश्चतुर्थो वर्ण एकजातिः" (*GDh* 10.50)। शूद्र इति संज्ञा श्रुतितो द्रवतीति[51] । चतुर्थो वर्ण इति त्रयाणां ब्राह्मणादीनां वर्णसंज्ञासिध्यर्थम् । ततश्चतुर्णामेव वर्णसंज्ञा नान्तरजानाम् । तथा च वसिष्ठः । "चत्वारो वर्णा ब्राह्मणक्षत्रियवैश्यशूद्राः" (*VaDh* 2.1) इति । "एकजातिः" । नास्य द्वितीया जातिर्विद्यते "तद् द्वितीयं जन्म" (*GDh* 1.8) इति । एवं चानेनास्योपनयनप्रतिषेधः । तस्मात् प्राक्तनानाममन्त्रकाणां यथाकालं द्रष्टव्यम् । तथा च गृह्यकारवचनम् । "शूद्रस्यापि निषेकपुंसवनसीमन्तोन्नयनजातकर्मनामकरणोपनिष्क्रामणान्नप्राशनचौलान्यमन्त्रकाणि यथाकालमुपदिष्टानि" इति[52] । उपरितनानां तूपनयनमूलत्वादेव प्रतिषेधः सिद्धः । इति । (*MasGDh* 10.50)

आचार्येणापि तेषां द्विजातीनां निषेकादारभ्यास्थिसञ्चयनान्मन्त्रतः क्रिया भवतीति (*YDh* 1.10) वदता एकजातेरप्यमन्त्रकः एवंविधः संस्कारो दर्शितः । स्मृतिचन्द्रिकायां तु शूद्रस्याप्यमन्त्रकं निषेकादिचूडाकरणान्तसंस्कारमुक्त्वोक्तम् ।

ब्रह्माण्डपुराणे तु शूद्रस्य विवाहेतरसकलसंस्कारनिषेधो दर्शितः ।

विवाहमात्रसंस्कारं शद्रोऽपि लभतां सदा । इति ।

अतो विहितप्रतिषिद्धत्वाद्विकल्पो वेदितव्यः । इति । (*SmC* I: 35–36)

YDh 1.11

[गर्भाधानमृतौ पुंसः सवनं स्पन्दनात्पुरा ।
षष्ठेऽष्टमे वा सीमन्तो मास्येते जातकर्म च ॥]

"गर्भाधानम्" इत्यादि। "काः पुनस्ता क्रियाः" (30.21) इति ।

ब्रह्मक्षत्रियविट्शूद्रा वर्णास्त्वाद्यास्त्रयो द्विजाः ।
निषेकाद्याः श्मशानान्तास्तेषां वै मन्त्रतः क्रियाः ॥ इति । (*YDh* 1.10)

याः पूर्वमुक्तास्ताः "काः" (30.21) इति योजना । "प्रथमः संस्कारः" (31.1) इति । "गर्भाधानपुंसवनसीमन्तोन्नयनजातकर्मनामकरणान्नप्राशनचौलोपनयनम्" इत्यादिगौत-

मीयादौ (GDh 8.14) क्रमपाठादित्यर्थः । "सामर्थ्यात्" (31.2) इति ।

षोडशर्तुर्निशा स्त्रीणां तस्मिन्युग्मासु संविशेत् ।
ब्रह्मचार्येव पर्वाण्याद्याश्चतस्रश्च वर्जयेत् ॥ (*YDh* 1.78)

इत्यादिवक्ष्यमाणः । मनुरपि ।

ऋतुः स्वाभाविकः स्त्रीणां रात्रयः षोडश स्मृताः ।
चतुर्भिरितरैः सार्धमहोभिस्तद्विगर्हितैः ॥ (*MDh* 3.46)

इत्यादि । "न वसन्तादिकः" (31.2) इति । तथा च स्मरन्ति ।

मृगादिराशिद्वयभानुयोगात् षडर्तवः स्युः शिशिरो वसन्तः ।
ग्रीष्मश्च वर्षाश्च शरच्च तद्वद्धेमन्तनामा कथितस्तु षष्ठः ॥ इति ।

तत्र पारस्करो गर्भाधानप्रकारमाह[53] ।

अथ गर्भाधानम् । ऊर्ध्वं त्रिरात्रात् संभवकालेऽथर्तुमती भवति व्यपगतरजसि यथा मङ्गलस्नातायां निशि तल्पस्थायां दक्षिणेन पाणिनोपस्थमस्याभिमृश्य जपेद् "विष्णुर्योनिम्" इत्यादि । त एते तु जप्यमन्त्राः ।

विष्णुर्योनिं कल्पयतु त्वष्टा रूपाणि पिंशतु ।
आ सिञ्चतु प्रजापतिर्धाता गर्भं दधातु ते ॥
गर्भं धेहि सिनीवालि गर्भं धेहि सरस्वति ।
गर्भं ते अश्विनौ देवावाधत्तां पुष्करस्रजा ॥
हिरण्ययी अरणी यं निर्मन्थतो अश्विना ।
तं ते गर्भं हवामहे दशमे मासि सूनवे ॥ इति । (*RV* 10.184.1–3)

ऋतुस्नाता तु सती भर्तारमेव प्रथमं पश्येत् । तथा च जाबालश्रुतिः । "ऋतुस्नाता तु भार्या यं पश्येत्पूर्वं तादृशं पुत्रं जनयति । तस्मात्संनिधौ भर्तैव प्रथममात्मानं दर्शयेत्" इति । स्मृतिश्च ।

ऋतुस्नाता सती नारी यं स्नेहान्नरमीक्षते ।
तादृशं जनयेत्पुत्रं तस्मात्पश्येन्निजं पतिम् ॥ इति ।

रात्रावेव हि गर्भाधानं कर्तव्यम् । तथा च आचारसंग्रहकारः ।

सेकश्चतुर्थदिवसे कर्तव्यं नैव पञ्चमे ।
रात्रावेव हि तत्कार्यं कन्याराशिं विवर्जयेत् ॥ इति ।

दिवा तु निषेधमाहतुः शङ्खलिखितौ । "न दिवा मैथुनं व्रजेत् क्लीबा अल्पवीर्याश्च दिवा प्रसूयन्तेऽल्पायुषश्च । तस्मादेतद्वर्जयेत् प्रजाकामः" इति । तं च रहः कर्तव्यम् । तथाह वसिष्ठः ।

आहारनिर्हारविहारयोगाः सुसंवृता धर्मविदा तु कार्याः ।
वाग्बुद्धिवीर्याणि तपस्तथैव धनायुषी गुप्ततमे तु कार्ये ॥ इति । (*VaDh* 6.9)

अत्र योगशब्दः प्रत्येकं संबध्यते । आहारयोगो निर्हारयोग इत्यादि प्रसंख्यानं वा योगशब्देनोच्यते । विहारो मैथुनम् । "निशायामप्यपररात्रे मैथुनं प्रशस्तम्" इति च स्मृतिः । आपस्तम्बश्च "मिथुनीभूय न तया सह सर्वां रात्रिं शयीत" (*ĀpDh* 1.32.2) इति । गौतमश्च । "न मिथुनीभूत्वा शौचं प्रति विलम्बेत" (*GDh* 9.25) इति । तथा शातातपश्च ।

ऋतौ तु गर्भशङ्कित्वात् स्नानं मैथुनिनः स्मृतम् ।
अनृतौ तु यदा गच्छेच्छौचं मूत्रपुरीषवत् ॥
द्वावेतावशुची स्यातां दम्पती शयनंगतौ ।
शयनादुत्थिता नारी शुचिः स्यादशुचिः पुमान् ॥ इति ।

तथा व्यासश्च ।

अन्यदेव भवेद्वासः शयनीये च पुंस्त्रियोः ।
अन्यत् क्रियासु सर्वासु देवार्चायां विशेषतः ॥ इति ।

किंच दिवामैथुने प्रायश्चित्ताद्युपदेशाच्च रात्रावेव तत्स्यात् । तथा च मनुः ।

मैथुनं तु समासेव्य पुंसि योषिति वा द्विजः ।
गोयानेऽप्सु दिवा चैव वारुणीभिरुपस्पृशेत् ॥ इति । (*MDh* 11.175)

वृद्धवसिष्ठश्च ।

अष्टम्यां तु चतुर्दश्यां कृत्वा पर्वणि मैथुनम् ।
चेलस्नात्वा दिवा चैव वारुणीभिश्च मार्जयेत् ॥ इति ।

वक्ष्यति च आचार्यः ।

नग्नः स्नात्वा च सुप्त्वा च गत्वा चैव दिवा स्त्रियम् ।
गुरुं त्वंकृत्य हङ्कृत्य विप्रं निर्जित्य वादतः ॥
हत्वावबध्य वा क्षिप्रं प्रसाद्योपवसेद्दिनम् ॥ इति । (*YDh* 3.291–92)

तथा प्रश्नोपनिषत् ।

अहोरात्रौ वै प्रजापतिः । तस्याहरेव प्राणः । रात्रिरेव रयिः । प्राणं वा एते प्रस्कन्दति ये दिव्या रत्या संयुज्यन्ते । ब्रह्मचर्यमेव तद्यद्रात्रौ रत्या संयुज्यन्ते । इति ।
(*PraśU* 1.13)

एतत्सर्वं

षोडशर्तुर्निशा स्त्रीणां तस्मिन्युग्मासु संविशेत् ।

ब्रह्मचार्येव पर्वाण्याद्याश्चतस्त्रश्च वर्जयेत् ॥ (*YDh* 1.78)

इत्यृतुगमनश्लोके विस्पष्टमुदाहरिष्यामः । "**तथा च**" (31.3) इत्यत्र **पारस्करः** ।

अथ पुंसवनं पुरा स्पन्दनान्मासे द्वितीये तृतीये वा । यदहः पुंसा नक्षत्रेण चन्द्रमा युक्तः स्यात् तदहरुपवास्य । इत्यादि । (*PārGṛ* 1.14.1–3)

मुख्यः स्यात् प्रथमः कल्पोऽनुकल्पस्तु ततोऽधमः । (*AK* 2.7.40)

इति **अमरः** । "**प्रथमकल्पमाह**" (31.4) इत्यत्र **बृहस्पतिः**,

गर्भाधानमृतौ कुर्यात्सवनं स्पन्दिते शिशौ ।

इति वदन् स्पन्दात् प्राक् प्रथमकल्पत्वं दर्शयति । अत्र **वरदराजीयम्** ।

तथा च **गोभिलः** । "तृतीयस्य गर्भमासस्यादिसंदेशे पुंसवनम्" इति (*GoGṛ* 2.6.1) । आदिसंदेशे प्रथमे इत्यर्थः । अत्र **याज्ञवल्क्यः** ।

गर्भाधानमृतौ पुंसः सवनं स्पन्दनात्पुरा । इति । (*YDh* 1.11)

तृतीयमास्युत्तरार्धे गर्भस्फन्दनम् । गर्भव्यक्तिनिमित्तत्वात् पुंसवनस्य । नैमित्तिकत्वेनोदगयनप्रतीक्षा नास्ति । गर्भसंस्कारत्वात् प्रतिगर्भमावृत्तिर्युक्ता । केचिद् गर्भणीसंस्कारद्वारेण गर्भसंस्कारत्वात् सीमन्तवत्सकृदेव प्रयोग इति मन्यन्ते । इति ।

आपस्तम्बश्च "पुंसवनं व्यक्ते गर्भे तिष्येण" (*ĀpGṛ* 6.14.9) इति । **आश्वलायनश्च** । "उपनिषदि गर्भलम्भनं पुंसवनमनवलोभनं च । यदि नाधीयात् तृतीये गर्भमासे तिष्येणोपोषितायाः सरूपवत्सायाः गोर्दधनि द्वौ द्वौ माषौ यवं च दधि प्रसृतेन प्राशयेत्" (*ĀśGṛ* 1.11.1–2) इत्यादि । स्वस्य गृह्यानुसारेणैतत्कर्तव्यम् । पुंनक्षत्राणि च **रत्नकोशे**ऽभिहितानि ।

हस्तो मूलः श्रवणः पुनर्वसुर्मृगशिरस्तथा पुष्यः ।
पुंसञ्ज्ञितेषु कार्येष्वेतानि शुभानि धिष्ण्यानि ॥ इति ।

तत्र **पाद्मपुराणे** दितिमुद्दिश्य गर्भिणीधर्मानाह **काश्यपः** ।

नावस्करेषूपविशेन्मुसलोलूखलादिषु ।
जलं च नावगाहेत शून्यागारं च वर्जयेत् ॥
वल्मीकं नाधितिष्ठेत न चोद्विग्नमना भवेत् ।
विलिखेन्न नखैर्भूमिं नाङ्गारेण न भस्मना ॥
न शयालुः सदा तिष्ठेद् व्यायामं च विवर्जयेत् ।
न तुषाङ्गारभस्मास्थिकपालेषु समाविशेत् ॥
वर्जयेत्कलहं लोके गात्रभङ्गं तथैव च ।
न मुक्तकेशी तिष्ठेत्तु नाशुचिः स्यात्कदाचन ॥

न शयीतोत्तरशिरा न चैवाधःशिराः क्वचित् ।
न वस्त्रहीनोद्विग्ना च न चार्द्रचरणा सती ॥
नामङ्गल्यं वदेद्वाक्यं न च हास्याधिका भवेत् ।
कुर्याच्छ्वशुरयोर्नित्यं पूजां मङ्गल्यतत्परा ।
तिष्ठेत् प्रसन्नवदना भर्तुः प्रियहिते रता ॥ इति । (*PadPu* 5.7.41–48)

तथा मात्स्ये दितिमुद्दिश्य काश्यप आह ।

संध्यायां नैव भोक्तव्यं गर्भिण्या वरवर्णिनि ।
न स्नातव्यं न गन्तव्यं वृक्षमूलेषु सर्वदा ॥
न शयालुः सदा तिष्ठेन्मन्दच्छायं विवर्जयेत् ।
सर्वौषधीभिः कोष्णेन वारिणा स्नानमाचरेत् ॥
कृतरक्षा सुभूषा च वास्तुपूजनतत्परा ।
दानिशीला तृतीयायां पर्वत्या नक्तमाचरेत् ॥
इतिवृत्ता भवेन्नारी विशेषेण तु गर्भिणी ।
यो तु तस्या भवेत्पुत्रः शीलायुर्धृतिसंयुतः ॥
अन्यथा गर्भपतनमवाप्नोति न संशयः ॥ इति । (*MatsPu* 1.7.37–47)

सुश्रुतेऽपि । "ततः प्रभृति व्यायामव्यवसायातिसर्पणदिवास्वप्नरात्रिजागरणशोकभययानारोहणवेगधारणकुक्कुटासनशोणितमोक्षणानि परिहरेत्" (*SuSaṃ*, śarīra, 3.16?) इति । "ततः प्रभृति" गर्भग्रहणप्रभृतीत्यर्थः । तद्ग्रहणं च श्रमादिभिर्लिङ्गैरवगन्तव्यम् । तथा च तत्रैवोक्तम् । "सद्योगृहीतगर्भाया श्रमो ग्लानिः पिपासा सक्थिसदनं शुक्रशोणितयोरनुबन्धः स्फुरणं च योन्याः" (*SuSaṃ*, śarīra, 3.13) इति । यत्पुनः ज्योतिश्शास्त्रवचनम् ।

आयुर्ज्ञानं वयोज्ञानं गर्भिणीनां च लक्षणम् ।
ऋषयश्चापि मुह्यन्ति किं पुनर्मांसचक्षुषः ॥ इति ।

तदृषीणां स्तुत्यर्थं मांसचक्षुषां निन्दार्थं वा, अन्यथा लक्षणस्मृतेरानर्थक्यप्रसङ्गात् । गर्भिण्या यदभिलषितं तत्तस्यै दातव्यम् अन्यथा दोषश्रवणात् । यथाह आचार्यः ।

दौहृदस्याप्रदानेन गर्भो दोषमवाप्नुयात् ।
वैरूप्यं मरणं वापि तस्मात्कार्यं प्रियं स्त्रियाः ॥ इति । (*YDh* 3.79)

सुश्रुतेऽपि । "द्विहृदयां नारीं दौहृदिनीमाचक्षते । तदभिलषितं दद्याद्वीर्यवन्तं चिरायुषं पुत्रं जनयति" (*SuSaṃ*, śarīra, 3.18) इति । गर्भवतोऽपि हि धर्ममाह वृद्धमनुः ।

वपनं दहनं वापि प्रेतस्यान्यस्य गर्भवान् ।

न कुर्यादुभयं तत्र कुर्यादेव पितुः सदा ।
ज्येष्ठस्य चानपत्यस्य मातुलस्य चासुतस्य च ॥ इति ।

तथा ।

उदन्वदम्भसि स्नानं वपनं प्रेतधारणम् ।
अन्तर्वत्न्याः पतिः कुर्वन्नप्रजो भवति ध्रुवम् ॥
क्षौरं श्मशानगमनं नखकृन्तनमेव च ।
अन्तर्वत्न्याः पतिः कुर्वन्नप्रजो भवति ध्रुवम् ॥
वहनं दहनं चैव वपनं सिन्धुसेवनम् ।
गमनं शवतापं च न कुर्याद्गर्भवान् द्विजः ॥
मातापित्रोर्गुरूणां च मृतौ पुत्रस्य सिद्धये ।
गर्भवानपि कुर्वीत संस्कारवपनादिकम् ॥
भ्रुवाक्षिकोष्ठलोमानि वर्जयित्वा शिखामपि ।
केशादीन्वापयेत्पित्रोर्मरणे गर्भवानपि ॥

इत्यादि स्मृत्यन्तरे । तथा च योगयाज्ञवल्क्ये ।

उदन्वदम्भसि स्नानं क्षुरकर्म तथैव च ।
अन्तर्वत्न्याः पतिः कुर्वन्नप्रजो भवति ध्रुवम् ॥ इत्यादि । (?)

"**तथाचाह**" (31.6) इत्यत्र पारस्करः ।

सोष्यन्तीमद्भिरभ्युक्षति । एजतु दशमास्य इति (*VS* 8.28) प्राग्यस्यैति इति (*VS* 8.29) । अथावरावपतनम् । अवैतु पृश्निशेलवं शुने जराय्वत्तवे । नैव मांसेन पीवरीं न कस्मिंश्चनायतनमवजरायुपद्यतामिति । जातस्य कुमारस्य चाच्छिन्नायां नाभ्यां मेधाजननमायुष्ये करोति । (*PārGṛ* 1.16.1–3)

तथा च वैजवापः ।

जन्मनोऽनन्तरं कार्यं जातकर्म यथाविधि ।
नैवानतीतकालं चेदनीते सूतके भवेत् ॥ इति ।

मनुरपि ।

प्राङ्नाभिवर्धनात्पुंसो जातकर्म विधीयते ।
मन्त्रवत् प्राशनं चास्य हिरण्यमधुसर्पिषाम् ॥ इति । (*MDh* 2.29)

नाभिवर्धनम् नाभिच्छेदनम् ।

वराङ्गं स्त्रीभगे मूर्ध्नि च्छेदे वृद्धौ च वर्द्धनम् । (*YVai* 7.3.29)

इति यादवस्मरणम् । तथा च हारीतः । "प्राङ्नाभिच्छेदात् संस्कारपुण्यार्थान् कुर्वन्ति । छिन्नायामाशौचम्" इति । संस्कारो जातकर्मपुण्यार्थादानानि । जैमिनिरपि ।

यावन्नाच्छिद्यते नालं तावन्नाप्नोति सूतकम् ।
छिन्ने नाले ततः पश्चात्सूतकं तु विधीयते ॥ इति ।

प्रचेताश्च ।

स्त्री शूद्रः श्वपश्चैव जातकर्मणि वाप्यथ ।
आमश्राद्धं सदा कुरयाद्विधिना पार्वणेन तु ॥ इति ।

स्वयंपचः स्वपचः । व्यासश्च ।

द्रव्यालाभे द्विजालाभे प्रवासे पुत्रजन्मनि ।
हेमश्राद्धं प्रकुर्वीत यस्य भार्या रजस्वला ॥ इति ।

तथा च आदिपुराणे जातश्राद्धे पक्कान्ननिषेधोऽपि दर्शितः ।

जातश्राद्धे न दद्यात्तु पक्कान्नं ब्राह्मणेष्वपि ।
यस्माच्चान्द्रायणाच्छुद्धिस्तेषां भवति नान्यथा ॥ इति ।
देवाश्च पितरश्चैव पुत्रे जाते द्विजन्मनाम् ।
आयान्ति यस्मात्तदहः पुण्यं पूज्यं च सर्वदा ॥

पुण्यं दानादिकर्म ।

तत्र दद्यात्सुवर्णं तु भूमिं गां तुरगं रथम् ।
छत्रं छागं वस्त्रमाल्यशयनं चासनं गृहम् ॥ इति ।

तथा च वृद्धमनुः ।

जाते कुमारे तदहः कामं कुर्यात् प्रतिग्रहम् ।
हिरण्यधान्यवसनतिलान्नगुळसर्पिषाम् ॥ इति ।

वृद्धयाज्ञवल्क्योऽपि ।

तत्र सर्वं प्रतिग्राह्यं कृतान्नं तु विवर्जयेत् ।
भक्षयित्वा तु तं मोहाद् द्विजश्चान्द्रायणं चरेत् ॥ इति ।

एतच्च प्रतिग्रहविधानं सकुल्यानामेव । यथाह शङ्खः । "सर्वेषां सकुल्यानां द्विपदचतुष्पदधान्यहिरण्यानि दद्यात्" इति । एतच्च शौचमध्येऽपि कार्यम् । तदाह प्रजापतिः ।

आशौचे तु समुत्पन्ने पुत्रजन्म यदा भवेत् ।
कर्तुस्तात्कालिकी शुद्धिः पूर्वशौचेन शुध्यति ॥ इति ।

तथा च विष्णुः ।

जातकर्म ततः कुर्यात्पुत्रे जाते यथोदितम् ॥ इति । (?)

"ततः" स्नानानन्तरमित्यर्थः ।

पुत्रे जाते पितुः स्नानं सचेलं तु विधीयते ॥

इति संवर्तेऽनन्तरविधानात् तच्च रात्रावपि कुर्यात् । तथा च वसिष्ठः ।

पुत्रजन्मनि यज्ञे च तथा संक्रमणे रवेः ।
राहोश्च दर्शने स्नानं प्रशस्तं नान्यथा निशि ॥ इति । (?)

व्यासश्च ।

रात्रौ स्नानं न कुर्वीत दानं चैव विशेषतः ।
नैमित्तिकं च कुर्वीत स्नानं दानं च रात्रिषु ॥
ग्रहणोद्वाहसंक्रान्तियात्रार्त्तिप्रसवेषु च ।
दानं नैमित्तिकं ज्ञेयं रात्रावपि न दुष्यति ॥
पुत्रजन्मनि यात्रायां शर्वर्यां दत्तमक्षयम् ।
दिवा यदाहृतं तोयं कृत्वा स्वर्णयुतं तु तत् ।
रात्रिस्नाने तु संप्राप्ते स्नायादनलसन्निधौ ॥ इति ।

"एते च संस्काराः कात्स्न्र्येन गृह्यादवगन्तव्याः" (31.7–8) इति । तत्र पारस्करः । "अथ सीमन्तोन्नयनम्" इत्यारभ्य "षष्टेऽष्टमे वा तिलमुद्गमिश्रं स्थालीपाकं श्रपयितवाज्यभागाविष्ट्वाज्याहुतीर्जुहोति" इत्यादि (*PārGṛ* 1.15.1–4)। आश्वलायनश्च । "चतुर्थे गर्भमासे सीमन्तोन्नयनम् । आपूर्यमाणपक्षे यदा पुंसा नक्षत्रेण चन्द्रमा युक्तः स्यात्" इत्यादि (*AśGṛ* 1.12.1–2) । पुंसवनमपि स एवाह । "उपनिषदि गर्भलम्भनं पुंसवनमनवलोभनं च" इत्यादि (*ĀśGṛ* 1.11.1) पूर्वोक्तमेव । जातकर्मापि "कुमारं जातं पुरान्यैरालम्भात् सर्पिर्मधुनी हिरण्यनिकाषं हिरण्येन प्राशयेत्" (*AśGṛ* 1.13.1) इत्यादि । "तत्संस्कारत्वं च 'सीमन्तमूर्ध्वं विनयन्ति' इति वचनात्" (31.9) इत्यत्र आश्वलायनः । "चतुर्थे गर्भमासे सीमन्तोन्नयनम्" (*AśGṛ* 1.12.1) इत्युपक्रम्य तदावृतमुक्त्वाह "अथास्यै युग्मेन शलाटुग्लप्सेन त्रिरन्यया च शलल्या त्रिभिश्च कुशपिञ्जूलैरूर्ध्वं सीमन्तं व्यूहति भूर्भुवःस्वरोमिति त्रिश्चतुर्वा" (*ĀśGṛ* 1.12.4) इति । "सीमन्तमूर्ध्वं विनयन्ति" इति तु पारस्करपाठः (*PārGṛ* 1.15.4) । सीमन्तस्वरूपमाह हलधरः ।

सीमन्तः कथ्यते स्त्रीणां केशमध्ये तु पद्धतिः । इति । (*HalAbhi* 2.374)

"मन्त्रवर्णाच्च 'आजीवं फलिनी भव'" (31.9–10) इत्यत्र आजीवं फलिनी भवेति मन्त्रवर्णाच्चेत्यन्वयः । अयमपि मन्त्रवर्णः पारस्करगृह्यादेवावगन्तव्यः (*PārGṛ* 1.15.6–8) ।

"**सीमन्तिनीति च समाख्यानात्**" (31.10) इत्यत्र **अमरः** ।

स्त्री योषिदबला योषा नारी सीमन्तिनी वधूः ।
प्रतीपदर्शिनी वामा वनिता महिला तथा ॥ इति । (*AK* 2.6.2)

"**श्रुतिबाधप्रसङ्गात्**" (31.12–13) इति । यथाश्रवणप्रतीतबाधप्रसङ्गादित्यर्थः । न च तथास्त्वित्युक्तम् । "श्रुतिलिङ्गवाक्यप्रकरणस्थानसमाख्यानां समवाये परदौर्बल्यमर्थविप्रकर्षात्" इति (*PMS* 3.3.14) जैमिनिस्मरणात् । "**अतः सूक्तम्**" (31.16) इति । तथा च **हारीतः** ।

सकृत् संस्कृतसंस्काराः सीमन्तेन द्विजस्त्रियः ।
यं यं गर्भं प्रसूयन्ते स सर्वः संस्कृतो भवेत् ॥
स्त्री यदा कृतसीमन्ता प्रसूयेते कथंचन ।
गृहीतपुत्रा विधिवत्पुनः संस्कारमर्हति ॥
सीमन्तं प्रथमो गर्भे संस्कारं मातृगर्भयोः ।
चतुर्थे मासि तस्योक्ते मुहूर्ते विधिनोन्नयेत् ॥

इति च **स्मृत्यन्तरम्** । **आचारसङ्ग्रहकारश्च** ।

चतुर्थे मासि सीमन्तं कुर्यात् तन्नैव पञ्चमे ।
प्रपुंसवान्तरं चैतत् प्रथमे गर्भ एव च ॥ इति ।

अत्र **वरदराजीयम्** ।

अत्र बौधायनः । "प्रथमगर्भायाश्चतुर्थे मासि सीमन्तोन्नयनम् । अष्टमे मासि विष्णुबलिः । वैष्णवो ह्येष मासो विष्णुर्गर्भस्य देवता" (*BGṛ* 1.10.1, 13–16) इति । प्रथमगर्भाया इति वचनात् क्षेत्रसंस्कारद्वारेण गर्भसंस्कारत्वं सीमन्तोन्नयनकर्मणः । अतः सकृदेव प्रयोगः । अत एव हारीतः ।

सकृत् संस्कृतसंस्काराः सीमन्तेन द्विजस्त्रियः ।
यं यं गर्भं प्रसूयन्ते स सर्वः संस्कृतो भवेत् ॥ इति ।

तेन सकृदेव प्रयोगः । तत्राष्टममासादूर्ध्वमनुवहतगर्भायाः सूतिकागारवेशनं कर्तव्यम् । तथा ज्योतिर्विदः ।

अथातः संप्रवक्ष्यामि सूतिकागारवेशनम् ।
मासे तु नवमे प्राप्ते पूर्वपक्षे विशेषतः ॥
प्राक्सूतिसंभवे काले सद्य एव प्रवेशयेत् ।
रोहिण्यामैन्दवे पौष्णे स्वातीवरुणयोरपि ॥
तिष्ये पुनर्वसौ हस्ते उत्तरेषु तथा त्रिषु ।

धनिष्ठायामथाश्विन्यां मैत्रे त्वाष्ट्रे तथैव च ॥
प्रशस्ते चानुकूलर्क्षे[54] सूतिकागारवेशनम् ।
जन्मर्क्षस्यानुकूले तु नक्षत्रे दोषवर्जिते ॥
वृश्चिकश्चैलकुम्भाश्च रिक्ताश्चैव विवर्जयेत् ।
राशयस्तिथयश्चान्ये प्रवेशे शोभना मताः ॥
आशीर्वाचनपूर्वं तु प्रसवागारवेशनम् ।

कर्तव्यमिति शेषः । इति ।

यजुर्विदां त्वष्टमे मासि विष्णुबलिः । यथाह आचारसङ्ग्रहकारः ।

मासेऽष्टमे विष्णुबलिः पूर्वपक्षे यजुर्विदाम् ।
द्वादश्यामथ सप्तम्यां रोहिण्यां श्रवणेऽथ वा ॥ इति ।

"एवं च समाचारानुग्रहः" (31.16–17) इति । संशब्दाच्छिष्टानामिति शेषः । एवं हि शिष्टलक्षणम् । तथा च मनुः ।

धर्मेणाधिगतो यैस्तु वेदः सपरिबृंहणः ।
ते शिष्टा ब्राह्मणा ज्ञेया श्रुतिप्रत्यक्षहेतवः ॥ इति । (*MDh* 12.109)

तथा च श्रीविष्णुपुराणे ।

श्रूयतां पृथिवीपाल सदाचारस्य लक्षणम् ।
सदाचारवतां पुंसां जितौ लोकावुभावपि ॥
साधवः क्षीणदोषास्तु सच्छब्दः साधुवाचकः ।
तेषामाचरणं यत्तु स सदाचार उच्यते ॥
सप्तर्षयोऽथ मनवः प्रजानां पतयस्तथा ।
सदाचारस्य वक्तारः कर्तारश्च महीपते ॥ इति । (*ViPu* 3.11.2–4)
वेदः स्मृतिः सदाचारः स्वस्य च प्रियमात्मनः ।
एतच्चतुर्विधं प्राहुः साक्षाद्धर्मस्य लक्षणम् ॥ (*MDh* 2.12)
वेदोऽखिलो धर्ममूलं स्मृतिशीले च तद्विदाम् ।
आचारश्चैव साधूनामात्मनस्तुष्टिरेव च ॥ (*MDh* 2.6)

इति च मनुः । आचार्यश्च ।

वेदः स्मृतिः सदाचारः स्वस्य च प्रियमात्मनः ।
सम्यक्सङ्कल्पजः कामो धर्ममूलमिदं स्मृतम् ॥ इति । (*YDh* 1.7)

एवमादिभिर्वचनैः सदाचारप्रामाण्यावगमादन्यथाकरणे तदानुगुण्यं न स्यादिति मन्यते ।

वक्ष्यति च सुरापानप्रायश्चित्ते ।

पतिलोकं न सा याति ब्राह्मणी या सुरां पिबेत् ।
इहैव सा शुनी गृध्री सूकरी वोपजायते ॥ (*YDh* 3.256)

इत्यत्र । यथैवार्यावर्तनिवासिशिष्टव्यवहारे स्थितिः तथैव स्मृत्यर्थोऽनुसर्तव्यः न तद्विपर्ययेण विशेषतस्तु महापातकाधिकार इति । तथा च शाबरे दर्शितम् । "आर्यावर्तनिवासिनः प्रमाणम्" (*Śab* 2.3.3) इति । तथा च मनुः ।

आचारः प्रथमो धर्मः श्रुत्युक्तः स्मार्त एव च ।
तस्मादस्मिन्सदा युक्तो नित्यं स्यादात्मवच्छुचिः ॥
आचाराद्विच्युतो विप्रो न वेदफलमश्नुते ।
आचारेण तु संयुक्तः संपूर्णफलभाक् स्मृतः ॥
एवमाचारतो दृष्ट्वा धर्मस्य मुनयो गतिम् ।
सर्वस्य तपसो मूलमाचारं जगृहुः परम्॥ इति । (*MDh* 1.108–10)

YDh 1.12

[अहन्येकादशे नाम चतुर्थे मासि निष्क्रमः ।
षष्ठेऽन्नप्राशनं मासि चूडा कार्या यथाकुलम् ॥]

"अहन्येकादशे" इत्यादि । "एकादशेऽहनि नाम कर्तव्यम् । एवं निष्क्रमणाद्यपि" इत्यत्र (31.21) यथालिङ्गमाख्यातपदं योज्यमित्यर्थः । तथा चोक्तं निरुक्ते । "चत्वारि पदजातानि नामाख्याते चोपसर्गनिपाताश्च" (*Nir* 1.1.12) इति । प्रातिशाख्येऽप्युक्तम् ।

नामाख्यातमुपसर्गो निपातश्चत्वार्याहुः पदजातानि शाब्दाः ।
तन्नाम येनाभिदधाति सत्त्वम् ।
तदाख्यातं येन भावं सधातु ।
प्राभ्या परा निर्दुरनु प्युपाप सं परि प्रति न्यत्यधि सूदवापि ।
उपसर्गा विंशतिरर्थवाचकाः सहेतराभ्याम् ॥
इतरे निपाताः ।

इति (*ṚgPrā* 12.17–21) ।

क्रियावाचकमाख्यातमुपसर्गो विशेषकृत् ।

सत्वाभिधायकं नाम निपातः पादपूरणे ॥

इति च **प्रातिशाख्ये** (*RgPrā* 12.25) । **प्रकीर्णके च** ।

द्विधा कैश्चित्पदं भिन्नं चतुर्धा पञ्चधापि च ।
अपोद्धृत्यैव वाक्येभ्यः प्रकृतिप्रत्ययादिवत् ॥ इति ।

"**तथा च**" (31.21) इत्यत्र **मनुः** ।

चतुर्थे मासि कर्तव्यं शिशोर्निष्क्रमणं गृहात् ।
षष्टेऽन्नप्राशनं मासे यद्वेष्टं मङ्गलं कुले ॥ इति । (*MDh* 2.34)

निष्क्रान्तस्य कर्तव्यमाह **शङ्खः** ।

चतुर्थे मासि कर्तव्यं बालस्यादित्यदर्शनम् । इति ।

अत्र विशेषमाह **यमः** ।

अतस्तृतीये कर्तव्यं मासि सूर्यस्य दर्शनम् ।
चतुर्थे मासि कर्तव्यं गोश्चन्द्रस्य च दर्शनम् ॥ इति ।

"अत्र स्वगृह्यानुसारेणोदिते सूर्य उपनिष्क्रम्य सूर्यस्य दर्शनं केषांचित् । अन्येषां चतुर्थे मासि स्वस्तमिते सूर्ये स्वस्य गोश्चन्द्रस्य च दर्शनं कर्तव्यमिति व्यवस्था" इति **वरदराजः** । "**यत्तु**" (31.22) इति । तथा च **पारस्करः** ।

दशम्यामुत्थाप्य ब्राह्मणान्भोजयित्वा पिता नाम करोति । द्व्यक्षरं चतुरक्षरं वा घोषवदाद्यन्तरन्तस्थम् अभिनिष्टानान्तं कुर्यान्न तद्धितम् । अयुजाक्षरमाकारान्तं स्त्रियै । इत्यादि । (*PārGṛ* 1.17.1–3)

पितृग्रहणं मातुरप्युपलक्षणम् ।

नर्ते क्षेत्रं भवेत्सस्यं न च बीजं विनास्ति तत् ।
अतोऽपत्यं द्वयोरिष्टं पितुर्मातुश्च धर्मतः ॥ (*NSm* 12.59)

इति **नारदवचनात्** ।

प्रजनार्थं स्त्रियः सृष्टाः सन्तानार्थं च मानवाः ।
तस्मात्साधारणो धर्मः श्रुतौ पत्न्या सहोदितः ॥ (*MDh* 9.96)

इति **मनुवचनाच्च** । "पिता माता च दद्युः" इति लिङ्गाच्च । तथा च **आश्वलायनगृह्ये** ।

नाम चास्मै दद्युः । घोषवदाद्यन्तरन्तस्थमभिनिष्टानान्तं द्व्यक्षरं चतुरक्षरं वा । द्व्यक्षरं प्रतिष्ठाकामश्चतुरक्षरं ब्रह्मवर्चसकामः । युग्मानि त्वेव पुंसाम् । अयुजानि स्त्रीणाम् । अभिवादनीयं च समीक्षेत तन्मातापितरौ विद्यातामोपनयनात्" इति ।

(*ĀśGṛ* 1.13.4–9)

अभिनिष्ठानो विसर्जनीयः । हरो रुद्रो देवः हरदत्तो भवनाग इत्यादि पुन्नामप्रयोगः ।
रुद्राणी भवानीत्यादि स्त्रीनामप्रयोगः ।

इति **तद्भाष्येऽ**भिहितम् (cf. *HĀśGṛ* 1.13.5) । **"तथा च"** (31.24) इत्यत्र **मनुः** ।

नामधेयं दशम्यां तु द्वादश्यां वास्य कारयेत् ।
पुण्ये तिथौ मुहूर्ते वा नक्षत्रे वा गुणान्विते ॥
मङ्गल्यं ब्राह्मणस्य स्यात् क्षत्रियस्य बलान्वितम् ।
वैश्यस्य धनसंयुक्तं शूद्रस्य तु जुगुप्सितम् ॥
शर्मवद्ब्राह्मणस्य स्याद्राज्ञो रक्षासमन्वितम् ।
वैश्यस्य पुष्टिसंयुक्तं शूद्रस्य प्रेष्यसंयुतम् ॥
स्त्रीणां सुखोद्यमक्रूरं विस्पष्टार्थं मनोहरम् ।
माङ्गल्यं दीर्घवर्णान्तमाशीर्वादाभिधानवत् ॥ इति । (*MDh* 2.30–33)

अत्र **स्मृतिचन्द्रिकायां** नाम प्रकृत्योक्तम् ।

मनुः तत्स्वरूपमाह ।

मङ्गल्यं ब्राह्मणस्य स्यात् क्षत्रियस्य बलान्वितम् ।
वैश्यस्य धनसंयुक्तं शूद्रस्य तु जुगुप्सितम् ॥ इति । (*MDh* 2.31)

मङ्गलबलधननिन्दाप्रतिपादकान्येतेषां क्रमेण नामधेयानि भवन्तीत्यर्थः । अत्रोपपदान्यपि स एवाह ।

शर्मवद्ब्राह्मणस्य स्याद्राज्ञो रक्षासमन्वितम् ।
वैश्यस्य पुष्टिसंयुक्तं शूद्रस्य प्रेष्यसंयुतम् ॥ इति । (*MDh* 2.32)

शर्मरक्षापुष्टिप्रेष्यवाचकान्येतेषां क्रमेणोपपदानि भवन्तीत्यर्थः । एवं चैवं नामधेयानि भवन्ति भद्रशर्मा शक्तिपालो धनपुष्टो हीनदास इति । **यमो**ऽप्युत्तरनियममाह ।

शर्मा देवश्च विप्रस्य वर्मा त्राता च भूभुजः ।
भूतिर्दत्तश्च वैश्यस्य दासः शूद्रस्य कारयेत् ॥ इति ।

अत्रापि "मङ्गल्यं ब्राह्मणस्य स्यात्" इति **मनूक्तेः** पूर्वपदैर्नामधेयानि द्रष्टव्यानीति । **वैजवाप**स्त्वन्यथा नामधेयमाह । "पिता नाम करोत्येकाक्षरं द्व्यक्षरं त्र्यक्षरं चतुरक्षरमपरिमितं घोषवदाद्यन्तरन्तस्थं दीर्घाभिनिष्ठानान्तम्" इति । अयमर्थः । घोषवन्ति यान्यक्षराणि वर्गतृतीयचतुर्थानि तान्यादौ कार्याणि । अन्तस्था यरलवाः । ते मध्ये कर्तव्याः । अभिनिष्ठानो विसर्जनीयः । एतदन्त इत्यर्थः । अथ वा पितामहादिसंबन्धं नाम कुर्यात् । यथाह **शङ्खः** । "कुलदेवतादिसंबद्धं पिता नाम कुर्यात् । अन्यो वा कुलवृद्धः" इति । स्त्रीणां पुनर्नामधेयं **मनुराह** ।

स्त्रीणां सुखोद्यमक्रूरं विस्पष्टार्थं मनोहरम् ।
मङ्गल्यं दीर्घवर्णान्तमाशीर्वादाभिधानवत् ॥ इति । (*MDh* 2.33)

सुखोद्यं सुखोच्चारणम् । मङ्गल्यं मङ्गलवाचि । दीर्घो वर्ण आकार ईकारो वा । अत एव **पारस्करः** । "अयुगाक्षरमाकारान्तं स्त्रियै तद्धितम्" (*PārGṛ* 1.17.3) इति । **शङ्खोऽपि** । "ईकारान्तं स्त्रीणाम् । एवंकृते नाम्नि शुचि तत्कुलं भवति" (*SmC* I: 53–55)

इति **स्मृतिचन्द्रिकायामुक्तम्** । तथा च **श्रीविष्णुपुराणे** ।

ततश्च नाम कुर्वीत पितैव दशमेऽहनि ।
देवपूर्वनराख्यं हि शर्मवर्मान्तसंयुतम् ॥
शर्मेति ब्राह्मणस्योक्तं वर्मेति क्षत्रसंश्रयम् ।
गुप्तदासात्मकं नाम प्रशस्तं वैश्यशूद्रयोः ॥
नार्थहीनं न चाशस्तं नापशब्दयुतं तथा ।
नामङ्गल्यं जुगुप्स्यं च नाम कुर्यात्समाक्षरम् ॥
नातिदीर्घं न च ह्रस्वं नातिगुर्वक्षरान्वितम् ।
सुखोच्चारं तु तन्नाम कुर्याद्यत् प्रवणाक्षरम् ॥ इति । (*ViPu* 3.10.8–11)

"**अथ तु**" (32.3) इति ।

एकादश्यां नामधेयं द्वादश्यां वास्य कारयेत् ।

इत्येवमपि छन्दोनुरोधे संभवति "नामधेयं दशम्यां तु" (*MDh* 2.30) इति वदतो **मनोर्दशम्यामेवेति** तस्यार्थोऽभिप्रेतश्चेत् तदा स्मृत्यन्तरानुसाराद् आपस्तम्बादिभेदेन (cf. *ĀpGṛ* 6.15.8) विशेषतो द्रष्टव्यमित्यर्थः । यथोक्तम् **आचारदीपिकायाम्** ।

द्वादशे षोडशे विंशे द्वात्रिंशे क्रमशो दिने ।
नाम कुर्याद् द्विजादीनां विप्रस्य दशमेऽपि वा ॥
एकादशे वा प्रागेव नवत्यह्नः परं न तु ।
दशमेऽपीति वचनमापस्तम्बद्विजाश्रितम् ॥ इति ।

तथा चाह **आचारसंग्रहकारः** ।

द्वादशे षोडशे विंशे द्वात्रिंशे क्रमशो दिने ।
नाम कुर्याद् द्विजादीनां विप्रस्यैकादशेऽपि वा ॥
कौषीतकस्य दशमे रात्र्यास्तुर्यांश इष्यते ।
त्रयोदशदिनं वर्ज्यं द्विजानां नामकर्मणि ॥
उदयादुदयान्तं हि सर्वत्र दिनकल्पना ।

किं त्वार्तवे मृतौ सूतौ निशात्र्यंशोऽपरेत्य भाक् ॥ इति ।

अमृतस्यन्दिन्यां तु ।

आशौचे तु समुत्पन्ने पुत्रजन्म यदा भवेत् ।

कर्तुस्तात्कालिकी शुद्धिः पूर्वाशौचेन शुध्यति ॥ इति ।

प्राजापत्यवचनाद्दशाहात् प्रागेवाशौचनिवृत्तेर्विशेषविषयत्वमस्येत्युक्तं युक्तमत्र विचार्य मनीषिभिरध्यवसेयम् । **"सूतकवाक्योपरोधात्"** (32.4) इति । अत्र **योगीश्वरः** ।

ब्राह्मणस्य दशाहं तु भवति प्रेतसूतकम् ।

क्षत्रस्य द्वादशाहानि विशां पञ्चादशैव वा ॥

त्रिंशद्दिनानि शूद्रस्य प्रेतसूतकमुच्यते । (*YDh* 3.19–20)

इत्याशौचकल्पः । **मनुरपि** जननमरणे प्रकृत्याह ।

शुध्येद्विप्रो दशाहेन द्वादशाहेन भूमिपः ।

वैश्यः पञ्चदशाहेन शूद्रो मासेन शुध्यति ॥ इति । (*MDh* 5.83)

उभयत्र दशाहानि कुलस्यान्नं न भुज्यते ।

दानं प्रतिग्रहो यज्ञः स्वाध्यायश्च निवर्तते ॥ (*MDh* 5.61 add)

इति सूतकादौ कर्मानधिकारवाक्यानि । अनेन क्षत्रियादेरपि स्वाशौचोपरमे नामकरणसिद्धिः । केचित्तु **"सूतकवाक्योपरोधात्"** (32.4) इत्यत्रैवं व्याकुरवन्ति । ननु जातकर्मवन्नामकर्म कस्मान्न सूतकेऽपि भवति । अस्त्यत्र विशेषः । जातकर्म हि सर्वस्मृतिषु जन्मनिमित्तत्वेनैवोपदिश्यत इति न तस्य सूतकं बाधकम् । नामकर्म तु

आशौचे तु व्यतिक्रान्ते जातकर्म विधीयते ।

इति **शङ्खवचनात्** सामान्यविशेषोपसंहृतिन्यायादाशौचे व्यतिक्रान्ते विधीयत इति । तस्य बाधकं न च जन्मदशमादिति वचनात् सूतकाश्रयमिति वाच्यम् केषांचित्कुलधर्मत्वेन तस्याशौचनिवृत्तिसंभवात् तद्विषयत्वेन चार्थवत्वसंभवात् **"यथा पञ्चचूडा भरद्वाजा इति"** (32.5–6) । **"षष्टेऽन्नप्राशनम्"** (*YDh* 1.12) इति । तथा च **मनुः** ।

मासे चतुर्थे कर्तव्यं शिशोर्निष्क्रामणं गृहात् ।

षष्टेऽन्नप्राशनं मासे यद्वेष्टं मङ्गलं कुले ॥ इति । (*MDh* 2.34)

तथा च **आश्वलायनः** ।

षष्टे मास्यन्नप्राशनम् । आजमन्नाद्यकामः। तैत्तिरं ब्रह्मवर्चसकामः । घृतौदनं तेजस्कामः । दधिमधुघृतमिश्रान्नं प्राशयेत् । अन्नपतेऽन्नस्य नो देह्यनमीवस्य शुष्मिणः प्र प्रदातारं तारिष ऊर्जं नो धेहि द्विपदे चतुष्पद इति । आवृतैव कुमार्यै इति । (*ĀśGṛ*

1.16.1–7)

"चूडा कार्या" (*YDh* 1.12) इति । यथाह **मनुः** ।

चूडकर्म द्विजातीनां सर्वेषामेव धर्मतः ।
प्रथमेऽब्दे तृतीये वा कर्तव्यं श्रुतिचोदनात् ॥ इति । (*MDh* 2.35)

तथा च **पारस्करः** ।

सांवत्सरिकस्य चौलकरणम् । तृतीये वाप्रतिहते । षोडशवर्षस्य केशान्तः । यथामङ्गलं वा सर्वेषाम् । ब्राह्मणान्भोजयित्वा माता कुमारमाप्लाव्याहते वाससी परिधाप्याङ्क आधाय पश्चादग्नेः (*PārGṛ* 2.1.1–5) । इत्यादि ।

यदा **"यथाकुलम्"** (32.5) इति "पञ्चचूडा भरद्वाजाः" इत्यादिस्मृत्यन्तरानुसाराच्चूडाकर्माभिप्रायेण योजयति, तदा तदसिद्धत्वात् तदंशभूतः कालस्तद्गुरुलाघवं च स्वस्वगृह्यादवगन्तव्यमित्यर्थः । यथाह **आश्वलायनः** । "तृतीये वर्षे चौलम् । यथाकुलधर्मं वा । उत्तरतोऽग्नेः" इत्यादि (*ĀśGṛ* 1.15.1–3) । तथा च **पारस्करः** । "सांवत्सरिकस्य चौलकरणम् । तृतीये वाप्रतिहते । षोडशवर्षस्य केशान्तो वा । यथामङ्गलं वा सर्वेषाम्" इत्यादि (*PārGṛ* 2.1.1–4) । **"यथा पञ्चचूडाः"** (32.5) इति । यथाह **लौगाक्षिः** ।

दक्षिणतः कमुजा वसिष्ठानाम् । उभयतोऽत्रिकश्यपानाम् । मुण्डा भृगवः । पञ्चचूडा भरद्वाजाः । वाजिमेके । मङ्गलार्थं शिखिनोऽन्ये । यथा कुलधर्मं वा । शुद्धपक्षपस्य पुण्याहे पर्वणि वा। इति । (*LauGṛ* 40.2–9)

"कमुजा चूडा वाजिः केशपङ्क्तिः । अन्ये तु शिखामात्रं यत्र[55] क्वचन कुर्वन्ति" इति **स्मृतिचन्द्रिकायां** दर्शितम् (*SmC* I: 59) । यथर्षि चूडा विभजेद् यथा वा कुलधर्मः स्यादिति च । **आश्वलायनश्च** । "तृतीये वर्षे चौलम् । यथा कुलधर्मं वा" (*ĀśGṛ* 1.15.1–2) इति वपनकालमुक्त्वा शिखाकरणं प्रत्याह "यथाकुलधर्मं केशवेषान्कारयेत्" इति (*ĀśGṛ* 1.15.19) । अथ वा कालाभिप्रायमेवैतदिति । तथा च **मनुः** ।

प्राङ्नाभिवर्धनात् पुंसो जातकर्म विधीयते ।
मन्त्रवत्प्राशनं चास्य हिरण्यमधुसर्पिषाम् ॥ इति । (*MDh* 2.229)
मासे चतुर्थे कर्तव्यं शिशोर्निष्क्रामणं गृहात् ।
षष्टेऽन्नप्राशनं सामे यद्वेष्टं मङ्गलं कुले ॥
चूडाकर्म द्विजातीनां सर्वेषामेव धर्मतः ।
प्रथमेऽब्दे तृतीये वा कर्तव्यं श्रुतिचोदनात् ॥ इति । (*MDh* 2.34–35)
नामधेयं दशम्यां तु द्वादश्यां वास्य कारयेत् ।

पुण्ये तिथौ मुहूर्ते वा नक्षत्रे वा गुणान्विते ॥ इति च । (*MDh* 2.30)

तथा च **विष्णुधर्मोत्तरे** ।

अच्छिन्ननाभ्यां कर्तव्यं श्राद्धं वै पुत्रजन्मनि ।
आशौचोपरमे कार्यमथवा नियतात्मभिः ॥ इति । (*ViDhUPu* 1.142.16–17)

वैजवापोऽपि ।

जन्मनोऽनन्तरं कार्यं जातकर्म यथाविधि ।
नैवानतीतकालं चेदतीते सूतके भवेत् ॥ इति ॥

भविष्यत्पुराणेऽपि ।

नामधेयं दशम्यां तु केचिदिच्छन्ति पार्थिव ।
द्वादश्यामपरे रात्रौ मासे पूर्णे तथापरे ॥
अष्टादशेऽहनि तथा वदन्त्यन्ये मनीषिणः । इति । (*BhavPu* 1.3.6–7)

गृह्यपरिशिष्टेऽपि । "जननाद्दशरात्रे व्युष्टे शतरात्रे संवत्सरे वा नामकरणम्" इत्यादि । तथा ।

द्वादशाहनि कर्तव्यं शिशोर्निष्क्रामणं गृहात् ।
चतुर्थे मासि कर्तव्यं तथान्येषां मतं विभो ॥ इत्यादि ।

शङ्खश्च ।

चतुर्थे मासि कर्तव्यं बालस्यादित्यदर्शनम् ॥ इति ।

लौगाक्षिरपि । "तृतीयेऽर्धमासे दर्शनमादित्यस्य" इत्यादि (*LauGṛ* 37.1) । तथा च **यमः** ।

ततोऽन्नप्राशनं मासि षष्टे कार्यं यथाविधि ।
अष्टमे वाथ कर्तव्यं यद्वेष्टं मङ्गलं कुले ॥ इति ।

लौगाक्षिरपि । "षष्टेऽन्नप्राशनं जातेषु दन्तेषु वा" इति (*LauGṛ* 39.1) । **शङ्खो**ऽपि । "संवत्सरेऽन्नप्राशनमर्धवत्सर इत्येके" इति । तथा च **यमः** ।

ततः संवत्सरे पूर्णे चूडाकर्म विधीयते ।
द्वितीये वा तृतीये वा कर्तव्यं श्रुतिचोदनात् ॥ इति ।

शङ्खोऽपि । "तृतीयवर्षे चूडाकर्म पञ्चमे वा" इत्यादि । अत्र सर्वत्र स्वगृह्यानुसारेणैव व्यवस्था कार्या । येषां तु शाखिनामनाम्नातं तेषां तु विकल्प एव । सदाचारप्राप्तश्च कर्णवेधः कर्तव्यः । तथा **ज्योतिश्शास्त्रे**ऽभिहितम् ।

कार्त्तिके पौषमासे वा चैत्रे वा फाल्गुनेऽपि वा ।
कर्णवेधं प्रशंसन्ति शुक्लपक्षे शुभे दिने ॥
सुनक्षत्रे शुभे चन्द्रे सुस्थे शीर्षोदये शुभे ।

दिनच्छिद्रव्यतीपातविष्टिवैधृतवर्जिते ॥
शिशोरजातदन्तस्य मातुरुत्सङ्गसर्पिणः ।
सौचिको वेधयेत् कर्णौ सूच्या द्विगुणसूत्रया ॥ इति ।

YDh 1.13

[एवमेनः शमं याति बीजगर्भसमुद्भवम् ।
तूष्णीमेताः क्रियाः स्त्रीणां विवाहस्तु समन्त्रकः ॥]

"एवम्" इत्यादि । विज्ञानेश्वरे त्वस्य श्लोकस्यैवं संगतिरुक्ता । "एषां गर्भाधा नादि-संस्काराणां नित्यत्वे त्वानुषङ्गिकफलमाह" इति। अर्थश्च कथितः । "एवमुक्तेन प्रकारेण गर्भाधानादिभिः संस्कारकर्मभिः कृतैरेनः पापं शमं याति । किंभूतम् । बीजगर्भसमुद्भवं शुक्लशोणितसंबन्धं गात्रव्याधिसंक्रान्तिनिमित्तं न तु पतितोत्पन्नत्वादिनिमित्तम्" इति (*VijYDh* 1.13) । "एषां संस्कारकर्मणाम्" (32.12) ।

गर्भाधानमृतौ पुंसः सवनं स्पन्दनात्पुरा ।
षष्ठेऽष्टमे वा सीमन्तो मासेऽतो जातकर्म च ॥ (*YDh* 1.11)

इत्यादीनाम् । "मातापित्रोः" (32.15) इति । तथा च नैषधचरिते ।

न का निशि स्वप्नगतं ददर्श तं
जगाद गोत्रस्खलने च का न तम् ।
तदात्मताध्यातधवा रते च का
चकार वा न स्वमनोभवोद्भवम् ॥ (*Naiṣ* 1.30)

परपुरुषध्यानं मातृदोषः । एवमेव परस्त्रीध्यानादि पितृदोषः । तथाह व्यासः ।

परदारान्न गच्छेत मनसापि कदाचन ।
किमु वाचाक्षिबन्धोऽपि नास्ति तेषु व्यवायिनाम् ॥
मृतो नरकमभ्येति हीयेतात्रापि चायुषः ।
परदाररतिः पुंसामुभयत्रापि भीतिदा ॥ इति ।
विप्रदुष्टां स्त्रियं भर्ता निरुन्ध्यादेकवेश्मनि ।
यत्पुंसः परदारेषु तच्चैनां चारयेद्व्रतम् ॥ (*MDh* 11.177)

इत्युभयोरपि व्यभिचारे प्रायश्चित्तोपदेशाद्दोष इति मानवे दर्शितम् ।

अन्योन्यस्याव्यभीचारो भवेदामरणान्तिकः ।
एष धर्मः समासेन ज्ञेयः स्त्रीपुंसयोः परः ॥
तथा नित्यं यतेयातां स्त्रीपुंसौ तु कृतक्रियौ ।
यथा नातिचरेतां तौ वियुक्तावितरेतरम् ॥ (*MDh* 9.101–02)

इत्यन्योन्याव्यभिचारनियमश्च मानव एवोक्तः । अतश्चैवं व्यभिचरतोर्मातापित्रोरेनोनिमित्तत्वं नियतमेवेति स्थितम् । "जन्यस्य वा" (32.15) इति । जन्यस्य चाशुचिशुक्लशोणितादिसंबन्धादेनोनिमित्तत्वम् । तथा आचार्यो वक्ष्यति ।

स्त्रीपुंसयोः संप्रयोगे विशुद्धे शुक्लशोणिते ।
पञ्च धातून् स्वयं षष्टानादत्ते युगपत् प्रभुः ॥ (*YDh* 3.72)

इत्युपक्रम्याह ।

षट् श्लेष्मा पञ्च पित्तं तु चत्वारो मूत्रमेव च ।
वसा त्रयो द्वौ तु मेदो मज्जैकार्धं तु मस्तके ॥
श्लेष्मौजसस्तावदेव रेतसस्तावदेव तु ।
इत्येतदस्थिरं वर्ष्म यस्य मोक्षाय कृत्यसौ ॥ इति । (*YDh* 3.106–07)

अनेनाशुचिदेहादिसंबन्धे दुःख्येवासौ तत्त्याग एव कृतकृत्यः सुखी भवतीति गम्यते । मनुरप्याह ।

अहिंसयेन्द्रियासङ्गैर्वैदिकैश्चैव कर्मभिः ।
तपसश्चरणैश्चोग्रैः साधयन्तीह तत्परम् ॥
अस्थिस्थूणं स्नायुबन्धं मांसशोणितलेपनम् ।
चर्मावबद्धं दुर्गन्धं पूर्णं मूत्रपुरीषयोः ॥
जराशोकसमाविष्टं रोगायतनमद्भुतम् ।
रजस्वलमनित्यं च भूतावासमिमं त्यजेत् ॥
नदीकूलं यथा वृक्षो वृक्षं वा शकुनिर्यथा ।
तथा त्यजन्निमं देहं दुःखग्रामाद्विमुच्यते ॥ इति । (*MDh* 6.75–78)
वसा शुक्लमसृङ्मज्जा मूत्रविड्घ्राणविण्णखाः ।
श्लेष्माश्रु पूयिका स्वेदो द्वादशैते नृणां मलाः ॥ (*MDh* 5.135)

अनेनाशुचिशुक्लादिप्रभवशरीरसंबन्धाज्जन्यस्यैनस्संबन्धौ नियत एवेति च स्थितम् । एनसश्च निराकरणमाह मनुः ।

गार्भैर्होमैर्जातकर्म चौलमौञ्जीनिबन्धनैः ।

बैजिकं गार्भिकं चैनो द्विजानामपमृज्यते ॥ इत्यादि । (*MDh* 2.27)

एतच्च आचार्येण उत्तरत्र ब्रह्मप्रकरणे स्पष्टीकरिष्यते । तथा हि । न तु जातिस्मरत्वेऽप्यविकलाङ्गस्यैव धर्माद्यनुष्ठानसामर्थ्यात् तत्रैव तावदुपायो वक्तव्यः । उच्यते । नात्रोपायाभिधानमुपयुज्यते स्वाभाविकत्वादविकलाङ्गतायाः । तथा हि ।

कालकर्मात्मबीनानां दोषैर्मातुस्तथैव च ।
गर्भस्य वैकृतं दृष्टं नाङ्गहानं हि जन्मतः ॥ (*YDh* 3.163)

"कालदोषः प्रतिषिद्धरात्र्युपगमादिकः । गर्भाधानादिवैगुण्यमक्रिया वा कर्मदोषः । अनिष्टस्त्र्यन्तराभिध्यानादिकस्त्वात्मदोषः । अल्पत्वादिको बीजदोषः । परपुरुषाद्यभिध्यानं मातृदोषः । एवमादिभिर्दोषैर्गर्भविक्रियावैगुण्यं दृष्टम् । न स्वभावतोऽङ्गहानमित्यभिप्रायः" इति (*VisYDh* 3.163) । "**गर्भार्थत्वेऽपि च**" (32.16) इति, "प्रजामुत्पादयेत्" (*BDh* 2. 16.3, 11) इति मातापित्रोरेव प्रजोत्पादनविधानादिति मन्यते (cf. 23.1) ।

एषा धर्मस्य वो योनिः समासेन प्रकीर्तिता ।
संभवश्चास्य सर्वस्य वर्णधर्मान्निबोधत ॥
वैदिकैः कर्मभिः पुण्यैर्निषेकादिर्द्विजन्मनाम् ।
कार्यः शरीरसंस्कारः पावनः प्रेत्य चेह च ॥
गार्भैर्होमैर्जातकर्मचौलमौञ्जीनिबन्धनैः ।
बैजिकं गार्भिकं चैनो द्विजानामपमृज्यते ॥
स्वाध्यायेन व्रतैर्होमैस्त्रैविद्येन तपस्सुतैः ।
महायज्ञैश्च यज्ञैश्च ब्राह्मीयं क्रियते तनुः ॥ (*MDh* 2.25–28)

इति मानवम् । "तूष्णीं" विना मन्त्रेणेत्यर्थः । "**संस्कार्यत्वाविशेषात्**" (32.22) इति । तत्र बौधायनः ।

कन्यकानां च जन्मादि कर्तव्यं कर्म मङ्गलम् ।
क्रियामयं हि ब्राह्मण्यं नाक्रियं ब्रह्म उच्यते ॥ इति । (?)

तथा च मनुः ।

अमन्त्रिका तु कार्येयं स्त्रीणामावृदशेषतः ।
संस्कारार्थं शरीरस्य यथाकालं यथाक्रमम् ॥ इति । (*MDh* 2.66)
नास्ति स्त्रीणां क्रिया मन्त्रैरिति धर्मो व्यवस्थितः ।
निरिन्द्रिया ह्यमन्त्राश्च स्त्रियोऽनृतमिति स्थितिः ॥ (*MDh* 9.18)

इति च मनुः । "आवृत्" (*MDh* 2.66) जातकर्मादिक्रिया । तथा च आश्वलायनगृह्यम् ।

"कुमारं जातं पुरान्यैरालम्भात् सर्पिर्मधुनी हिरण्यनिकाषं हिरण्येन प्राशयेत्" (*ĀśGṛ* 1.13.1) इत्यादि समन्त्रकं कुमारस्य प्राशनाद्युपदिश्य स्त्रियो विशेषमाह "आवृतैव कुमार्यै" इति (*ĀśGṛ* 1.13.11) । एवमेवान्नप्राशनादावपि तत्रैवेत्योक्तम् (*ĀśGṛ* 1.14.7; 1.15.20) । **गोभिलस्तु** तत्रैव विशेषमाह । "तूष्णीमेताः क्रियाः स्त्रीणां मन्त्रेण तु होमः" (*GoGṛ* 2.9.21–22) इति । गर्भाधानादाविति तत्र विशेषाभिधानाद् गर्भाधानादिकं सोष्यन्तीकर्मान्तं सर्वं स्त्रिया अपि मन्त्रेण कार्यमित्यर्थः । तथा च **पारस्करः** । "गर्भाधानमूर्ध्वं त्रिरात्रात् संभवकालेऽथर्तुमतिव्यपगतरजसि यथामङ्गलस्नातायां निशि तल्पस्थायां दक्षिणेन पाणिनोपस्थमस्याभिमृश्य जपेद् 'विष्णुर्योनिम्' (*RV* 10.184.1)" इत्यादिविशेषानभिधानात् समन्त्रकमेवैतदिति ज्ञापयति ।

षष्ठेऽष्टमे वा सीमन्तो मासेऽतो जातकर्म च । (*YDh* 1.11)

इत्यत्र अतःशब्दावच्छिन्नचशब्दावगतत्वेऽपि सोष्यन्तीकर्मणस्तस्य "सोष्यन्तीमद्भिरभ्युक्षति" (*PārGṛ* 1.16.1) इति सुखप्रसवार्थत्वात् स्त्रीणामपि समन्त्रकस्य ग्रहणं स्यादित्यर्थः । "**तद्युक्तकर्माधिकारः**" (33.1) इति । तथा च **जैमिनिः** । "पाणिग्रहणाद्धि सहत्वं कर्मणस्तद्द्रव्यफलेषु च" (*ĀpDh* 2.14.17–19) इति । **मनुरपि** ।

सह ब्रह्मौदनं कुर्यात् सहाग्न्याधानमेव च ।

सह यज्ञक्रियाः सर्वा हविषां भक्षणाद्विना ॥ इत्यादि । (*MDh* 2.67 add)

नामन्त्रयुक्तकर्माधिकारः प्रतीतो दुःश्लिष्टः स्यादित्यर्थः । "**वचनगम्यत्वात्**" (33.2) इति । "रथकारोऽग्नीनादधीत" (*TaitBr* 1.1.4.8??) "निषादस्थपतिं याजयेत्" (*MS* 2.2.4) इतिवत् "तया सह यजेत" इत्यादिवचनगम्यत्वादिति । "न हि वचनस्यातिभारोऽस्ति" इति **नय्यायिकाः**[56] । "विवाहस्तु समन्त्रक एव" (*YDh* 1.13) इति । तथा च **मनुः** ।

वैवाहिको विधिः स्त्रीणां संस्कारो वैदिकः स्मृतः ।

पतिसेवा गुरौ वासो गृहार्थोऽग्निपरिक्रिया ॥ इति । (*MDh* 2.67)

आश्वलायनश्च । "उदगयन आपूर्यमाणपक्षे कल्याणे नक्षत्रे चौलकर्मोपनयनगोदानविवाहाः । सार्वकालमेके विवाहम् । तेषां पुरस्ताच्चतस्र आज्याहुतीर्जुहुयात्" (*ĀśGṛ* 1.4.1–3) इत्याद्युक्त्वाह "हुत्वा तिष्ठन् प्रत्यङ्मुखः प्राङ्मुख्या आसीनाया गृह्णामि ते सौभगत्वाय हस्तमित्यङ्गुष्ठमेव गृह्णीयात्" (*ĀśGṛ* 1.5.3) इत्यादिना विवाहस्य समन्त्रकत्वं दर्शयति । "**अर्थलक्षणास्तु**" (33.6) इति । न शब्दलक्षणाः न विधिविहिता इत्यर्थः । "**तथा च**" इत्यत्र (33.6–7) **मनुः** ।

शर्मवद्ब्राह्मणस्य स्याद्राज्ञो रक्षासमन्वितम् ।

वैश्यस्य पुष्टिसंयुक्तं शूद्रस्य प्रेष्यसंयुतम् ॥ इति । (*MDh* 2.32)

"अविहिताप्रतिषिद्धत्वात्" (33.7–8) इत्यत्र मनुरपि ।

न शूद्रे पातकं किंचिन्न च संस्कारमर्हति ।
नास्याधिकारो धर्मेऽस्ति न धर्मात् प्रतिषेधनम् ॥
धर्मेप्सवस्तु धर्मज्ञाः सतां धर्ममनुष्ठिताः ।
मन्त्रवर्जं न दुष्यन्ति प्रशंसां प्राप्नुवन्ति च ॥
यथा यथा हि सद्वृत्तमातिष्ठत्यनसूयकः ।
तथा तथेमं चामुं च लोकं प्राप्नोत्यनिन्दितः ॥ इति । (*MDh* 10.126–28)

"निःशेषतो वा स्त्रीसमत्ववचनात्" (33.8–9) इति । तथा च पितामहः ।

त्रिषु ये नोपनीयन्ते शूद्राः सौधन्वनाः स्त्रियः ।
गन्धलेपापकर्षेण तेषां शौचं मृदम्भसा ॥

इति शूद्रादीनां स्त्रीसमत्वं दर्शयति । तथा आचार्यश्च ।

हृत्कण्ठतालुगाभिस्तु यथासंख्यं द्विजातयः ।
शुध्येरन् स्त्री च शूद्रश्च सकृत्स्पृष्टाभिरन्ततः ॥ इति । (*YDh* 1.21)

मनुरपि ।

त्रिराचमेदपः पूर्वं द्विरुन्मृज्यात्ततो मुखम् ।
खानि चोपस्पृशेदद्भिरात्मानं शिर एव च ॥ (*MDh* 2.60)
शारीरं शौचमन्विच्छन् स्त्रीशूद्रौ तु सकृत्सकृत् ॥ इति । (*MDh* 5.139)

पुराणेऽपि ।

स्त्रीशूद्रद्विजबन्धूनां त्रयी न श्रुतिगोचरा ।
इति भारतमाख्यानं मुनिना कृपया कृतम् ॥ इति । (*BhPu* 1.4.25)

एवं स्त्रीसमत्ववचनाच्छूद्रस्य स्त्रियाश्च "तूष्णीमेताः क्रियाः स्त्रीनाम्" (*YDh* 1.13) इति निः-शेषस्य विहितत्वाच्छूद्रस्यापि निःशेषतः किमिति न प्रवर्ततेत्यर्थः । केचिदिच्छन्तीति शेषः । "तत्तु" (33.9) इति शब्दलक्षणे व्यवहारे विधिविहितेऽर्थे सामान्यतोदृष्टेऽर्थलक्षण आर्थिक-व्यावहारो नोपादेय इत्यर्थः । तथाह ।

प्रमाणवन्त्यदृष्टानि कल्प्यानि सुबहून्यपि ।
अदृष्टशतभागोऽपि न कल्प्यस्त्वप्रमाणकः ॥ इति । (*BāUBhVār* 2.5.76)

विहित एवादृष्टार्थकल्पनं युक्तं नार्थत इत्यर्थः ।

YDh 1.14

[गर्भाष्टमेऽष्टमे वाब्दे ब्राह्मणस्योपनायनम् ।
राज्ञामेकादशे सैके विशामेके यथाकुलम् ॥]

"**गर्भाष्टमे**" इत्यादि । "**एते च संस्कारा:**" (33.10) इति । गर्भाधानादारभ्य चूडाकरणान्ता: संस्कारास्तदुक्तर्तुकालादिष्वेव ब्राह्मणादिस्त्रीणामपि भवन्ति । अत: परं तूपनयनादय: संस्कारा: पुंसामेव भवन्ति न तु स्त्रीणामपीत्यर्थ: । स्त्रीणां तु विवाह एवोपनयनम् । तथा च मनु: ।

वैवाहिको विधि: स्त्रीणां संस्कारो वैदिक: स्मृत: ।
पतिसेवा गुरौ वासो गृहार्थोऽग्निपरिक्रिया ॥ इति । (*MDh* 2.67)

गृहार्थो गृहकृत्यम् । तत्करणमग्निपरिचर्या । एवं स्मृत्यन्तरेऽप्युक्तम् ।

उपनीतिर्विवाहश्च द्वितीयं जननं स्मृतम् ॥ इति ।

अनेन स्त्रीपुरुषयोर्विवाहोपनयनसंस्कारयोर्द्वितीयजन्मत्वमुक्तम् । तथा च वक्ष्यति "**लिङ्गस्य च विवक्षितत्वात् स्त्रीष्वप्रसङ्ग:**" (34.10) इति । शूद्रस्याप्येते संस्कारा भवन्ति स्त्रीशूद्रयो: समानत्वात् । गृह्यकारवचनाच्च शूद्रस्यापि निषेकपुंसवनजातकर्मनामकरणोपनिष्क्रामणान्नप्राशनचौलान्यमन्त्राणि यथाकालमुपदिष्टानीति (cf. *MasGDh* 10.50) । ब्राह्मणादीनुपनयीतेत्यादिविधिकल्पनप्रकारमुक्त्वा (22.27–28) अनन्तरं "तथाङ्गसंबन्ध: प्रत्यक्षैरानुमानिकैश्च श्रुत्यादिभिरध्यवसेय: । निपुणतस्तु ग्रन्थव्याख्यायामेव प्रदर्शयिष्याम:" इति (23.5–6) । यत्पूर्वमुक्तं तदर्थमारभते "**नन्वेतत्**" (33.15) इति । अत्र श्लोक: ।

नन्वयुक्तं भवेदेतद्ब्राह्मणग्रहणं कृतम् ।
आद्यास्त्रयो द्विजा ह्येवं परिभाषा कृता यत: ॥

अत एव निर्दिष्टश्लोकेऽस्मिन् ब्राह्मणादय: अन्ये च केचनात्रेति वक्तुमत्र न युज्यते । तेषां तु क्षत्रियविशो: कर्मण्युक्ते सकर्तृके अकर्तृकेऽपि चान्यस्य कर्मणि प्रमान्वयात् ।

ब्राह्मणस्येति सिद्धं स्यात् पारिशेष्यप्रमाणत: ।
तस्मादयुक्तमेवैतदेवं क्षत्रियवैश्ययो: ॥ इति ।

प्रसक्तप्रतिषेधे सत्यन्यत्र परिशिष्यमाण: संप्रत्यय: । परिशेष इति पारिशेष्यलक्षणम् । "**आद्यास्त्रयो द्विजा:**" (33.15) इति । तत्र

ब्रह्मक्षत्रियविट्छूद्रा वर्णास्त्वाद्यास्त्रयो द्विजा: ।
निषेकाद्या: श्मशानान्तास्तेषां वै मन्त्रत: क्रिया: ॥ (*YDh* 1.10)

इत्युक्तम् । "तदपि" (33.17) इति । तथा च मनुः ।

ब्राह्मणः क्षत्रियो वैश्यस्त्रयो वर्णा द्विजातयः ।

चतुर्थ एकजातीयः शूद्रो नास्ति तु पञ्चमः ॥ इति । (*MDh* 10.4)

आचार्येणापि "ब्रह्मक्षत्रियविड्छूद्रा वर्णाः" (*YDh* 1.10) इति वदता वर्णानां जन्मसिद्धमेव ब्राह्मणादित्वं न पुनरुपनयनादेतज्जायत इत्येतदेव दर्शितम् ।

प्रकृतिविशिष्टं चातुरवर्ण्यं संस्कारविशेषाच्च ।

ब्राह्मणोऽस्य मुखमासीद्बाहू राजन्यः कृतः ।

ऊरू तदस्य यद्वैश्यः पद्भ्यां शूद्रो अजायत ॥ (*RV* 10.90.12)

इति निगमो भवति । गायत्र्या ब्राह्मणमसृजत त्रिष्टुभा राजन्यं जगत्या वैश्यं न केनचिच्छन्दसा शूद्रम् । (*VaDh* 4.3)

इति वसिष्ठवचनात्, गायत्र्यादिसृष्टत्वाद् ब्राह्मणादेर्गायत्रादित्वं द्रष्टव्यम् । एवं क्षत्रियवैश्यशब्दावपि योज्याविति । तथा चाम्नायः । "त्रिष्टुभा राजन्यस्य त्रैष्टभो हि राजन्यः एकादशाक्षरा त्रिष्टप् । जगतीभिर्वैश्यस्य जगतीच्छन्दा वै वैश्यः द्वादशक्षरा जगती" इति (cf. *AitBr* 1.28) । त्रिष्टुब्जगत्योरेकादशद्वादशसंख्यासंबन्धाद् राजन्यवैश्ययोश्च त्रैष्टभजागतत्वाद् एकादशद्वादशयोरुपनयनं कार्यमित्यस्यार्थः । स्मृतिश्च । "गायत्र्या ब्राह्मणमुपनयीत त्रिष्टुभा राजन्यं जगात्या वैश्यम्" इति । "यद्यप्येतान्याधानादौ वाक्यानि" (33.24–25) इति । तथा आश्वलायनः । "वसन्ते ब्राह्मण आदधीत ग्रीष्मवर्षाशरत्सु क्षत्रियवैश्योपक्रुष्टाः" इति (*ĀśŚr* 2.1.12–13) । तक्षणकर्मोपजीवी ब्राह्मण उपक्रुष्ट इत्युच्यते । "तथा च" इति (33.22) अत्र आपस्तम्बः । "वसन्ते ब्राह्मणमुपनयीत ग्रीष्मे राजन्यं शरदि वैश्यं गर्भाष्टमेषु ब्राह्मणं गर्भैकादशेषु राजन्यं गर्भद्वादशेषु वैश्यं । अथ काम्यानि । सप्तमे ब्रह्मवर्चसकाममष्टम आयुष्कामं नवमे तेजस्कामं दशमेऽन्नाद्यकाममेकादश इन्द्रियकामं द्वादशे पशुकामम्" इति (*ĀpDh* 1.1.19–26) । "शङ्खश्च वसन्तो ग्रीष्मः शरदिति कालाः" (34.2) इत्यत्र ब्राह्मणाद्युपनयन इति शेषः । बौधायनश्च ।

नास्य कर्म नियच्छन्ति किंचिदामौञ्जिबन्धनात् ।

वृत्त्या शूद्रसमोऽह्येष यावद्वेदेन जायते ॥

गर्भादिः संख्या वर्षाणां । तदष्टमेषु ब्राह्मणमुपनयेत् । तदेकादशेषु क्षत्रियम् । तद्वादशेषु वैश्यम् । वसन्तो ग्रीष्मः शरदित्यृतवो वर्णानुपूर्व्येण । गायत्रीत्रिष्टुब्जगतीभिर्यथाक्रमम् । आ षोडशाद्वर्षाद् आ द्वाविंशाद् आ चतुर्विंशात्" इत्यादि ।

(*BDh* 1.3.6–12)

“वैश्यस्य तु विकल्पः” (34.3) इति । शरद्वर्षाणामन्यतरदुपादेयमित्यर्थः । अत्र तु वरदराजीये विशेषः श्रूयते यथा ।

> अत्र विशेषमाह भरद्वाजः । “शिशिरे वा सर्वानुपनयेत्” (*BhārGṛ* 1.1) इति । अत्र आश्वलायनः । “उदगयन आपूर्यमाणपक्षे कल्याणे नक्षत्रे चौलकर्मोपनयनगोदानविवाहाः” इति (*ĀśGṛ* 1.4.1) । अत्राविशेषेणोदगयनमात्रस्य ग्रहणात्, शिशिरवसन्तग्रीष्मेषूपनयनमुक्तमेवेति केचिन्मन्यन्ते । ननु शास्त्रान्तरोक्तवसन्तादिविशेषात् सामान्योक्तेः संकोचः स्यात् । मैवं सामान्यविशेषयोर्यत्र संनिधिरस्ति तत्र वेशेषेण सामान्यसंकोचः । इह च शास्त्रान्तरोक्तविशेषस्य शास्त्रान्तरे संनिध्यभावात् संकोचो न युक्तः ।

इति वरदराजीयम् । “वेदाध्ययनाय” (34.3) इत्यत्र मस्करीयम् । “वेदस्याग्नेराचार्यस्य यमनियमानां वा समीपे नयनमुपनयनम्” (*MasGDh* 1.5) इति । “राज्ञाम्” (34.4–5) इति ।

> ब्रह्मक्षत्रियविड्शूद्रा वर्णास्त्वाद्यस्त्रयो द्विजाः । (*YDh* 1.10)

इत्यत्र क्षत्रियशब्दस्य च “राज्ञामेकादशे सैके विशामेके यथा कुलम्” (*YDh* 1.14) इत्यत्र राजशब्दस्य चैकार्थत्वज्ञापनार्थत्वात् । अन्यत्रापि गुणयोगित्वशङ्का कार्येत्यर्थः । “एकादशेऽब्दे” (33.5) इति । राजन्यवैश्ययोरपि गर्भाद्यैव वर्षसंख्या । तथा च मनुः ।

> गर्भाष्टमेऽब्दे कुर्वीत ब्राह्मणस्योपनायनम् ।
> गर्भादेकादशे राज्ञो गर्भात्तु द्वादशे विशः ॥
> ब्रह्मवर्चसकामस्य कार्यं विप्रस्य पञ्चमे ।
> राज्ञो बलार्थिनः षष्ठे वैश्यस्येहार्थिनोऽष्टमे ॥ इति । (*MDh* 2.36–37)

गौतमश्च “उपनयनं ब्राह्मणस्याष्टमे । नवमे पञ्चमे वा काम्यम् । गर्भादिः संख्या वर्षाणां । तद् द्वितीयं जन्म । तद्यस्मात् स आचार्यः । वेदानुचनाच्च । एकादशद्वादशयोः क्षत्रियवैश्ययोः” (*GDh* 1.5–11) इति । तथा वसिष्ठः “गर्भाष्टमे ब्राह्मणमुपनयीत । गर्भैकादशे राजन्यम् । गर्भद्वादशे वैश्यम्” (*VaDh* 11.49–51) इति । यथाह अङ्गिराः ।

> ब्रह्मवर्चसकामस्य पञ्चमेऽब्देऽग्रजन्मनः ।
> आयुष्कामस्य नवमे कार्यं मौञ्जिनिबन्धनम् ॥
> षष्ठे तथा द्वादशे च राज्ञो वृद्धिर्बलायुषोः ।
> ईहायुषोस्तु वैश्यस्य अष्टमे वा चतुर्दशे ॥ इति ।

ईहा कृष्यादिचेष्टा । आपस्तम्बश्च “अथ काम्यानि । सप्तमे ब्रह्मवर्चसकाममष्टम आयुष्कामं नवमे तेजस्कामं दशमेऽन्नाद्यकाममेकादश इन्द्रियकामं द्वादशे पशुकामम्” (*ĀpDh* 1.1.

20–26) इति । "'**पुत्रा येऽनन्तरस्त्रीजा' इति मनुवचनात्**" (34.9–10) इति ।

पुत्रा येऽनन्तरस्त्रीजाः क्रमेणोक्ता द्विजन्मनाम् ।
ताननन्तरनाम्नस्तु मातृदोषात् प्रचक्षते ॥ इति । (*MDh* 10.14)

अत्र **मस्करीयगौतमभाष्ये** त्वनुलोमानामुपनयनादौ विशेषो दर्शितः ।

"प्रतिलोमास्तु धर्महीनः" (*GDh* 4.25) । तुशब्दो विशेषार्थः । सृष्टेरपि प्रतिलोमाज्जातः सूतादिः धर्महीनः तदन्तरे प्रतिलोमाज्जातो विशेषेणेति । धर्मशब्देनोपनयनं द्रष्टव्यम् । एवं चानुलोमानामुपनयनं सिद्धम् । वेदाध्ययने तु प्रतिषेधो द्रष्टव्यः । कुतः । "अनुलोमानामुपनयनमेव न वेदाध्ययनं न पञ्चयज्ञो नौपासनं नाग्निहोत्रं न समित्कार्यं न संध्योपासनमुपनयनमपि तूष्णीमेव" इति **स्मृत्यन्तरात्** । "शूद्रायां च" (*GDh* 4.26) । अनुलोमानामपि शूद्रायां जात उपनयनरहितः । एवं च सवर्णाम्बष्ठनिषादानामेवोपनयनम् । तथा **स्मृत्यन्तरम्** । "सवर्णमुपनीय धनुर्वेदं शिक्षयेदम्बष्ठमुपनीय वैद्यशास्त्रं निषादमुपनीय हस्तिशिक्षामन्येषामुपनयनाभावः" । केचिदम्बष्ठायां सवर्णाज्जातमुपनीय नृत्तं शिक्षयेदिति वर्णयन्ति । उग्रादयो वृत्तिविशेषेण ज्ञातव्याः । उग्रो हन्ता व्यालमृगादीनां दौष्यन्तो मत्स्यघातकः पारशवो भद्रकालीपूजकः सूतो हयशिक्षकः मागधो वणिक्पथसेवी पट्टकृदायोगवः क्षत्तश्चाक्रिकः स एव लवणविक्रेता वैदेहकोऽजपालः । इत्यादि । (*MasGDh* 4.25–26)

इति **मस्करीयगौतमभाष्य** उक्तम् । एतद् व्रात्योत्पन्नानुलोमादिविषयम् ।

यज्ञोपवीतं बिभृयात्सर्वाणां तु समन्त्रकम् ।
क्षत्रियानन्तरं चैव ब्राह्मणैकान्तरं तथा ।

इत्यादि**गौरात्रेया**दिवचनादिति वरदजरान्धातः[57] । "**लिङ्गस्य च**" (34.10) इति । यत्तु **हारीतोक्तं**,

द्विविधा स्त्रियो ब्रह्मवादिन्यः सद्योवध्वश्चेति । तत्र ब्रह्मवादिनीनामुपनयनमग्नीन्धनं वेदाध्ययनं स्वगृहे च भिक्षाचर्येति । सद्योवधूनां तु उपस्थिते कथंचिदुपनयनमात्रं कृत्वा विवाहः कार्यः ।

इति, तत् कल्पान्तराभिप्रायम् । तथा च **यमः** ।

पुरा कल्पे कुमारीणां मौञ्जीबन्धनमिष्यते ।
अध्यापनं च वेदानां सावित्रीवचनं तथा ॥
तथा पितृव्यो भ्राता वा नैनामध्यापेत्परः ।
स्वगृहे चैव कन्याया भैक्षचर्या विधीयते ॥
वर्जयेदजिनं चीरं जटाधारणमेव च ॥ इति ।

वैवाहिको विधिः स्त्रीणामौपनायनिकः स्मृतः ।
पतिसेवा गुरौ वासो गृहार्थोऽग्निपरिक्रिया ॥ (*MDh* 2.67)

इति **मनु**वचनादप्येतन्न ग्राह्यमित्यभिप्रायः । "**तथा च**" (34.11) इत्यत्र **गौतमः** । "वर्णान्तरगमनमुत्कर्षापकर्षाभ्यां सप्तमेन पञ्चमेन चार्याः सृष्ट्यन्तरजानां च प्रतिलोमात्तु धर्महीनः" (*GDh* 4.22–25) इति । एषां क्रमेणार्थो वक्ष्यते ।

वर्णशब्देनोत्पादकबीजमुच्यते । यो वर्ण उत्पादकस्तद्वर्णः संभवेदित्यर्थः । सप्तमे युगपरिवर्तने । अन्तरशब्देन क्षेत्रमुच्यते । ततश्च क्रमेण द्रष्टव्यम् । उत्कर्षेणोत्पादकवर्णत्वमपकर्षेण क्षेत्रवर्णत्वमिति । ततः स्त्रीत उत्कर्षो मन्तव्यः पुरुषादपकर्श्च । . . . पञ्चम एव युगपरिवर्ते वर्णान्तरं भवतीति केचिदाचार्या वर्णयन्ति . . . सृष्टिश्चत्वारो वर्णाः । तदन्तरा मूर्धावसिक्तादयः । तेषां जाताः सृष्ट्यन्तरजाः । वर्णान्तरगमनमुत्कर्षापकर्षाभ्यां सप्तमेन पञ्चमेनाचार्या इत्यनुकर्षणार्थश्चकार . . . तुशब्दो विशेषार्थः । सृष्टेरपि प्रतिलोमाज्जातः सूतादिर्धर्महीनः । तदन्तरे प्रतिलोमाज्जातो विशेषेणेति । धर्मशब्देनोपनयनं द्रष्टव्यम् । एवं चानुलोमानामुपनयनं सिद्धम् । (*MasGDh* 4.22–25)

इति **मस्करीयम्** ।

प्रतिलोमास्त्वनिधिकृता एव । वर्णाश्रमविहितोपनयनादिधर्मानर्हा इत्यर्थः । पूर्वमपि **आचार्येन** अयमर्थः प्रथमश्लोके पाठान्तरव्याख्याने "पुत्रा येऽनन्तरस्त्रीजाः" इति **मनु**वचनेनानुलोमानां वर्णत्वमुक्त्वा (6.19–23) उक्तम् ।

क्रमानन्तर्यवचनाच्च प्रतिलोमानामवर्णत्वम् । तथा च **गौतमः** । "प्रतिलोमात्तु धर्महीनः" (*GDh* 4.25) इत्यवर्णत्वविवक्षयैवाह । **जातूकर्ण**श्चाह "प्रतिलोमास्त्वन्तावसायिनः" इति । यत्तु किंचित् तद्गतधर्माभिधानं तदानुषङ्गिकम् । प्रयोजकविषयस्तु प्रश्नः । इति । (*VisYDh* 6.23–7.3)

YDh 1.15

[उपनीय गुरुः शिष्यं महाव्याहृतिपूर्वकम् ।
वेदमध्यापयेत्पश्चाच्छौचाचारांश्च शिक्षयेत् ॥]

"उपनीय" इत्यादि ।"**तुशब्द**" (34.17) इति । तत्र **यजुःप्रातिशाख्यम्** "त्वथैवेति निवर्तकाधिकारकावधारकाः" इति (*TaitPrā* 22.6) । "**तथा च**" (34.18) इत्यत्र **मनुः** ।

एष प्रोक्तो द्विजातीनामौपनायनिको विधिः ।

उत्पत्तिव्यञ्जकः पुण्यःकर्मयोगं निबोधत ॥

"उपनीय गुरुः शिष्यं शिक्षयेच्छौचमादितः ।

आचारमग्निकार्यं च संध्योपासनमेव च ॥ इति ।" (34.20–21)

(*MDh* 2.68–69)

अत्र तु **विज्ञानेश्वरम्** (*VijYDh* 1.1) ।

"प्रागुपनयनात् कामचारवादभक्षः" इति **गौतमः** (*GDh* 2.1) । प्रागुपनयनात् कामचारः ऊर्ध्वमुपनयनात् प्राग्वेदाध्ययनोपक्रमाद्धर्मशास्त्राध्ययनम् । ततो धर्मशास्त्रविहितनियमोपेतस्य वेदाध्ययनं ततस्तदर्थजिज्ञासानुष्ठानम् । इति ।

"**स्मृत्यन्तरात्**" (34.23) इति । तथा चाह **मनुः** ।

"ओंकारपूर्विकास्तिस्रो महाव्याहृतयोऽव्ययाः ।

त्रिपदा चैव गायत्री विज्ञेया ब्राह्मणो मुखम् ॥" (34.25–26)

योऽधीतेऽहन्यहन्येतान् त्रीणि वर्षाण्यतन्द्रितः ।

स ब्रह्म परमभ्येति वायुभूतः खमूर्तिमान् ॥

एकाक्षरं परं ब्रह्म प्राणायामः परं तपः ।

सावित्र्यास्तु परं नास्ति मौनात्सत्यं विशिष्यते ॥ इति । (*MDh* 2.81–83)

शौनकीये तु ।

ओंकारपूर्विकास्तिस्रो महाव्याहृतयस्तथा ।

त्रिपदा चैव गायत्री विज्ञेया ब्राह्मणो मुखम् ॥

इत्युक्तम् । **व्याघ्रेणापि** सावित्रीजपः प्राशंसि ।

न सावित्रिसमं जप्यं न व्याहृतिसमं हुतम् ।

नान्नतोयसमं दानं न चाहिंसासमं तपः ॥ इति ।

"**गौतमीयं तु**" (34.27) इति । "पाणिना स्वयमुपसंगृह्यानङ्गुष्ठमधीहि भो इत्यामन्त्रयेत गुरुम् । तत्रचक्षुर्मनाः । प्राणोपस्पर्शनं दर्भैः । प्राणायामास्त्रयः पञ्चदश मात्राः । प्राक्कूलेष्वासनं च । ओंपूर्वा व्याहृतयः पञ्च सत्यान्ताः" इति **गौतमीयम्** (*GDh* 1.46–51)। अस्यार्थो **मस्करीयभाष्ये**ऽभिहितः । यथा ।

गुरूपासनाविधिमाह । पाणिना दक्षिणेन सव्यं पाणिमङ्गुष्ठवर्जितं गृहीत्वाधीहि भो इति प्रार्थयेत गुरुमध्यापकं । पाणिग्रहणं पादनिवृत्यर्थम् । पाणिप्रकरणात् सव्यमपि पाणिमेवेति गम्यते । उपसंग्रहणमङ्गुलिप्रदेश इति गम्यते, अनङ्गुष्ठमित्युक्तत्वात् । किंच तत्र गुरौ चक्षुर्मनसी व्यवस्थापयेदित्यर्थः । किंच "प्राणोपस्पर्शनं दर्भैः" । कार्यमिति शेषः । साक्षात्

प्राणानां स्पर्शनासंभवात् प्राणा इति चक्षुरादीनीन्द्रियाणि शीर्षण्यान्युच्यन्ते । तान्युपस्पृशेद्दर्भैराचमनोक्तक्रमेण । किंच "प्राणायामास्त्रयः पञ्चदश मात्राः" । कार्या इति शेषः । प्राणायामः प्राणनिरोधः निरुच्छ्वासेनावस्थानम् । ते त्रयः कार्याः । प्रत्येकं पञ्चदश मात्राः । मात्रा नाम मध्याङ्गुष्ठशब्देन लोके प्रसिद्धाः । किंच प्रागग्रेषु प्रकरणाद् दर्भेषु आसनमुपवेशनं कार्यमिति शेषः । चकारात् दर्भपवित्रपाणिश्च । "ओंपूर्वा व्याहृतयः पञ्च सत्यान्ताः"। उदाहर्तव्या इति शेषः । प्रत्येकं प्रणवपूर्वा भूराद्यास्तिस्रः पुरुषमध्याः सत्यान्ताः । एवं जाबालिश्रुतौ प्रसिद्धाः । (*MasGDh* 1.46–51)

इति पाणिनेत्यादिसत्यान्ता इत्यस्यार्थ उक्तः । पुनरप्यत्रैवानन्तरोक्तमध्ययननियममेतत्स्पष्टीकरणाय ग्रन्थबाहुल्यदोषमङ्गीकृत्यापि प्रदर्शयामः । यथा ।

किंच "गुरोः पादोपसंग्रहणं प्रातः" । कार्यमिति शेषः । उपसंग्रहणमिति वक्तव्ये पादग्रहणं स्मृत्यन्तरोक्तविध्युपसंग्रहार्थम् । यथाह मनुः ।

व्यत्यस्य पाणिना कार्यमुपसंग्रहणं गुरोः ।
सव्येन सव्यः स्प्रष्टव्यो दक्षिणेन तु दक्षिणः ॥ इति । (*MDh* 2.72)

प्रातरुत्थाय प्रतिदिनम् । गुरुग्रहणमात्मनो मा भूदिति । ततश्च पूर्वं प्राणोपस्पर्शनादिकमात्मनः । किँच "ब्रह्मानुवचने चाद्यन्तयोः" । वेदपाठस्यारम्भावसानयोः । चकारः पादोपसंग्रहणार्थः । किंच "अनुज्ञात उपविशेत् प्राङ्मुखो दक्षिणतः शिष्य उदङ्मुखो वा" । आचार्येणादिष्टः शिष्यस्तस्य दक्षिणस्यां दिशि प्राङ्मुख उदङ्मुखो वोपविशेत् । संभवतो विकल्पः । आसीनस्याचार्यस्य यथाभिमुखो भवति तथा पाङ्मुख उदङ्मुखो वोपविशेदित्यर्थः । कथं । "तत्र चक्षुर्मनाः" (*GDh* 1.47) इत्युक्तत्वात् । . . . किंच "सावित्री चानुवचनम् । आदितो ब्रह्मण आदाने" । सावित्री "तत्सवितुः" इत्यादि । चकाराद् ओंकारपूर्विका व्याहृतयश्च । तथा मनुः ।

ओंपूर्विकास्तिस्रो महाव्याहृतयोऽव्ययाः ।
त्रिपदा चैव गायत्री विज्ञेया ब्रह्मणो मुखम् ॥ इति । (*MDh* 2.81)

अनुवचनमध्येतव्यं । ब्रह्मणो वेदस्यादाने आरम्भे । अध्ययनारम्भकाल इत्यर्थः । आदितस्तत्पूर्वमित्यर्थः । किंच । "ओंकारोऽन्यत्रापि" । सावित्र्यनुवचनानन्तरम् ओंकारश्चोदाहर्तव्यः । अन्यत्रापि । अत्रायं क्रमः । प्रातः पादोपसंग्रहणं । तदाहृत उपसदनं दर्भेषु । ततः प्राणोपस्पर्शनं दर्भैः । ततः प्राणायामं कृत्वा व्याहृतीः पञ्च चोक्त्वा "अधीहि भोः" इति गुरुमामन्त्र्य ओंकारपूर्विका व्याहृतीः सावित्रीं चोक्त्वा प्रणवपूर्वमधीयीत । प्रथमाध्ययन एवायं विधिः । ततः सावित्री चानुवचनं ततोऽधीयीतेति वक्तव्ये आदितो ब्रह्मण आदान इत्यार-

म्भात् । प्रतिदिवसं त्वोंकारमेवोक्त्वा, ओंकारोऽन्यत्रेत्युक्तत्वात् । अन्यत्र प्रथमाध्ययनकालादन्यत्र । अपिशब्दः प्रथमाध्ययनेऽपि प्रणवप्रवेशार्थः । केचिदन्यत्रापीत्यनेनाङ्गादौ प्रणवमिच्छन्ति । (*MasGDh* 1.52–57)

इति **मस्करीयम्** । **विज्ञानेश्वरे** तु (*VijYDh* 1.15) "स्वगृह्योक्तविधिनोपनीय गुरुः शिष्यं महाव्याहृतिपूर्वकं वेदमध्यापयेत् । महाव्याहृतयो भूरादिसत्यान्ताः सप्त वा पञ्च वा **गौतमा**भिप्रायेण" (cf. *GDh* 1.51) इत्युक्तम् । "**तत्र हि 'पुरुषः सत्यम्' इति पञ्चानां पाठात्**" इति (34.28) । तत्र सामवेदाध्ययनारम्भ इत्यर्थः । "**सापेक्षत्वे समासानुपपत्तेः**" (35.1–2) इति । "सापेक्षसमासमसमर्थं भवति" इति वचनात् समासानुपपत्तिः । यथा कुम्भीधान्य इति कुम्भ्यामेव धान्यं यस्य स कुम्भीधान्यः न तु कुम्भ्यामन्यस्मिन्नपि विद्यमानधान्यः कुम्भीधान्यः । "**स्त्रवत्यनोंकृतम्**" (35.3) इति । तथा च **मनुः** ।

अध्येष्यमाणस्तु गुरुं नित्यकालमतन्द्रितः ।
अधीष्व भो इति ब्रूयाद्विरामोऽस्त्विति चारमेत् ॥
ब्रह्मणः प्रणवं कुर्यादादावन्ते च सर्वदा ।
स्त्रवत्यनोंकृतं पूर्वं परस्ताच्च विशीर्यते ॥ इति । (*MDh* 2.73–74)

"स्त्रवति शनैःशनैर्नश्यति । परस्तादवस्थितिं च न लभत इत्यर्थः" इति **वरदराजीयम्** । **विष्णुरपि** ।

ओंकारं प्रथमं कृत्वा ततो ब्रह्म प्रवर्तते ।
ओंकारं च पुनः कृत्वा भूमिं स्पृष्ट्वा विरामयेत् ॥ इति ।

तथा **प्रातिशाख्येऽप्युक्तम्** ।

तेऽधीहि भो इत्यभिचोदयन्ति गुरुं
शिष्या उपसंगृह्य सर्वे ॥
स ओमिति प्रस्वरति त्रिमात्रः
प्रस्वार स्थाने स भवत्युदात्तः ।
चतुर्मात्रो वार्धपूर्वानुदात्तः
षण्मात्रो वा भवति द्विःस्वरः सन् ॥
मुखं स्वाध्यायस्य भवेन्न चैतत् संदध्यात् स्वाध्यायगतं परेण ॥ (*ṚgPrā* 15.4–7)

इत्युपक्रम्याध्ययनधर्ममुक्त्वा,

भो इत्यर्धर्चे गुरुणोक्त आह
शिष्य ओं भो इत्युचितामृचं च ॥ (*ṚgPrā* 15.32)

उभयत्र प्रणवोच्चारणमाह अस्य प्रस्वरति स्वरशब्द इति धातुः ओम् इत्युच्चरेदित्यर्थः । स्थाने मन्द्रमध्यमोच्चस्थाने प्रातःकाले मन्द्रस्वरः मध्यमे मध्यस्वरः सायमुच्चस्वरः स्वाध्यायकृतं प्रणवं "अग्निमीले" (*RV* 1.1.1) इत्यादिनारभ्यमाणेन संदध्यात् । द्वयोः संधनं न कुर्यात् । पृथगुच्चरेदित्यर्थः । उचितामृचं "नमो ब्रह्मणे" (*TaitU* 1.1.1) इत्यृचं ब्रूयादिति । अत्र मार्कण्डेयः स्वाध्यायाध्ययनधर्मानाह ।

प्राप्ते तु पञ्चमे वर्षे अप्रसुप्ते जनार्दने ।
षष्ठीं प्रतिपदं चैव वर्जयित्वा तथाष्टमीम् ॥
रिक्तां पञ्चदशीं चैव सौरभौमदिने तथा ।
एवं सुनिश्चिते काले विद्यारम्भं तु कारयेत् ॥
पूजयित्वा हरिं लक्ष्मीं देवीं चैव सरस्वतीम् ।
स्वविद्यासूत्रकारांश्च स्वां विद्यां च विशेषतः ॥
एतेषां चैव देवानां नाम्नाशु जुहुयाद् घृतम् ।
दक्षिणाभिर्द्विजेन्द्राणां कर्तव्यं चात्र पूजनम् ॥
प्राङ्मुखो गुरुरासीनो वारुणाभिमुखं शिशुम् ।
अध्यापयेत्तत् प्रथमं द्विजाशीर्भिः सुपूजितः ॥
ततः प्रभृत्यनध्यायान् वर्जनीयान्विवर्जयेत् ।
अष्टमीद्वितयं चैव पक्षान्ते च दिनद्वयम् ॥
आशौच इन्द्रयात्रायां भूकम्पे राहुदर्शने ।
व्यतीपातेऽप्यहोरात्रमुल्कापाते तथैव च ॥ इति । (cf. *ViDhUPu* 2.52.123–34)
यस्यामुन्नतिमन्विच्छेन्न तां पर्वसु कीर्तयेत् ।
य इच्छेच्छाश्वतीं विद्यां प्रतिपत्सु न कीर्तयेत् ॥ इति च ।

"तथा च समाचारः" (35.4–5) इति । समाचारानुसारादपि करणमस्तु । "आम्नायप्रामाण्यादाचारः प्रमाणम्" इति स्मृत्यन्तरात्, "शिष्टाचारश्च नः प्रमाणम्" इति स्मृत्यन्तराच्च । एतच्च "षष्ठेऽष्टमे वा सीमन्तो मासेऽतो जातकर्म च" (*YDh* 1.11) इत्यत्रास्माभिः प्रपञ्चितमत्रोदाहरणीयम् । "गुरुग्रहणं तु" (35.5) इति । तथा च मनुः ।

निषेकादीनि कर्माणि यः करोति यथाविधि ।
संभावयति चान्नेन स विप्रो गुरुरुच्यते ॥ इति । (*MDh* 2.142)

आचार्यश्च ।

स गुरुर्यः क्रियाः कृत्वा वेदमस्मै प्रयच्छति ।

उपनीय ददद्वेदं आचार्यः स उदाहृतः ॥ इति । (*YDh* 1.33)

बृहस्पतिश्च ।

एवं दण्डादिकैर्युक्तं सत्कृत्य तनयं पिता ।
वेदमध्यापयेद्यत्नाच्छास्त्रं मन्वादिकं तथा ॥ इति ।

“**तथा च**” (35.5) इत्यत्र बृहदारण्यके सप्तान्नब्राह्मणे[58] श्रूयते ।

अथातः संप्रत्तिः । यदा प्रैष्यन्मन्यते अथ पुत्रमाह त्वं ब्रह्म त्वं यज्ञस्त्वं लोक इति । स पुत्रः अहं ब्रह्माहं यज्ञोऽहं लोक इति । यद्वै किंचानूक्तं तस्य सर्वस्य ब्रह्मेत्येकता । ये वै के च यज्ञास्तेषां सर्वेषां यज्ञ इत्येकता । ये वै के च लोकास्तेषां सर्वेषां लोक इत्येकता । एतावद्वा इदं सर्वम् । एतन्मा सर्वं सन्नयमितो भुनजदिति । तस्मात् पुत्रमनुशिष्टं लोक्यमाहुः । तस्मादेनमनुशासति । स यदैवंविदस्माल्लोकात् प्रैति अथै-भिरेव प्राणैः सह पुत्रमाविशति । स यद्यनेन किंचिदक्ष्णयाकृतं भवति तस्मादेनं सर्वस्मात् पुत्रो मुञ्चति तस्मात् पुत्रो नाम । स पुत्रेणैवास्मिंल्लोके प्रतितिष्ठति । इति ।
(*BāU* 1.5.17)

तथा चाणक्येन चाभाणि । “पुत्राः पितरमनुवर्तन्ते । गुणवति पुत्रे कुडुम्बिनः स्वर्गः । पुत्रा विद्यानां पारं गमयितव्याः । यो दुर्गतौ पितरौ रक्षति स पुत्रः । यः कुलं प्रख्यापयति स पुत्रः” इति । तथा च श्रीभागवते पञ्चमे स्वपुत्रशिक्षणकर्तव्यतायामङ्गिरसोक्तम् । “अनुशिष्टेन हि भाव्यं पितुः पुत्रेण” (*BhPu* 5.9.4) इति । “**शिष्यग्रहणं तु**” इति (35.6) । तत्र मनुः ।

यथा खनन् खनित्रेण नरो वार्यधिगच्छति ।
तथा गुरुगतां विद्यां शुश्रूषुरधिगच्छति ॥ (*MDh* 2.218)
धर्मार्थौ यत्र न स्यातां शुश्रूषा वापि तद्विधा ।
तत्र विद्यया सह मर्तव्यं न चैनामूषरे वपेत् ॥ (*MDh* 2.112)
अग्निरिव कक्षं दहति ब्रह्म पृष्टमनादृतम् ।
तस्माद्वै शक्यं न ब्रूयाद् ब्रह्म मानमकुर्वताम् ॥
इत्येवास्मै वाचो वेदयन्ते इति । (*BDh* 1.4.2–3)

व्यासश्च ।

जघन्यशायी पूर्वं स्यादुत्थायी गुरुवेश्मनि ।
यच्च शिष्येण कर्तव्यं कार्यं दासेन वा पुनः ॥
कृतमित्येव तत्सर्वं कृत्वा तिष्ठेत्तु पार्श्वतः ।
किङ्करः सर्वकारी च सर्वकर्मसु कोविदः ॥ इति । (*MBh* 12.234.18–19)

पुनरपि स एवाह ।

एतावत्येव शुश्रूषा कार्या पितरि पुत्रकैः ।
वाढमित्यनुमन्येत गौरवेण गुरोर्वचः ॥ (*BhPu* 3.24.13)
उत्तमश्चिन्तितं कुर्यात् प्रोक्तकारी तु मध्यमः ।
अधमोऽश्रद्धया कुर्यादकर्तोच्चरितं पितुः ॥ इति । (*BhPu* 6.18.44)

वक्ष्यति च ।

ततोऽभिवादयेद्वृद्धानसावहमिति ब्रुवन् ।
गुरुं चैवाप्युपासीत स्वाध्यायार्थं समाहितः ॥
आहूतश्चाप्यधीयीत लब्धं चास्मै निवेदयेत् ।
हितं चास्याचरेन्नित्यं मनोवाक्कायकर्मभिः ॥ इति । (*YDh* 1.26–27)

एतच्चोत्तरत्रास्मिञ्छ्लोके स्पष्टीकरिष्यते । शुश्रूषायाश्चैवमाद्यखिलत्वमिति मन्तव्यम् । "क्षत्रियवैश्ययोरपि" (35.7) इति । तत्र पुलस्त्यः ।

ब्राह्मणो ब्राह्मणानां तु क्षत्रियाणां पुरोहितः ।
वैश्यानां याजकश्चैव प्रायश्चित्तं समादिशेत् ॥ इति ।

प्रायश्चित्तवचनमुपनयनादेरप्युपलक्षणम् । तथा दशमस्कन्धे ।

अथ शूरसुतो राजा पुत्रयोः समकारयत् ।
पुरोधसा ब्राह्मणैश्च यथावद् द्विजसंस्कृतिम् ॥ इति । (*BhPu* 10.45.26)

तथा च गर्गप्रतिनन्दवचनम् ।

त्वं हि ब्रह्मविदां श्रेष्ठः संस्कारान्कर्तुमर्हसि ।
बालयोरनयोर्नृणां जन्मतो ब्राह्मणो गुरुः ॥ इति । (*BhPu* 10.8.6)

वसिष्ठश्च । "त्रयो वर्णा ब्राह्मणस्य निदेशे वर्तेरन् । ब्राह्मणो धर्मान् ब्रूयात्" इति (*VaDh* 1.39) । तथा च मनुः ।

अधीयीरंस्त्रयो वर्णाः स्वकर्मस्था द्विजातयः ।
प्रब्रूयाद् ब्राह्मणस्त्वेषां नेतराविति निश्चयः ॥
सर्वेषां ब्राह्मणो विद्याद्वृत्त्युपायान्यथाविधि ।
प्रब्रूयादितरेभ्यश्च स्वयं चैव तथा भवेत् ॥
वैशिष्ठ्यात् प्रकृतिश्रैष्ठ्यान्नियमस्य च धारणात् ।
संस्कारस्य विशेषाच्च सर्वेषां ब्राह्मणः प्रभुः ॥ इति । (*MDh* 10.1–3)
अब्राह्मणादध्ययनमापत्कल्पे विधीयते ।

अनुव्रज्या च शुश्रूषा यावदध्ययनं गुरोः । (*MDh* 2.241)

इति च **मनुः** । **व्यासश्च** ।

मन्त्रदः क्षत्रियो विप्रैः शुश्रूष्योऽनुगमादिना ।

प्राप्तविद्यो ब्राह्मणस्तु पुनस्तस्य गुरुः स्मृतः ॥ इति ।

गौतमश्च । "आपत्कल्पे[59] ब्राह्मणस्याब्राह्मणाद् विद्योपयोगः । अनुगमनं शुश्रूषा । समाप्ते ब्राहमणो गुरुः" (*GDh* 7.1–3) इति । **बौधायनश्च** । "अब्राह्मणादध्ययनमापादि । शुश्रूषानुव्रज्या च यावदध्ययनम् । तयोस्तदेव पावनम्" (*BDh* 1.3.41–43) इति । यत्र क्षत्रियवैश्ययोरप्यापदि ब्राह्मणं प्रति गुरुत्वं तत्र स्वपुत्रं प्रति किमुतेत्यभिप्रायः । "**आचार्योपनयनं तु**" (35.8) इति। तथा च **मनुः** ।

मातुरग्रेऽधिजननं द्वितीयं मौञ्जिबन्धने ।

तृतीयं यज्ञदीक्षायां द्विजस्य विधिचोदितम् ॥

तत्र यद् ब्रह्मजन्मास्य मौञ्जिबन्धनचिह्नितम् ।

तत्रास्य माता सावित्री पिता त्वाचार्य उच्यते ॥

वेदप्रदानादाचार्यं पितरं परिचक्षते ॥ (*MDh* 2.169–171)

इति पितृत्वोपचारात् । "**अप्रतिरूप**" (35.9) इति । प्रतिरूपमभिरूपं योग्यं विहितमिति यावत् । तदन्यदप्रतिरूपमनभिरूपमयोग्यं निषिद्धमिति यावत् । तस्यासंकल्पनं सकृदप्यनिरूपणं मनसः शुद्धिः । इतरस्याप्रतिरूपसंकल्पनस्य पाप्मना पापनिमित्तत्वेन मनश्शुद्धिविरुद्धत्वादित्यर्थः । तथा च **बृहदारण्यकाम्नायः** ।

द्वया ह प्राजापत्याः देवाश्चासुराश्च । ततः कानीयसा एव देवा ज्यायसा असुराः । त एषु लोकेष्वस्पर्धन्त । ते ह देवा ऊचुः । हन्तासुरान्यज्ञ उद्गीथेनात्ययामेति[60] । ते ह वाचमूचुस्त्वं न उद्गायेति । तथेति तेभ्यो वागुदगायत् ।यो वाचि भोगस्तं देवेभ्य आगायत् । यत्कल्याणं वदति तदात्मने । तेऽविदुरनेन वै न उदगात्रात्येष्यन्तीति । तमभिद्रुत्य पाप्मनाविध्यन् । स यः स पाप्मा यदेवेदमप्रतिरूपं वदति । स एव स पाप्मा । (*BāU* 1.3.1–2)

इत्येवं प्राणचक्षुःश्रोत्राण्युक्त्वाह

अथ ह मन ऊचुस्त्वं न उदगायेति । तथेति तेभ्यो मन उदगायत् । यो मनसि भोगस्तं देवेभ्य आगायत् । यत्कल्याणं संकल्पयति तदात्मने । तेऽविदुरनेन वै न उद्गात्रात्येष्यन्तीति । तमभिद्रुत्य पाप्मनाविध्यन् । स यः स पाप्मा यदेवेदमप्रतिरूपं संकल्पयति । स एव स पाप्मा । एवमु खल्वेता देवताः पाप्मभिरुपासृजन् । एवमेनाः

पाप्मनाविध्यन् । (*BāU* 1.3.6)

इत्यादि । एतच्चोत्तरत्र

मधुमांसाञ्जनोच्छिष्टशुक्तस्त्रीप्राणिहिंसनम् ।

भास्करालोकनाश्लीलपरिवादांश्च वर्जयेत् ॥ (*YDh* 1.32)

इत्यत्र "अश्लीलसंकल्पनमपि" (48.19) इत्यत्रोदाहृतम् । तद्वदत्राप्यर्थः । श्रुतिं चैनां तत्रैव साकल्येनोदाहरिष्यामः[61] । तथा च आश्वलायनगृह्ये "अभ्युदियाच्चेदकर्मश्रान्तमनभिरूपेण कर्मणा" (*ĀśGṛ* 3.6.2) इत्यादि सूर्याभ्युदितस्य प्रायश्चित्तमुक्तम् । "अनभिरूपेण परिचर-णादेरन्येन वृत्तदर्शादिना निषिद्धेन कर्मणा" इत्यस्यार्थस्तद्भाष्ये वर्णितः[62] । "प्रतिरूपानु-रूपा बुधमनोज्ञयोः" इति नाममाला[63] च । "कायिकं तु" (35.13) इति । तथा च मनुः ।

विण्मूत्रोत्सर्गशुद्ध्यर्थं मृद्वार्यादेयमर्थवत् ।

दैहिकानां मलानां च शुद्धिषु द्वादशस्वपि ॥ इत्यादि । (*MDh* 5.134)

वक्ष्यति च ।

गृहीतशिश्नश्चोत्थाय मृद्भिरभ्युद्धृतैर्जलैः ।

गन्धलेपक्षयकरं शौचं कुर्यादतन्द्रितः ॥ इति । (*YDh* 1.17)

"अन्ये तु पञ्च शौचानाचक्षते" (35.14) इत्यत्र "सत्यं शौचम्" (*MDh* 10.63?) इत्यादि मानवम् । केचित्तु शौचद्वैविध्यमाचक्षते ।

शौचे यत्नः सदा कार्यः शौचमूलो द्विजः स्मृतः ।

शौचाचारविहीनस्य समस्ता निष्फलाः क्रियाः ॥

शौचं तु द्विविधं प्रोक्तं बाह्यमाभ्यन्तरं तथा ।

मृज्जलाभ्यां स्मृतं बाह्यं भावशुद्धिस्तथान्तरम् ॥

उभयेन शुचिर्यस्तु स शुचिर्नेतरः शुचिः ॥ इति । (*NārPu* 1.27.8–9)

"आचाराश्च" (35.17) इति । आदिशब्देन[64] भैक्षचर्यादि गृह्यते । तथा च मनुः ।

अग्नीन्धनं भैक्षचर्यामधःशय्यां गुरोर्हितम् ।

आ समावर्तनात्कुर्यात्कृतोपनयनो द्विजः ॥ इत्यादि । (*MDh* 2.108)

ब्रह्मचर्यं तपो भैक्षं संध्ययोरग्निकर्म च ।

स्वाध्यायो गुरुवृत्तिश्च चर्येयं ब्रह्मचारिणः ॥

इति च स्मृत्यन्तरम् । वर्णधर्मादिलक्षणमाह सुमन्तुः ।

वर्णत्वमेकमाश्रित्य यो धर्मः संप्रवर्तते ।

वर्णधर्मः स उक्तस्तु यथोपनयनं किल ॥

यत्त्वाश्रमत्वमाश्रित्य अधिकारः प्रवर्तते ।
स एवाश्रमधर्मः स्याद् भिक्षादण्डादितो यथा ॥
वर्णत्वमाश्रमत्वं च योऽधिकृत्य प्रवर्तते ।
स वर्णाश्रमधर्मस्तु यथा मौञ्जी तु मेखला ॥
यो गुणेन प्रवर्तेत गुणधर्मः स उच्यते ।
यथा मूर्धाभिषिक्तस्य प्रजानां परिपालनम् ॥
निमित्तमेकमाश्रित्य यो धर्मः संप्रवर्तते ।
नैमित्तिकः स विज्ञेयः प्रायश्चित्तविधिर्यथा ॥ इति ।

तथा विज्ञानेशवरेऽप्युक्तम् (*VijYDh* 1.1) ।

धर्मशब्दः षड्विधः स्मार्तविषयः । तद्यथा वर्णधर्म आश्रमधर्मो वर्णाश्रमधर्मो गुणधर्मो निमित्तधर्मः साधारणधर्मश्चेति । तत्र वर्णधर्मो "नित्यं मद्यं ब्राह्मणो न पिबेत्" इत्यादि । आश्रमधर्मोऽग्नीन्धनभैक्षचर्यादिः । वर्णाश्रमधर्मः "पालाशो दण्डो ब्राह्मणस्य" इत्यादिः । गुणधर्मः शास्त्रीयाभिषेकादिगुणयुक्तस्य राज्ञः प्रजापालनादिः । निमित्तधर्मो विहिताकरणप्रतिषिद्धसेवननिमित्तं प्रायश्चित्तम् । साधारणधर्मोऽहिंसादिः । इति ।

"वर्णसंबन्धिनोऽस्तेयाद्याः" (35.17–18) इति । तथा च मनुः ।

अहिंसा सत्यमस्तेयं शौचमिन्द्रियनिग्रहः ।
एष साधारणो धर्मश्चातुर्वर्ण्ये प्रकीर्तितः ॥ इति । (*MDh* 10.63)

अत्र च ।

अहिंसा सत्यमस्तेयं शौचमिन्द्रियसंयमः ।
दमः क्षमार्जवं दानं सर्वेषां धर्मसाधनम् ॥ इति । (*YDh* 1.121)

तथा च गौतमः । "प्रागुपनयनात् कामचारवादभक्षः" (*GDh* 2.1) इति । कामचार इच्छागतिः । कामवादोऽश्लीलादिभाषणम् । कामभक्षः पर्युषितादिभक्षणम् । महापातकाद्दते कामचारित्वादि द्रष्टव्यम् । "अहुतात्" (*GDh* 2.1) इति । हुतं हुतशिष्टं चरुपुरोडाशादि । तन्न भक्षयेदित्यर्थः । "ब्रह्मचारी" (*GDh* 2.1) इति । स्त्र्यादिकं वर्जयेत् । "यथोपपादमूत्रपुरीषो भवति" (*GDh* 2.1) । नास्योदङ्मुखत्वादिनियमोऽस्तीत्यर्थः । "नास्याचमनकल्पो विद्यते" (*GDh* 2.2) इति । कल्पः प्रकारः । प्रकारनिषेधादाचमननिमित्तेष्वाचमनमात्रमस्तीति ज्ञायते । "न तदुपस्पर्शनादाशौचम्" (*GDh* 2.3) इति । आचमनप्रकाररहितस्यापि तस्य स्पर्शे मात्रादेर्न दोष इत्यर्थः । "अन्यत्रापमार्जनप्रधावनप्रोक्षणेभ्यः" (*GDh* 2.2) इति । अपमार्जनमुच्छिष्टावयवानां सोदकेन पाणिना संमार्जनम् । प्रधावनं प्रक्षालनम-

मेध्यलिप्तस्य । प्रोक्षणमशुचिसंस्पृष्टस्य । एतेभ्योऽन्यत्राचमनं हेतुरित्यर्थः । "न त्वेवैनमग्निहवनबलिहरणयोर्नियुञ्ज्यात्" (*GDh* 2.4) इति । तस्य मन्त्रहीनत्वादित्यभिप्रायः । "न ब्रह्माभिव्याहारयेदन्यत्र स्वधानिनयनात्" (*GDh* 2.5) इति । स्वधानिनयनं प्रेतकर्म । तत्रानुपनीतस्यापि मन्त्राध्ययनमविरुद्धम् । अग्निहोत्रादौ तु तदुपयोगिमन्त्रं ग्राहयित्वा प्रागुपनयनान्न नियोज्य इत्यर्थः । एवं तावद् गौतमः ।

तथा च श्रीविष्णुपुराणे ।

भक्ष्याभक्ष्ये तथापेये वाच्यावाच्ये तथानृते ।
अस्मिन्काले न दोषः स्यात्स यावन्नोपनीयते ॥ इति ।[65]

दक्षोऽपि ग्रन्थतश्चार्थतश्चैवमेवाह । तथा च यमः ।

वैश्वदेवं पुरोडाशमग्निमध्याच्च यद्धुतम् ।
यद्यद्याच्छिशुराकृष्य मात्रा रक्ष्यः प्रयत्नतः ॥

वसिष्ठश्च ।

न ह्यस्य विद्यते कर्म किंचिदामौञ्जिबन्धनात् ।
वृत्त्या शूद्रसमस्तावद्यावद्वेदे न जायते ॥ इति । (*VaDh* 2.6)

बौधायनश्च ।

नास्य कर्म नियच्छन्ति किंचिदामौञ्जिबन्धनात् ।
वृत्त्या शूद्रसमो ह्येष यावद्वेदे न जायते ॥ इति । (*BDh* 1.3.6)

तथा च मनुः ।

नैव कन्या न युवतिर्नाल्पविद्यो न बालिशः ।
होता स्यादग्निहोत्रस्य नार्तो नासंस्कृतस्तथा ॥ इति । (*MDh* 11.36)
न ह्यस्मिन्युज्यते कर्म किंचिदामौञ्जिबन्धनात् ।
नाभिव्याहारयेद् ब्रह्म स्वधानिनयनादृते ॥ इति च । (*MDh* 2.171–72)

"पतितचण्डालसूतकोदक्याशवस्पृष्टितत्स्पृष्ट्युपस्पर्शने सचेलम्" (*GDh* 14.30) इत्यविशेषेणोपदिशन् गौतमः प्रागुपनयनादपि चण्डालादिस्पर्शने स्नानं दर्शयति । उपनीतस्य धर्मानप्याह गौतमः । "उपनयनादिर्नियमः । उक्तं ब्रह्मचर्यम् । अग्नीन्धनभैक्षचरणे अपामुपस्पर्शनम्" (*GDh* 2.6–8) इत्यादि । "**सम्राड्धर्माणः**" (35.25) इति ।

येनेष्टं राजसूयेन मण्डलस्येश्वरश्च यः ।
शास्ति यश्चाज्ञया राज्ञः स सम्राडिति कथ्यते ॥ (*AK* 2.8.3)

इति अमरकोशे सम्राड्लक्षणमुक्तम् । तथा यादवेनापि ।

सम्राजोऽग्नीन्द्रविष्णवर्का यश्च स्यान्मण्डलेश्वरः ।
राजसूयेन येनेष्टं राज्ञश्चास्त्याज्ञया च यः ॥ इति । (*YVai* 6.1.61–62)

"पञ्चत्वयाजिनः" (35.25) शरीरधारणमात्रपराः । "स्त्रीणामप्याविवाहात् कामचारित्वम्" (35.26) इत्यत्र द्वादशवर्षो विवाहकालः प्रत्येतव्यः । आ द्वादशवर्षादित्यर्थः । तथा च मनुः ।

त्रिंशद्वर्षोद्वहेत्कन्यां हृद्यां द्वादशवार्षिकीम् ।
एकद्वित्र्यष्टवर्षा वा धर्मे सीदति तत्वतः ॥ इति । (*MDh* 9.94)

अनेन शौचविषये द्वादशवर्ष एव विवाहकाल इति तद्व्याख्यातृभिरवधृतम् । तथा चाह ।

द्वितीयजन्मनः कालात् क्रियाया वा पुरा मृतौ ।
पुंसः स्त्रीणां च न स्यातामतिकालजसूतके ॥
पुंसोऽष्टमाब्दस्तत्कालो द्वादशाब्दस्त्रिया मतः ।
उपनीतिर्विवाहश्च द्वितीयजननं मतम् ॥ इति ।

यमोऽपि ।

कन्या द्वादशमे वर्षे यदा प्रक्ता गृहे वसेत् ।
भ्रूणहत्या पितुस्तस्याः सा कन्या वरयेत् स्वयम् ॥

इति दोषवचनात् "द्वादशवर्ष एव विवाहकालः" इति स्पष्ट इति । "तस्यैव" (35.26) इति । तथा च मनुः ।

अमन्त्रिका तु कार्येयं स्त्रीणामावृदशेषतः ।
संस्कारार्थं शरीरस्य यथाकालं यथाक्रमम् ॥
वैवाहिको विधिः स्त्रीणां संस्कारो वैदिकः स्मृतः ।
पतिसेवा गुरौ वासो गृहार्थोऽग्निपरिक्रिया ॥ (*MDh* 2.66–67)
सह ब्रह्मौदनं कुर्यात्सहाग्न्याधानमेव च ।
सह यज्ञक्रियाः सर्वा हविषां भक्षणाद्विना ॥
अग्निहोत्रस्य शुश्रूषा सायोद्वासनमेव च ।
कार्यं पत्न्या प्रतिदिनं बलिकर्म च नैत्यकम् ॥ इति । (*MDh* 2.67 *add)

"अपि वा वेदतुल्यत्वादुपनयनेन प्रवर्तेरन्" इति जैमिनिः (*PMS* 6.2.22; see *VisYDh* 36.3) । "अपि वा" इति पूर्पपक्षं व्यावर्तयति । वर्णधर्मा अपि वेदतुल्यत्वाच्चोदनावगम्यत्व-साम्याद् वैदिकेनोपनयनेन सह प्रवर्तेरन्नित्यर्थः । "बालो वाप्यूनषोडशः" (36.5) इति । यथाह ।

आ षोडषाद्भवेद्बालो यावत् क्षीरान्निवर्तकः ।
मध्यमः सप्ततिर्यावत्परतो वृद्ध उच्यते ॥ इति ।

तथा च भृगुः ।

अशीतिर्यस्य वर्षाणि बालो वाप्यूनषोडशः ।
प्रायश्चित्तार्धमर्हन्ति स्त्रियो व्याधित एव च ॥
ऊनैकादशवर्षस्य पञ्चवर्षात्परस्य च ।
चरेद्गुरुः सुहृच्चैव प्रायश्चित्तं विशुद्धये ॥
अतो बालतरस्याथ नावरोधोऽस्ति कुत्रचित् ।
राजदण्डश्च तस्यातः प्रायश्चित्तं च नेष्यते ॥ इति ।

दक्षश्च ।

ब्रह्मचारी गृहस्थश्च वानप्रस्थो यतिस्तथा ।
एतेषां तु हितार्थाय दक्षः शास्त्रमकल्पयत् ॥
जातमात्रः शिशुस्तावद् यावदष्टसमाह्वयः ।
स हि गर्भसमो ज्ञेयो व्यक्तिमात्रप्रदर्शितः ॥
भक्ष्याभक्ष्ये तथापेये वाच्यावाच्ये तथानृते ।
अस्मिन्काले न दोषः स्यात्स यावन्नोपनीयते ॥
उपनीतस्य दोषोऽस्ति क्रियामात्रैर्विगर्हितैः ।
अप्राप्तव्यवहारोऽसौ बालः षोडशवार्षिकः ॥
प्रकरोति यदा वेदं चरन्वेदव्रतानि च ।
ब्रह्मचारी भवेत्तावदूर्ध्वं स्नात्वा गृही भवेत् ॥ इति । (*DakṣSm* 1.2–6)

नारदश्च ।

अप्राप्तव्यवहारस्तु स्वतन्त्रोऽपि च नर्णभाक् ।
स्वातन्त्र्यं तु मृते ज्येष्ठे ज्यैष्ठ्यं गुणवयःकृतम् ॥
त्रयः स्वतन्त्रा लोकेऽस्मिन् राजाचार्यस्तथैव च ।
प्रति प्रति च सर्वेषां वर्णानां स्वगृहे गृही ॥
अस्वतन्त्राः प्रजाः सर्वाः स्वतन्त्रः पृथिवीपतिः ।
अस्वतन्त्रः स्मृतः शिष्य आचार्ये च स्वतन्त्रता ॥
अस्वतन्त्राः स्त्रियः पुत्रा दासा यश्च परिग्रहे ।
स्वतन्त्रस्तत्र तु गृही यस्य स्यात्तत्क्रमागतम् ॥

गर्भस्थैः सदृशो ज्ञेय अष्टमाद्वत्सराच्छिशुः ।
बाल आ षोडशाद्वर्षात् पोगण्डश्चेति कीर्त्यते ॥
परतो व्यवहारज्ञः स्वतन्त्रः पितरावृते ।
जीवतो ह्यस्वतन्त्रः स्याज्जरयापि समन्वितः ॥ इति । (*NSm* 1.27–32)

व्यासश्च ।

निषेकगर्भजन्मानि बाल्यकौमारयौवनम् ।
वयोमध्यं जरा मृत्युरित्यवस्थास्तनोर्नव ॥ इति ।

"ब्राह्मणानामपि" इत्यारभ्य **"केचित्"**पदम् इतिशब्देन योजनीयम् **"इति केचिदिति"** (36.5–6) । **"परमोपनयनकालात्"** (36.5–6) इति । तथा **आचार्यः** ।

आ षोडशात् द्वाविंशाच्च चतुर्विंशाच्च वत्सरात् ।
ब्रह्मक्षत्रविशां काल औपनायनिकः परः ॥ इति । (*YDh* 1.37)

मनुरपि ।

आ षोडशात् ब्राह्मणस्य सावित्री नातिवर्तते ।
आ द्वाविंशात् क्षत्रबन्धोराचतुर्विंशतेर्विषः ॥ इति । (*MDh* 2.38)

"स्त्रीणां चर्तुत्रयात्" (36.6–7) इति । तथा च **बौधायनः** ।

दद्याद्गुणवते कन्यां नग्निकां ब्रह्मचारिणीम् ।
अपि वा गुणहीनाय नोपरुध्याद्रजस्वलाम् ॥
त्रीणि वर्षाण्यृतुमतीं यः कन्यां न प्रयच्छति ।
स तुल्यं भ्रूणहत्यायै दोषमृच्छत्यसंशयम् ॥
न याचते चेदेवं स्याद्याचते चेत्पृथक्पृथक् ।
एकैकस्मिन्नृतौ दोषं पातकं मनुरब्रवीत् ॥
त्रीणि वर्षाण्यृतुमती काङ्क्षेत पितृशासनम् ।
ततश्चतुर्थे वर्षे तु विन्देत सदृशं पतिम् ॥
अलभ्यमाने सदृशे गुणहीनं समाश्रयेत् ॥ (*BDh* 4.1.11–14)

मनुरपि ।

उत्कृष्टायाभिरूपाय वराय सदृशाय च ।
अप्राप्तामपि तां तस्मै कन्यां दद्याद्यथाविधि ॥
काममामरणात्तिष्ठेद्गृहे कन्यर्तुमत्यपि ।
न चैवैनां प्रयच्छेत्तु गुणहीनाय कर्हिचित् ॥

त्रीणि वर्षाण्युदासीत कुमार्यृतुमती सती ।
ऊर्ध्वं तु कालादेतस्माद्विन्देत सदृशं पतिम् ॥
अदीयमाना भर्तारमधिगच्छेद्यदि स्वयम् ।
नैनः किंचिदवाप्नोति न च यं साधिगच्छति ॥ (*MDh* 9.88–91)

इत्यादि ।

अप्रयच्छन्समाप्नोति भ्रूणहत्यामृतावृतौ ।
गम्यं त्वभावे दातृणां कन्या कुर्यात् स्वयंवरम् ॥ (*YDh* 1.64)

इत्यत्र विस्पष्टमुदाहरिष्यामः । "**तथा च**" (36.8) इत्यत्र "**अनेनसः पुरोऽष्टमाद् वसन्तात् कुमारकाः कामं चरन्ति सम्राड्धर्माणः पञ्चत्वयाजिनः**" (cf. 35.24–25) इति ।

YDh 1.16

[दिवासंध्यासु कर्णस्थब्रह्मसूत्र उदङ्मुखः ।
कुर्यान्मूत्रपुरीषे तु रात्रौ चेद्दक्षिणामुखः ॥]

"**दिवा**" इत्यादि । "दिवा कुर्यादुदङ्मुखः संध्ययोश्च रात्रौ तु दक्षिणामुखः" (*GDh* 9. 41–43) इति **गौतमस्मरणाद्** "**दिवासंध्ययोश्च**" (36.13) इति समासकरणं तत्रैवोदङ्मुखत्वं रात्रावेव दक्षिणामुखत्वमिति योजनं च कृतमिति मन्तव्यम् । "**संध्ययोश्च**" इति सूत्रस्य "दिवा कुर्यादुङ्मुखः" इति पूर्वसूत्र उदङ्मुख इत्यनेन संबन्धः । न च "रात्रौ तु दक्षिणामुखः" इत्युत्तरसूत्रे दक्षिणामुख इत्यनेनेति द्रष्टव्यम् ।

मूत्रोच्चारसमुत्सर्गं दिवा कुर्यादुदङ्मुखः ।
दक्षिणाभिमुखो रात्रावुभे संध्ये यथा दिवा ॥ (*MDh* 4.50)

इति **मनुवचनादाकाङ्क्षादिवशाच्च** । "**कर्णारोपितयज्ञोपवीतः**" (36.13) इति । "कर्णश्च दक्षिणः 'पवित्रं दक्षिणे कर्णे कृत्वा विण्मूत्रमुत्सृजेत्' इति लिङ्गात्" इति **विज्ञानेश्वरे** (*Vij YDh* 1.16) **वरदराजीये** चोक्तम् ।

प्रभासादीनि तीर्थानि गङ्गाद्याः सरितस्तथा ।
विप्रस्य दक्षिणे कर्णे सन्तीति मनुरब्रवीत् ॥

इति च कर्णप्रशंसनात् । अत्र विशेषमाह **अङ्गिराः** ।

कृत्वा यज्ञोपवीतं तु पृष्ठतः कर्णलम्बितम् ।

विण्मूत्रं तु गृही कुर्याद्यद्वा कर्णे समाहितः ॥ इति ।

आपस्तम्बश्च ।

नोर्ध्वं नाधो न तिर्यक् च किंचिद्वीक्षेत बुद्धिमान् ।

नभो भूम्यन्तरं पश्यन्कृत्वा मूर्ध्युपवीतकम् ॥ इति ।

"नान्यदपि रेतउत्सर्गादि" (36.16) इति । तत्र आचार्यः ।

षोडशर्तुर्निशा स्त्रीणां तस्मिन्युग्मासु संविशेत् ।

ब्रह्मचार्येव पर्वाण्याद्याश्चतस्रश्च वर्जयेत् ॥ (*YDh* 1.78)

इत्यादि । मनुरपि ।

ऋतुकालाभिगामी स्यात् स्वदारनिरतः सदा ।

पर्ववर्जं व्रेजच्चैनां तद्व्रतो रतिकाम्यया ॥ (*MDh* 3.45)

इत्यादि । एवमादिस्मृत्यन्तरेऽनेकनियमाभिधानेऽपि "कर्णस्थब्रह्मसूत्रः" (*YDh* 1.16) इत्यादिनियमाभिधानादिति मन्यते । कथं तु खल्विदम् आचार्येण सकारान्तं पदमकारान्तवन् "नान्यदपि रेतउत्सर्गादि" (36.16) इति प्रयुक्तम् । "छन्दोवत् सूत्राणि भवन्ति" इति माहाभाष्यवचनात् (Pat I:37.4) सूत्रानुकारित्वाच्च भाष्यस्य आचार्येणैवं प्रयुक्तमिति ब्रूमः । इदं हि याज्ञवल्कीयसूत्रस्य भाष्यम् । तथा च सूत्रभाष्ययोर्लक्षणम् ।

अल्पाक्षरमसंदिग्धं सारवद्विश्वतोमुखम् ।

अस्तोभमनवद्यं च सूत्रं सूत्रविदो विदुः ॥ इति ।

लघूनि सूचितार्थानि स्वल्पाक्षरपदानि च ।

सर्वतः सारभूतानि सूत्राण्याहुर्मनीषिणः ॥

इति च सूत्रलक्षणम् ।

सूत्रार्थो वर्ण्यते यत्र वाक्यैः सूत्रानुकारिभिः ।

स्वपदानि च वर्ण्यन्ते भाष्यं भष्यविदो विदुः ॥

इत्यादि भाष्यलक्षणम् । एवंरूपता चास्मिञ्छास्त्रे दृश्यते । ग्रन्थान्तरेऽपि चैवं प्रयोगो दृष्टः । यथा तावत् स्कान्दे ।

ऊर्ध्वरेतं विरूपाक्षं विश्वरूपं महेश्वरम् ।

सोऽहमित्यादरेणैव ध्यायेद्योगीश्वरेश्वरम् ॥ इति ।

तथा श्रीमच्छङ्कराचार्यकृते प्रपञ्चसारे च ।

अग्निं प्रज्वलितं वन्दे जातवेदं हुताशनम् ।

सुवर्णवर्णमनलं समिद्धं विश्वतोमुखम् ॥ इति । (*PraSā* 6.70)

एवमादीन्यनेकत्र दृश्यन्ते । को हि नाम शब्दस्वरूपमेवमिदमिति निर्नेतुं शक्नोति । तथा हि पातञ्जलं भाष्यम् "लिङ्गमशिष्यं लोकाश्रयत्वाल्लिङ्गस्य" (Pat I: 390.19; III: 371.7) **इत्यारभ्य । तत्रैव वार्तिककारेण उक्तम् "अस्त्यप्रयुक्तः"** (*KātV* 2 on P. 1.1.1; I: 9.6) **इति । तथा च वार्तिकलक्षणम् ।**

> **उक्तानुक्तदुरुक्तानि चिन्ता यत्र प्रवर्तते ।**
> **वार्तिकं तदिति प्राहुर्वार्तिकज्ञा मनीषिणः ॥**

इति लक्षणाद् "अस्त्यप्रयुक्तः" (*KātV* 2 on P. 1.1.1; I: 9.6) **इति वार्तिके तु पाणिनीयसूत्रे दुरुक्तत्वं सूत्रितम् । ऊष तेर पेच** (Pat I: 8.23) **इत्येवमादिशब्दोऽस्ति । न त्वसौ प्रयुक्तः । अप्रयुक्तं त्वसमञ्जसमिति वार्तिकाभिप्रायः । भाष्यकारस्त्वेवमभिप्रायं ज्ञात्वा वार्तिककारमाक्षिपति "त्रयो लोकाश्चत्वारो वेदाः साङ्गाः सरहस्या एकशतमध्वर्युशाखाः सहस्रवर्त्मा सामवेद एकविंशति बाह्वृच्यं नवधा आथर्वणो वेदो वाकोवाक्यमितहासः पुराणं वैद्यकमित्येतावन्तं शब्दस्य प्रयोगविषयमनुनिशम्य केवलं साहसमात्रमस्त्यप्रयुक इति" इति** (Pat I: 9:20–24) **। "यद्वो रेवती रेवत्यं तदूष" इति प्रयोगो दृश्यते "यत्रा नश्चक्रा जरसं तनूनाम्" इति च** (cf. Pat I: 10.2–3) **। एवमादेः प्रयोगस्य विद्यमानत्वात्, तव साहसमेवेदम् "अस्त्यप्रयुक्तः"। इति भाष्यार्थः । अतश्चैवमादिप्रयोगानुसाराद् "नान्यदपि रेतोत्सर्गाद्"** (36.16) **इत्युक्तं समञ्जसमिति स्थतम् ।**

"यद्वा" (36.16) **इति । तथा च गौतमः । "न वाय्वग्निविप्रादित्यापो देवता गाश्च प्रति पश्यन्वा मूत्रपुरीषामेध्यान्युदस्येत् । नैता देवताः प्रति पादौ प्रसारयेत् । न पर्णलोष्टाश्मभिर्मूत्रपुरीषापकर्षणं कुर्यात्"** (*GDh* 9.12–14) **इति । तथा च मनुः ।**

> **नान्नमद्यादेकवासा न नग्नः स्नानमाचरेत् ।**
> **न मूत्रं पथि कुर्वीत न भस्मनि न गोव्रजे ॥**
> **न फालकृष्टे न जले न चित्यां न च पर्वते ।**
> **न जीर्णदेवायतने न वल्मीके कदाचन ॥**
> **न ससत्वेषु गर्तेषु न गच्छन्नापि च स्थितः ।**
> **न नदीतीरमासाद्य न च पर्वतमस्तके ॥**
> **वाय्वग्निविप्रमादित्यमपः पश्यंस्तथैव गाः ।**
> **न कदाचन कुर्वीत विण्मूत्रस्य विसर्जनम् ॥**
> **तिरस्कृत्योच्चरेत्काष्ठं लोष्टं पत्रतृणादि वा ।**
> **नियम्य प्रयतो वाचं संवीताङ्गोऽवकुण्ठितः ॥**

मूत्रोच्चारसमुत्सर्गं दिवा कुर्यादुदङ्मुखः ।
दक्षिणाभिमुखो रात्रावुभे संध्ये यथा दिवा ॥
छायायामन्धकारे वा रात्रावहनि वा सदा ।
यथासुखमुखः कुर्यात् प्राणाबाधभयेषु च ॥
प्रत्यग्निं प्रतिसूर्यं च प्रतिसोमोदकं द्विजः ।
प्रतिगु प्रतिसंध्यं च प्रज्ञा नश्यति मेहतः ॥ इति । (*MDh* 4.45–52)

व्याघ्रश्च ।

प्रत्यादित्यं प्रत्यनिलं प्रति गां प्रति च द्विजम् ।
मेहन्ति ये च पथिषु ते भवन्ति गतायुषः ॥
तिरस्कृत्योच्चरेत्काष्ठलोष्टपत्रतृणादिना ।
नियम्य प्रयतो वाचं संवीताङ्गोऽवकुण्ठितः ॥
प्रचारे मैथुने होमे प्रस्रावे दन्तधावने ।
स्नानभोजनजप्येषु मौनं कुर्यात्तथाष्टसु ॥ इति ।
तृणैरास्तीर्य वसुधां वस्त्रप्रावृतमस्तकः ।
तिष्ठेन्नातिचिरं तत्र नैव कंचिदुदीरयेत् ॥ इति च । (cf. *ViPu* 3.11.15)
अरण्ये निर्जने देशे चोरव्याघ्रपथेऽपि वा ।
कृत्वा मूत्रपुरीषे तु द्रव्यहस्तो न दुष्यति ॥
भूमौ निक्षिप्य तद्द्रव्यं शौचं कृत्वा यथाविधि ।
उत्सङ्गे गृह्य वा द्रव्यमाचम्य प्रयतः शुचिः ॥ इति च ।

वसिष्ठश्चाह ।

आहारनिर्हारविहारयोगाः
सुसंवृता धर्मविदा तु कार्याः ।
वाग्बुद्धिवीर्याणि तपस्तथैव
धनायुषी गुप्ततमे तु कार्ये ॥
उभे मूत्रपुरीषे तु दिवा कुर्यादुदङ्मुखः ।
रात्रौ तु दक्षिणा कुर्यादेवं ह्यायुर्न रिष्यति ॥
प्रत्यग्निं प्रति सूर्यं च प्रति गां ब्राह्मणं प्रति ।
प्रति सोमोदकं संध्यां प्रज्ञा नश्यति मेहतः ॥
न नद्यां मेहनं कुर्यान्न पथि न च भस्मनि ।

न गोमये न कृष्टे तु नोप्ते नैव च शाद्वले ॥

नोपष्ठीव्यच्छायासु । इति । (*VaDh* 6.9–12)

पुनरपि । "नाप्सु मूत्रपुरीषे कुर्याद् वेष्टितशिरा भूमिमयज्ञियैस्तृणैरन्तर्धाय मूत्रपुरीषे कुर्याद् उदङ्मुखोऽहनि नक्तं दक्षिणामुखः" इति (*VaDh* 12.11–13) । तथा च श्रीविष्णुपुराणे ।

ततः काल्यं समुत्थाय कुर्यान्मूत्रं नरेश्वर ।

नैर्ऋत्यामिषुविक्षेपमतीत्याभ्यधिकं भुवः ॥

दूरादावसथान्मूत्रं पुरीषं च समाचरेत् ।

पादावसेचनोच्छिष्टे प्रक्षिपेन्न गृहाङ्गणे ॥ इति । (*ViPu* 3.11.8–10)

"उपविष्टश्च उत्थानवचनात्" (36.18) इति ।

गृहीतशिश्नश्चोत्थाय मृद्भिरभ्युद्धृतैर्जलैः ।

गन्धलेपक्षयकरं शौचं कुर्यादतन्द्रितः ॥ (*YDh* 1.17)

इत्यनन्तरमुत्थानवचनादित्यर्थः । तथा च भरद्वाजः ।

अपाकृष्य तु विण्मूत्रं काष्ठलोष्टतृणादिना ।

उदस्तवासा उत्तिष्ठेद् दृढं विधृतमेहनः ॥ इति ।

मनुरपि ।

न ससत्वेषु गर्तेषु न गच्छन्नापि च स्थितः ।

न नदीतीरमासाद्य न च पर्वतमस्तके ॥ इति । (*MDh* 4.47)

गौतमश्च । "सर्वत एवात्मानं गोपायेत् । न प्रावृत्य शिरोऽहनि पर्यटेत् । प्रावृत्य रात्रौ मूत्रोच्चारे च । उभे मूत्रपुरीषे दिवा कुर्यादुदङ्मुखः । संध्ययोश्च । रात्रौ तु दक्षिणामुखः । न भूमावनन्तर्धाय" (*GDh* 9.34–43) । "भूमिवचनान्न मन्वादौ[66] दोषः" इत्यस्यार्थौ मस्करीय उ (*MasGDh* 9.42) । "न तिष्ठन् " (*GDh* 9.43 in *MasGDh*) । "तिष्ठंश्च मूत्रपुरीषोत्सर्गं न कुर्यात्" इत्यर्थ इति मस्करीयम् । "नाराच्चावसथात् । न भस्मकरीषकृष्टछायाकाम्येषु" (*GDh* 9.39–40) इत्यादि गौतमः । यथा च स्मृतिचन्द्रिकायां दर्शितम् ।

उक्ताः सर्वसंस्काराः । इदानीमवसरप्राप्तमान्वाहिकं प्रस्तूयते । तत्र मनुः ।

ब्राह्मे मुहूर्ते बुध्येत धर्मार्थावनुचिन्तयेत् ।

कायक्लेशांश्च तन्मूलान्वेदतत्वार्थमेव च ॥ इति । (*MDh* 4.92)

वेदतत्वार्थः परमात्मा । तथा च कूर्मपुराणम् ।

ब्राह्मे मुहूर्ते तूत्थाय धर्ममर्थं च चिन्तयेत् ।

कायक्लेशं च तन्मूलं ध्यायीत मनसेश्वरम् ॥ (*KūrPu* 2.18.3)

याज्ञवल्क्योऽपि ।

ब्राह्मे मुहूर्ते उत्थाय चिन्तयेदात्मनो हितम् ।
धर्मार्थकामान् स्वे काले यथाशक्ति न हापयेत् ॥ इति । (*YDh* 1.114)

धर्मादिषु यो यस्मिन्काले विहितः स तस्मिन्नेव कर्तव्य इत्यर्थः । अत्र यत्कर्तव्यं तदाह विष्णुः । "ब्राह्मे मुहूर्ते उत्थाय मूत्रपुरीषोत्सर्गं कुर्यात्" (*ViDh* 60.1) इति । ब्राह्मो मुहूर्तो रात्रेः पश्चिमो यामः ।

रात्रेस्तु पश्चिमो यामो मुहूर्तो ब्राह्म उच्यते ।

इति पितामहस्मरणात् । अङ्गिरा अपि ।

उत्थाय पश्चिमे यामे रात्रेराचम्य चोदकम् ।
अन्तर्धाय तृणैर्भूमिं शिरः प्रावृत्य वाससा ॥
वाचं नियम्य यत्नेन ष्ठीवनोच्छ्वासवर्जितः ।
कुर्यान्मूत्रपुरीषे तु शुचौ देशे समाहितः ॥ इति ।

अनेन यत्र स्वापादिना निमित्तेनाचमनप्राप्तिः तत्राचम्यैव मूत्रपुरीषे कुर्यादित्युक्तं भवति । तृणान्ययज्ञियानि । तथा च यमः ।

शिरः प्रावृत्य कुर्वीत शकृन्मूत्रविसर्जनम् ।
अयज्ञियैरनार्द्रैश्च तृणैराच्छाद्य मेदिनीम् ॥ इति ।

तृणग्रहणं काष्ठादेरपि प्रदर्शनार्थम् । अत एव मनुः ।

तिरस्कृत्योच्चरेत्काष्ठं लोष्टं पत्रतृणादि वा ।
नियम्य प्रयतो वाचं संवीताङ्गोऽवकुण्ठितः ॥ इति । (*MDh* 4.49)

तिरस्कारमन्तर्धानम् । संवीताङ्ग आच्छादितदेहः । अवकुण्ठितः प्रावृतशिराः । अत्र विशेषमाह विष्णुः । "घ्राणास्ये वाससं वेष्टयित्वा मृद्धानीं ग्रीवायामासज्योच्चरेत्" इति । मृद्धानीं मृद्बन्धनार्थं शाटीम् । आपस्तम्बोऽपि ।

नोर्ध्वं नाधो न तिर्यक् च किंचिद्वीक्षेत बुद्धिमान् ।
नभो भूम्यन्तरं पश्यन् कृत्वा मूर्ध्न्युपवीतकम् ॥

अङ्गिरा अपि ।

कृत्वा यज्ञोपवीतं तु पृष्ठतः कर्णलम्बितम् ।
विण्मूत्रं तु गृही कुर्याद्यद्वा कण्ठे समाहितः ॥ इति ।

कण्ठे नियमनमेकवस्त्रविषयम् । तथा च शाङ्खायनगृह्यम् । ""यद्येकवस्त्रो यज्ञोपवीतं कण्ठे कृत्वा मूत्रपुरीषोत्सर्गं कुर्यात्[67]" (*ŚāṅkhGṛ* 4.12.22) इति । अत्र दिङ्नियममाह यमः ।

प्रत्यङ्मुखस्तु पूर्वाह्णेऽपराह्णे पराङ्मुखस्तथा ।
उदङ्मुखस्तु मध्याह्ने निशायां दक्षिणामुखः ॥

देवलोऽपि ।

सदैवोदङ्मुखः प्रातः सायाह्ने दक्षिणामुखः ।
विण्मूत्रमाचरेन्नित्यं संध्यासु परिवर्जयेत् ॥

मनुरपि ।

मूत्रोच्चारसमुत्सर्गं दिवा कुर्यादुदङ्मुखः ।
दक्षिणाभिमुखो रात्रौ संध्ययोश्च यथा दिवा ॥ इति । (*MDh* 4.50)

अत्रैषां विकल्पो वेदितव्यः । यत्तु देवलेनोक्तम् ।

विण्मूत्रमाचरेन्नित्यं संध्यासु परिवर्जयेत् ।

इति तन्निरुद्धेतरविषयम् । "न वेगं धारयेन्नोपरुद्धः क्रियां कुर्यात्" इति स्मरणात् । यदपि मनुना ।

छायायामन्धकारे च रात्रावहनि वा द्विजः ।
यथासुखमुखः कुर्यात् प्राणाबाधभयेषु च ॥ (*MDh* 4.51)

इति तदपि रात्रावहनि वा नीहाराद्यन्धकारजनितदिङ्मोहविषयम् । एतच्चावसथाद् दक्षिणायां दिशि दक्षिणापरस्यां वा कार्यम् । तथा च आपस्तम्बः । "आराच्चावसथान्मूत्रपुरीषे कुर्याद् दक्षिणां दिशं दक्षणापरां वा" (*ĀpDh* 1.31.2) इति । गत्वेति शेषः । आराद् दूरादित्यर्थः । तथा च मनुः ।

दूरादावसथं मूत्रं दूरात्पादावसेचनम् ।
उच्छिष्टान्ननिषेकं च दूरादेव समाचरेत् ॥ इति । (*MDh* 4.151)

अत्र ब्रह्माण्डपुराणम् ।

प्रतिश्रयाद् दक्षिणपश्चिमेन
क्षिप्रं गत्वा क्षेपमात्रं शरस्य ।
कुर्यात्पुरीषं हि शिरोऽवकुण्ठ्य
न च स्पृशेज्जातु शिरः करेण ॥

प्रतिश्रयो निकेतनम् । एतदहर्विषयम् । यदाह आहापस्तम्बः । "अस्तमिते तु बहिर्ग्रामादाराद् आवसथाद्वा मूत्रपुरीषयोः कर्म वर्जयेत्" (*ĀpDh* 1.31.3) इति । अत्र मनुः ।

न मूत्रं पथि कुर्वीत न भस्मनि न गोव्रजे ।
न फालकृष्टे न जले न चित्यां न च पर्वते ।

न जीर्णदेवायतने न वल्मीके कदाचन ॥
न ससत्वेषु गर्तेषु न गच्छन्नापि च स्थितः ।
न नदीतीरमासाद्य न च पर्वतमस्तके ॥
वाय्वग्निविप्रमादित्यमपः पश्यंस्तथैव गाः ।
न कदाचन कुर्वीत विण्मूत्रस्य विसर्जनम् ॥ इति । (*MDh* 4.45–48)

चितिः प्रक्षेपादिकरणेष्टकासमूहः । ससत्वेषु सप्राणिष्वित्यर्थः । पर्वतग्रहणेनैव तत्र निषेधे सिद्धे पुनः पर्वतमस्तकग्रहणमत्यन्तार्तस्य पर्वते न दोष इत्युक्तं तदभाष्ये (*GoMDh* 4.47)। **यमोऽपि** ।

तुषाङ्गारकपालानि देवतायनतानि च ।
राजमार्गश्मशानानि क्षेत्राणि च खलानि च ॥
उपकुद्धो न सेवेत छायां दृश्यं चतुष्पथम् ।
उदकं चोदकान्तं च पन्थानं च विवर्जयेत् ॥
वर्जयेद् वृक्षमूलानि चैत्रश्वभ्रबिलानि च ॥

हारीतोऽपि । "न चत्वरोपद्वारयोर्मूत्रपुरीषे कुर्यान्न गोमये न गोष्ठे न तीर्थे न सस्यपूर्णे न यज्ञभूमौ न यज्ञियानां वृक्षाणामधस्तात्" इति । चत्वरमङ्गणम् । उपद्वारं द्वारसीपम् । **आपस्तम्बोऽपि** । "न सोपानत् मूत्रपुरीषे कुर्यात्" (*ĀpDh* 1.30.18) इति । **विष्णुरपि** । "नाप्रच्छादितायां भूमौ नोषरे न शाड्वले नोद्यानोदकसमीपयोर्नाकाशे" (*ViDh* 60.3, 6–7,14–15, 20) इति । शाड्वलो हरिततृणप्रदेशः । **गौतमोऽपि** । "न वाय्वग्निविप्रादित्यापो देवता गाश्च प्रतिपश्यन्वा मूत्रपरीषामेध्यान्युदस्येत्" (*GDh* 9.12) इति । प्रतिशब्द आभिमुख्ये । **यमोऽपि** ।

प्रत्यादित्यं न मेहेत न पश्येदात्मनः शकृत् ।
दृष्ट्वा सूर्यं निरीक्षेत गामग्निं ब्राह्मणं तथा ॥

विष्णुरपि । "न प्रत्यनिलानलेन्द्वर्कस्त्रीगुरुब्राह्मणान्" (*ViDh* 60.22) इति । **व्यासोऽपि** ।

पुरीषं यदि वा मूत्रं ये न कुर्वन्ति मानवाः ।
राजमार्गे गवां मध्ये ते शुभां प्राप्नुयुर्गतिम् ॥

पुरीषाधिकारे **शङ्खोऽपि** । "नानुदको नामृत्को नापरिवेष्टितशिराः" इति । एतद्विप्रकृष्टोदकमृत्तिकाभिप्रायम् । अत एव **आपस्तम्बः** । "शरःपरिवेष्टनं प्रथमं निवीतं द्वितीयं दिशावलोकनं तृतीयमन्तर्धानं चतुर्थं मौनं पञ्चमं पुरीषं षष्ठं मृत्तिकाग्रहणं सप्तममुदकमष्टमम्" इति (*SmC* II: 234–39) । इति ।

YDh 1.17

[गृहीतशिश्नश्चोत्थाय मृद्भिरभ्युद्धृतैर्जलैः ।
गन्धलेपक्षयकरं शौचं कुर्यादतन्द्रितः ॥]

"गृहीत" इत्यादि । "चशब्दात्" (36.22) इति । तथा च देवलः ।

आ शौचान्नोत्सृजेच्छिश्नं प्रस्रवोच्चारयोः स्वयम् ।
गुदं हस्तेन निर्णिज्यान्मृदम्भोभ्यां मुहुर्मुहुः ॥ इति ।

अत्र स्मृतिचन्द्रिकायां मूत्राद्युत्सर्गविधानानन्तरमाह ।

ततो लोष्टादिना परिमृष्टगुदमेहनो गृहीतशिश्नश्चोत्तिष्ठेत् । तथा च भरद्वाजः ।

अपाकृत्य तु विण्मूत्रं लोष्टकाष्ठतृणादिना ।
उदस्तवासा उत्तिष्ठेद् दृढं विधृतमेहनः ॥ इति ।

उदस्तवासाः उत्क्षिप्तवासाः । मेहनं लिङ्गम् । अत्र विशेषमाह हारीतः ।

लोष्टेन परिमृजीत शुष्ककाष्ठेन वा गुदम् । इति ।

पुराणेऽपि ।

मार्जनं वामहस्तेन वीरनाद्यैरयज्ञियैः ।
कुर्यान्मूत्रपुरीषाणामेवमायुर्न हीयते ॥ इति ।

यत्तु गौतमेनोक्तम् "न पर्णलोष्टाश्मभिर्मूत्रपुरीषापकर्षणं कुर्यात्" (*GDh* 9.14) इति तत्तदुक्तकाष्ठादिसंभवविषयमित्यनवद्यम् । अत्र जाबालिः ।

स्नानं कृत्वार्द्रवासास्तु विण्मूत्रं कुरुते यदि ।
प्राणायामत्रयं कृत्वा पुनः स्नानेन शुध्यति ॥ इति ।

हारीतोऽपि ।

आहारं तु रहः कुर्यान्निर्हारं चैव सर्वदा ।
गुप्ताभ्यां लक्ष्मियुक्तः स्यात् प्रकाश्यैर्नियमैस्तथा ॥ इति । (*SmC* II: 239–40)

"मृद्भिरिति बहुवचनं स्मृत्यन्तरोक्तपरिमाणप्राप्त्यर्थम्" (36.23–24) इति । तथा च वसिष्ठः ।

उद्धृताभिरद्भिः शौचं कुर्यात् ॥
आहरेन्मृत्तिकां विप्रः कूलात् ससिकता तु या ॥
पञ्चापाने दशैकस्मिन्नुभयोः सप्त मृत्तिकाः ॥
एतच्छौचं गृहस्थस्य द्विगुणं ब्रह्मचारिणः ।

वानप्रस्थस्य त्रिगुणं यतीनां तु चतुर्गुणम् ॥ इति । (*VaDh* 6.14, 16, 18,19)

मनुरपि ।

ऊर्ध्वं नाभेर्यानि खानि तानि मेध्यानि सर्वशः ।
यान्यधस्तादमेध्यानि देहाच्चैव मलाश्च्युताः ॥
मक्षिका विप्रुषस्छाया गौरश्वः सूर्यरश्मयः ।
रजो भूर्वायुरग्निश्च स्पर्शौ मेध्यानि सर्वशः ॥
विण्मूत्रोत्सर्गसिद्ध्यर्थं मृद्वार्यादेयमर्थवत् ।
दैहिकानां मलानां च शुद्धिषु द्वादशस्वपि ॥
वसा शुक्लमसृङ्मज्जा मूत्रविड्कर्णविण्नखाः ।
श्लेष्माश्रु पूयिका स्वेदो द्वादशैते नृणां मलाः ॥
एका लिङ्गे गुदे तिस्रस्तथैकत्र करे दश ।
उभयोः सप्त दातव्या मृदः शुद्धिमभिप्लुता ॥
एतच्छौचं गृहस्थानां द्विगुणं ब्रह्मचारिणाम् ।
त्रिगुणं स्याद्वनस्थानां यतीनां तु चतुर्गुणम् ॥ इति । (*MDh* 5.132–37)

दक्षश्च ।

उक्तं शौचमशौचं च कार्येष्वेव मनीषिभिः ।
विशेषार्थं ततः किंचिद्वक्ष्यामि हितकाम्यया ॥
शौचयत्नः सदा कार्यः शौचमूलो द्विजः स्मृतः ।
शौचाचारविहीनस्य समस्ता विफलाः क्रियाः ॥
शौचं तु द्विविधं प्रोक्तं बाह्यमाभ्यन्तरं तथा ।
मृज्जलाभ्यां स्मृतं बाह्यं भावशुद्धा तथापरः ॥
अशौचात्तु परं बाह्यं तस्मादाभ्यन्तरं परम् ।
उभयेन शुचिर्यस्तु स शुचिर्नेतरः शुचिः ॥
एका लिङ्गे तु सव्ये त्रीनुभयोर्मृद्द्वयं स्मृतम् ।
तिस्रोऽपाने दशैकस्मिन्नुभयोः सप्त मृत्तिकाः ॥
गृहस्थशौचमाख्यातं त्रिष्वन्येषु यथाक्रमम् ।
द्विगुणं त्रिगुणं चापि चतुर्थस्य चतुर्गुणम् ॥
अर्धप्रसृतिमात्रा तु प्रथमा मृदुदाहृता ।
द्वितीया च तृतीया च तदर्धार्धेन कीर्त्यते ॥

लिङ्गे त्वत्र समाख्याता त्रिपर्वं पूर्यते यया ।
दातव्यमुदकं तावन्मृदभावो यदा भवेत् ॥
मृदा द्रव्येण शुद्धिः स्यान्न क्लेशो नैव च व्यथा ।
यस्य शौचेऽपि शैथिल्यं तस्य शौचपरीक्षणम् ॥
न्यूनाधिकं न कर्तव्यं शौचशुद्धिमभीप्सता ।
प्रायश्चित्तेन युज्येत विहितातिक्रमे कृते ॥ इति ।

“एकत्र करे दश” वामकरे दशेत्यर्थः । तथा च श्रीविष्णुपुराणे ।

एका लिङ्गे गुदे तिस्रो दश वामकरे नृप ।
हस्तद्वये च सप्त स्युर्मृदः शौचोपपादिताः ॥ इति । (*ViPu* 3.11.18)

व्यासवचनात्तु प्रायश्चित्तराजदण्डयोरुत्कृष्टापेक्षयाधिक्यं चण्डालादिसङ्करे द्रष्टव्यम् । न पुनरानुलोम्येन ब्राह्मणवधादौ । तत्र हि निकृष्टानामेव तदाधिक्यं नोत्कृष्टानामपीत्येतत् प्रायश्चित्तप्रकरणे स्पष्टीकृतम् । यथा हि तत्र

शिरःकपालध्वजवान् भैक्षाशी कर्म वेदयन् ।
ब्रह्महा द्वादशसमा मितभुक् शुद्धिमाप्नुयात् ॥ (*YDh* 3.243)

इत्यस्मिञ्छ्लोके । शङ्खोक्तद्वादशवार्षिकस्य विषयव्यवस्थैवं कृता । एतच्च शङ्खोक्तं क्षत्रियवैश्ययोरेवाधीतवेदयोरनग्निकयोश्चाकामतो गुणवद्ब्राह्मणवधे द्रष्टव्यम् । कामतोऽप्येतदेव गोसहस्रदानोपचितम् । शूद्रस्याप्येतद्दानसहितं मन्त्रवर्जं वाकामकृत एव । कामकृते तु शूद्रस्य मरणान्तिकमेव । प्रतिलोमानां त्वकामतोऽपि मरणान्तिकमेव इति । शङ्खेन चैवान्योन्यापकृष्टवधे चान्द्रायणमिति ब्राह्मणादीनामपकृष्टवधे प्रायश्चित्ताह्वत्वं दर्शितम् । मनुनारदयोस्तु दण्डप्रकारश्चैवमभिप्रेतः ।

पञ्चाशद् ब्राह्मणो दण्ड्यः क्षत्रियस्याभिशंसने ।
वैश्यस्याप्यर्धपञ्चाशच्छूद्रे द्वादशको दमः ॥ (*MDh* 8.268; *NSm* 15–16.17)
शतं ब्राह्मणमाक्रुश्य क्षत्रियो दण्डमर्हति ।
वैश्योऽध्यर्धं शतं द्वे वा शूद्रस्तु वधमर्हति ॥ (*MDh* 8.267; *NSm* 15–16.16))
इति ।

तथा च ।

एभिस्तु संपिबेद्यो वै वत्सरात्सोऽपि तत्समः ।
कन्यां समुद्वहेदेषां सोपवासामकिँचनाम् ॥ (*YDh* 3.263)

इत्येतच्छ्लोकव्याख्याने चण्डालसंकरप्रसङ्गे तूत्कृष्टानां प्रायश्चित्ताद्याधिक्यमुक्तम् ।

चण्डालसंकरे विप्रः श्वपाके पुल्कसेऽपि वा ।
गोमूत्रयवकाहारो मासेनैकेन शुद्ध्यति ॥ इति । (*ViśYDh* II: 139.10–11)

"इतरेषां तु कृच्छ्त्रयम् । तच्च प्राजापत्यम्" (*ViśYDh* II: 139.16) इत्यादिदण्डवचनमप्येवमेवान्विष्योदाहर्तव्यम्। उदाहरणार्थं चैतत् । एवमेवास्मदुक्ता विषयव्यवस्थापि तस्मादेवान्वेष्टव्या । ग्रन्थगौरवभयात्त्विह न प्रपञ्च्यते । अवश्यमेवास्य वचनस्य सामान्यविषयत्वमभ्युपेयम् । ततो विषयाद्यनुसारेण यथाकथंचिद् व्याख्यातृभिरेवैतद्योजनीयम् । "यत्तु" इति (37.1) अत्र विष्णुदक्षौ ।

अर्धप्रसृतिमात्रा तु प्रथमा मृदुदाहृता ।
द्वितीया च तृतीया च तदर्धार्धेन कीर्त्यते ॥ इति ।

प्रसृतिः कुञ्चिताङ्गुलिः । तथा च अङ्गिराः ।

प्रथमा प्रसृतिर्ज्ञेया द्वितीया च तदर्धिका ।
तृतीया मृत्तिका ज्ञेया त्रिभागकरपूरणी ॥ इति ।

तथा वृद्धवसिष्ठश्च ।

अर्धप्रसृतिमात्रा तु प्रथमा मृत्तिका भवेत् । (37.12)
पूर्वपूर्वार्धमात्रास्तु चतस्त्रोऽन्याः प्रकीर्तिताः ॥ इति ।

"यत्तु तत्रैव" (37.14) इति

एका लिङ्गे तु दातव्या तथैकत्र करे त्रयः । (37.15)
तस्त्रोऽपाने दशैकस्मिन्नुभयोः सप्त मृत्तिकाः ॥

इति "तत् केवलमूत्रविषयम्" (37.16) इति । तथा च शातातपः ।

एका लिङ्गे करे सव्ये तिस्त्रो द्वे हस्तोर्द्वयोः ।
मूत्रशौचं समाख्यातं शुक्रे तु द्विगुणं भवेत् ॥ इति ।

दक्षश्च ।

मूत्रशौचं पुरस्कृत्य बृहच्छौचं ततो भवेत् ।
पश्चात्तु पादयोः शौचं शौचविद्भिरुदाहृतम् ॥
क्रमकोपं न कुर्वीत स्वाभाविकवशात्पुनः ॥ इति ।

"तथा मृल्लक्षणम्" (37.18) इति । तथोक्तं तन्त्रसारे ।

वल्मीकाखूत्करोत्के वा जलात् पथि कृता च या ।
कृतशौचावशिष्टा च षड्भिः शौचं न विद्यते ॥ इति ।

तथा च श्रीविष्णुपुराणे ।

वल्मीकमूषिकोत्खातां मृदं नान्तर्जलात्तथा ।

शौचावशिष्टां गेहाच्च नादद्याल्लेपसंभवाम् ॥

अणुप्राण्युपपन्नाश्च हलोत्खातां च पार्थिव ।

परित्यज्येन्मृदश्चैताः सकलाः शौचसाधने ॥ इति । (*ViPu* 3.11.16–17)

"नान्तर्जलात्" इति वाप्यादिव्यतिरिक्तविषयम् । अत एव **यमः** ।

वापीकूपतटाकेषु बाह्यतो नाहरेन्मृदम् ।

आहरेज्जलमध्यात्तु परतो मणिबन्धनात् ॥ इति ।

मणिबन्धः करबाहुसंधिदेशः । तथा च **दक्षः** ।

कूलात् ससिकताच्छुद्धदेशाद्वा जन्तुवर्जितात् ।

आददीत मृदं शुक्लां शौचेप्सुः पूर्वमेव तु ॥

यस्मिन्देशे च यत्तोयं या च यत्रैव मृत्तिका ।

सैव तत्र प्रशस्ता स्यात्तस्माच्छौचं विधीयते ॥ इति ।

अन्तर्जले देवगृहे वल्मीके मूषिकस्थले ।

कृतशौचापविद्धा च न ग्राह्याः पञ्च मृत्तिकाः ॥

आहरेन्मृत्तिकां विप्रः कूलात् ससिकतात्ततः ।

वापीकूपतटाकेषु नाहरेद्बाह्यमृत्तिकाम् ॥

अन्तर्जलगता ग्राह्याः परतो मणिमन्धनात् ।

उभे मूत्रपुरीषे तु पूर्वं गृहणीत मृत्तिकाम् ॥

पश्चाद्गृह्णाति यो विप्रः सचेलो जलमाविशेत् ॥ इति च ।

"जलाशयात् पाण्यादिना" (37.21) इति । यथाह **पैठीनसिः** ।

मूत्रोच्चारे कृते शौचं न स्यादन्तर्जलाशये ।

अन्यत्रोद्धृत्य तत्कुर्यात्सर्वदैव समाहितः ॥

जलाशये यदा शौचमरत्निमात्रं जलं त्यजेत् ।

पश्चात्तच्छोधयेत्तीर्थमन्यथा ह्यशुचिर्भवेत् ॥ इति ।

दक्षोऽपि ।

तीर्थे शौचं न कुर्वीत कुर्वीतोद्धृतवारिणा ।

मृत्तिकावारिदौ चास्य शौचज्ञौ परिचारकौ ॥ इति ।

"गन्धलेपक्षयकरम्" (37.21) इति । अत्र **विज्ञानेश्वरम्** । "गन्धलेपक्षयकरमितीदं सर्वाश्रमिणां साधारणं शौचं मृत्संख्यानियमस्त्वदृष्टार्थः" (*VijYDh* 1.17) इति । **स्मृतिचन्द्रि-**

कायां तु ।

एवमुक्तशौचकरणेऽपि यत्र गन्धो लेपश्च नापैति तत्र संख्यातिरेकेऽप्यविरोध इत्याह मनुः ।

यावन्नापैत्यमेध्याक्ताद्गन्धो लेपश्च तत्कृतः ।
तावन्मृद्वारि चादेयं सर्वासु द्रव्यशुद्धिषु ॥ (*MDh* 5.126)

देवलोऽपि ।

यावत्तच्छुद्धिं मन्येत तावच्छौचं विधीयते ।
प्रमाणं सर्वसंख्याया न शिष्टैरुपदिश्यते ॥ इति ।

यत्तु देवलेनोक्तं

न्यूनाधिकं न कर्तव्यं शौचं शुद्धिमभीप्सता ।
प्रायश्चित्तेन युज्येत विहितातिक्रमे कृते ॥

इति तत् संकल्पितसंख्याया अर्वाक् तत्समाप्तौ वा गन्धाद्यवगमे वेदितव्यम् । एतच्चोक्तसंख्याया अर्वागेव यत्र गन्धाद्यवगमस्तत्र संख्यानियमोऽदृष्टार्थ इत्यनुसंधेयम् ।

(*SmC* II.247–48)

इति स्मृतिचन्द्रिकायामुक्तम् । गौतमीयेऽप्युक्तम् । "गन्धलेपापकर्षणे शौचममेध्यलिप्तस्य । तदद्भिः पूर्वं मृदा च । मूत्रपुरीषस्नेहुविस्रंसनाभ्यवहारसंयोगेषु च । यत्र चाम्नायो विदध्यात्" (*GDh* 1.42–45) **इति । वासिष्ठेऽपि । "लेपगन्धापकर्षणे शौचममेध्यलिप्तस्याद्भिर्मृदा च"** (*VaDh* 3.48) **इति । "श्लेष्मादिविषयं वैतत्"** (37.23) **इति ।**

वसा शुक्रमसृङ्मज्जा मूत्रविड्कर्णविण्नखाः ।
श्लेष्माश्रु पूयिका स्वेदो द्वादशैते नृणां मलाः ॥ (*MDh* 5.135)

इत्ययमादिशब्दार्थः । "अतन्द्रितोऽनलसः" (37.24) **इति ।**

जिह्वा वाग्रसनार्चिष्षु तन्द्री निद्राप्रमीलयोः । (*YVai* 6.2.15)

इति यादवप्रकाशस्मरणात् तन्द्रीयुक्तस्तन्द्रितः ।

वैमनस्यं श्रमो वापि व्यापारे नैव जायते ।
यस्य रागश्च वर्धेत नरोऽसावलसेतरः ॥

इति भावविवेकेऽनलसलक्षणमुक्तम् । अत्र स्मृतिचन्द्रिका ।

अथ शौचविधिः । तत्र याज्ञवल्क्यः ।

गृहीतशिश्नश्चोत्थाय मृद्भिरभ्युद्धृतैर्जलैः ।
गन्धलेपक्षयकरं शौचं कुर्यादतन्द्रितः ॥ इति । (*YDh* 1.17)

उद्धृतैः कमण्डल्वादिभिः । अतन्द्रितोऽनलसः । देवलोऽपि ।

आ शौचान्नोत्सृजेच्छिश्नं प्रस्रावोच्चारयोः स्वयम् ।
गुदं हस्तेन निर्णिज्यान्मृदम्भोभ्यां मुहुर्मुहुः ॥ इति ।

एतच्च जलाशयादन्यत्र कुर्यात् । तथा च **पौठीनसिः** ।

मूत्रोच्चारे कृते शौचं न स्यादन्तर्जलाशये ।
अन्यत्रोद्धृत्य तत्कुर्यात्सर्वदैव समाहितः ॥

दक्षोऽपि ।

तीर्थे शौचं न कुर्वीत कुर्वीतोद्धृतवारिणा ।
मृत्तिकावारिदौ चास्य शौचज्ञौ परिचारकौ ॥ इति ।

यदा तु कथमप्युद्धरणं न संभवति तदा विशेषमाह **विवस्वान्** ।

रत्निमात्रं जलं त्यक्त्वा कुर्याच्छौचमनुद्धृते ।
पश्चात्तच्छोधयेत्तीर्थमन्यथा ह्यशुचिर्भवेत् ॥ इति ।

तीर्थमत्र शौचस्थलम् । अत एव **ऋश्यशृङ्गः** ।

यस्मिन् स्थाने कृतं शौचं वारिणा तत्तु शोधयेत् ।
न शुद्धिस्तु भवेत्तस्य मृत्तिकां यो न शोधयेत् ॥ इति ।

अत्र मृत्स्वरूपमाह **यमः** ।

आहरेन्मृत्तिकां विप्रः कूलात्ससिकता तु या ॥ इति ।

कूलग्रहणमनुपहतदेशोपलक्षणार्थम् । **मरीचिरपि** ।

विप्रे शुक्ला तु मृच्छौचे रक्ता क्षत्रे विधीयते ।
हारिद्रवर्णा वैश्ये तु शूद्रे कृष्णां तु निर्दिशेत् ॥ इति ।

अत्र "कृष्णा स्त्रीशूद्रयोस्तथा" इति **काश्यपीयो** विशेषः । यत्र पुनरुक्तलक्षणा मृन्न लभ्यते तत्र कथं शौचमित्यवेक्षिते **मनुराह** ।

यस्मिन्देशे तु यत्तोयं या च यत्रैव मृत्तिका ।
सैव तत्र प्रशस्ता स्यात्तया शौचं विधीयते ॥ इति ।

तत्र वर्ज्या **यमेन** दर्शिताः ।

नाखुकृष्टान्न वल्मीकात् पांसुलान्न च कर्दमात् ।
न मार्गान्नोषरान्नैव शौचशिष्टात् परस्य च ।
एतास्तु वर्जयेन्नित्यं वृथा शौचं हि तत् स्मृतम् ॥ इति ।

देवलोऽपि ।

अङ्गारतुष्टकीटास्थिशर्करां शर्करान्विताम् ।

वल्मीकोषरतोयां तु कुग्ध्यापूतश्मशानजाम् ।
आहृतामन्यशौचार्थमाददीत न मृत्तिकाम् ॥

विष्णुपुराणे च ।

वल्मीकमूषिकोत्खातां मृदं नान्तर्जलात्तथा ।
शौचावशिष्टां गेहाच्च नादद्याल्लेपसंभवाम् ॥
अन्तःप्राण्युपपन्नां च हलोत्खातां तथा नृप ।
परित्यजेन्मृदस्त्वेताः सकलाः शौचसाधनाः ॥ इति । (*ViPu* 3.11.17)

"नान्तर्जलात्" इति वाप्यादिव्यतिरिक्तविषयम् । अत एव यमः ।

वापीकूपतटाकेषु बाह्यतो नाहरेन्मृदम् ।
आहरेज्जलमध्यात्तु परतो मणिबन्धनात् ॥ इति ।

वापी दीर्धिका । मणिबन्धः करबाहुसंधिदेशः । एवमाहृत्योदकं मृदं चाहनि शौचमुदङ्मुखः कुर्यात् । रात्रौ तु दक्षिणामुखः । तथा च ब्रह्माण्डपुराणम् ।

उद्धृतोदकमादाय मृत्तिकां चैव बाह्यतः ।
उदङ्मुखो दिवा कुर्याद् रात्रौ चेद् दक्षिणामुखः ॥ इति ।

अत्र मृत्संख्यामाह दक्षः ।

एका लिङ्गे करे तिस्र उभयोर्मृद्द्वयम् (स्मृतम्) । इति ।

एतन्मूत्रशौचविषयम् । यदाह शातातपः ।

एका लिङ्गे करे सव्ये तस्रो द्वे हस्तयोर्द्वयोः ।
मूत्रशौचं समाख्यातं शुक्ले तु द्विगुणं भवेत् ॥ इति ।

अत्र मृत्परिमाणमाह विवस्वान् ।

अक्षमात्रप्रमाणास्तु लिङ्गशौचे मृदः स्मृताः ॥

दक्षोऽपि ।

लिङ्गे तु मृत् समाख्याता त्रिपर्वं पूर्यते यया ।
दातव्यमुदकं तावद्यावत् स्यान्मृत्तिकाक्षयम्॥

अत्र विशेषमाह ब्राह्माण्डपुराणम् ।

आद्यन्तयोस्तु शौचानामद्भिः प्रक्षालनं स्मृतम् ।
सुनिर्णिक्ते मृदं दद्यान्मृदन्ते जलमेव च ॥ इति ।

यत्तु विवस्वद्वचनं ।

तिस्रो मृदो लिङ्गशौचे ग्राह्याः सान्तरमृत्तिकाः ।

वामपाणौ मृदः पञ्च तिस्रः पाण्योर्द्वयोरपि ॥

इति तल्लेपभूयस्त्वाभिप्रायम्, दक्षोक्तपरिमाणाभिप्रायं वा । सान्तरा जलेन व्यवहिता इत्यर्थः । दक्षो विट्च्छौचमाह ।

तिस्रोऽपाने दशैकस्मिन्नुभयोः सप्त मृत्तिकाः ।

मनुरपि ।

एका लिङ्गे गुदे तिस्रस्तथैकत्र करे दश ।
उभयोः सप्त दातव्या मृदः शुद्धिमभीप्सता ॥ इति । (*MDh* 5.136)

ननु किमिदं केवलविड्शौचविषयम्, आहोस्वित् सहकरणविषयं वा । न तावदाद्यः लिङ्गशौचस्यादृष्टार्थत्वप्रसङ्गात्, परस्परानपेक्षशौचद्वयाघटनाच्च । नापि द्वितीयः मूत्रशौचान्तःपातिनो हस्तशौचस्य लोपप्रसङ्गात् । न चात्र लोपोऽस्त्विति वाच्यम् प्रमाणाभावान्मूत्रशौचप्रतिपादकवचनविरोधाच्च । नापि तन्त्रं गुदशौचव्यपायेनानेककालत्वात् । नापि प्रसङ्गः प्रयोजकान्तरसंभवात्। किंच यदि सहकरणविषयत्वं तर्हि पृथक्करणे मनुना शौचमनुक्तमेव स्यात् । अतः किंविषयमेतदिति न विद्मः ।

उच्यते, सत्यं न विड्शौचादिविषयत्वं किं तु "एका लिङ्गे" इत्येतदुक्तन्यायेन पूर्वोक्तमूत्रशौचोपलक्षणार्थम् । एवं च तस्मिंस्तस्मिन्निमित्ते तत्तच्छौचमनुष्ठेयमित्युक्तं भवति । यत्र क्रमेण निमित्तद्वयसंनिपातस्तत्र तत्र तेनैव क्रमेण नैमित्तिकानुष्ठानम् । यत्र पुनः सहनिमित्तद्वयं तत्राप्युक्तन्यायेन तत्तन्नैमित्तिकमनुष्ठेयमित्यनवद्यम्। अत्र मृत्परिमाणमाह अङ्गिराः ।

प्रथमा प्रसृतिर्ज्ञेया द्वितीया च तदर्धिका ।
तृतीया मृत्तिका ज्ञेया त्रिभागकरपूरणी ॥ इति ।

हस्तशौचे तु विशेषमाह हारीतः । "एका लिङ्गे तिस्रोऽपाने दद्याद् दश सव्ये षट् पृष्ठे सप्तोभाभ्याम्" इति । पृष्ठे सव्यपश्चाद्भागे तस्यैव प्रकृतत्वात् । दक्षोऽपि ।

षडन्या नखशुद्धौ तु देयाः शौचेप्सुना मृदः ।
न शौचं वर्षधाराभिराचरेत्तु कदाचन ॥ इति

नखशौचानन्तरं शङ्खः ।

तिस्रस्तु मृत्तिका देयाः कृत्वा तु नखशोधनम् ।
तिस्रस्तु पादयोर्देयाः शौचकामस्य नित्यशः ॥ इति ।

अत्र विशेषमाह मरीचिः ।

तिसृभिश्चातलात् पादौ शोध्यौ गुल्फात्तथैव च ।
हस्तावामणिबन्धाच्च लेपगन्धापकर्षणात् ॥ इति ।

एतच्च शौचद्वयं गृहस्थस्य वेदितव्यम् । तथा च मनुः ।

एतच्छौचं गृहस्थानां द्विगुणं ब्रह्मचारिणाम् ।
त्रिगुणं स्याद्वनस्थानां यतीनां तु चतुर्गुणम् ॥ इति । (*MDh* 5.137)

यत्तु विसिष्ठेनोक्तम्,

पञ्चापाने दशैकस्मिन्नुभयोः सप्त मृत्तिकाः । इति । (*VaDh* 6.18)

यदपि यमेन,

द्वे लिङ्गे मृत्तिके देये गुदे पञ्च करे दश ।
उभयोः सप्त दातव्याः पुनरेका गुदे तथा ॥ इति ।

तत्रापि,

अर्धप्रसृतिमात्रा तु प्रथमा मृत्तिका भवेत् ।
पूर्वपूर्वार्धमात्रास्तु चतस्रोऽन्याः प्रकीर्तिताः ॥

इति वृद्धवसिष्ठेनाल्पपरिमाणविधानादविरोधः । "द्वे लिङ्गे" इति लेपभूयस्त्वाभिप्रायम् ।

विण्मूत्रोत्सर्गशुद्ध्यर्थं मृद्वार्यादेयमर्थवत् । (*MDh* 5.134)

इति मनुस्मरणात् । गुदे पुनर्दानं तु सर्वत्र विड्शौचे संबध्यते विरोधाभावात् । यदपि शङ्खेनोक्तम्,

मेहने मृत्तिकाः सप्त लिङ्गे द्वे परिकीर्तिते ।
एकस्मिन् विंशतिर्हस्ते द्वयोर्ज्ञेया चतुर्दश ॥
तिस्रस्तु मृत्तिका देयाः कृत्वा तु नखशोधनम् ।
तिस्रस्तु पादयोर्देयाः शौचकामस्य नित्यशः ॥
एतच्छौचं गृहस्थानां तथा गुरुनिवासिनाम् ।
द्विगुणं स्याद्वनस्थानां यतीनां त्रिगुणं भवेत् ॥

इति, तत्रापि "अवदानसमा मृत् स्यात्" इति मरीच्युक्तात् परिमाणाश्रयणादविरोधः । अङ्गुष्ठपर्वमात्रमवदानम् । मेहनमत्र पायुः । यत्तु शातातपेनोक्तम्,

आर्द्रामलकमात्रास्तु ग्रासा इन्दुव्रते स्मृताः ।
तथैवाहुतयः सव्याः शौचार्थे याश्च मृत्तिकाः ॥

इति, तद्धस्तशौचाभिप्रायम्, गुदलिङ्गयोः परिमाणान्तरविधानात् । इन्दुव्रतं चान्द्रायणम् । एवमुक्तशौचकरणेऽपि यत्र गन्धो लेपश्च नापैति तत्र संख्यातिरेकेऽप्यविरोध इत्याह मनुः ।

यावन्नापैत्यमेध्याक्ताद्गन्धो लेपश्च तत्कृतः ।
तावन्मृद्वारि चादेयं सर्वासु द्रव्यशुद्धिषु ॥ (*MDh* 5.126)

देवलोऽपि ।

यावत्तच्छुद्धिं मन्येत तावच्छौचं विधीयते ।
प्रमाणं शौचसंख्याया न शिष्टैरुपदिश्यते ॥ इति ।

यत्तु देवलेनोक्तम्,

न्यूनाधिकं न कर्तव्यं शौचं शुद्धिमभीप्सता ।
प्रायश्चित्तेन युज्येत विहितातिक्रमे कृते ॥ इति ।

तत् संकल्पितसंख्याया अर्वाक् तत्समाप्तौ वा गन्धाद्यपगमे वा वेदितव्यम् । एवं चोक्तसंख्याया अर्वागेव यत्र गन्धाद्यपगमस्तत्र संख्यानियमोऽदृष्टार्थ इत्यनुसंधेयम् । एवमुक्तशौचकरणेऽपि यस्य भावशुद्धिर्नास्ति न तस्य शुद्धिरित्याह व्याघ्रपात् ।

शौचं तु द्विविधं प्रोक्तं बाह्यमाभ्यन्तरं तथा ।
मृज्जलाभ्यां स्मृतं बाह्यं भावशुद्धिस्तथान्तरम् ॥
गङ्गातोयेन कृत्स्नेन मृद्भारैश्च नगोपमैः ।
आ मृत्योराचरञ्छौचं भावदुष्टो न शुध्यति ॥ इति ।

भावदुष्टस्तीर्थस्नानादिनापि न शुध्यति[68] । तथोक्तं स्कान्दपुराणे ।

आत्मस्थं तीर्थमुत्सृज्य बहिस्तीर्थानि यो व्रजेत् ।
करस्थं स महारत्नं त्यक्त्वा काचं विमार्गति ॥
भावतीर्थं परं तीर्थं प्रमाणं सर्वकर्मसु ।
अन्यथालिङ्गते भार्या भावेन दुहितान्यथा ॥
तीर्थानि तोयपूर्णानि देवान् काष्ठादिनिर्मितान् ।
योगिनो न प्रपद्यन्ते स्वात्मप्रत्ययकारिणः ॥
बहिस्तीर्थाद्वरं तीर्थमन्तस्तीर्थं महात्मने ।
आत्मतीर्थं परं तीर्थं तीर्थमन्यन्निरर्थकम् ॥
चित्तमन्तर्गतं दुष्टं तीर्थस्नानेन शुध्यति ।
शतशोऽपि जलैर्धौतं सुराभाण्डमिवाशुचि ॥ इति ।

मानवेऽपि ।

वेदास्त्यागाश्च यज्ञाश्च तपांसि नियमास्तथा ।
न विप्रदुष्टभावस्य सिद्धिं गच्छति कर्हिचित् ॥ इति । (*MDh* 2.97)

भोजने तु गुदप्रस्रावे शुद्धौ विशेषमाह बृहस्पतिः ।

भुञ्जानस्य तु विप्रस्य कदाचित् स्रंसते गुदः ।

उच्छिष्टमशुचित्वं च तस्य शौचं कथं भवेत् ॥
पूर्वं कृत्वा तु शौचं तु ततः पश्चादुपस्पृशेत् ।
ततः कृत्वोपवासं च पञ्चगव्येन शुध्यति ॥ इति ।

अनुपनीतानां तु पितामहोक्तं द्रष्टव्यम् ।

न यावदुपनीयन्ते द्विजाः शूद्रास्तथाङ्गनाः ।
गन्धलेपक्षयकरं शौचं तेषां विधीयते ॥ इति ।

स्त्रीशूद्रयोस्तु आदिपुराणे विशेषो दर्शितः ।

स्त्रीशूद्रयोस्त्वर्धमानं प्रोक्तं शौचं मनीषिभिः ॥ इति ।

यत्र विण्मूत्रोत्सर्जनोपविष्टस्तन्न करोति तस्याप्यर्धशौचमेव । तथा च वृद्धपराशरः ।

उपविष्टस्तु विण्मूत्रं कर्तुं यस्तन्न विन्दति ।
स कुर्यादर्धशौचं तु स्वस्य शौचस्य सर्वदा ॥ इति ।

एवं रात्रावपि द्रष्टव्यम् । तदुक्तं चतुर्विंशतौ ।

यद्दिवा विहितं शौचं तदर्धं निशि कीर्तितम् ।
तदर्धमातुरे चोक्तमातुरस्यार्धमध्वनि ॥ इति ।

एतत्सामर्थ्ययुक्तातुरविषयम् । अन्यथा तु यथासामर्थ्यमेव शौचम् । तथा च आदिपुराणम् ।

दिवाशौचस्य निश्यर्धं पथिकादौ विधीयते ।
आर्तः कुर्याद्यथाशक्ति स्वस्थः कुर्याद्यथोदितम् ॥

बौधायनोऽपि ।

देशं कालं तथात्मानं द्रव्यं द्रव्यप्रयोजनम् ।
उपपत्तिमवस्थां च ज्ञात्वा शौचं प्रकल्पयेत् ॥ इति । (*BDh* 1.8.53)

अत्र दक्षः ।

शौचयत्नः सदा कार्यः शौचमूलो द्विजः स्मृतः ।
शौचाचारविहीनस्य समस्ता निष्फलाः क्रियाः ।
यस्य शौचेऽपि शैथिल्यं वृत्तं तस्य परीक्षिकम् ॥

देवलोऽपि ।

धर्मविद्दक्षिणं हस्तमधःशौचे न योजयेत् ।
तथैव वामहस्तेन नाभेरूर्ध्वं न शोधयेत् ॥

आपस्तम्बोऽपि । "शक्तिविषये न मुहूर्तमप्यप्रयतः स्यात्" (*ĀpDh* 1.15.8) इति । अथ शारीरं शौचम् । तत्र मनुः ।

ऊर्ध्वं नाभेर्यानि खानि तानि मेध्यानि सर्वशः ।
यान्यधस्तादमेध्यानि देहाच्चैव मलाश्च्युताः ॥ इति । (*MDh* 5.132)

खानीन्द्रियच्छिद्राणि । मला अपि तेनैवोक्ताः ।

वसा शुक्रमसृङ्मज्जा मूत्रविड्कर्णविण्नखाः ।
श्लेष्माश्रु पूयिका स्वेदो द्वादशैते नृणां मलाः ॥ (*MDh* 5.135)

वसा कायस्नेहः । असृक् शोणितम् । मज्जा शिरस्यमेदः । कर्णविट् कर्णमलम् । अश्रु नेत्रमलम् । एतैरुपहतस्य शुद्धिमाह बौधायनः ।

आददीत मृदोऽम्भश्च षट्सु पूर्वेषु शुद्धये ।
उत्तरेषु तु षट्स्वद्भिः केवलाभिश्च शुध्यति ॥ इति ।

मनुस्तूत्तरेष्वपि मृज्जाभ्यां शुद्धिरित्याह ।

विण्मूत्रोत्सर्गशुद्ध्यर्थं मृद्वार्यादेयमर्थवत् ।
दैहिकानां मलानां च शुद्धिषु द्वादशस्वपि ॥ इति । (*MDh* 5.134)

विण्मूत्रमुत्सृज्यते येन तत्तथोक्तं तच्छुद्ध्यर्थमित्यर्थः । एतच्च पूर्वोक्तेन विकल्प्यमानं देशाद्यपेक्षया व्यवस्थापनीयम् । उक्तं च बौधायनेन ।

देशं कालं तथात्मानं द्रव्यं द्रव्यप्रयोजनम् ।
उपपत्तिमवस्थां च ज्ञात्वा शौचं प्रकल्पयेत् ॥ इति । (*BDh* 1.8.53)

एतत् स्वकीयमलस्पर्शे । परकीयमलस्पर्शे देवलोक्तं द्रष्टव्यम् ।

मानुषास्थि वसां विष्ठामार्तवं मूत्ररेतसी ।
मज्जानं शोणितं वापि परस्य यदि संस्पृशेत् ॥ इति ।
स्नात्वापमृज्य लेपादीनाचम्य स शुचिर्भवेत् ।
तान्येव स्वानि संस्पृश्य पूतः स्यात् परिमार्जनात् ॥ इति ।

मार्जनं प्रक्षालनम् । अत्र विशेषमाह विष्णुः ।

नाभेरधस्तात् प्रबाहुषु च कायिकैर्मलैः सुराभिर्मद्यैर्वोपहतो मृत्तोयैस्तदङ्गं प्रक्षाल्य स्नानेन । इन्द्रियेषूपहतस्तूपोष्य स्नात्वा पञ्चगव्येन । दशनच्छेदोपहतश्च । इति ।
(*ViDh* 22.77–79)

अत्र यमः ।

मूत्रे तिस्रः पादयोस्तु हस्तयोस्तिस्र एव तु ।
मृदः पञ्च दशामेध्ये हस्तादीनां विशेषतः ॥
एतदात्मीयमूत्रादिस्पर्शे शौचमुदाहृतम् ।

उत्सर्गकालादन्यत्र परकीये तु पठ्यते ॥
परस्य शोणितस्पर्शे रेतोविण्मूत्रजे तथा ।
चतुर्णामपि वर्णानां द्वात्रिंशन्मृत्तिका: स्मृता: ॥

इति **स्मृतिचन्द्रिकायामभिहितम्** । (*SmC* II: 240–51)

YDh 1.18

[अन्तर्जानु शुचौ देश उपविष्ट उदङ्मुखः ।
प्राग्वा ब्राह्मेण तीर्थेन द्विजो नित्यमुपस्पृशेत् ॥]

"अन्तर्जानु" इत्यादि ।

अनुष्णाभिरफेनाभिरद्भिस्तीर्थेन धर्मवित् ।
शौचेप्सु: सर्वदाचामेदासीन: प्रागुदङ्मुख: ॥ (*MDh* 2.61)

इत्यस्य पूर्वार्धस्य **मानवम्** ।

ब्राह्मेण विप्रस्तीर्थेन नित्यकालमुपस्पृशेत् ।
कायत्रैदशकाभ्यां वा न पित्र्येण कदाचन ॥ (*MDh* 2.58)

इत्युत्तरार्धस्य । कृतशौचो द्वादशगण्डूषादिभिरास्यशुद्धिं कृत्वा मुखं प्रक्षाल्याचमनं कुर्यादिति । तथा **ब्रह्माण्डे** च ।

अलाभे दन्तकाष्ठानां प्रतिषिद्धे च तद्दिने ।
अपां द्वादशगण्डूषैर्मुखशुद्धर्भविष्यति ॥ इति ।

तथा च **वृद्धपराशर:** ।

कृत्वाथ शौचं प्रक्षाल्य पादौ हस्तौ च मृज्जलै: ।
निबद्धशिखकक्षस्तु द्विज आचाममाचरेत् ॥ इति ।

मनुरपि ।

हस्तान्तरिततोयेन कार्यं पादावनेजनम् ।
मृत्पूर्वकं यथा दोषमशुचिक्षालनानि च ॥ इति । (*MDh* 5.135 *add)

"स्मृत्यन्ताच्च बद्धशिखो बद्धकक्ष:" (38.9) इति । तथा च **स्मृति:** ।

विना यज्ञोपवीतेन मुक्तकक्षशिखोऽपि वा ।
अकृत्वा पादयो: शौचं नाचान्तोऽपि विशुध्यति ॥ इति ।

विकच्छः कच्छशेषश्च मुक्तनीवीशिखस्तथा ।
(तथा?) कौपीनवासाश्च नग्नः पञ्चविधः स्मृतः ॥ इति च ।
सदोपवीतिना भाव्यं सदा बद्धशिखेन च ।
विशिखोऽप्युपवीतश्च यत्करोति न तत्कृतम् ।। इति च ।

षड्त्रसारश्च ।

यज्ञोपवीतस्याभावे वस्त्रापव्यानमाचरेत् ।
तदभावे तु सूत्रेण त्रिवृतोऽपव्यये तु सः ॥

इत्युपवीतित्वनियममाह । **वृद्धपराशरश्च** ।

कृत्वाथ शौचं प्रक्षाल्य पादौ हस्तौ च मृज्जलैः ।
निबद्धशिखकक्षस्तु द्विज आचाममाचरेत् ॥ इति ।

"**आ मणिबन्धनात्**" (38.10) इति । मणिबन्धः करबाहुसन्धिदेशः । मूत्रोत्सर्जनादावाचमनमाह **मनुः** ।

कृत्वा मूत्रं पुरीषं च खान्याचान्त उपस्पृशेत् ।
वेदमध्येष्यमाणोऽपि चान्नमश्नंश्च सर्वदा ॥
त्रिराचामेदपः पूर्वं द्विरुन्मृज्यात्ततो मुखम् ।
शारीरं शौचमन्विच्छन् स्त्रीशूद्रौ तु सकृत् सकृत् ॥ इति । (*MDh* 5.138–39)

"**तथा**" (38.11) इत्यत्र **गौतमः** ।

प्राङ्मुख उदङ्मुखो वा शौचमारभेत । शुचौ देश आसीनो दक्षिणं बाहुं जान्वन्तरा कृत्वा यज्ञोपवीत्यामणिबन्धनात् पाणी प्रक्षाल्य वाग्यतो हृदयस्पृशस्त्रिश्चतुर्वाप आचामेद् द्विः परिमृज्यात् पादौ चाभ्युक्षेत् खानि चोपस्पृशेच्छीर्षण्यानि मूर्धनि च दद्यात् । (*GDh* 1.35–36) इति ।

उद्धृतोदकेनाचामेत् । न शूद्राशुच्येकपाण्यावर्जितेन । (*GDh* 9.10–11)

इति च **गौतमः** । "**अन्तर्जानु**" (*YDh* 1.18) इति । शुचौ देश उपविष्टो ब्राह्मेण तीर्थेनान्तर्जानूपस्पृशेद् इत्यन्वयः । ततश्चान्तर्जान्वित्यस्य जान्वोरन्तरा अरत्नीकृत्वेत्यर्थः संपद्यते । तथा च **हारीतः** । "अन्तरूर्वोररत्नीकृत्वा त्रिरपो हृदयङ्गमाः पिबेत्" इति । **बोधायनो**ऽप्याह ।

अग्न्यगारे गवां मध्ये ब्राह्मणानां च संनिधौ ।
स्वाध्याये भोजने चैव दक्षिणं बाहुमुद्धरेत् ॥
उत्तरं वा न वक्तव्यं पञ्चस्वेतेषु कर्मसु ।
स्वाध्यायोत्सवदानेषु भोजनाचमयोस्तथा ॥

हवनं भोजनं दानमुपहारः प्रतिग्रहः ।
बहिर्जानु न कार्याणि तद्वदाचमनं स्मृतम् ॥ इति । (*BDh* 2.6.38–40)
आर्द्रवासास्तु यः कुर्याज्जपहोमप्रतिग्रहम् ।
सर्वं तद्राक्षसं विद्याद्बहिर्जानु च यत्कृतम् ॥ इति च ।

तथा च वसिष्ठः ।

प्राङ्मुखोदङ्मुखासीनः प्रक्षाल्य पादौ पाणी चामणिबन्धनादङ्गुष्ठमूलस्योत्तरतो ब्राह्मतीर्थं तेन त्रिराचमेदशब्दवत् । द्विः परिमृजीत । खान्यद्भिः समुपस्पृशेत् । सव्ये च पाणौ । व्रजंस्तिष्ठन् शयानः प्रणतो वा नाचामेत् । (*VaDh* 3.26–30)

अङ्गुलिकनिष्ठामूले दैवं देशिन्यङ्गुष्ठयोरन्तरा पित्र्यम् । इति । (*VaDh* 3.64, 68)

"नित्यशब्दाच्च" (38.13) इत्यत्र विज्ञानेश्वरम् "नित्यं सार्वकालमाश्रमान्तरगतोऽप्युपस्पृशेत्" इति (*VijYDh* 1.18) । "सूतकादौ" (38.14) इति । तत्र ।

अग्निहोत्रं स नित्योष्टि श्रौतं नैमित्तिकी क्रिया ।
अशौचे तु न लुप्येत प्रारब्धं तु समापयेत् ॥

इत्यादिना सूतकादौ श्रौतानामेवानुवादात् स्मार्तनिषेधे प्राप्ते श्रौतस्मार्तसाधारणाङ्गत्वद्योतनार्थत्वान्नित्यशब्दस्य सूतकादावाचमनस्यानिवृत्तिरित्यन्योन्यं त इत्यर्थः ।

YDh 1.19

[कनिष्ठादेशिन्यङ्गुष्ठमूलान्यग्रं करस्य च ।
प्रजापतिपितृब्रह्मदेवतीर्थान्यनुक्रमात् ॥]

"कनिष्ठ" इत्यादि । अत्र मनुः ।

ब्राह्मेण विप्रस्तीर्थेन नित्यकालमुपस्पृशेत् ।
कायत्रैदशकाभ्यां वा न पित्र्येण कदाचन ॥
अङ्गुष्ठमूलस्य तले ब्राह्मतीर्थं प्रचक्षते ।
कायमङ्गुलिमूलेऽग्रे दैवं पित्र्यं तयोरधः ॥ इति । (*MDh* 2.58–59)

बौधायनश्च ।

प्रङ्मुख उदङ्मुखो वा शौचमारभेत दक्षिणं बाहुं जान्वन्तरा कृत्वा प्रक्षाल्य पादौ पाणी चामणिबन्धनात् । पादप्रक्षालनोच्छेषणेन नाचामेत् । भूमौ स्रावयित्वाचामेत् ।

ब्राह्मेण तीर्थेनाचामेत् । अङ्गुष्ठमूलं ब्राह्मं तीर्थं अङ्गुष्ठाग्रं पित्र्यमङ्गुल्यग्रमार्षमङ्गुलिमूलं देवानां । नाङ्गुलिभिर्न बुद्बुदाभिर्न फेनाभिर्न क्षाराभिर्न कलुषाभिर्न हसन्न जपन्न विलोकयन्न प्रह्वो न प्रणतो न मुक्तशिखो नाबद्धकक्ष्यो न बहिर्जानुः शब्दं कुर्वन् त्रिरपो हृदयङ्गमाः पिबेत् त्रिः परिमृज्याद् द्विरित्येके । सकृदुभयं शूद्रस्य स्त्रियाश्च । अथाप्युदाहरन्ति ।

गताभिर्हृदयं विप्रः कण्ठ्याभिः क्षत्रियः शुचिः ।
वैश्योऽद्भिः प्राशिताभिः स्यात् स्त्रीशूद्रौ स्पृश्य चान्ततः ॥ इति ।

(*BDh* 1.8.11–23)

पुनरपि स एवाह ।

ब्राह्मणस्य दक्षिणे हस्ते पञ्च तीर्थानि भवन्ति अङ्गुष्ठमूले पश्चाल्लेखं तद् ब्राह्मं तीर्थम् अङ्गुलिमध्ये दैवं तीर्थम् अङ्गुल्यग्र आर्षं तीर्थम् अङ्गुष्ठाङ्गुल्योर्मध्ये पैतृकं तीर्थं मध्येऽग्नितीर्थं तेन त्रिराचमेत् । (*BDh* ??)

इतयादि । दैवार्षयोर्विकल्पः । **शाण्डिल्यश्च** ।

देवानां पुष्पतोयेन ऋषीणां च कुशाम्भसा ।
पितृणां तिलतोयेन गन्धतोयेन सर्वतः ॥
यज्ञोपवीती देवानां निवीती मुनितर्पणे ।
प्राचीनाविती विप्रेन्द्राः पितृणां तर्पयेत् क्रमात् ॥
कनिष्ठाङ्गुलिना धीमांस्तर्पेद् देवतर्पणम् ।
ऋषीणामङ्गुलाग्रैस्तु श्रोत्रियः सर्वसिद्धये ॥
पितृणां तर्पयेद्विद्वान्दक्षिणाङ्गुष्ठकेन तु ॥ इति ।

"**लोकेऽपि**" (38.19) इति ।

तीर्थं मन्त्राद्युपाध्यायशास्त्रेष्वम्भसि पावने ।
पात्रोपायावतारेषु स्त्रीपुष्पे योनियज्ञयोः ॥ (*YVai* 6.3.13–14)

इति यादवादिस्मरणादिति मन्यते । "**अर्थतः**" (38.21) इति । तथा च विवरणादौ दर्शितम् "व्यवहारोऽभिवदनमुपादानमर्थक्रिया इति चतुर्विधः" इति । "**तत्र**" (38.23) इति ।

अन्तर्जानु शुचौ देश उपविष्ट उदङ्मुखः ।
प्राङ्वा ब्राह्मेण तीर्थेन द्विजो नित्यमुपस्पृशेत् ॥ (*YDh* 1.18)

इति प्रकृतम् । "**आचार्यस्य**" (39.2) इति । यथाह बौधायनः ।

कमण्डलुचर्यामुपदिशति ।

छागस्य दक्षिणे कर्णे पाणौ विप्रस्य दक्षिणे ।
अप्सु चैव कुशस्तम्बे पावकः परिपठ्यते ।

तस्माच्छौचं कृत्वा परिमृजीत पर्यग्निकरणं हि तत् । "उद्दीप्यस्व जातवेदः" (*TaitĀ* 10.1.4) इति पुनर्दाहाद्विशिष्यते । (*BDh* 1.6.1–2)

इत्यादि । आचार्यश्च ।

तक्षणं दारुशृङ्गास्थ्नां गोवालैः फलसंभुवाम् ।
मार्जनं यज्ञपात्राणां पाणिना यज्ञकर्मनि ॥ (*YDh* 1.184)

इत्यत्र मार्जनं यज्ञपात्राणां कृतशौचानामेव पाणिना यज्ञकर्मणि इत्यन्यार्थमेतद् उदकपाणेरपि शुद्धिकारणत्वं यथा स्यादिति । कमण्डल्वादेस्तु मार्जनाच्छुद्धिरिति द्रव्यशुद्धिप्रकरणे वक्ष्यति । "**ब्राह्मणग्रहणम्**" (39.4) इति "दक्षिणे ब्राह्मणहस्ते पञ्च तीर्थानि भवन्ति"(cf.p. 221) इत्यस्मिन् छाग्यायनककल्पे ब्राह्मणग्रहणं क्षत्रियवैश्ययोरप्युपलक्षणार्थम् । आचमनविधानादन्यत्र तात्पर्यादस्येत्यर्थः । तथा चोक्तम् आचार्येण ।

अन्तर्जानु शुचौ देश उपविष्ट उदङ्मुखः ।
प्राङ्वा ब्राह्मेण तीर्थेन द्विजो नित्यमुपस्पृशेत् ॥ इति । (*YDh* 1.18)

वृद्धपराशरेणापि ।

कृत्वाथ शौचं प्रक्षाल्य पादौ हस्तौ च मृज्जलैः ।
निबद्धशिखकक्षस्तु द्विज आचाममाचरेत् ।। इति ।

मनुनापि ।

ब्राह्मेण विप्रस्तीर्थेन नित्यकालमुपस्पृशेत् । (*MDh* 2.58)

इत्यारभ्य,

हृद्गाभिः पूयते विप्रः कण्ठगाभिस्तु भूमिपः ।
वैश्योऽद्भिः प्राशिताभिस्तु शूद्रः स्पृष्टाभिरन्ततः ॥ (*MDh* 2.62)

इति क्षत्रियादीनामप्युपदिष्टत्वात्, तदुपलक्षणत्वं युक्तमेव । "**सव्ये पाणौ**" (39.4) इति । तथा च मार्कण्डेयः ।

सपवित्रेण हस्तेन कुर्यादाचमनक्रियाम् ।
नोच्छिष्टं तत्पवित्रं तु भुक्तोच्छिष्टं तु वर्जयेत् ॥ इति ।

एतद्दक्षिणहस्ताभिप्रायं वामे निषेधश्रवणात् । तथा च हारीतः ।

वामहस्ते कुशान्कृत्वा समाचामति यो द्विजः ।
उपस्पृष्टं भवेत्तेन रुधिरेण मलेन च ॥ इति ।

एतदपि केवलवामहस्तविषयम्, उभयोः फलविशेषश्रवणात् । तथा च गोभिलः ।

उभयत्र स्थितैर्दर्भैः समाचामति यो द्विजः ।
सोमपानफलं तस्य कृत्वा यज्ञफलं भवेत् ॥ इति

तथा चोक्तम् "दक्षिणेनाचमनमिति" (39.5) इति । तथा च शाण्डिल्येनोक्तम् ।

आयतं पूर्वतः कृत्वा गोकर्णाकृतिवत्करम् ।
संहताङ्गुलिना तोयं गृहीत्वा पाणिना द्विजः ॥
त्रिः पिबेद्दक्षिणेनाम्बु द्विरास्यं परिमार्जयेत् ।
संहताभिस्त्रिभिः पूर्वमास्यमेवमुपस्पृशेत् ॥
अङ्गुष्ठेन प्रदेशिन्या घ्राणं पश्चादनन्तरम् ।
अङ्गुष्ठानामिकाभ्यां तु चक्षुःश्रोत्रे पुनः पुनः ॥
कनिष्ठाङ्गुष्ठयोः श्रोत्रं हृदयं तु तलेन वै ।
सर्वाभिस्तु शिरः पश्चाद्बाहू अग्रेण संस्पृशेत् ॥
क्रियां यः कुरुते मोहादनाचम्येह नास्तिकः ।
भवन्ति वै वृथा तस्य क्रियाः सर्वा न संशयः ॥

इत्यादि । तथा उशनसाप्युक्तम् । "दक्षिणं हस्ततलं गोकर्णाकारं विन्यस्य ब्राह्मेण तीर्थेनाशब्दं त्रिः पिबेत्" इत्यादि । देवलेनापि ।

धर्मविद्दक्षिणं हस्तमधःशौचे न योजयेत् ।
तथैव वामहस्तेन नाभेरूर्ध्वं न शोधयेत् ॥ इति ।

विज्ञानेश्वरोऽपि । "उपस्पृशेदिति आचामेत् । कथं । अन्तर्जान्वोर्मध्ये हस्तं कृत्वा दक्षिणेन हस्तेन" (*VijYDh* 1.18) इत्युक्तम् । तथा वृद्धशातातपेऽपि ।

उद्धृत्य वामहस्तेन यो विप्रः पिबते जलम् ।
सुरापानसमं दोषं मनुराह प्रजापतिः ॥

इत्यादि ।

YDh 1.20

[त्रिः प्राश्यापो द्विरुन्मृज्यात् खानि चोर्ध्वमुपस्पृशेत् ।
अद्भिस्तु प्रकृतिस्थाभिर्हीनाभिः फेनबुद्बुदैः ॥]

"त्रिः प्राश्य" इत्यादि ।

अन्तर्जानु शुचौ देश उपविष्ट उदङ्मुखः ।
प्राग्वा ब्राह्मेण तीर्थेन द्विजो नित्यमुपस्पृशेत् ॥ (*YDh* 1.18)

इत्यस्मिञ्छ्लोके प्रकृतब्राह्मतीर्थोपस्पर्शनयोः सप्रासाङ्गिकं पूर्वस्वरूपमुक्त्वेदानीमुत्तरस्वरूपं वक्तुमुक्तमुत्तरमिति दर्शयितुं वृत्तं संकीर्तयत्युपस्पृशेदितीति । साधारणश्चालम्भनस्नानाचमनेषूपस्पर्शनशब्द इति । तत्रालम्भनम् । तथा च स्मृतिः ।

त्रीणि तेजांसि नोच्छिष्ट आलभेत कथंचन ।
अग्निं गां ब्राह्मणं चैव तथास्यायुर्न शिष्यते ॥
त्रीणि तेजांसि नोच्छिष्ट उदीक्षेत कथंचन ।
सूर्याचन्द्रमसौ चैव नक्षत्राणि च सर्वशः ॥ इति ।

अनेन हि स्पर्शनेक्षणे निषिध्येते । तथा च वक्ष्यति ।

गोब्राह्मणानलान्नानि नोच्छिष्टो न पदा स्पृशेत् ।
न निन्दाताडने कुर्यात् सुतं शिष्यं च ताडयेत् ॥ इति । (*YDh* 1.154)

अनेन स्मृतिद्वयैकवाक्यत्वादत्रालम्भनशब्दः स्पर्श एव वर्तत इति दर्शितम् । स्पर्शनोपस्पर्शनशब्दयोश्चैकार्थत्वमेवात्र विवक्षितम् । तथा च अमरसिंहः "स्नानाचान्त्योरुपस्पर्श" इत्यादि । यादवश्च ।

स्यादुपस्पर्शनं स्पर्शे स्नानाचमनयोरपि ॥ (*YVai* 8.3.14)

इत्यादि ।

"तस्य" (39.7) इति । अत्र जैमिनिः । "संदिग्धे वाक्यशेषात्" (*PMS* 1.4.24) इति । तत्र भाष्यकारेण (Śab 1.4.24) किमिहोदाहरणमित्याद्युक्त्वा तस्य विषयवाक्यमुदाहृतम् । "अक्ताः शर्करा उपदधाति तेजो वै घृतम्" (*TaitBr* 3.12.5.12) इति । तत्राञ्जनसाधनं किमिति संदिह्य 'वाक्यशेषादर्थनिर्णयः' इति न्यायाद् यथा घृतमिति निर्णीतम् तथात्रापीत्यर्थः । अत एव परिमार्जनं मुखस्येति । तदाह मनुः ।

त्रिराचामेदपः पूर्वं द्विरुन्मृज्यात्ततो मुखम् ।
खानि चोपस्पृशेदद्भिः आत्मानं शिर एव च ॥ इति । (*MDh* 2.60)

तत्र विज्ञानेश्वरम् ।

> वारत्रयमपः पीत्वा मुखमङ्गुष्ठमूलेन द्विः परिमृज्य "खानि चोर्ध्वमुपस्पृशेत्" । खानि छिद्राण्यूर्ध्वकायगतानि घ्राणादीन्यद्भिरुपस्पृशेत् । अद्भिर्द्रव्यन्तरासंसृष्टाभिः । पुनर्ग्रहणं प्रतिच्छिद्रमुदकस्पर्शनार्थम् । (*VijYDh* 1.20)

इति पूर्वार्ध एवाद्भिरत्यस्य संबन्धो विज्ञानेश्वरे दर्शितः । "**शीर्षण्यानि**" (39.12) इत्यत्र **गौतमः** । "खानि चोपस्पृशेच्छीर्षण्यानि" (*GDh* 1.36) इति । **यादवश्च** ।

खमिन्द्रिये दिवि व्योम्नि रन्ध्रनक्षत्रयोरपि ॥ इति । (*YVai* 8.3.19)

सिंहश्च ।

शङ्खो निधौ ललाटस्थि कम्बौ न स्त्रीन्द्रियेऽपि खम् ॥ इति । (*AK* 3.3.18)

हलधरश्च ।

खमक्षमिन्द्रियं स्रोतो हृषीकं करणं मतम् ॥ इति । (*HalAbhi* 2.380)

"**पूर्वं च**" (39.13) इति । तथा च **गौतमीयम्** ।

शुचौ देश आसीनो दक्षिणबाहुं जान्वन्तरा कृत्वा यज्ञोपवीत्यामणिबन्धनात् पाणी प्रक्षाल्य वाग्यतस हृदयस्पृशस्त्रिश्चतुर्वा आचामेत् । द्विः परिमृज्यात् । पादौ चाभ्युक्षेत् । खानि चोपस्पृशेच्छिर्षण्यानि । मूर्धनि च दद्यात् । (*GDh* 1.36)

इति क्रमविधानात् । "**अत्र प्रकृतत्वाचाद्भिः**" (39.14–15) इति । तथा च **मनुः** ।

त्रिराचामेदपः पूर्वं द्विरुन्मृज्यात्ततो मुखम् ।
खानि चोपस्पृशेदद्भिरात्मानं शिर एव च ॥
अनुष्णाभिरफेनाभिरद्भिस्तीर्थेन धर्मवित् ।
शौचेप्सुः सर्वदाचामेदासीनः प्रागुदङ्मुखः ॥ इति । (*MDh* 2.60–61)

दक्षोऽपि ।

मूत्रशौचं पुरस्कृत्य बृहच्छौचं ततो भवेत् ।
पश्चात्तु पादयोः शौचं शौचविद्भिरुदाहृतम् ॥
क्रमकोपं न कुर्वीत स्वाभाविकवशात् पुनः ।
जङ्घयोस्तु चतस्रः स्युः पादयोः पञ्च मृत्तिकाः ॥
वामहस्ते दश ज्ञेया उभयोः सप्त मृत्तिकाः ।
पादशौचं यतेरेकद्विन्मूत्रकरणादिषु ॥
प्रक्षाल्य पादौ हस्तौ च त्रिः पिबेदम्बु वीक्षितम् ।
संहत्याङ्गुष्ठमूलेन त्रिः प्रमृज्यात् ततो मुखम् ॥
संहताभिस्त्रिभिः पूर्वमास्यमेवमुपस्पृशेत् ।
अङ्गुष्ठेन प्रदेशिन्या घ्राणं पश्चादनन्तरम् ॥
अङ्गुष्ठानामिकाभ्यां तु चक्षुषी समुपस्पृशेत् ।
श्रोत्रेऽङ्गुष्ठकनिष्ठाभ्यां हृदयं तु तलेन वै ॥

अस्य पाठान्तरम् ।

अङ्गुष्ठानामिकाभ्यां तु चक्षुश्रोत्रमुपस्पृशेत् ।
कनिष्ठाङ्गुष्ठयोर्नाभिः हृदयं तु तलेन वै ॥ इति ।
सर्वाभिस्तु शिरः पश्चाद्बाहू अग्रेण संस्पृशेत् ।

इति दक्षवचनम् । उशना अपि ।

दक्षिणं हस्ततलं गोकर्णाकारं विन्यस्य ब्राह्मेण तीर्थेनाशब्दं त्रिः पिबेद् ऋग्यजुःसामवेदान् ध्यायन् द्विः परिमृज्याद् अथर्वेतिहासपुराणानि ध्यायन् । अत्रापि ब्राह्मेण मार्जनमुपकनिष्ठादेशनीभ्यां नयने चन्द्रादित्यौ ध्यात्वा तर्जन्यङ्गुष्ठाभ्यां नासिकापुटे प्राणान् ध्यात्वा कनिष्ठाङ्गुष्ठाभ्यां कर्णौ दिशौ ध्यात्वाङ्गुष्ठेनैव केवलं हृदयमात्मानं ध्यात्वा सर्वाङ्गुलीभिः श्रियं ध्यात्वा मूर्धन्यपो निनयेत् । स्त्रीशूद्रयोश्च सकृत् प्राशनात् सकृदोष्ठस्पर्शनाच्छुद्धिः । इति ।

तथा स्मृत्यन्तरं च ।

संवृत्याङ्गुष्ठमूलेन द्विः प्रमृज्यात्ततो मुखम् ।
मध्यमाभिर्मुखं पूर्वं तिसृभिः सकलं स्पृशेत् ॥
अङ्गुष्ठदेशनीभ्यां तु नासिके तदनन्तरम् ।
अङ्गुष्ठानामिकाभ्यां तु चक्षुषी समुपस्पृशेत् ॥
कनिष्ठाङ्गुष्ठकाभ्यां तु श्रोत्रे तु समुपस्पृशेत् ।
ततस्तु केवलेनैव नाभिमङ्गुष्ठकेन तु ॥
तलेन हृदयं स्पृष्ट्वा सर्वाभिः शिर एव तु ।
बाहू चाग्रेण संस्पृश्य ततः शुद्धो भवेन्नरः ॥
उदके तूदकस्थस्तु तलस्थस्थलके शुचिः ।
पादौ कृत्वोभयत्रापि आचम्योभयतः शुचिः ॥
संध्यार्थे भोजनार्थे च पित्रर्थे च तथैव च ।
नाचामेच्छूद्रहस्तेन जपहोमार्चनेषु च ॥
भुक्त्वासनस्थोऽप्याचामेन्नान्यकाले कदाचन ॥ इति ।

बौधायनश्च "अथात आचमनविधिं व्याख्यास्यामः" इत्युपक्रम्याह ।

प्रथमं यत्पिबति तेनर्ग्वेदं प्रीणाति । द्वितीयं यत्पिबति तेन यजुर्वेदं प्रीणाति । तृतीयं यत्पिबति तेन सामवेदं प्रीणाति । प्रथमं यत्परिमृजति तेनाथर्ववेदं प्रीणाति । द्वितीयं यत्परिमृजति तेनेतिहासपुराणानि प्रीणाति । यन्मुखं तेनाग्निं । यत्पादावभ्युक्षति तेन

विष्णुं यच्चक्षुषी तेन चन्द्रादित्यौ यन्नासिके तेन प्राणान् यच्छ्रोत्रं तेन दिशो यद्बाहू तेनेन्द्रं यन्नाभिं तेन पृथिवीं यद्धृदयं तेन रुद्रं यच्छिरस्तेन सप्तर्षीन् सर्वा देवताः प्रीणाति ।

माषं मज्जेत्तु तन्मात्रं प्रगृह्य त्रिः पिबेदपः ।
त्रिः पिबेदायतप्राणो गोकर्णाकृतिवत्करः ॥
अङ्गुष्ठेऽग्निः प्रदेशिन्यां वायुर्मध्ये प्रजापतिः ।
अनामिकायामादित्यः कनिष्ठायां शतक्रतुः ॥
अङ्गुष्ठानामिकाभ्यां तु चक्षुषी समुपस्पृशेत् ।
प्रदेशिन्यङ्गुष्ठाभ्यां तु नासिके समुपस्पृशेत् ॥

श्रोत्रेऽङ्गुष्ठकनिष्ठयोर्द्वाभ्यां समुपस्पृशेत् मध्यया बाहू अङ्गुष्ठेन नाभिमङ्गुल्यग्रैर्हृदयं सर्वाभिरङ्गुलीभिः शिर इत्याह भगवान् बौधायनः । इति । (cf. *BDh* 4.3.3–5)

अत्रेच्छाविकल्पोऽव्यवस्थितविकल्पो वेति स्मृत्यन्तरान्मनीषिभिरवसेयम् । तथा ।

गोकर्णाकृतिहस्तेन माषमज्जं जलं पिबेत् ।
तन्न्यूनमधिकं वापि सुरापानसमं भवेत् ॥ इति ।

तथा ।

वामे हि द्वादशादित्या वरुणश्च जलेश्वरः ।
अतस्तावत्तु नाचामेद्यावद्वामेन न स्पृशेत् ॥ इति ।

गौतमश्च । "उद्धृतोदकेनाचामेत् । न शूद्राशुच्येकपाण्यावर्जितेन" (*GDh* 9.10–11) इति । **आपस्तम्बश्च** । "नाग्न्युदकशेषेण वृथा कर्माणि कुर्वीताचामेद्वा पाणिसंक्षुब्धेनोदकेनैकपाण्यावर्जितेन च नाचामेत्" इत्यादि (*ĀpDh* 1.4.20–21) । **श्यामकायनश्च** ।

दानमाचमनं होमं भोजनं देवतार्चनम् ।
प्रौढपादो न कुर्वीत स्वाध्यायं पितृतर्पणम् ॥
आसनारूढपादश्च जान्वोर्वा जङ्घयोस्तथा ।
कृतावसक्थिको यश्च प्रौढपादः स उच्यते ॥ इति ।

वस्त्रादिना कृतपादबन्धः कृतावसक्थिकः । तथा च **मस्करीयगौतमभाष्ये** "भीतो यानस्थः शयानः प्रौढपादो वा" (*GDh* 16.17) इत्यस्य सूत्रस्य व्याख्याने "भीतो वर्तमानभयः प्रौढपादः पादे एकपादारूढः पीठिकाद्यारोपितचरणो वा । वक्षारूढस्यापि ग्रहणार्थो विसमासः" इति । एवं नाधीयीतेति सूत्रशेषः । एतच्चाचमनादावपि द्रष्टव्यम् ।

"अद्भिरिति पुनः श्रुतिः" (39.20) इति ।

त्रि: प्राश्यापो द्विरुन्मृज्यात् खानि चोर्ध्वमुपस्पृशेत् । (*YDh* 1.20)

इति प्रकृतेऽपि पुनरुक्तिर्गुणविधानार्था । यथा "अग्निहोत्रं जुहोति" (*TaitS* 1.5.9.1) इत्यादौ जुहोत्यादेः प्रकृतत्वेऽपि "दध्ना जुहोति"(*MS* 4.7.7) इत्यादौ गुणार्था पुनःश्रुतिः । यथास्मिन्नेव व्यवहारप्रकरणे ।

इति संचिन्त्य नृपतिः कृतकृत्यफलं पृथक् ।

व्यवहारान् स्वयं पश्येत् सभ्यैः परिवृतोऽन्वहम् ॥ (*YDh* 1.355)

इति व्यवहारदर्शनस्य प्रकृतत्वेऽपि ।

व्यवहारान् नृपः पश्येद्विद्वद्भिर्ब्राह्मणैः सह ।

धर्मशास्त्रानुसारेण क्रोधलोभविवर्जितः ॥ (*YDh* 2.1)

इति पुनर्व्यवहारदर्शनश्रुतिर्गुणविधानार्था । तद्वदत्रापीत्यर्थः । "**यथा**" (39.21) इत्यत्र शङ्खः ।

उद्धृत्य परिपूताभिर्हीनाभिः फेनबुद्बुदैः ।

वह्निना न च तप्ताभिरक्षाराभिरुपस्पृशेत् ॥ इति ।

परिपूताभिर्वस्त्रेण चक्षुषा च । तथा च मनुः ।

दृष्टपूते न्यसेत् पादं वस्त्रपूतं जलं पिबेत् ।

मनःपूतां वदेद्वाचं सत्यपूतं समाचरेत् ॥ इति । (*MDh* 6.46)

तथा शिवधर्मशास्त्रेऽपि ।

आचामेत्तोयविधिना निर्लेपः शिवभस्मना ।

गन्धलेपविशुद्ध्यर्थं नित्यमद्भिरुपस्पृशेत् ॥

गन्धलेपविहीनोऽपि भावशुद्धो विशुध्यति ॥ इति ।

भावशुद्ध्या भवेच्छुद्धः शुद्धभावस्ततो भवेत् ।

उदकुम्भसहस्रेण मृदाढकशतेन च ॥

अपि वर्षसहस्रेण भावदुष्टो न शुध्यति ।

भावशुद्धश्चरेच्छौचं वस्त्रपूतं जलं पिबेत् ॥

दृष्टिपूतं न्यसेत्पादं सत्यपूतं वचो वेदेत् ॥ इति । (*ŚivDh* 11.35–38)

दक्षश्च ।

प्रक्षाल्य पादौ हस्तौ च त्रिः पिबेदम्बु वीक्षितम् ।

संहत्याङ्गुष्ठमूलेन त्रिः प्रमृज्यात्ततो मुखम् ॥ इत्यादि ।

संहताभिर्गृहीत्वापो मुक्त्वाङ्गुष्ठकनिष्ठके ।

गोकर्णाकृतिवत् कृत्वा त्रिः पिबेदम्बु वीक्षितम् ॥ इति च ।

"प्रकृतिस्थाः स्वभावतः स्थिताः" (39.21–22) इति । यथाह ।

न वर्षधारास्वाचामेत्तथा च प्रदरोदके ।
एकरात्रोषिता आपस्त्याज्या मेध्या अपि स्वतः ॥ (?)
आपः शुद्धा भूमिगता वैतृष्ण्यं यासु गोर्भवेत् ।
अव्यक्ताश्चेदमेध्येन गन्धवर्णरसान्विताः ॥ (*MDh* 5.128)

इति मनुः । "तथा" (39.22) इत्यत्र आपस्तम्बः "न तप्ताभिश्चाकारणात्" (*ĀpDh* 1.15.6) इति । अद्भिराचमनं कुर्यादिति शेषः । "आतपादितप्तास्तु" (39.23) इति । अन्यथा ग्रीष्मकालादाचामनाभावप्रसङ्ग इति मन्यते । "मानवं चानुष्णाभिः" (39.24) इत्यत्र ।

त्रिराचामेदपः पूर्वं द्विरुन्मृज्यात्ततो मुखम् ।
खानि चोपस्पृशेदद्भिरात्मानं शिर एव च ॥
अनुष्णाभिरफेनाभिरद्भिस्तीर्थेन धर्मवित् ।
शौचेप्सुः सर्वदाचामेदासीनः प्रागुदङ्मुखः ॥ इति । (*MDh* 2.60–61)
कृत्वा मूत्रं परीषं च खान्याचान्त उपस्पृशेत् ।
वेदमध्येष्यमाणश्चाप्यन्नमश्नंश्च सर्वदा ॥
त्रिराचामेदपः पूर्वं द्विरुन्मृज्यात्ततो मुखम् ।
खानि चोपस्पृशेदद्भिरात्मानं शिर एव च ।
शारीरं शौचमन्विच्छन् स्त्रीशूद्रौ तु सकृत् सकृत् ॥ इति च ।
(*MDh* 5.138–39; cf. add)

YDh 1.21

[हृत्कण्ठतालुगाभिस्तु यथासंख्यं द्विजातयः ।
शुध्येरन् स्त्री च शूद्रश्च सकृत् स्पृष्टाभिरन्ततः ॥]

"शूद्रस्य स्त्रियाश्च" (40.13) इति । स्त्रीशूद्रयोः स्पृष्टाभिरेवाद्भिः शुद्धिरित्यवधारणार्थश्चकारो युक्तः । ततश्चान्यपरिसंख्यानाद् द्विजोक्ताचमानकल्पनिवृत्तेरिन्द्रियस्पर्शनादिनिवृत्तिरित्यर्थः । अत्र भट्टवार्तिकम् ।

विधिरत्यन्तमप्राप्तौ नियमः पाक्षिके सति ।

तत्र चान्यत्र च प्राप्तौ परिसंख्येति कीर्त्यते ॥ इति । (*TV* II: 60.4–5)

"**अन्ततः**" (40.14) इति । "अन्तेन तालुना स्पृष्टाभिः" इति **विज्ञानेश्वरम्** । (*VijYDh* 1.21)।

YDh 1.22

[स्नानमब्दैवतैर्मन्त्रैर्मार्जनं प्राणसंयमः ।
सूर्यस्य चाप्युपस्थानं गायत्र्याः प्रत्यहं जपः ॥]

"**स्नानम्**" इत्यादि । "**स्नानं प्रत्यहं कुर्यात् । तस्य विधिराचार्येणैवान्यत्राभिहितः**" (40.18–19) इति ।

प्रभूते विद्यमाने तु उदके सुमनोहरे ।
नाल्पोदके द्विजः स्नायान्नदीं वोत्सृज्य कृत्रिमे ॥ (*YogY* 7.6)

इति **योगशास्त्रे**ऽभिहितः । **आचार्येण** अर्थतोऽभिहितमेतत् । पाठान्तरं वा "**उभयात्मकं हि स्नानं शौचमाचारश्च**" (40.21) इति । तत्र **दक्षः** ।

लालास्वेदसमाकीर्णः शयनादुत्थितः पुमान् ।
अत्यन्तमलिनः कायो नवच्छिद्रसमन्वितः ॥
स्रवत्येष दिवारात्रं प्रातःस्नानं विशोधनम् ।
प्रातःस्नानं प्रशंसन्ति दृष्टादृष्टकरं हि तत् ॥
सर्वमर्हति शुद्धात्मा प्रातःस्नायी जपादिकम् ॥ इति ।
प्राह्णमध्याह्नयोः स्नानं वानप्रस्थगृहस्थयोः ।
यतिस्त्रिषवणं प्रोक्तं सकृत्तु ब्रह्मचारिणः ॥

इति च **दक्षः** । **जाबालिरपि** ।

सततं प्रातरुत्थाय दन्तधावनपूर्वकम् ।
आचरेदुषसि स्नानं तर्पयेद्देवमानुषान् ॥ इति ।

ब्रह्मचारिणो निषेधाद् दन्तधावनरहितमेव स्नानमिति विशेषः । **शङ्खश्च** ।

नित्यं नैमित्तिकं काम्यं क्रियाङ्गं मलकर्षणम् ।
क्रियास्नानं तथा षष्ठं षोढास्नानं प्रकीर्त्तितम् ॥
चण्डालशवधूमादिस्पर्शने तु यदा कृते ।

स्नानार्हस्तु यदा स्नाति स्नानं नैमित्तिकं हि तत् ॥
पुष्यकालादिषु स्नानं दैवज्ञविधिचोदितम् ।
तद्धि काम्यं समुद्दिष्टं नाकामस्तत् प्रयोजयेत् ॥
जप्त्वा कामं पवित्राणि अर्चिष्यं देवताः पितॄन् ।
स्नानं समाचरेद्यस्तु क्रियाङ्गं तत् प्रकीर्तितम् ॥
मलापकर्षणं नाम स्नानमभ्यङ्गपूर्वकम् ।
मलापकर्षणार्थं तु प्रवृत्तिस्तस्य नान्यथा ॥
सरस्सु देवखातेषु तीर्थेषु च नदीषु च ।
क्रियास्नानं समुद्दिष्टं स्नानमेव क्रिया मता ॥ इति ।

"तत्र केचित्" (40.21) इति । अत्र भृगुः ।

स्नानानि पञ्च पुण्यानि कीर्तितानि मनीषिभिः ।
आग्नेयं वारुणं ब्राह्मं वायव्यं दिव्यमेव च ॥
आग्नेयं भस्मना स्नानमवगाहं तु वारुणम् ।
आपो हि ष्ठेति च ब्राह्मं वायव्यं गोरजः स्मृतम् ॥
यदि स्यात्सातपं वर्षं दिव्यं तीर्थं तदुच्यते ।
अशक्ता वारुणस्नाने आग्नेयादि समाचरेत् ॥ इति

व्यासश्च ।

पञ्च स्नानानि पुण्यानि विहितानि स्वयंभुवा ।
आग्नेयं वारुणं ब्राह्मं वायव्यं दिव्यमेव च ॥
आग्नेयं भस्मना स्नानमवगाहं तु वारुणम् ।
ब्रह्मस्नानं मन्त्रयुक्तं वायव्यं गोरजः स्मृतम् ॥
अद्भिरातपवर्षाभ्यां दिव्यस्नानं विधीयते ।
सर्वेषामपि चैतेषां वारुणं तु विशिष्यते ॥
मन्त्रवत् प्रोक्षणं चापि द्विजातीनां विशिष्यते ।
अवगाहेऽप्यशक्तस्तु आग्नेयादि समाचरेत् ॥ इति ।

शाण्डिल्यश्च ।

चण्डालादेस्तु संस्पर्शे वारुणं स्नानमाचरेत् ।
इतराणि चु चत्वारि यथायोगं स्मृतानि वै ॥ इति ।

"दण्डवत्" (40.23) इति । तथा च बौधायनः । "गर्भादिः संख्या वर्षाणाम् । तदष्टमेषु

ब्राह्मणमुपनयेत् । त्र्यधिकेषु राजन्यम् । तस्मादेकाधिकेषु वैश्यम्" (*BDh* 1.3.7–9) इत्यारभ्य "पूर्वोत्थायी जघन्यसंवेशी । सर्वत्राप्रतिहतगुरुवाक्योऽन्यत्र पातकात्" (*BDh* 1.3.21–22) इत्यादिकं ब्रह्मचारिणो गुरावनुगमनादिकं धर्ममाह "धावन्तमनुधावेद् गच्छन्तमनुगच्छेत् तिष्ठन्तमनुतिष्ठेत् । नाप्सु श्लाघमानः स्नायात् । दण्डवदाप्लवेत्" (*BDh* 1.3.38–40) इत्यादि । आपस्तम्बश्च "ब्रह्मचारिविधिः । आचार्याधीनः स्यादन्यत्र पतनीयेभ्यः" (*ĀpDh* 1.2.18–19) इति प्रकृत्य "उत्सन्नश्लाघोऽङ्गानि प्रक्षालयीत विशुचिलिङ्गानि गुरोरसंदर्शने । नाप्सु श्लाघमानः स्नायाज्जटिलः शिखाजटो वा वापयेत्" (*ĀpDh* 1.2.27–32) इत्यादि । अस्यार्थः । श्लाघमानस्तरणताडनानि कुर्वन् श्लाघा विकत्थनं प्रमोदपूर्वः परिस्पन्दः दण्डवादाश्चात्मानमाप्लाव्योद्धरेदिति । अत्र वरदराजीये स्नानविधिः प्रदर्श्यते ।

अथ प्रातःस्नानविधिः । तत्र जाबालिः ।

सततं प्रातरुत्थाय दन्तधावनपूर्वकम् ।
आचरेदुषसि स्नानं तर्पयेद्देवमानुषान् ।
देवान् ब्रह्मर्षींश्च तर्पयेदक्षतोदकैः ।
तपयेत्तु पितॄन्भक्त्या सतिलोदकचन्दनैः ॥

तथा स्मृत्यन्तरे ।

शुचिवस्त्रधरः स्नातः परिधायाम्बरं शुचिः ।
तेषामेव हि तीर्थेन कुर्यादुदकतर्पणम् ॥

तथा योगयाज्ञवल्क्यम् ।

उपोष्योषसि यत् स्नानं संध्यायामुदितेऽपि वा ।
प्राजापत्येन तत्तुल्यं महापातकनाशनम् ॥ इति । (*YogY* 7.118)
उषःसमीपे यत् स्नानं संध्यायामुदितेऽपि वा ।
प्राजापत्येन तत्तुल्यं सर्वपापप्रणाशनम् ॥ (*YogY* 7.118?)
प्रातरुत्थाय यो विप्रः संध्यास्नानं समाचरेत् ।
सप्तजन्मकृतं पापं त्रिभिर्वर्षैर्व्यपोहति ॥ (*YogY* 7.117)

यथा च दक्षसंवर्तौ ।

गुणा दश स्नानपरस्य साधोः
रूपं च तेजश्च बलं च शौर्यम् ।
आयुष्यमारोग्यमलोलुपत्वं

दु:स्वप्ननाशश्च तपश्च मेधा ॥ इति ।

अत्र पराशरः ।

स्नातो नाङ्गानि निर्मृज्यात् स्नानशाट्या न पाणिना । इति ।

तेन स्नानशाट्या पाणिना वा शरीरोदकमार्जनं न कार्यम् । अवगाहनाशक्तः कपिलादिस्नानं कुर्यात् । यथाह ।

स्नानेऽप्यशक्तः स्नायीत नित्यमुष्णेन वारिणा ।
व्रणवातादिदष्टानां तैलाभ्यङ्गो न दुष्यति ॥
प्रातःस्नानेऽप्यशक्तस्तु कापिलं स्नानमाचरेत् ।
नाभेरधः प्रविश्याप्सु कटिं प्रक्षाल्य मृज्जलैः ।
आर्द्रेण तु पटेनाङ्गमार्जनं कापिलं स्मृतम् ॥

तत्राप्यशक्तस्य मन्त्रस्नानम् । तत्र शक्त्यनुगुणं स्नानं कृत्वा देवर्षिपितृतर्पणानि कृत्वा वस्त्राणि निष्पीडयेत् । तथा च वृद्धवसिष्ठः ।

स्नानार्थमधिगच्छन्तं देवाः पितृगणैः सह ।
वायुभूतानुगच्छन्ति तृषार्ताः सलिलार्थिनः ॥
निराशास्ते निवर्तन्ते वस्त्रनिष्पीडने कृते ।
तस्मान्न पीडयेद्वस्त्रमकृत्वा पितृतर्पणम् ॥
वस्त्रनिष्पीडनं तोयं श्राद्धे तूच्छिष्टभोजनम् ।
भागधेयं श्रुतिः प्राह तस्मान्निष्पीडयेत् स्थले ॥
धौतं चतुर्गुणीकृत्य पीडयेत्तु जलाद्बहिः ।
वामप्रकोष्ठे निक्षिप्य द्विराचम्य विधिः स्मृतः ॥
पक्षद्वयं श्रावणादि सर्वा नद्यो रजस्वलाः ।
तासु स्नानं न कुर्वीत वर्जयित्वा समुद्रगाः ॥
धनुःसहस्राण्यष्टौ तु गतिर्यासां न विद्यते ।
समुद्रगाश्च या न स्युर्गर्तास्ते परिकीर्तिताः ॥
उपाकर्मणि चोत्सर्गे प्रातःस्नाने तथैव च ।
चन्द्रसूर्यग्रहे चैव रजोदोषो न विद्यते ॥

अन्यत्सर्वं माध्यन्दिनस्नानोक्तमत्र द्रष्टव्यम् । इति ।

यतेरपि स्नानमत्रोक्तम् ।

स्नानेऽप्यशक्तः स्नायीत नित्यमुष्णेन वारिणा ।

व्रणवातादिदष्टानां तैलाभ्यङ्गो न दुष्यति ॥
प्रातःस्नानेऽप्यशक्तस्तु कापिलं स्नानमाचरेत् ।
नाभेरधः प्रविश्याप्सु कटिं प्रक्षाल्य मृज्जलैः ।
जलार्द्रकर्पटेनाङ्गमार्जनं कापिलं स्मृतम् ॥
सशिरस्कं जलार्द्रेण कर्पटेन स्वविग्रहम् ।
शोधयित्वा शनैरन्तर्वाससः परिवर्तयेत् ॥
मृद्भिश्चतसृभिः कुर्यात्कटिशौचं यथाविधि ।
कक्षप्रक्षालनं कुर्यान्मृद्भिश्चतसृभिस्तथा ॥
ततः प्रविश्य सलिले स्मरन्विष्णुं शनैः सकृत् ।
मज्जेदोमित्युदाहृत्य न च प्रक्षोभयेज्जलम् ॥
उत्तीर्याचमनं कृत्वा गृहीत्वा मृत्तिकां पुनः ।
प्रणवेनैव सर्वाङ्गमालिप्यापः प्रविश्य च ॥
पृथिव्यां यानि तीर्थानि तेषां स्नानस्य यत्फलम् ।
विष्णोः पादोदकं मूर्ध्ना दधत्सर्वमवाप्नुयात् ॥

इत्यादि । नन्वाचमनानन्तरभावित्वेऽपि स्नानस्य मार्जनादेस्तदानन्तर्यं न स्यादित्याशङ्क्य स्नानवन्मार्जनाद्यपि संध्योपासनाङ्गम् आचाररूपत्वात्तस्य । तस्माद्युक्तमेवात्र तदानन्तर्य-मित्याह "संध्या" (40.23) इति । तथा चोक्तम् आचार्येण **"आचाराश्चाग्नीन्धनाद्याश्र-मसंबन्धिनः वर्णसंबन्धिनोऽस्तेयाद्याः"** (35.17–18) इति । यत्तु **मानवे** ।

उपनीय गुरुः शिष्यं शिक्षयेच्छौचमादितः ।
आचारमग्निकार्यं च संध्योपासनमेव च ॥ (*MDh* 2.69)

इति संध्योपासनाचारयोः पृथग्वचनं तदिहाविशेषवचनात् ।

उपनीय गुरुः शिष्यं महाव्याहृतिपूर्वकम् ।
वेदमध्यापयेत्पश्चाच्छौचाचारांश्च शिक्षयेत् ॥ (*YDh* 1.15)

इति तयोरेकवाक्यत्वाच्चाचारप्रपञ्चनार्थमेव युक्तमिति मन्यते । स्नानादेः संध्योपासना-ङ्गत्वमाह **बौधायनः** ।

अथातः संध्योपासनविधिं व्याख्यास्यामः । तीर्थं गत्वाप्रयतोऽभिषिक्तः प्रक्षालित-पादपाणिराचम्य सुरभिमत्याब्लिङ्गाभिर्वारुणीभिर्हिरण्यवर्णाभिः पावमानीभिर्व्याहृती-भिरन्यैश्च पवित्रैरात्मानं प्रोक्ष्य प्रयतो भवति । अथाप्युदाहरन्ति ।

अपोऽवगाहनं स्नानं विहितं सार्ववर्णिकम् ।

मन्त्रवत् प्रोक्षणं चापि द्विजातीनां विशिष्यते ॥

सर्वकर्मणां चैवारम्भेषु प्राक्संध्योपासनकालाच्चैव तेनैव पवित्रसमूहेनात्मानं प्रोक्ष्य प्रयतो भवति । अथाप्युदाहरन्ति । दर्भेष्वासीनो दर्भान्धारयमाणः सोदकेन पाणिना प्रत्यङ्मुख उपविश्य सावित्रीं सहस्रकृत्व आवर्तयेत् । (*BDh* 2.7.1–5)

इत्यादि । "**अब्दैवतैः**" (40.24) इति ।

आपो हि ष्ठेति तिसृभिर्ऋग्भिः संप्रयतः शुचिः ।
नवप्रणवयुक्ताभिर्जलं शिरसि निक्षिपेत् ॥ (*YogY* pariśiṣṭa 22)
नवप्रणवयुक्तेन आपो हि ष्ठा तृचेन च ।
संवत्सरकृतं पापं मार्जनान्ते विनश्यति ॥

इति **योगशास्त्रम्** । "**प्राण**" (41.1) इति ।

गायत्रीं शिरसा सार्धं जपेद् व्याहृतिपूर्विकाम् ।
प्रतिप्रणवसंयुक्तां त्रिरयं प्राणसंयमः ॥ (*YDh* 1.23)

इति "**वक्ष्यमाणम्**" (41.1) । "**चशब्दाद् द्रुपदायाश्च**" (41.2) इति ।

द्रुपदादिवेन्मुमुचानः स्विन्नः स्नात्वी मलादिव ।
पूतं पवित्रेणेवाज्यमापः शुन्धन्तु मैनसः ॥ (*TaitBr* 2.6.6.3–4)

"**सूर्योपस्थानं च**" (41.5) इति ।

उदु त्यं जातवेदसं देवं वहन्ति केतवः ।
दृशे विश्वाय सूर्यम् ॥ (*RV* 1.50.1)

इत्येका ।

अप त्ये तायवो यथा नक्षत्रा यंत्यक्तुभिः ।
सूराय विश्वचक्षसे ॥ (*RV* 1.50.2)

इति द्वितीया ।

चित्रं देवानामुदगादनीकं चक्षुर्मित्रस्य वरुणस्याग्नेः ।
आप्रा द्यावापृथिवी अन्तरिक्षं सूर्य आत्मा जगतस्तस्थुषश्च ॥ (*RV* 1.115.1)

इति वा द्वितीया । "**तथा**" (41.9) इत्यत्र **मनुः** ।

प्राक्कूलान् पर्युपासीनः पवित्रैश्चैव पावितः ।
प्राणायामैस्त्रिभिः पूतस्तत ओंकारमर्हति ॥
अकारं चाप्युकारं च मकारं च प्रजापतिः ।
वेदत्रयान्निरवृहद् भूर्भुवःस्वरितीति च ॥

त्रिभ्य एव तु वेदेभ्यः पादं पादमदूदुहत् ।

तिदित्यृचोऽस्याः सावित्र्याः परमेष्ठी प्रजापतिः ॥

एतदक्षरमेतां च जपन् व्याहृतिपूर्विकाम् ।

संध्ययोरुभयोर्विप्रो वेदपुण्येन युज्यते ॥ इति । (*MDh* 2.75–78)

तथा ऐतरेयब्राह्मणमपि ।

प्रजापतिरकामयत प्रजायेय भूयान् स्यामिति । स तपोऽतप्यत । स तपस्तप्त्वेमाँल्लोकानसृजत । पृथिवीमन्तरिक्षं दिवम् । ताँल्लोकानभ्यतपत् । तेभ्योऽभितप्तेभ्यस्त्रीणि ज्योतंष्यजायन्त । अग्निरेव पृथिव्या अजायत वायुरन्तरिक्षादादित्यो दिवः । तानि ज्योतींष्यभ्यतपत् । तेभ्योऽभितप्तेभ्यस्त्रयो वेदा अजायन्त । ऋगवेद एवाग्नेरजायत । यजुर्वेदो वायोः सामवेद आदित्यात् । तान् वेदानभ्यतपत् । तेभ्योऽभितप्तेभ्यस्त्रीणि शुक्राण्यजायन्त । भूरित्येव ऋग्वेदादजायत । भुव इति यजुर्वेदात् । स्वरिति सामवेदात् । तानि शुक्राण्यभ्यतपत् । तेभ्योऽभितप्तेभ्यस्त्रयो वर्णा अजायन्त । अकार उकारो मकार इति । तानेकधा समभरत् । तदेतदोमिति । इति । (*AitBr* 25.7)

"तप सन्तापे" (*DhPā* 985) इति धातुः । "तप आलोचने" इति वा । शुक्राणि व्याहृतयः । वेदपुण्येन वेदविहितकर्मानुष्ठानफलेनेत्यर्थः । गायत्र्यास्तु वेदतुल्यत्वमुक्तं स्मृत्यन्तरे ।

गायत्रीं चैव वेदांश्च तुलयातोलयत् प्रभुः ।

एकतश्चतुरो वेदान् साङ्गांश्च सपदक्रमान् ।

एकतश्चैव गायत्रीं तुल्यरूपा तु सा स्मृता ॥ इति ।

तथा च दक्षः ।

संध्याहीनोऽशुचिर्नित्यमनर्हः सर्वकर्मसु ।

यदन्यत्कुरुते कर्म न तस्य फलभाग्भवेत् ॥ इति ।

बौधायनश्चाह ।

अनागतास्तु ये पूर्वाम् अतिक्रान्तास्तु पश्चिमाम् ।

संध्यां नोपासते विप्राः कथं ते ब्राह्मणाः स्मृताः ॥

सायं प्रातः सदा संध्यां ये विप्रा न उपासते ।

कामं तान्धार्मिको राजा शूद्रकर्मसु योजयेत् ॥ (*BDh* 1.7.15)

विप्रग्रहणं क्षत्रियवैश्ययोरप्युपलक्षणार्थम् । तथा च मनुः ।

सहस्रकृत्वस्त्वभ्यस्य बहिरेकत्रिकं द्विजः ।

महतोऽप्येनसो मासात्त्वचेवाहिर्विमुच्यते ॥

एतयर्चाप्यसंयुक्तः काले च क्रियया स्वया ।
विप्रक्षत्रियविड्योनिर्गर्ह्यतां याति साधुषु ॥ इति । (*MDh* 2.79–80)
न तिष्ठति यः पूर्वामुपासते न च पश्चिमाम् ।
स शूद्रवद्बहिष्कार्यः सर्वस्माद् द्विजकर्मणः ॥ (*MDh* 2.103)

इति च **मनुः** । **"अपिशब्दात्"** (41.12) इति । तत्र **दक्षः** ।

लालास्वेदसमाकीर्णः शयनादुत्थितः पुमान् ।
अत्यन्तमलिनः कायो नवच्छिद्रसमन्वितः ॥
स्रवत्येष दिवारात्रं प्रातःस्नानं विशोधनम् ।
प्रातःस्नानं प्रशंसन्ति दृष्टादृष्टकरं हि तत् ॥
सर्वमर्हति शुद्धात्मा प्रातःस्नायी जपादिकम् ॥ इति ।

"गौतमीयं तु" (41.13) इति ।

नादित्यमीक्षेत । वर्जयेन्मधुमांसगन्धमाल्यदिवास्वप्नाञ्जनाभ्यञ्जनयानोपानच्छत्रकामक्रोधलोभमोहवादवादनस्नानदन्तधावनहर्षवृत्तगीतपरिवादभयानि । गुरुदर्शने कण्ठप्रावृतावसक्थिकापाश्रयणपादप्रसारणानि । निष्ठीवितहसितविजृम्भितावस्फोटनानि । इत्यादि । (*GDh* 2.12–15)

तथा **चैकादशस्कन्धे** ।

मेखलाजिनदण्डाक्षब्रह्मसूत्रकमण्डलून् ।
जटिलो धौतदन्तश्च वासःपीठकुशान् दधत् ॥
स्नानभोजनहोमेषु जपोच्चारेषु वाग्यतः ।
न छिन्द्यान्नखरोमाणि कक्षोपस्थगतान्यपि ॥ इति । (*BhPu* 11.17.23–24)

"तथा" (41.13) इत्यत्र **आपस्तम्बः** ।

अथ ब्रह्मचर्यविधिः । आचार्याधीनः स्यादन्यत्र पतनीयेभ्यः । हितकारी गुरोरप्रतिलोमयन्वाचा । अधासनशायी । नानुपदेश्य भुञ्जीत । तथा क्षारलवणमधुसांसाद्यनाद्यदिवास्वापी । अगन्धसेवी । मैथुनं न चरेत् । उत्सन्नश्लाघः । अङ्गानि प्रक्षालयीत विशुचिलिप्तानि गुरोरसंदर्शने । नाप्सु श्लाघमानः स्नायात् । जटिलः शिखाजटो वा वापयेत् । इत्यादि । (*ĀpDh* 1.2.18–32)

पूर्वं "नाप्सु श्लाघमानः स्नायाद् दण्डवदाप्लवेत्" (*BDh* 1.3.39–40) इत्यस्य **बौधायनीयस्य** व्याख्यानेनास्यार्थोऽपि कथितः । **"एवं मनुः"** (41.14–15) इत्यत्र ।

नित्यं स्नात्वा शुचिः कुर्याद् देवर्षिपितृतर्पणम् ।

देवताभ्यर्चनं चैव समिदाधानमेव च ॥ इति । (*MDh* 2.176)

बृहस्पतिश्च ।

प्राह्णमध्याह्नयोः स्नानं वानप्रस्थगृहस्थयोः ।
यतेस्त्रिषवणं प्रोक्तं सकृत्तु ब्रह्मचारिणः ॥ इति ।

शङ्खश्च ।

नित्यं नैमित्तिकं काम्यं क्रियाङ्गं मलकर्षणम् ।
क्रियास्नानं तथा षष्ठं षोढास्नानं प्रकीर्तितम् ॥ इत्यादि ।

YDh 1.23

[गायत्रीं शिरसा सार्धं जपेद् व्याहृतिपूर्विकाम् ।
प्रतिप्रणवसंयुक्तां त्रिरयं प्राणसंयमः ॥]

"गायत्रीम्" इत्यादि । **"महर्"** (41.22) इति । तथा च **योगयाज्ञवल्क्ये** ।

भूर्भुवः स्वर्महज्जनस्तपः सत्यं तथैव च ।
प्रत्योंकारसमायुक्तास्तथा तत्सवितुः परम् ॥
ओमापो ज्योतिरित्येतच्छिरः पश्चात् प्रयोजयेत् ।
त्रिरावर्तनयोगात्तु प्राणायामस्तु शब्दितः ॥ इति । (*YogY* 8.4–6)
सावित्र्यास्तु शिरः पुण्यम् "आपो ज्योती रसोऽमृतम्" (*TaitĀ* 10.15.1) ।

इति **स्मृत्यन्तरम्** । तथा ।

षोडशाक्षरकं ब्रह्म गायत्र्यास्तु शिरः स्मृतम् ।
सकृदावर्तयन्विप्रः संसारादाशु मुच्यते ।
ओमापो ज्योतिरित्येष मन्त्रो वै तैत्तिरीयकः ॥ इति ।

"तथा" (42.3) इत्यत्र **मनुः** ।

सव्याहृतिकां सप्रणवां सावित्रीं शिरसा सह ।
त्रिर्जपेदायतप्राणः प्राणायामः स उच्यते ॥ इति । (*MDh* 11.249)

"संयतोच्छ्वासेन चायं जपः कार्यः" (42.2) इत्यत्र **विज्ञानेश्वरम्** । "ओं भूरों भुव इत्यादि त्रिरुन्मुखनासिकासंचारिवायून् निरुन्धन् मनसा जपेदित्ययं सर्वत्र प्राणायामः" (*VijYDh* 1.23) इति । अत्र **वरदराजीये** प्राणायामलक्षणमुच्यते । यथा ।

सव्याहृतिकां सप्रणवां गायत्रीं शिरसा सह ।
त्रिर्जपेदायतप्राणः प्राणायामः स उच्यते ॥
प्रणवस्य ऋषिर्ब्रह्मा देवताग्निस्त्रयी च वाक् ।
छन्दस्तु दैवी गायत्री वेदादौ विनियुज्यते ॥
विश्वेदेवाः परं ब्रह्म देवतेति च कथ्यते ।
जपकाले त्रयी वेदो होमकाले हुताशनः ॥
ध्यानकाले परं ब्रह्म विश्वेदेवास्ततोऽन्यदा ॥

भूरादिसप्तव्याहृतीनामाह ।

भूरादिव्याहृतीश्छन्दो गायत्र्युष्णिगनुष्टुभः ।
बृहती पङ्क्तिका त्रिष्टब् जगती च क्रमाद्भवेत् ॥
अत्रिर्भृगुश्च कुत्सश्च वसिष्ठो गौतमस्तथा ।
काश्यपश्चाङ्गिराश्चेति ऋषयश्च यथाक्रमम् ॥
सप्तानां व्याहृतीनां तु ऋषयः सप्तर्षयोऽथवा ।
अग्निर्वायुश्च सूर्यश्च वागीषो वरुणस्तथा ॥
इन्द्रश्च विश्वेदेवा इति देवाः प्रकीर्तिताः ।
विश्वामित्रऋषिश्छन्दो गायत्रं देवता रविः ॥
सावित्र्यास्तु त्रयः पादाश्चतुष्पादाः षडक्षराः ।
जपे तु त्रिपदा प्रोक्ता अर्चने च चतुष्पदा ॥
ओमापो ज्योतिरित्येतद्गायत्रीशिर उक्तम् (उत्तमम्?) ।
छन्दोऽनुष्टुबृषिर्ब्रह्मा परमात्मास्य देवता ॥
उत्तरस्य तु भागस्य भूर्भुवःसुवरोमिति ।
अस्य प्रजापतिं दैवं केचिदाहुर्मनीषिणः ॥
सव्याहृतिप्रणवकां गायत्रीं शिरसा सह ।
त्रिः पठेदायतप्राणः प्राणायामः स उच्यते ॥
एवं त्रीन्धारयेत्सम्यग् रेचकापूरकादिकान् ।
प्राणायामस्तु सावित्रीं सम्यगावाहयेद् द्विजः ॥ इति ।

वसिष्ठश्चाह ।

एकाक्षरं परं ब्रह्म प्राणायामः परं तपः । (= *VaDh* 10.5)
सावित्री तु परं ब्रह्म पावनं परमं स्मृतम् ॥

सव्याहृतिकां सप्रणवां सावित्रीं शिरसा सह ।
त्रिर्जपेदायतप्राणः प्राणायामः स उच्यते ॥
प्राणायामान्धारयेत् त्रीन्यथाधीनमतन्द्रितः ।
अहोरात्रकृतं पापं तत्क्षणादेव नश्यति ॥ (= *VaDh* 26.1)
कर्मणा मनसा वाचा यदह्ना कृतमेनसम् । (= *VaDh* 26.2)
तत्तिष्ठन्पूर्वसंध्यायां प्राणायामैर्व्यपोहति ॥ (= *VaDh* 26.3)
प्राणायामैर्य आत्मानं संयम्यास्ते पुनः पुनः ।
दशभिर्वाधिकैर्वापि द्विगुणैर्वा परं तपः ॥
सव्याहृतिकाः सप्रणवाः प्राणायामास्तु षोडश ।
अपि भ्रूणहनं मासात्पुनन्त्यहरहः कृताः ॥ इति । (= *BDh* 4.1.29)

बौधायनोऽप्याह ।

प्रणवादिका वै वेदाः प्रणवे पर्यवस्थिताः ।
प्रणवो व्याहृतयश्चैतद् ब्रह्म सनातनम् ॥
प्रणवे नित्ययुक्तस्य व्याहृतीषु च सप्तसु ।
त्रिपदायां च गायत्र्यां न भयं विद्यते क्वचित् ॥
सव्याहृतिकां सप्रणवां गायत्रीं शिरसा सह ।
त्रिः पठेदायतप्राणः प्राणायामः स उच्यते ॥
सव्याहृतिकाः सप्रणवाः प्राणायामास्तु षोडश ।
अपि भ्रूणहनं मासात्पुनन्त्यहरहः कृताः ॥
एतदाद्यं तपः श्रेष्ठमेतद्धर्मस्य लक्षणम् ।
सर्वदोषोपघातार्थमेतदेव विशिष्यते ॥ इति । (*BDh* 4.2.26–30)

उदाहरणार्थं चैतत् । स्मृत्यन्तरेभ्यश्चान्वेष्योदाहर्तव्यम् । ग्रन्थगौरवभयान्न प्रपञ्चितम् ।

YDh 1.24

[प्राणानायम्य संशुद्धः तृचेनाब्दैवतेन तु ।
जपन्नासीत सावित्रीं प्रत्यगातारकोदयात् ॥स

"प्राणान्" इत्यादि ।

The manuscript of the Vacanamālā ends here. The rest of the text is missing in ths manuscript.

NOTES

1. This verse appears to be ascribed to Kumārila in Śālikanātha's *Vākyārtha-mātṛkā* (book 1, commentary on v. 12, p. 404 of the 1961 Banares edition). The verse is not found in the *ŚV* or *TV*; so it may come from the lost *Bṛhaṭṭīkā*.
2. See *Garuḍa Purāṇa* 2.21.9; Buddhasvamin, *Bṛhatkathāślokasaṃgraha*, 19.53; *Vāgbhaṭālaṅkāravṛtti*, 4.
3. The reading here is quite different from the edition of the *HalAbhi.*
4. Edition reads: वेदार्थतत्त्व. But see 5.6 where we have सतत्त्व.
5. The edition of *BhPu* reads: समीक्षणो वृतो and स्वगतिं.
6. The edition of *ViPu* reads: सप्तविंशन्महामतिः.
7. This is not a direct citation but appears to be a paraphrase of Patañjali's comments.
8. The manuscript reads: चैकान्तराध्यन्तरार्थमपि
9. The manuscript reads: ऽनन्तरशब्देनैकान्तराध्यन्तरग्रहणम्
10. This prose passage is not found in the printed edition of the *SarSS.*
11. This reading is not found in any of the manuscripts I used for the critical edition of the *MDh.*
12. Note here that *Vacana* uses "*itareṣām*" while Vijñāneśvara merely says "*itaraśabdasya*". *Vacana* uses the form that is found in Viśvarūpa.
13. The edition of the *Mitākṣarā* reads: *ity aviśeṣa iti*.
14. The edition of the *SmC* reads here: धर्मशासनम्
15. The edition of the *SmC* reads here: आर्यावर्तः
16. The edition of the *SmC* reads here: निवासो न विना पुण्यैर्नराणामिह जायाते
17. The edition of the *SmC* reads here: निस्रुत्य पर्वतात्
18. The edition of the *SmC* reads here: कालकवनाद्

19. This sūtra is found in Tilaka, *Nipātāvyayopasargavṛtti,* nipātakāṇḍa, 3.

20. The manuscript here reads: विद्यमानं; I have given the *Nirukta* reading.

21. See pp. 24–27 of the Poona 1985 edition.

22. Kane (*HDh* I: 1135) says that this is the same as *Brahmasaṃskāramañjarī* (*HDh* I: 1079). No other information is given, except that the author's name is Nārāyaṇaṭhakkura.

23. This paragraph is not found in the Mysore edition of the *SmC*.

24. Note that this ascription of the citation to Baudhāyana is an error. The passage is from Āpastamba.

25. The proverb *brāhmaṇaparivrājakanyāya* relates to two categories, one of which is comprehended by the other. Thus the term *brāhmaṇa* includes also *parivrājaka,* but the two are mentioned separately to draw special attention to the narrower category. See G. A. Jacob, *A Handful of Popular Maxims Current in Sanskrit Literature,* Bombay: 1907, p. 38.

26. This text is cited by Śabara on *PMS* 3.4.20, but it does not parallel exactly any known Vedic text.

27. The full text of this verse reads: विभिद्य कर्माण्यधिकारभाञ्जि श्रुत्यादिभिश्चानुगता प्रमाणैः । अङ्गैर्विचित्रैरभियोजयन्ती प्राप्तोपदेशैरतिदेशकैश्च ॥ *PCU* 6.18

28. See *Śaivasiddhāntaparibhāṣāmañjarī*, Pañcamavarga, 123–24; *Kāvyamīmāṃsā,* Ch. 2;

29. Ascribed to Bodhanidhi in *Encyclopedia of Indian Philosophies*, ed. Karl Potter (Delhi: Motilal Banarsidass, 1970) I: Bibliography, p. 404.

30. *Tārkikarakṣā* is a work by Varadarāja (1150 CE); it was published in Benares in 1906, after it was published serially *The Pandit.*

31. Śālikanātha Miśra (first half of 10th century), author of several works on Prabhākara's *Bṛhatī.* The *Prakaraṇapañcikā* has been edited several times: see *Encyclopedia of Indian Philosophies*, ed. Karl Potter (Delhi: Motilal Banarsidass, 1970) I: Bibliography, p. 145.

32. In place of समर्था the edition reads: न शक्ता

33. In place of घोष्यते the edition reads युज्यते

34. In place of सिद्धोऽपि न the edition reads सिद्धो न हि

35. In place of सर्वकार्यार्थ- the edition reads सर्ववाक्यार्थ-

36. In place of व्युत्पत्तिरिति the edition reads व्युत्पत्तिरिह

37. In place of कार्यं मानान्तरावेद्ये the edition reads कार्यमानान्तरावेद्यै:

38. In place of क्रियैवेति the edition reads क्रियैवेह

39. In place of सम्बन्धपरिज्ञानविधौ the edition reads सम्बन्धपरिज्ञानविधा

40. This passage is cited in Śaṃkara's commentary on the *Brahma Sūtra* 3.4.20.

41. This passage is not found in the *Amarakośa* but in Yādavaprakāśa's *Vaijayantī*, Dvyakṣara, Puṃliṅga, v. 36.

42. In place of -बर्हिर्मन्त्रविनियोगो the edition reads -यजुर्मन्त्रविनियोगो

43. The edition of Viśvarūpa reads: स्मृतौ

44. This is probably from Kumārila's lost *Bṛhaṭṭīkā*. The verse is cited in Vācaspati, *Tātparyaṭīkā* on *Nyāyasūtra*, SARIT p. 52; ascribed to Bṛhaṭṭīkā by Śālikanātha, *Prakaraṇapañcikā*, p. 404

45. Durga ascribes this verse to Yāska. The verse, however, is accented in the manuscripts, indicating that it is a citation of a Vedic text. It is found in the *Saṃhitopaniṣad Brāhmaṇa* of the Sāmaveda, p. 29-30.

46. Note here that the verse actually occur at the beginning of the *dānaprakaraṇa*. So either he made a mistake or these verses ended the *dravyaśuddhi* in his version of the *YDh*.

47. Here the *Vacana* follows verbatim SmC I: 16f.

48. The meter is Śārdūlavikrīḍita.

49. Here the author has made a wrong attribution. The quotation is not from the *Amarakoś* but from Haladhara's *Abhidhānaratnamālā*.

50. The Vacana here reads: इत्युपक्रम्यानल्पे वैवम्

51. I have not been able to find a reference to this etymology of *śūdra,* but the root *dru* is referred to also by Śaṃkara in his *Brahmasūtrabhāṣya,* 1.3.34: कथं पुनः शूद्रशब्देन शुगुत्पन्ना सूच्यत इति, उच्यते — तदाद्रवणात् ; शुचमभिदुद्राव, शुचा वा अभिदुद्रुवे, शुचा वा रैक्वमभिदुद्राव — इति शूद्रः

52. See Kane *HDh* II: 159 for this passage, also cited by Haradatta on the same *GDh* sutra.

53. This passage is not found in the *Pāraskara Gṛhyasūtra*. Parallels to it are found in *GoGṛ* 2.5.7–9.

54. The manuscript here reads चानुकूलक्षे. I have taken the liberty to correct the reading.

55. The *Vacanamālā* omits यत्र

56. See the *Abhinavabhāratī* commentary on the *Nāṭyaśāstra*, Ch. 6.

57. The readings here is probably corrupt. No author by this name is known in the tradition.

58. Each Adhyāya of the *BāU* is divided into "brāhmaṇas". The fifth brāhmaṇa of the first adhyāya is named "*saptānna*" because it begins with the verse "*yat saptānnāni*".

59. The edition of *GDh* reads: आपत्कल्पो

60. The manuscript reads उद्भिथेनात्ययामेति, which I think is an error.

61. The Vedic text cited by Viśvarūpa at 48.19 reads: y*adi vedam apratirūpaṃ saṃkalpayati*.

62. This comment is not found in the commentaries of Haradatta, Devasvāmin, or Nārāyaṇa.

63. A similar phrase occurs in the *AK* 3.617.

64. The reference is to the expression *agnīndhanādyāḥ* (35.17).

65. This verse is not found in the editions of the *ViPu*. It is also ascribed to the *ViPu* by Mādhava in his *Pārāśara-Mādhavīya*. Islampurkar (I.II, p. 49) ascribes this to *ViPu* 3.10.9, but it is not found in the editions of the *ViPu*). For a parallel verse, see *MBh* 12.36.40.

66. The edition of Maskarin here reads: इष्टिकादौ.

67. The words *mūtrapurīṣotsargaṃ kuryāt* is not found in the edition of the *gṛhyasūtra*.

68. From भावादुष्टः until भोजने तु is omitted in *SmC* edition.

53. This passage is not found in the [illegible], Pandit [illegible]

54. The manuscript here reads [illegible]. I have taken the liberty to correct the reading.

55. The [illegible] omits [illegible]

56. See [illegible]

57. The reading here is probably corrupt. [illegible]

58. [illegible]

59. The edition of [illegible] reads [illegible]

60. The manuscript reads [illegible] which I think is an error.

61. [illegible]

62. This [illegible] is not found in the commentary [illegible]

63. [illegible]

64. This [illegible] is [illegible] expression [illegible]

65. [illegible]

66. The [illegible]

67. The [illegible]

[illegible]

।। श्री: ।।

याज्ञवल्क्यस्मृति:

विश्वरूपाचार्यप्रणीतया बालक्रीडाख्यया व्याख्ययोपेता

आचाराध्याय:

यो बिभर्ति नमस्तस्मै चन्द्रस्य कलय: कलाम् ।
गौरीगण्डस्थलज्योत्स्नानि:ष्यन्दगलितामिव ॥१॥
प्रसक्तचिन्त्यद्युतिमण्डलात्मसामर्ग्यजुर्भिस्तपनात् तपोभि: ।
जयत्यसौ येन विधातृधाम्नो यजूंषि शुक्लानि समाहृतानि ॥२॥
सुश्लिष्टवेदमूल: पावनशाखो महाध्वरस्कन्ध: ।
हारित्रिवर्गकुसुमो मोक्षफलो जयति विध्यर्थ: ॥३॥
मायाभिरिन्द्रं पुरुरूपमेकं जागर्ति यत् सुप्तमपीत्यवैति ।
दूरङ्गमं द्योतनवद् द्युतीनां तन्मे मन: शिवसङ्कल्पमस्तु ॥४॥
प्रणम्यार्कं महानागं तिलकस्वामिनं तथा ।
विनायकं च सद्गोभि: स्मृतरुद्योत्यते मया ॥५॥

योगीश्वरमित्यादि याज्ञवल्कीयमिदं धर्मशास्त्रं व्याचिख्यासया प्रस्तूयते, अभ्युदयहेतुत्वात् तद्धेतौ च वस्तुनि महाप्रयोजनत्वाद् व्याख्यानादिप्रयासस्य । तथा चाम्नाय: — "प्रिये स्वाध्यायप्रवचने भवत: । युक्तमना भवति । अपराधीनोऽहरहरर्थान् साधयते । सुखं स्वपिति । परमचिकित्सकश्चात्मनो भवति । इन्द्रियसंयमश्च, एकाग्रता, प्रज्ञावृद्धि:, यशो, लोकपक्ति:" इत्यादि । प्रवचनग्रहणं चात्र ग्रन्थकरणादावप्युपलक्षणार्थं द्रष्टव्यम् । कथं पुनरभ्युदय: शास्त्रजन्य इत्यादित एव प्रपञ्चनीयं, शास्त्रप्रयोजनत्वात्, सर्वत्रैव हि शास्त्रारम्भे प्रयोजनं वाच्यमिति स्थिते: । तथा चाह —

"सर्वस्यैव हि शास्त्रस्य कर्मणो वापि कस्यचित् ।
यावत् प्रयोजनं नोक्तं तावत् तत् केन गृह्यते ॥"

इति । यद्यपि विषयप्रयोजनसंबन्धाभिधानमपेशलमिव मन्यन्ते, अल्पप्रयोजनत्वाद् दुरुपपादत्वाच्च । तथापि किञ्चित् सौहृदाद् दिङ्मात्रं प्रदर्श्यते । तत्र च —

विषय: श्लोकनिर्दिष्टो धर्माख्यश्च प्रयोजनम् ।
तदादिकश्चतुर्वर्ग: संबन्धो नियमात्मक: ॥

विषयस्तावच्छ्लोकनिर्देशाद् 'ब्रूहि धर्मानि'ति, समाख्यानाच्च धर्म: । प्रयोजनं तु धर्मार्थकामापवर्गा: । तथार्थलक्षणत्वादधर्मोऽपि विषय: । तदनुसारिणश्चाधर्मानर्थदु:खबन्धा: प्रयोजनम् । सोऽयं हेयोपादेयलक्षणत्वेनाभ्युदयात्मकोऽष्टवर्गोऽस्मादेव शास्त्रादवगम्यत इति नियम: संबन्ध: । यद्यपि चार्थकामौ प्रत्यक्षावसेयौ । तथापि न शास्त्रानपेक्षाणामाञ्जस्येन तदवाप्ति:, आञ्जस्येन च प्रयोजनत्वम् । तस्मादनवद्यम् । कथं पुनरेकस्यैव धर्मस्य विषयप्रयोजनत्वे भवत: । नैष दोष: । अवगम्यमानस्य विषयत्वादवगतस्य च प्रयोजनत्वात् । न हि शास्त्रविषयतामवगम्यमानतयाप्रतिपद्यमान: प्रयोजनीभवति । नन्वेवं सत्यर्थकामापवर्गा: शास्त्रस्याविषयत्वात् प्रयोजनं न स्यु: । विषयत्वमपि भविष्यतीति चेत्, न,

अनिरदेशात् । धर्मपदस्योपलक्षणार्थत्वान्निर्दिष्टा एवेति चेन्न । तस्य श्रौतत्वेनौवोपपत्तेः । अर्थादीनां वा प्रयोजनत्वं हातव्यम्, अविषयत्वेऽपि वा तदनुमन्तव्यमिति ।अत्रोच्यते — द्विविधं हि क्रियाणां प्रयोजनं कारकाधारमकारकाधारं च । तत्र यत् कारकाधरं, न तद् विषयतामप्रतिपद्य प्रयोजनीभवति । न च तत्र वैरूप्यादविषयतेति शक्यं वक्तुम् ।

यथा विक्लिद्यमानत्वे विक्लिन्नत्वे च तण्डुलाः ।
धर्म्यभेदान्न गच्छन्ति नानारूप्येऽपि भिन्नताम् ॥

यद्यप्योदनरूपता विक्लिद्यमानेषु तण्डुलेषु नास्ति । तथापि तण्डुलत्वानपायाद् विषयत्वोपपत्तेरदोषः । अकारकाधारं पुनर्विषयतामप्रतिपद्यैव प्रयोजनीभवति । यथा स्वर्गो यागस्य, यथा च वेतनलाभादयः पच्यादीनाम् । ओदनवच्च धर्मस्य विषयप्रयोजनत्वे । वेतनलाबवच्च केवलप्रयोजनत्वमर्थादीनाम् । अतोऽविरोधः । अथवा, अस्त्यर्थादीनामपि शास्त्रविषयत्वम् । एवं हि वक्ष्यति —

"धर्ममर्थं च कामं च यथाशक्ति न हापयेद्"

इति । "तस्मात् स्त्रियः सेव्याः",

"ईश्वरं चाधिगच्छेत योगक्षेमार्थसिद्धये"

इति । तथा "पश्येदात्मानमक्षय्यमि"त्यादि । यत्त्वनिर्दिष्टत्वादिति, तद् धर्मपदस्योपलक्षणार्थत्वेन प्रत्युक्तम् । कथं पुनः श्रौतत्वे संभवत्युपलक्षणत्वम् । न ह्युपसंहारानुसार्युपक्रमो भवति । उच्यते । नैव वयमुपसंहारानुसारिणमुपक्रमं ब्रूमः । किं तर्हि । उपक्रमादेवैतदवगम्यते । योगीश्वरमिति विशेषणात् । चतुर्वर्गज्ञानायैव हि तद्विशेषणं यतः । मुख्यत्वात् तु धर्मस्य धर्मानित्युक्तम् । तस्मात् सिद्धमर्थादीनामपि विषयप्रयोजनत्वम् ।एतेनेतरश्चतुर्वर्गो व्याख्यातः । कथं पुनरस्मादेव

शास्त्रादयमष्टवर्गोऽवगम्यत इति नियमस्योपपत्तिः । यदा हि वेदादेव सर्वमिदमवगम्यते । अथास्मादप्यवगम्यत इत्युच्येत, तथापि नियमोऽनुपपन्नः । अर्थकामयोः पुनः प्रमाणान्तरगम्यतैव । यत्त्वाञ्जस्यं शास्त्रादिति, तदप्ययुक्तम् । न हि परदाराभिगमजनितः कामो मिथ्येति शक्यं वक्तुम् । दुःखहेतुतया वानन्दरूपं कैवल्यमालोचयतो बन्धात्मकत्वाद्धर्मोऽप्यपुरुषार्थः स्यात् । नैतत् सारम् । नास्माभिरनुभवनमपह्नूयते । दुःखनिमित्तत्वात् त्वपुरुषार्थत्वमुक्तम् । न हि दुःखानुबन्धिनमर्थं कृतधियः प्रार्थयन्ते । न चाबुद्धिपूर्वकृद्व्यवहारो विचार्यः । तेनोच्यते — "शास्त्रादानन्दावगतेः शास्त्रीयावर्थकामौ" इति । शास्त्रानुसारिणश्च धर्मार्थकामाः प्रार्थ्यमानत्वाद् दुःखाननुबन्धित्वाच्चाञ्जस्येन पुरुषार्थाः । यथा च नापवर्गप्रतिबन्धकास्तथापवर्गनिरूपणे वक्ष्यामः । न चैवं सति प्रमाणान्तरावगतिर्विरोधिनी । यत्तु वेदादवगतेर्नियमानुपपत्तिरिति, तद् वेदमूलतयैवास्य शास्त्रस्य नियम्यमानत्वादचोद्यम् । प्रमाणान्तरापेक्षया हि व्यावृत्तिः, न वेदापेक्षया, तदधीनत्वात् स्मृतिशास्त्रस्य । तथा च स्वायंभुवं —

"धर्मं जिज्ञासमानानां प्रमाणं परमं श्रुतिः"

इति । धर्मशब्दश्च भगवतोऽपि चतुर्वर्गोपलक्षणार्थः । सोऽयं वेद एव प्रत्यक्षपरोक्षतया श्रुतिस्मृतिशब्दवाच्यः । अतः सुष्ठूच्यतेऽस्मादेव शास्त्रादयमष्टवर्गावगतेः समस्तोऽभ्युदयः प्राप्यत इत्यलं प्रसङ्गेन ॥

कस्मात् पुनर्वेदसिद्ध एवार्थे भगवतः शास्त्रारम्भप्रयत्नः । यस्मात् —

योगीश्वरं याज्ञवाल्क्यं संपूज्य मुनयोऽब्रुवन् ।
वर्णाश्रमेतरेषां नो ब्रूहि धर्मानशेषतः ॥ १ ॥

वेदार्थतत्वविदोऽपि मुनयो यस्मात् संपूज्योपेत्यार्थितयाब्रुवन्, ततस्तदनुरोधाद् भगवतोऽयं प्रयत्न इति मन्तव्यम् । युक्तं चैतत् । तादृशानामध्याप्यत्वात् । यथा चाह मनुः —

"आचार्यपुत्रः शुश्रूषुर्ज्ञानदो धार्मिकः शुचिः ।
शक्तोऽर्थदोऽर्थी स्वः साधुरध्याप्या दश धर्मतः ॥"

इति । ते तु पुनः कस्मादेवं प्रयत्नेनाब्रुवन् । योगीश्वरं मन्यमाना याज्ञवल्क्यतयापि च महाभिजनत्वादध्यापनार्हम् । तथा चापस्तम्बः — "तस्माद् विद्याभिजनसमुदेतं संस्कर्तारमीप्सेद्" इति । युक्तं च गुणातिशयवति याज्ञवल्क्ये मुनीनां प्रश्नकरणं, ज्ञातसतत्वानामपि कदाचित् संशयोत्पत्तेः । तथा च व्यासः —

"ज्ञातवेदार्थतत्वेन धर्मानप्यनुतिष्ठता ।
असंशयाय कर्तव्यः कियांश्चिद् गुरुसन्निधिः ॥"

इति । अथवा मन्दख्यातियुक्ता ज्ञानिनोऽप्यतिविख्यातं कञ्चिच्छिष्यभावेनानुगम्यात्मानं प्रख्यापयितुं पृच्छन्त्येव । किन्निमित्ता वास्येयं योगीश्वरत्वख्यातिरिति जिज्ञासवः । सर्वथा च प्रश्नोपपत्तेरुपसन्नानां च नियोगतोऽध्याप्यत्वादनुपालम्भः । तथा चोक्तम् — 'उपसन्नाय तु निर्ब्रूयादि'ति । किं पुनरब्रुवन् । ब्रूहि धर्मानिति । उच्यते — अर्थकामापवर्गास्तर्ह्यपृष्टत्वाच्छास्त्रस्याविषयाः । किञ्च, एकत्वाद् धर्मस्य धर्मानिति बहुवचनमयुक्तमेव । न च धर्मभेदोपसंग्रहार्थं तदिति युक्तम् । अशेषत इति पदान्तरानर्थक्यप्रसङ्गात् । नैष दोषः । धर्मपदस्योपलक्षणार्थत्वेनोक्तत्वात् । नह्यन्यथा योगीश्वरपदोपपत्तिः ।अथ स्तुत्यर्थं तदित्युच्येत । तदप्यसत् । न हि कार्यान्वयिनः स्तुतिमात्रता युक्ता । अस्तु नाम कार्यान्वयः । तथाप्युपलक्षणत्वं कथमिति वक्तव्यम् । तदुच्यते । योगीश्वरं मन्यमाना धर्मं पृच्छन्तीत्यसंबद्धमिव स्यात् । यस्माद् योगिनो हि ब्रह्मविदः । तेषामाचार्यत्वेनेश्वरो ब्रह्मवित्तमः । स च ब्रह्मैव प्रष्टव्यः, न धर्मम् । ननु च धर्मज्ञोऽपि परमार्थतो योगीश्वर एव । अर्थकामौ वा स किं न जानाति ।

न ब्रूमो न जानातीति । धर्मज्ञविवक्षयात्र योगीश्वराभिधानम् । नैतद् युक्तम् । नोपक्रमस्थं योगीश्वरपदं तदधीनात्मलाभोपसंहारस्थेन धर्मपदेन विरुध्यमानं विशेषेऽवस्थापयितुं शक्यम् । न चैवं सति केवलापवर्गविषय एव प्रश्न इत्यवसेयं, सर्वज्ञत्वाद् योगीश्वरस्य, धर्मानिति च बहुवचनोपपत्तेः । किञ्च केवलधर्मप्रश्नेऽपवर्गमात्रप्रश्ने वा कृत्स्नं शास्त्रमसमञ्जसं स्यात्, चतुर्णामपि वक्ष्यमाणत्वात् । भूयसां चैवमनुग्रहो भवति । मुख्यावपि च योगीश्वरधर्मशब्दावन्योन्यापादितविरोधव्याहतसामर्थ्यौ दुर्बलावेव । महाविषयता चैवं शास्त्रस्येत्यलं प्रसङ्गेन । तमेवंविधं योगीश्वरं मन्यमाना याज्ञवल्क्यमब्रुवन् । यज्ञवल्को ब्रह्मा इति पौराणिकाः । तदपत्यं याज्ञवल्क्यः । कथं कृत्वाब्रुवन् । संपूज्य । पूजा चात्रोपसदनादिलक्षणा विज्ञेया । समित्युपसर्गस्य सम्यगर्थत्वात् । मुनयो वेदार्थतत्त्वविदः । वर्णाश्रमेतरेषां नो ब्रूहि धर्मानशेषत इत्यब्रुवन्निति संबन्धः । वर्णा ब्राह्मणादयः । आश्रमा ब्रह्मचार्यादयः । वर्णेतरा अन्तरप्रभवा अनलोमादयः । आश्रमेतराः पाषण्डादयः । तेषां वर्णाश्रमेतरेषाम् । समग्राभ्युदयात्मकाष्टवर्गप्रतिपादकं शास्त्रं नो ब्रूहीति श्लोकार्थः । धर्मादीनां वक्तुमशक्यत्वादेवमभिधीयते । ब्रूहीति चाध्येषणेयम्, आचार्यत्वाद् भगवतः । अशेषत इति । कात्स्र्न्येनेत्यर्थः । वेदादिति चाध्याहार्यम् । वेद एव वानन्यशेषत्वादशेष इत्युच्यते । तस्मादशेषतोऽनुग्रहार्थमस्माकं धर्मान् ब्रूहीति । अन्यः पाठः — 'वर्णानां साश्रमानामि'ति । अत्रापि स एवार्थः । अन्तरजा अप्यनुलोमा वर्णा एव । तथाह मनुः —

> "पुत्रा येऽनन्तरस्त्रीजाः क्रमेणोक्ता द्विजन्मनाम् ।
>ताननन्तरनाम्नस्तु मातृदोषात् प्रचक्षते ॥"

इति । अनन्तरग्रहणं चैकान्तरद्व्यन्तरार्थमपि द्रष्टव्यम् । क्रमानन्तर्यवचनाच्च प्रतिलोमानामवर्णत्वम् । तथा च गौतमः — 'प्रतिलोमात् तु धर्महीनः'

इत्यवर्णविवक्षयैवाह । जातूकर्णश्चाह — 'प्रतिलोमास्त्वन्तावसायिनः' इति । यत्तु किञ्चित् तद्गतधर्माभिधानं, तदानुषङ्गिकविषयम् । प्रयोजकविषयस्तु प्रश्नः । पाषण्डिनां त्वाश्रमप्रतिपत्त्यर्थो धर्म इत्याश्रमशब्देन ग्रहणम् । एवं च पाठान्तराण्यपि व्याख्येयानि । यद्वा वर्णाश्रमेतरेषां न इति संबन्धः । वर्णाश्रमेतरा एव हि तावद् वयं, यावदनिर्णीतो धर्मः । तेनास्माकं निर्णयाय ब्रूहीति ॥१॥

किमनभिगम्यैव मुनिभिर्योगीन्द्रः पृष्टः । नेत्युच्यते —

मिथिलास्थः स योगीन्द्रः सम्यग् ध्यात्वाब्रवीन्मुनीन् ।
यस्मिन् देशे मृगः कृष्णस्तस्मिन् धर्मान् निबोधत ॥२॥

न हि मिथिलास्थं योगीन्द्रमनभिगम्यैव मुनयः प्रष्टुं क्षमाः । मिथिलास्थत्ववचनाच्च योगीन्द्रस्य मुनीनां देशान्तरस्थत्वं सिद्धम् । अन्यथा विशेषणमेव न स्यात् । युक्तश्चाभिगम्यैव श्रेयसि प्रश्नः । तथा च 'अभिगम्य महर्षयः' इति मानवम् । जातूकर्णोऽप्याह — 'नाकस्मात्समवाये गुरुं पृच्छेदि'ति । अथ स तैः पृष्टः किं कृतवान् । सम्यग् ध्यात्वाब्रवीन्मुनीन् । प्रश्नविशेषणं वा सम्यगिति । ध्यात्वा निरूप्य मुनीनां योग्यतादिकम् । अन्ये क्षणं ध्यात्वेति पठन्ति । तेषां कालविवक्षा । क्षणेनैवेयान् महागहनः शास्त्रार्थोऽनुध्यातः । नूनमयं योगीन्द्रः स्यात् । वैलक्षण्यप्रदर्शनार्थं वाचार्यस्य । अध्यापनप्रकारनियमो वा । किं पुनस्तदब्रवित् । यस्मिन् देशे मृगः कृष्णस्तस्मिन् धर्मान् निबोधतेति । बहुवचनमुक्तार्थम् । ये तु धर्ममिति पठन्ति । तेषां मुख्यत्वं धर्मस्येत्यभिप्रायः । निबोधतेति शिष्यबुद्धिसमाधानार्थम् । प्रसक्तस्यापि धर्मस्य पुनर्वचनं कृष्णोपलक्षितदेशसम्बन्धार्थम् । कथं योगीन्द्र एवैवं ब्रूयात् 'योगीश्वरं याज्ञवल्क्यं', 'मिथिलास्थः स योगीन्द्रः' इति च । नाप्यन्यः कर्तेति शक्यं वक्तुम् । 'श्लोकत्रयमपि ह्यस्माद्' इति वक्ष्यमाणत्वाद्

ग्रन्थकर्तापि भगवानेवेति गम्यते । नैवान्यकृतत्वं धर्मशास्त्रस्येति ब्रूमः । किन्तु भगवतैव परोक्षीकृत्यात्मा निर्दिश्यते, स्वप्रशंसानिषेधात् । यदि हि 'मां योगीश्वरम्', 'अहं योगीश्वर' इति ब्रूयात्, तदात्मस्तुतिरापद्येत । वक्तव्यं चैतदात्मप्रवृत्तिप्रयोजनकथनाय । अतो वाच्यत्वादात्मस्तवकरणायोगाच्च परोक्षतयाभिधानान्नायमुपालम्भः । नन्वेतद् 'यस्मिन् देशे मृगः कृष्ण' इति प्रधानं प्रयोगमनभिधायैव बाह्यतरदेशाभिधानमयुक्तम् । किञ्च ब्रह्मावर्तादेरनङ्गत्वमप्यभिप्रेतम् । अथायमभिप्रायः — अतः परमयज्ञियो देश इति । तदप्यसत् । 'सूर्यस्योदयनं पुर' इत्यनेन कृष्णरहितदेशानामपि प्राशस्त्यदर्शनात् । मूर्ख! साध्वेतत् । बहिरङ्गत्वेऽपि देशस्याधिकाराश्रयत्वेन प्राधान्याद् वक्ष्यमाणाखिलार्थोपयोगित्वाच्च सर्वादावभिधानम् । अन्यथा ह्येककर्मार्थतापि सन्निधेराशङ्क्येत । न च नैयामिकः क्रमादर इति चाचार्याभिप्रायः । ब्रह्मावर्ताद्यनभिधानं तु विशिष्टफलत्वात् तेषाम् । न तु त एव धर्म्याः । अयं तु नित्यतया कर्मणामङ्गं, यज्ञियत्वेनैव धर्मनियमात् । तथा चाम्नायः — "यज्ञो हि कृष्णः, स कृष्णो भूत्वा चचारे"ति । श्वेताश्वतराश्च — "स कृष्णमृगोऽभवत् । स कृष्णमृगो भूत्वा पृथिवीमन्वचरत् । तमनु धर्मश्चचारे"त्यादि । न च तद्रहितानां धर्म्यत्वम् । एवं हि भाल्लविनां गाथा — "यतः पश्चात् सिन्धुर्विहरणी सूर्यस्योदयनं पुर" इति । विच्छिद्यायुः पुंसां हरतीति विहरणोऽस्तमयकालः । सोऽस्मिन्निति विहरणी । सिन्धुः समुद्रः पर्वतो वा । उभयत्र स्यन्दनाविशेषात् । ऋज्वन्यत् । एवमुदयास्तमयोपलक्षितायां पृथिव्यां यावत् कृष्णो विचरति, तावद् ब्रह्मवर्चसमिति । तावदेवेत्यर्थः । यावद्वेत्यपि पाठे वाशब्दोऽवधारणार्थो न विकल्पार्थः । तथा च शङ्खः — "देश आर्यो गुणवान् प्रागस्तादर्वागुदयादि"त्यारभ्य "पुण्यः कृष्णो वा यावद् विचरति, तावदाचारः स्यादि"ति । अयमपि वाशब्दोऽवधारणार्थ एव । तथा च मनुः —

"स ज्ञेयो यज्ञियो देशो म्लेच्छदेशस्त्वतः परः"

इति । आम्नायश्च — "तं देवा समाजह्रुः । तं धर्मोऽन्वागच्छत् । यज्ञं ह्यनु धर्म" इति श्वेताश्वतरीयः कृष्णानुयायित्वं हिशब्देन धर्मस्यानुवदंस्तद्वानेव देशो धर्म्य इति दर्शयति । अतः सूक्तं — यस्मिन् देशे मृगः कृष्ण इति । उत्पद्यत इति चाध्याहार्यं, श्रुतिस्मृत्यन्तरानुसारात् । ब्रह्मावर्तादेरपि ध(र्म?र्म्य)त्वं नित्यतया श्रुतिस्मृत्यनुसारात् कृष्णोपलक्षितत्वेनैव, तादात्म्येन तु फलविशेषहेतुत्वमित्यलं प्रसङ्गेन ॥२॥

यद्यपि च मुनिभिर्वेदादेव धर्मान् ब्रूहीत्युक्तः, तथापि न मन्त्रब्राह्मणलक्षणाद् वेदाद् धर्मावगतिः, किं तर्हि,

पुराणन्यायमीमांसाधर्मशास्त्राङ्गमिश्रिताः ।
वेदाः स्थानानि विद्यानां धर्मस्य तु चतुरदश ॥३॥

पुराणादीनां धर्मोपयोगित्वं प्रसिद्धम् । न्यायमीमांसेति चैकं विद्यास्थानम् । पुराणमिति चेतिहासपुराणयोर्ग्रहणम् । धर्मशास्त्रं स्मृतिः । अङ्गानि षट् शिक्षादीनि । वेदाश्चत्वारः । एवं चतुर्दश । अन्ये तु न्यायमाक्षपादादिकं वर्णयन्ति । तन्मतेनेतिहासपुराणयोरैक्यम् । मिश्रणत्ववचनाच्च वेदोपकरणत्वेन पुराणादीनां वेदस्वातन्त्र्यमभिहितम् । विद्यानां धर्मस्येति द्वे षष्ठ्यौ विद्याशब्दस्य धर्मपर्यायान्वयकथनार्थे । चतुर्दशेति शाक्यादिग्रन्थव्यावृत्त्यर्थम् । तुशब्दोऽवधारणार्थः । चतुर्दशैव, नाभ्यधिकानीत्यर्थः । नन्वेवं सत्यशेषस्मृत्यात्मकमेकं धर्मशास्त्रम् । अन्यथा सङ्ख्यायोगात् । नैष दोषः । प्रतिस्मरणावसायित्वेऽपि धर्मशास्त्रस्य समुदायालम्बनत्वेनैकवचनोपपत्तेः, वनवत् ॥३॥

अभेद एव सिद्ध इति चेत् । नेत्याह —

वक्तारो धर्मशास्त्राणां मनुर्विष्णुर्यमोऽङ्गिराः ।
वसिष्ठदक्षसंवर्तशातातपपराशराः ॥४॥
आपस्तम्बोशनोव्यासाः कात्यायनबृहस्पती ।
गौतमः शङ्खलिखितौ हारीतोऽत्रिरहं तथा ॥५॥

वक्तार इति प्रमाणान्तरपूर्वकताभिप्रायम् । वेदादवगम्य वक्तारो वयं, न स्वयं द्रष्टार इत्यर्थः । धर्मशास्त्राणामिति बहुवचनं भेदकथना-

र्थम् । मनुर्विष्णुरिति ख्याततमैर्नामभिः सामर्थ्यकथनार्थम् । अहमित्यन्तत आत्माभिधानमाचारपरिपालनार्थम् । तथेति चानुक्तोपसंग्रहार्थम् । तथा च वृद्धयाज्ञवल्क्यो धर्मप्रक्तृनुक्त्वाह —

"भूयांसो धर्मवक्तार उत्पन्ना भाविनस्तथा ।
निधानं सर्वधर्माणां वेद एव शाश्वतः ॥"

इति । पुनश्चाह ।

"नारदः पुलहो गार्ग्यः पुलस्त्यः शौनकः क्रतुः ।
बौधायनो जातुकर्णो विश्वामित्रः पितामहः ॥"

इति । मननान्मनुः । विविधज्ञानेन स्नातः शुद्धो वेष्टितो वा विष्णुः । यमनाद् धर्मस्य प्रजानां वा यमः । इत्यादि सर्वत्र योज्यम् । स्तुत्यतिशयार्थम् ।

किं पुनरस्याः स्मृतेर्मूलम् । न तावदाम्नायो धर्मशास्त्रभेदप्रतिपादकः । न च तत्प्रभवो न्यायः । अपितु श्रौतानां कृत्स्नोपसंहारात् तत्पूर्वकत्वाच्च तथैवात्रापि प्राप्नोति । कार्त्स्न्येन चैवं धर्मावगतिः, न ह्येकस्मृत्यध्ययने सकलधर्मावाप्तिर्यतः । भेदे च द्वयोरप्यध्ययनं न स्यात्, शाखान्तरवत् । इष्यते च तत्, "स्मृतिद्रोणपाठक" इति वचनात् । नैतदेवम् । न हि परम्परापेक्षं मन्वादीनां धर्माभिधानम् । सर्वत्र कार्त्स्न्याभिधानात् । इतरथा हि क्वचिदेव पदार्थाभिधानं स्यात् । अन्यत्र गुणविधयः । क्वचिच्च सापेक्षत्वं दृश्यते, वचनात् । तद् यथा —

"आम्नायात् सम्यगुद्धृत्य शङ्खश्च लिखितस्तथा"

इति । न चानुमेयेष्वर्थेष्वैक्यं शक्यते वक्तुम् । लिङ्गानुसारेण लिङ्गिनोऽपि भेदावगतेः । भिन्नानि चाष्टकादिलिङ्गानि प्रिशाखं, तथैवोपलब्धेः । तथाच स्मरणं भेदेन । अन्यथा ह्येकरूप एव प्रोयोगः स्मर्येत । यत्तु शाखान्तरवदुपसंहरणमुक्तं, तच्छ्रौतकर्मणां प्रत्यक्षत्वेन प्रकरणाभेदाद् युक्तम् । इह तु प्रधाने भेदोऽभिहितो लिङ्गभेदात् । अतो वैषम्यम् ।

यानि तु नामतो गुणविधानानि तान्यविशेषादत्रापि समुच्चीयन्त एव । यथा शातातपः श्राद्धमनुक्त्वैव तद्गतान् गुणानाह —

"विना यज्ञोपवीतेन गन्धैर्यस्तु समालभेद्"

इत्यादि । सर्वार्थता च कथं स्यादिति गुणार्थस्मृत्यारम्भः । यत्तु स्मृतिद्रोणाध्ययनं तन्नानात्वेऽपि बह्वङ्गप्रयोगकरणे फलभूयस्त्वलाभार्थम् अधिकगुणोपसंहारार्थं च । द्रोणवचनात्तु नियमादृष्टं व्रताध्ययनवद्, भूयस्त्वविवक्षया वा द्रोणशब्द इत्यवसेयम् । यत्तु 'नैकत्र कार्त्स्न्यं धर्मस्ये'ति, तद् वैतानिकानेककर्मकलापानभिधानात् कार्त्स्न्र्येऽपि नैव । अखिलपरोक्षार्थाश्रयित्वेन कार्त्स्न्र्यमिति चेद्, तदपि कर्णवेधाद्यनुपसंहृतेरसिद्धम् । आचारप्रामाण्याभिधानात् तदुपसंहृतमिति चेद्, वेदो धर्ममूलमित्यनेनैव सिद्धत्वान्नमः शास्त्राय । धर्मप्रवक्तृसङ्ख्यानियमानवधारणाच्च सापेक्षत्वेन सर्वस्मिन् धर्मशास्त्रे समाप्तिः स्यात् । ततश्चाननुष्ठानम् । न च सङ्ख्यावधारणमस्ति । परिगणनस्य प्रदर्शनार्थत्वात् । हेत्वन्तरस्य चाभावादित्येषा दिक् । ननु च प्रयोगभेदेऽपि गुणार्थस्मृत्यन्तरापेक्षाणां तदवस्थमेवाननुष्ठानम् । मैवम् । यदि परिपूर्णेऽपि प्रयोगेऽभ्युदयाय गुणान्तरोपसंहारः, नित्यवत्करणं त्वनुपसंहृतैरप्युपपन्नमित्यविरोधः । यद्वास्तु नियोगतस्तदुपसंहारः । सति तु ज्ञाने ज्ञातगुणान्तरत्यागे नैकस्मृत्यवगतप्रयोगानुष्ठानादेव कृतकृत्यता । अवगतश्च प्रयोगोऽनुष्ठेयः । गुणान्तराणि चान्वेष्याणि । उपलब्धगुणानुपसंहाराच्च प्रत्यवायः । सापेक्षत्वे तु स्मृतीनां प्राक् प्रयागावधृतेरनुष्ठातुमशक्यत्वादवधारणोपायासम्भवाच्चाननुष्ठानमिति वैषम्यम् ।परिपूर्णे तु प्रयोगे नैमित्तिकाङ्गान्वयोऽभिमतः । "भिन्ने जुहोती"तिवत् । ज्ञानगतमपि च गुणानां नैमित्तिकत्वं दृष्टम् । तद् यथा — वैश्वानरग्रहग्रहणे "स यदि चरकेभ्यो वा पततोऽनुब्रुवीते'ति । एवमत्रापि । यद्यप्रमाद्यद्भिरन्विष्यमाणं गुणान्तरमुपलभ्येत, तत उपसंह्रियेत । अनुपलब्धौ त्वदोषः । यदा चान्विष्यमाणस्य यस्योपलब्धिः तदा तस्यानुपसंहारे प्रत्यवायादव्याहतमनुष्ठानम् । यत्र त्वपरिपूर्णः प्रयोगः कर्तव्यतोपदेशमात्रं च यथोपनयनादिषु, तत्रानुमितैव स्मृत्यन्तरापेक्षा ।

यथा च मृद्भिरिति मृदां बहुत्वेऽवगते तिस्रः पञ्च वेति स्मृत्यन्तरात् । एवं सर्वत्रोन्नेयम् । स्मरणवैचित्र्यमेवास्याः कल्पनायाः प्रमाणमिति न हेत्वन्तरं मृग्यम् । प्रयोगैक्ये तूक्तानुपपत्तिः । अतः सूक्तं वक्तारो धर्मशास्त्राणमिति स्मृतिबहुत्वम् ॥४,५॥

उक्तं धर्मादयः शास्त्रस्य विषया इति । तेषां तु लक्षणं वाच्यमित्यत आह —

देशे काल उपायेन द्रव्यं श्रद्धासमन्वितैः ।
पात्रे प्रदीयते यत् तत् सकलं धर्मलक्षणम् ॥६॥

देशः सामान्यविशेषात्मकत्वेन द्विविधः । सामान्यतः कृष्णोपलक्षितः । विशेषतः शुद्ध्यादिकः । कालोऽप्यहःपूर्वाह्णादिकः । उपायस्त्वङ्गकलापो दृष्टादृष्टार्थः । यथा — "अभिगम्योपविश्य हिरण्यं दद्यादि"ति । देशकालयोस्तूपायत्वेऽप्यधिकारान्वयाद् भेदेनोपन्यासः । द्रव्यस्य च प्राधान्यात् । द्रव्यं शुक्लं हिरण्यमित्यादि । श्रद्धा प्रसिद्धैव । संशब्दः सम्यगर्थे । अन्वितैर्युक्तैरित्यर्थः । पात्रं जातिसंस्कारविद्यावृत्ततपोभिः सम्पन्नम् । एवं यद् दानं, सोऽनवद्यः कृत्स्नो धर्म इति । दानशब्दश्चायं यागाद्यशेषविहितकृत्योपलक्षणार्थो द्रष्टव्यः । विपरीतश्चाधर्मः । यत्तु दानमेवोदाहृतं, तत् सार्ववर्णिकाधिकारप्रतिपादनार्थम् । कुरुक्षेत्रग्रहोपरागादयस्तु काम्यनैमित्तिकतयावसेयाः । तथा च शङ्खः — "तत्र धर्मलक्षणानि । देशः काल उपायो द्रव्यं श्रद्धा पात्रं त्याग इति समयः । तेषु धर्मोदयः साधारणः, अन्यथा विपरीत" इति । देशाद्यभावे विपरीत इति वदन् नित्यानीमानीति दर्शयति । न च कुरुक्षेत्रादीनां नित्यत्वोपपत्तिः, अन्यत्र निवासाभावप्रसङ्गात् । न चैतद् युक्तम् । अतः सूक्तं काम्यनैमित्तिकत्वमेवमादीनामिति ॥६॥

नन्वियं धर्मलक्षणावधृतिर्निर्मूलेव लक्ष्यते । आम्नायानभिज्ञ । मैवम् ।

वेदः स्मृतिः सदाचारः स्वस्य च प्रियमात्मनः ।
सम्यक्सङ्कल्पजः कामो धर्ममूलमिदं स्मृतम् ॥७॥

यदि हि स्मृत्यादयो वेदानपेक्षा धर्ममूलमित्युच्येरन्, तदा निर्मूलता स्यात् । यदा त्वेषामपि वेदाविनिर्भागः, तदा निर्मूलवचनं प्रलापः । वेदपूर्वकतया चैषां प्रामाण्यम् । अतः सुष्ठूच्यते धर्ममुलमिदं स्मृतमिति । तथा चाह मनुः — 'स्मृतिशीले च तद्विदामि'ति । वेदस्मृती प्रसिद्धे । अकामात्मानो दम्भादिरहिता वेदार्थविदोऽनुष्ठातारश्च सन्तः, तेषां यददृष्टायाचरणं स सदाचारः । तथा च वसिष्ठः — "शिष्टः पुनरकामात्मा, अगृह्यमाणकारणो धर्म" इति । अनुपनिबन्धनाच्च स्मृतितो ब्राह्मणपरिव्राजकवद् भेदेनोपन्यासः । अनुपनिबन्धनं तु स्मृत्यन्तरार्थवत् । वेदाविरोध्यसाहसं स्वस्यात्मनः प्रियं, यथावसीदति कुटम्बे संन्यासः । विचिकित्साशङ्कया तु स्मृत्याचारयोर्भेदेनोपन्यासः । यथैतदेवं तथा तदाश्रमनिरूपणे वक्ष्यामः । अनात्मद्रुहा प्रीत्युत्पादः सम्यक्सङ्कल्पजः कामः । यथा वैकल्पिकयोरन्यतरावधारणम् । इच्छया तु प्रवृत्तेः पौरुषेयाशङ्का मा भूदिति भेदेनोपन्यासः । ऋज्वन्यत् । प्रत्येकविशेषणं वा सम्यगिति । वेदस्य सम्यक्त्वं वाक्यविवेकावधृतिः । तन्मूलत्वनियमोपरस्मृतेः । यद्वा स्वस्य चेति कुलधर्मः पित्राद्याचारोऽभिप्रेतः । सताम(द्द?रि)ष्टाय चेत्यत्रापि योज्यम् । तथा चाहुः —

"येनास्य पितरो याता येन याताः पितामहाः ।
तेन यायात् सतां मार्गं तेन गच्छन्न रिष्यति ॥"

इति । प्रियं त्वात्मन आत्मतुष्टिः । तदपि धर्ममूलम् । किं पुनरात्मनः प्रियं, सम्यक्सङ्कल्पजः कामः । कस्यचित् त्वाप्ताभिहितमात्रेण तत्त्वावधृतिः स्याद्, अन्यस्य मूलप्रमाणप्रतिपत्त्या । यावदस्य निर्विचिकित्सं सम्यक्सङ्कल्पजः कामः स्यात्, तदा तस्यात्मनः प्रियं धर्ममूलतयावसेयम् । विचित्रधियामपि पुंसां सम्यक्सङ्कल्पजत्वेनेच्छानियमादनवद्यम् । समानमन्यत् । अथवा स्वस्य च प्रियमात्मन इत्यपवर्गलक्षणम् । सम्यगित्याद्यर्थकामयोः । धर्मस्य तूक्तम् । तदेतत् सर्वं स्मृतिशास्त्रेण प्रतिपाद्यते । तच्च वेदमूलत्वाद् वेद एवेत्यभिप्रेत्योच्यते — धर्ममूलमिदं स्मृतमिति ।

न्यायमूलत्वाच्च श्लोकस्यानेकर्थत्वमदोषः । कुतः पुनरिदमाम्नायमूलत्वं स्मृतेरवगमितम् । न तावत् सर्वस्मृतीनां मूलभूतवेदवाक्योपलब्धिः । कतिपयवाक्यदर्शनं त्वसदागमेष्वप्यविशिष्टम् । न च वेदः स्वयं मूलतामलं प्रतिपादयितुम् । अनुमानादेस्त्वसामर्थ्यमतिप्रसिद्धम् । विपर्यये वा तत्प्रवृत्तिः, सर्वात्मकवेदमूलत्वानुपपत्तेः । न तावद् विधिरूपः, अदर्शनात् स्मृत्यानर्थक्याच्च । तथाहि —

प्रत्यक्षे विधिरूपे च वेदे सति मुधा स्मृतिः ।
कल्पकारास्तदा कुर्युर्लघुतायै प्रकल्पनम् ॥
वाक्यानां विप्रकीर्णानां स्मृतिः सङ्ग्रहणाय चेत् ।
तदसत् स्मार्तता मा भूत् तादूप्याज्जयोतिषोऽपि हि ॥
संहारादेकशाखात्वेऽप्यादिमध्यान्तवर्तिनाम् ।
शाखान्तरगतानां च समाहारः प्रवर्ग्यवत् ॥
मैवं न ज्योतिषा तुल्य विप्रकीर्णत्वमत्र नः ।
इतिकर्तव्यता तद्वत् क्लृप्ता न ह्यस्ति सन्निधौ ॥
एकैकशः प्रकीर्णाङ्गप्रधानैकध्यसंहृतेः ।
ज्योतिष्टोमादितुल्यत्वं स्मृतीनामतिदुर्भणम् ॥
शाखानां विप्रकीर्णत्वात् पुरुषाणां प्रमादतः ।
नानाप्रकरणस्थत्वात् स्मृतिमूलं न गृह्यते ॥
कार्योऽतश्चोपसंहारः पुरुषानुग्रहात्मकः ।
तद् वेदादृश्यमानत्वं न दोषायात्र जायते ॥
स्मृतिमुला हि विधयः सन्ति वेदे सहस्रशः ।
सम्प्रदायविनाशात्तु भीतैः साक्षादसंहृतिः ॥
उत्क्रष्टव्यस्तु ख्यातोऽयं मलवद्वाससा सह ।
न संवसेदिति विधिः स्मृतिमूलत्वसम्मतः ॥
आत्रेय्या योषितैनस्वी भवेद् घातयितेत्यपि ।
वृत्तं तस्मादनिन्द्यस्य नापक्रामेदितीति च ॥

अनारभ्य च सौवर्णं हिरण्यं भार्यमित्ययम् ।
रूपसम्पत्तये चैवं भवितव्यं सुवाससा ॥
नन्वेवं भिन्नरूपत्वं स्मृतीनां नोपपद्यते ।
उपसंहरणीयानामैक्यात् कृच्छ्रादिकर्मणाम् ॥
नैतदस्त्येव भिन्नत्वं प्रत्यक्षाध्ययनेऽपि हि ।
कर्मणां भेदकैः सङ्ख्यागुणप्रकरणान्तरैः ॥
भिन्नत्वाच्च प्रधानानामङ्गभेदस्तदाश्रयः ।
भिन्नाश्चातोऽष्टकादीनां प्रयोगाः स्मार्तकर्मणाम् ॥
उद्दिश्यैक्यं प्रधानं च विशिष्टगुणलक्षितम् ।
अङ्गं विधीयमानं हि न सर्वार्थं प्रसज्यते ॥
साधारणं हि नामैकं भविष्यत्यक्षशब्दवत् ।
स्मृतीनां भिन्नरूपत्वमतो भिन्नार्थसङ्ग्रहात् ॥
एकैकं चाष्टकाकर्म कृत्वैव कृतिनो नराः ।
फलसाम्याद् भवन्त्यस्मान्नैककर्त्राखिलग्रहः ॥
सर्वेषां ये नृणां धर्माः सर्वैस्तेतूपसंहृताः ।
मन्वादिभिर्यमाः प्रायो नियमाश्चाविशेषतः ॥
एवञ्च विप्रकीर्णैकशाखाशाखान्तराश्रयम् ।
दृश्यमानं स्मृतेर्मूलमपहातुं न शक्यते ॥
सम्यगालोचितं नैतदाचार्येणैव लक्ष्यते ।
प्रकीर्णविधिवाक्यानां मूलत्वानुपपत्तितः ॥
जीवतः कामिनो वा स्यादधिकारोऽष्टकादिषु ।
जवतश्चेत् ततः सर्वं कर्तव्यं सर्वकर्तृभिः ॥
कर्तव्यत्वाविशेषात् स्युः कृतार्था नैककर्मणा ।
अकृत्वेष्टिं हि तुल्यत्वात् कृतिनो नाग्निहोत्रिणः ॥
तथास्त्विति यदि ब्रूयादताद्रूप्योपसंहृतेः ।
मानवाद्यप्रमाणत्वमनुष्ठानं च दुर्लभम् ॥

स्मर्तृणां जायते दोषो नन्वकर्तव्यसङ्ग्रहात् ।
न पुनर्निखिलत्वेन कर्तव्यानुपसंहृतौ ॥
अन्योन्यनिरपेक्षत्वं स्मृतीनां यच्च वर्णितम् ।
एकक्रियाप्रयोगे हि तज्ज्ञेयं नाखिलग्रहे ॥
मैवमेकप्रयोगेऽपि न वेदोक्तोऽखिलग्रहः ।
अनुष्ठानविरोधस्तु तुल्यो भेदेऽपि कर्मणाम् ॥
कर्तुरेकस्य यत् कार्यं नियोगेनैककालिकम् ।
तत् स्मार्यं नैरपेक्ष्यार्थमेकैकत्राखिलात्मनाम् ॥
सर्वं चैतत् प्रपञ्चेन वक्ष्यामः श्राद्धसङ्ग्रहे ।
यथास्मृत्यप्रमाणत्वमुक्तरूपानुपग्रहे ॥
कालैक्येन विरुद्धत्वादथैककरणं मतम् ।
तथापि यावतां शक्तिः कृतिर्भवति तावताम् ॥
पूर्वाह्णानुपसंहारादक्रिया चेद्‍ गुणत्वतः ।
प्रधानबाधनात् तस्य न युक्तेरुपसंहृतिः ॥
संस्कारत्वादथैकेन न कुर्युः संस्कृताः परम् ।
संस्कारत्वं तथा वाच्यं सर्वस्मृत्युक्तकर्मणाम् ॥
कृत्वैकां चाष्टकां कुर्युर्नैकगृह्योदितामपि ।
कामिनामधिकारे तु याथाकाम्यादनित्यता ॥
नित्यवत् स्मरणं तत्र स्मर्तृणां स्यादमूलकम् ।
न चान्यथाधिकारोऽस्ति तस्मादियमकल्पना ॥

किञ्च,

एकैकशः प्रकीर्णाङ्गप्रधानैकध्यसंहृतौ ।
स्मार्तत्वं वैकृतानां स्यात् पौष्णचर्यादिकर्मणाम् ॥
क्लृप्तोपकारसम्बन्धात् तत्र चेदप्रकीर्णता ।
पौर्णमासविकारत्वात् तद्वत् स्यादष्टकाद्यपि ॥
न चास्ति पठ्यमानत्वे स्मार्तानामविकारता ।
दर्विहोमेष्वपूर्वत्वमुक्तं सादृश्यहानतः ॥

अन्वारुह्योक्तमेतच्च विधिवाक्यप्रकीर्णताम् ।
शाखासहस्रमध्येऽपि न त्वेका पठ्यतेऽष्टका ॥
प्रकीर्णा ये तु दृश्यन्ते नृधर्मा विधयः क्वचित् ।
नियमानां यमानां च ते स्युर्मूलं न कर्मणाम् ॥
प्रत्यक्षं पठ्यमानानां प्रकीर्णत्वाद्धि कर्मणाम् ।
कल्पकाराश्च निन्द्याः स्युरसामर्थ्यादकल्पने ॥
मन्त्रार्थवादमूलत्वं स्मर्तारः कीर्तयन्ति यत् ।
तच्चासत् स्याद् वसिष्ठादौ कथं लाङ्गलमुद्वपेत् ॥
व्याख्यानतः शुनःशेफ इत्युक्तेश्चार्थवादजाः ।
श्रुत्या सह विरोधे च विकल्पो विधितुल्यतः ॥
तत्र शङ्खवचो दुस्स्थं तयोश्च ज्यायसी श्रुतिः ।
द्वितीयस्तदनुव्याख्या स्मार्तो बौधायनस्य च ॥
अनयायं दिशा पक्षः प्रपद्यैव विवेकतः ।
सर्वथा परिशोध्यस्तु स्मृत्यप्रामाण्यवादिभिः ॥

एवं तावद् विप्रकीर्णविधिमूलत्वमनुपपन्नम् । मन्त्रार्थवादयोस्त्वन्यपरतयैवामूलत्वम् । किञ्च मन्त्रः प्रकरणे वा स्यादप्रकरणे वा । प्राकरणिकस्तावत् परार्थ एव । इतरोऽप्युपादानशून्यलिङ्गविनियोजकत्वानभ्युपगमादमूलम् । स्वाध्यायाध्ययनविधेरपि जपयज्ञाद्युपयोगित्वेन नैराकाङ्क्ष्यादौदासीन्यम् । अर्थवादास्तु येऽनारभ्य पठ्यन्ते, तेषां प्राग् विधिकल्पनादपर्यवसनात् । कल्पिते च तादर्थ्यादकारणत्वम् । अथ मन्त्रार्थवादान्वितपदार्थसत्यतोपपादनार्थं तदनुसारिकाल्पनिकविध्यन्तरमूलतोच्येत, यथा 'प्र ते यक्षि' इत्यग्न्यभिधानपरे मन्त्रे 'धन्वन्निव प्रपा असी'त्येतद् दृष्टान्तपदं लोकप्रसिद्ध्यानुपपद्यमानं स्वसिद्ध्यर्थं विध्यन्तरं प्रपा कर्तव्येति कल्पयति, तथार्थवादेऽप्यश्वानुगतौ रासभस्य "तस्माच्छ्रेयांसं

यन्तं पापीयान् पश्चादन्वेती"ति हेत्वभिधानात् तत्सिद्धौ श्रेयाननुगन्तव्य इत्याद्यनुमितविध्यर्थमूलतोच्येत । तदप्यसारम् । भ्रान्तिजनितोऽपि व्यवहारः पदार्थालम्बनहेतुतां प्रतिपद्यते । भ्रान्तिः किमिति चेद्, अस्मादेव वाक्यार्थविपर्ययात् । सत्यतया वा सालम्बनत्वे को विरोधः । विज्ञानघन इत्यादेरपि सत्यता वचनीया । ततश्च नैरात्म्यापत्तेश्चोदनाव्यवहारो दुःश्लिष्टः स्यात् । तथास्त्विति चेत्, कः खल्वकल्पनयैवोपपद्यमानप्रामाण्यं वेदं कल्पनामारोप्याप्रमाणीकुर्यात् । तथा च कुदृष्टीनां भ्रान्तिजनितानामेव प्रतिषेध्यत्वेन पदार्थालम्बनत्वं, तथैतेषामपीत्यदोषः । कल्पनायामपि फलवत्प्रयोगवचनान्तर्गतेस्तादर्थ्यादपुरुषार्थत्वेन स्मृत्यविषयताप्रसङ्गः । नाम्नां तु गुणफलान्वयमात्रोपयोगित्वाद् दूरापेतं मूलत्व् ।

एतेनोत्सन्नशाखामूलत्वं व्याख्यातम् । उत्सन्ना अपि ह्येवंरूपा एवेति । किञ्च, उत्सादोऽपि प्रमाणशून्यः कल्पनीयः स्यात् । नहि शाखोत्सादः सम्भवति । एवंरूपशाखान्तरानुपलब्धेः । चतुर्णामपि वेदानां काश्चिच्छखाः पठ्यन्ते । न चैकस्यामपि स्मृत्यभिहितधर्मसादृश्योपलब्धिरस्ति । न चात्यन्तविलक्षणत्वेन शाखान्तरत्वोपपत्तिः । न हि मैत्रायणी शाखा काठकस्यात्यन्तविलक्षणा । शाखैकदेशमूलत्वे वा महत्यदृष्टकल्पना स्यात् । उत्सन्नवेदमूलत्वं तु वेदचतुष्टयप्रसिद्धेर्नातीव पेशलम् । प्राक् चोत्सादात् स्मृत्यभावप्रसङ्गः । उत्सादाशङ्कया वा स्मरणेऽग्निहोत्रादीनामपि स्मार्तत्वं स्यात् । अतोऽयमसारः पक्षः । ये तु वेदवत् स्मृतीनामपि नित्यतया प्रामाण्यं मन्यन्ते प्रवचननिमित्ता मन्वादिसमाख्येति वदन्तः, ते खलु मौनभाजो दुर्निवाराः । अबाधकत्वेऽपि हि पुरुषाप्रणीतेर्वेदः प्रमाणम् । सर्वलोकबाह्या चात्र तदप्रणीतिः । दुर्निवारं चासदागमनात् ताद्रूप्यमेवं सति स्यात् । तथास्त्विति चेत् । अलं स्मृतिशास्त्रेण । इदानीमदृष्टमात्रेणोपरतकर्तृकाणां कूपारामादीनामपि तदकर्तृकत्वप्रसङ्गः । मन्वादीनां च "स सर्वोऽभिहितो वेदे" इत्याद्यभिधानं मृषेत्यापद्येत । तद्यशःप्रोत्सारणेन वा कथञ्चित् क्लिष्टकल्पनयार्थवादत्वं योजनीयम् । कठादिचरणानि च तां तां शाखां बिभ्रति । न च मानवादिचरणोपलब्धिरस्ति । न च छान्दोग्यब्राह्मणवत् त एव शाखिनो धारका इति शक्यं वक्तुम् । अन्यतमवेदशा-

खानन्तर्गतत्वात् । यदपि शाखिनां धारणमुपलभ्यते, तदपि स्मृतित्वेनावेदतया, अङ्गवत् । व्रताध्ययनानादरश्चैवमुपपद्यते । ताश्च स्मृतयो नित्या इति वाच्यम् । यदि तावत् कतिपयमन्वादिप्रणीता एवेत्युच्येत, नारदादेरप्रामाण्यप्रसङ्गः । तथास्त्विति चेद्, विशेषहेतुर्वाच्यः । इदानीं प्रणीतबौधायनादिस्मृतेश्च मन्वादिवदादरो न स्यात् । यत्त्वप्रयत्नपूर्वकं सर्वा ब्रह्मणो मुखान्निस्सृता इति तच्छाक्यमुनिदेशनेवातिस्थूलम् । अपिच नित्यत्वे स्मृतीनामध्ययनविध्यभावात् सम्प्रदायविच्छित्तिः स्यात् । नन्वस्ति

“विदुषा ब्राह्मणेनेदमध्येतव्यं प्रयत्नतः”

इति । न तेनाखिलस्मृत्यध्ययनविधानम्, इदमिति च प्रकृतपरत्वात् । प्रकृते च विरोधादसमर्थत्वम् । यदि चाध्येतव्यमित्यस्य विधेरर्थावगम्यतोच्येत तदानुपनीतस्य शूद्रसमत्वाद् वेदार्थत्वेन चोपनीतस्य तदध्ययनात् सन्ध्योपासनादिकतिपयार्थशिक्षणवचनाच्च स्मृत्यनध्ययनम् । अधीतवेदस्य च गुरुकुलनिवर्तनमित्यादि प्रपञ्चनीयम् । पाठमात्रपर्यवसायित्वे त्वस्याप्यदृष्टार्थत्वात् स्मृतिसंप्रदायो दुर्घटः स्यात् । वेदमूलत्वे तु स्वाध्यायाध्ययनविधिविजृम्भणात् कथञ्चिदुपपद्येतापि ।तदेव दुरुपपादमित्युक्तं पुरस्तात् । नैवं त्रुटितविकल्पजालेन परावृत्तिचतुरप्रज्ञासहाया गृह्यन्ते । को वा वेदमूलतया स्मृतीनां प्रामाण्यं ब्रूयात् । संप्रदायाविच्छेदाद् वेदवत् स्मृतयोऽपि स्वतन्त्रा यतः । न च पूर्वाभिहितदोषप्रपञ्चनम् । ग्रन्थनित्यत्वानभ्युपमात् । ग्रन्थेन च नातीव प्रयोजनं, स्मार्तक्रियानुष्ठानरहितकालाभावात् । यथैव हि कृष्यादयो विशिष्टफलोपायान्वितत्वेन लोकत उपलभ्यन्ते । तथाष्टकादयोऽपि यतः । इयांस्तु विशेषः — सन्निकृष्टफलाः कृष्यादयः । अनियतफलाश्चाष्टकादयः । न चैतावता लौकिकत्वं शक्यं वक्तुम् । अस्मादेव विवेकावधारणात् प्रमाणान्तरतः । स विवेको भ्रान्त्यापीति चेत् । न । प्रमाणान्तरस्य निराकृतत्वाद् दृढत्वावगतेश्चाभ्रानतिः । भ्रान्तिकल्पने चावेद एव वेदतया गृहीत इत्यप्याशङ्क्येत । यथैव वेदोऽयमिति बुद्धिर्लौकिकत्वेऽपि वाचकत्वस्मरणान्न भ्रान्तिरित्युच्यते तथाष्टकाद्युपायफले स्वरूपनियमोऽपीत्यवगन्तव्यम् । न च परोक्षत्वात् फलसाध-

नशक्तेरलौकिकत्वाभिधानं, शब्दशक्तिवत् । प्रतिपत्त्यन्यथानुपपत्त्या सेति चेत् । तदत्रापि समानं दृढत्वात् प्रत्ययस्य । यथैव हि शब्दाः प्रत्यायकत्वेन शक्तिकल्पनानिमित्तं, तथा निरूढप्रतिपत्तिहेतवोऽर्था अपीत्यदोषः । कस्य वात्र परोक्षता । अष्टकादयस्तावत् पुरुषान्तरैरनुष्ठीयमानाः प्रत्यक्षत्वेनाशेषाङ्गा उपलभ्यन्ते । तत्र च वेदशब्दवदष्टकादिशब्दव्युत्पत्तिः । विशिष्टकार्यनिमित्तं च तदनुष्ठानमिति स्वरूपवदनुष्ठातृभ्य एवावगम्यते । तत्प्रसिद्ध्यनुपपत्तिकल्पिते च संबन्धिनि बोधकशक्तिवत् प्रवृत्तेरव्याघातः । तस्मात् स्वातन्त्र्यं स्मृतीनामित्युक्तम् । तथा चाह —

"अग्रन्थकानामर्थानां चकारोपनिबन्धनम्"

इति । आम्नायश्च – 'यद्यु[द्यृ?]क्तो भूरि'त्याद्युपक्रम्य 'यजुष्टस्सामत' इत्युक्त्वा 'यद्यविज्ञातमि'त्याह । स्मार्तं चाविज्ञातमिति संप्रदायः । तच्च वेदमूलत्वे सत्यनुपपन्नम् । सर्वथाविज्ञानासम्भवात् । न हि विद्यमानमूलं निरूप्यमाणेऽविज्ञातमिति शक्यं वक्तुम् । पुरुषान्तरापेक्षया त्वविज्ञानेऽतिप्रसङ्गः । स्वातन्त्र्यपक्षे त्वविरोधः । साहसिक! मैवम् । राजन्वान् जनपदः । न खलु सद्भिः परिगृहीता नार्यः स्वतन्त्रा भवन्ति । न हि लौकिकमनुष्ठानं प्रमाणरहितं स्मृत्यर्थसतत्त्वालयं भवितुमर्हति । मा भूच्चैत्यवन्दनादिक्रियास्वपि तथात्वम् । अवेदविदां तदनुष्ठानाद् वैषम्यमिति चेत् । किं वा स्वातन्त्र्यवादिनां वेदविद्भिः प्रयोजनम् । न खलु वेदो वेदवित्परिग्रहात् प्रमाणम् । नापि लोकनिबन्धनाः कृष्यादयो वेदविदपेक्षाः । सान्दृष्टिकफलास्त इति चेत् । अन्यथा वा कथं लोकनिबन्धनत्वम् । न ह्यसान्दृष्टकमर्थमागमानपेक्षो लोकः प्रतिपत्तुं क्षमः । अथ वाचकशब्दवल्लोकव्यवहाराधीनतोच्येत, तदसत् । तत्रार्थप्रत्ययानुपपत्तिः कल्पनामूलम् । इह तु किं नोपपद्यते । व्यवहारस्य चैत्यवन्दनादिष्वपि दर्शनात् । न चाभियुक्तमन्वादिस्मरणाद् विशेषोपपत्तिः । व्यवहारमूलत्वेऽसदागमैरविशेषात् । ननु च वेदस्तावत् प्रमाणमित्युक्तम् । तद्विहितदर्शपूर्णमासाद्यनुष्ठातारश्च धर्मं प्रत्यभियुक्ताः । ते चाष्टकादीनामनुष्ठातारः । तेनेतरव्यवहाराद् वैषम्यम् । मैवम् । विपर्ययेण सुतरामस्योपपत्तेः । वेदविदां हि तेनैव निराकाङ्क्षत्वान्न व्यावहारिकधर्मादरः । परित्यक्तवेदमूलव्यवहा-

राणां त्वनन्यगतिकत्वाद् व्यवहारे सुलग्नता । अस्तु, तेषामपि कार्यतेति चेत्, सुश्लिष्टमेवं सति प्रामान्यम् ।

एवं तर्हि चोदनार्थानुष्ठातृव्यवहारसामान्यादेव तत्प्रवृत्तिसमर्थं कारणमनुमीयताम् । ननु तदेव नास्तीत्युक्तम् । अत एवानुमीयते । किमसदप्यनुमीयते । नह्यनुमापकलिङ्गसंभवे सत्यसदिति शक्यं वक्तुम् । किं पुनस्तल्लिङ्गम् । त्रैवर्णिकानामसान्दृष्टिको व्यवहारश्चोदनामूलो दृष्टः । तथाविधश्चायम् । तस्मादत्राप्यस्ति चोदना मूलभूतेति । नापि तद्वदुपलब्धिप्रसङ्ग इत्येवं वेशेषणविरुद्धत्वम् । अदर्शनस्याबाधकत्वात् । इतरव्यवहारे तु व्याप्त्यभावाद् वैषम्यम् । किमनुपलभ्यमानैव चोदना व्यवहारं प्रवर्तयति । किमनयानुपयुज्यमानविचारणया, सर्वथा प्रवर्तयति । न चानुपलब्धिः सामान्यतो विशेषतश्चानुमानात् । नियतकारणानि हि कार्याणि तथैव स्वकारणान्यप्यवगमयन्ति । एवंच विध्यर्थानुष्ठानमुपपद्यते । स्वातन्त्र्ये तु क्रियानुष्ठानम् । तत्र च फलाभावप्रसङ्गोऽनन्तरोत्पादनानन्वयफलानाम् । न च संस्कारोत्पत्तिद्वारेण कालान्तरे फलोत्पादकत्वमिति शक्यं वक्तुम् । लौकिकाभिधानव्याघातात् । कल्पनाहेत्वभावाच्च । अतोऽयमेव पक्षः श्रेयान् । दर्शनानि चात्रप्युपपद्यन्त एव ।

नायं पक्षो निर्वहणीयः । न खलु प्रमेयगम्यानि प्रमाणानि भवन्ति । अनुष्ठानानुपपत्त्या हि कारणं कल्पयतः कुतोऽनुष्ठानम् । न हि प्राक् कारणकल्पनातोऽनुष्ठानसिद्धिः । तत्सिद्धौ मुधा कारणकल्पना । अथोच्येत पुरुषान्तरस्थमनुष्ठानं दृष्ट्वा तदनुपपत्त्या कारणमनुमाय ततोऽनुष्ठानप्रवृत्तेरदोष इति । तदयुक्तम् । नहि पुरुषान्तरानुष्ठाननुपपत्तिः, तस्य सिद्धत्वात् । यदप्यनुमानमुक्तं कर्तृसामान्यादिति, तत्रापि हेतोरप्रयोजकत्वम् । नहि दर्शपूर्णमासादीनां त्रैवर्णिकानुष्ठानाद् धर्म्यत्वम्, अपि तु वेदविहितत्वात् । न चैषां तदस्ति । अथासान्दृष्टिकं तदनुष्ठानं धर्म इति । तदपि व्यभिचारि । अवैदिकत्वेऽपि विगुणधर्मानुष्ठानदर्शनात् । भ्रान्तेस्तदिति चेत् । एवं सत्यत्रापि भ्रान्त्युपप्लवाद् व्यभिचारः । अथाबाधीभावादभ्रान्तिरित्युचयेत, तदप्यसिद्धम् । वेदविरुद्धे

हि स्मृत्यर्थेऽबाधादर्शनात् । अथ यत्र तदभावस्तत् प्रमाणमित्युच्येत, तदपि दुरधिगमम् । सर्वं चावेदविहितं तद्विरुद्धमेवानुष्ठानमसान्दृष्टिकम् । अतोऽयमप्यसारः पक्षः । "स सर्वोऽभिहितो वेदे" इत्याद्यसंबद्धं स्यात् । प्रमाणरहितकारणकल्पनायां त्वन्धपरम्परा । न्यायोक्ते तु दर्शनानामात्मलाभः । "वचनानि त्वपूर्वत्वाद्" इत्यस्यायमविषयः । अनया दिशा परिचोदनीयं प्रपञ्चनीयम् । सर्वथा तु स्मृतीनामप्रामाण्यं मूलकारणानुपलब्धौ स्मृतित्वाद् वन्ध्यादौहित्रस्मरणवत् ।

अत्राभिधीयते । नैवं स्वोत्प्रेक्षितविकल्पजालैः स्मृतीनामप्रामाण्यारोपणं युक्तम् । स्वयं हि मन्वादिभिरुक्तं "स सर्वोऽभिहितो वेदे", "वेदो धर्ममूलम्", "आम्नायप्रामाण्यादाचारः", "द्वितीयस्तदनुव्याख्या स्मार्तः", "वेदः स्मृतिः सदाचारः" इत्यादि । न चैवंरूपाभ्युपगमातिक्रमेण मूलान्तरान्वेषणं युक्तम् । युक्तश्चायमभ्युपगमोऽस्मिन्नर्थे प्रमाणान्तराभावात्, चोदनालक्षण एव धर्म इति नियमो यतः । न च भ्रान्त्यादिकल्पनोपपत्तिः, वेदवित्परिग्रहविरोधात् । नाप्यन्यमूलत्वे तत्परिग्रहोपपत्तिः चैत्यवन्दनादिवत् । भ्रान्त्यादिकल्पने वा वेदेऽप्यवेदताप्रसङ्गः । न चासंभाव्यं वेदमूलत्वं, "वेदविदो हि मन्वादयः" इति स्मरणात् । न चैतद् भ्रान्तेः, स्मर्तृत्वस्मरणवत् । अतः सूक्तं वेदमूलत्वम् । आह च —

> भ्रान्तेरनुभवाच्चापि पुंवाक्याद् विप्रलम्भनात् ।
> दृष्टानुगुण्यसाध्यत्वाच्चोदनैव लघीयसी ॥

इति । ननु वेदमूलत्वं दुरुपपादमित्युक्तम् । उक्ता हि सर्वथा वेदस्य मूलत्वानुपपत्तिः । न तत् सम्यगुक्तं प्रमाणतो हि मूलत्वोपपत्तेः । उपलभ्यते हि स्मृतीनां तन्मूलत्वम् । विध्यर्थान्यथानुपपत्तिलभ्यत्वात् । तथाहि 'स्वाध्यायोऽध्येय' इत्युक्ते विद्यां चाध्यापयेदिति द्वयस्यानुपपत्त्यान्यो विधिस्तत्र प्रकल्प्यते । विद्यामध्यापयेदिति हि विधिरात्मोपपादनायाध्ययनं प्रयुङ्क्ते । अध्ययनविधिरपि तत्प्रयुक्त्यैवोपपन्नानुष्ठानोऽधिकारान्तरकल्पनामन्तरेणौदासीन्यं प्रतिपद्यते । न चाध्यापयिताध्येतारमनुपनीयाध्यापयितुं क्षमः । तत्र विधिद्वयोपपत्त्यर्थं विध्यन्तरानुमित्या ब्राह्मणादीनुपनयीतेति । एवं वेदार्थावगत्युत्तरकालं विधिद्वये चरितार्थे सत्यनन्तरं

प्रजोत्पादनविध्यपेक्षायां पत्न्यभावे तदनुपपत्तेः कामैकसाधनत्वाच्च "लक्षण्यां स्त्रियमुद्वहेदि"ति विध्यन्तरोत्थानम् । अग्निहोत्राद्यनुष्ठानस्य च पत्न्यपेक्षत्वात् तत्सन्निधानाच्च तया सह यजेतेत्यनतिक्रमणविध्युदयः । तथा "ऋतावुपेयाद्" इत्यादि । तत्र तत्र प्रधानोपपादका विधयः साधिकारा अनयैव दिशा कल्पनीयाः । तथाङ्गसंबन्धः प्रत्यक्षैरानुमानिकैश्च श्रुत्यादिभिरध्यवसेयः । निपुणतस्तु ग्रन्थव्याख्यायामेव प्रदर्शयिष्यामः । न चैवं सति दुःश्लिष्टता स्मृतिप्रामाण्यस्य । नन्वेवं सत्यर्थगम्या स्मर्ता विधयः प्रसज्यन्ते । तद्यथा — जुहुयात् सर्पिषेत्युक्ते स्रुवेणावद्यतीति च आज्यं स्रुवेण गृह्णियादिति विध्यन्तरोदयः । यथा हि चतुरवत्तविशिष्टः सर्पिषा होमोऽवदानसमर्थद्रव्यविशेषापेक्षः स्रुवाद्याकाङ्क्षति, तथा 'स्रुवेणावद्यती'ति स्रुवविधिः स्वशक्त्यनुसाराद् द्रवद्रव्यविषयतयोपप्लवमानस्तद्विशेषाभिमुखतां चालोच्य विध्यन्तरमाविर्भावयति स्रुवेणाज्यं गृह्णीयादिति । एवञ्जातीयकाः सर्वे विधयः स्मार्ताः प्रसज्येरन् । मैवम् । एषां विनियोगमात्रावसायित्वात् । यो ह्युत्पादकः पदार्थस्यनुष्ठापको वा स्यात्, स एवोपदेशकारणम् । नतूत्पन्नैदमर्थ्यमात्रनियामकोऽपीत्यविरोधः । एवं तर्हि स्मृतिविनियुक्तानामप्यस्मार्तत्वप्रसङ्गः । न । स्मृतेः पदार्थोत्पादकत्वेन वैषम्यात् । का वार्ताष्टकादिषु । न तदभावे कस्यचिद् विधेरनुपपत्तिः । स्वाध्यायाध्ययनविधेर्मन्त्राणां चोपपन्नत्वात् । उच्यते । अत्राप्यष्टकादिसमाख्यातमन्त्रवान् स्वाध्यायाध्ययनविधिर्नोपपद्यते । नहि जपयज्ञाद्यन्वये सति समाख्यानोपपत्तिः । न च स्पष्टतरविनियोगोपलब्धिः, यद्बलेनाख्याया बाधः । शक्यते च मन्त्रैर्द्रव्यदेवतासंयोगोऽधिकारहेतुत्वं च प्रतिपादयितुम् । तद्युक्ताध्ययनविध्यनुपपत्तितश्च कार्यतावगमः । अङ्गान्वयप्रकारस्तूक्त एव । नन्वेवं समाख्यानाभेदादशेषैर्मन्त्रैरेकमेवाष्टकाकर्मानुमीयेत । मैवम् । सामर्थ्यभेदात्, स्वशक्त्या हि मन्त्राः कर्म प्रतिपादयन्ति । न चैककर्मप्रतिपादनशक्तिरस्ति । अतः सिद्धोऽष्टकादिकर्मणां भेदः । न चैवं सत्यशेषशाखाधिगताष्टकाद्यनुष्ठानमेकस्यैव स्यात् । न खल्वेकशाखाधिगतक्रियानुष्ठाने तदकरणनिमित्तप्रत्यवायो न

परिहृतः स्यात् । पठ्यमानत्वे हि कर्मणां भिन्नानां समाननाम्नामप्येकक्रियायामकृती स्यात्, कर्तव्यतावगतेः समानत्वात्, प्रयोजनैक्यानवगमाच्च । अनुमेयत्वे तदनुपपन्नम्, अष्टकाद्यभिन्नकालसंबन्धिनस्तदनुसारेण प्रयोजनस्याभेदात् । अवगतकालादिसंबन्धाविरोधेन हि प्रयोजनं कल्पनीयम् । तच्चानेककर्मानुष्ठानेऽनुपपन्नम् । न ह्येकस्मिन् कालेऽनेककर्मानुष्ठनोपपत्तिः । न चानुमेयत्वे पूर्वाह्णादिकालस्याङ्गत्वकृतः कश्चिद् विशेषोऽस्ति, पठ्यमानवत् । किञ्च पठ्यमानं कर्मात्मानं कारयितुमक्रियायां प्रत्यवायं कल्पयति । काल्पनिकं पुनः पठ्यमानान्यथानुपपत्त्या कल्प्येत । तच्च कल्प्यकर्माननुष्ठाननिमित्तदोषकल्पनामन्तरेणैवोपपन्नमिति न कल्पनावसरोऽस्ति । अथ क्लृप्तकर्मानुष्ठानावगमानुपपत्त्या कल्प्येत, तदैवंरूपा कल्पना स्याद् — यो ह्यस्मिन् कालेऽष्टकाख्यं कर्म न कुर्यात् स प्रत्यवेयादिति । एवं सति तदाख्यैककर्मकरणेऽपि कृती स्यात् । न चैकैकत्र कल्पनाहेतुसद्भावादनेककल्पनाप्रसङ्ग इति शक्यं वक्तुम् । तस्यैककल्पनायामप्यविरोधात् । अथागृह्यमाणविशेषत्वादनेककल्पनमित्युच्यते । तदेकशाखापठ्यमानविषयत्वादेकैकशाखाधिगतत्वेऽनुपपन्नम् । नहि भिन्नशाखाधिगतत्वेऽप्यगृह्यमाणविशेषतास्ति । पठ्यमानेऽप्येतत् समानमिति चेत् । न । तस्य स्वमहिम्नैवानुष्ठापकत्वात् । इह तु स्वरूपस्यान्यतोऽधिगतेर्वैषम्यम् । किञ्च, अनुष्ठानोपपत्त्यर्था कल्पना । न चैककर्तृविषयतया सर्वकर्मानुष्ठानाभ्युपगमे तदुपपत्तिः । नहि स्वहेतुविरोधिन्यः कल्पनाः संभवन्ति । प्रत्यक्षाध्ययने त्वप्राधान्यात् कालस्य प्रसक्तावपि विरोधः परिह्रियेत, न त्वनुमेयत्वेऽपि । अतः सूक्तमेककरणेऽपि कृती स्यादिति । विरोधादर्शनात्तु चतस्रोऽष्टकाः क्रियन्त इत्यनवद्यम् । एवंच सामान्यतः कार्यावगमः । क्वचिच्च प्रत्यक्षतोऽपि पठ्यमानत्वेन सामान्यतः कार्यावगतौ मन्त्रार्थवादा विशेषसमर्पका भवन्ति । तान्यपि स्मृतिमूलानि । यथ — "एतदु खल्वद्धा तपः यदहिंसा यद्दमो यद्दानं यदतिथिसपर्या । अथ परमं तपो भूतानां यदनुजिघृक्षा तस्मादेवंवित् सर्वेषां भूतानामद्धैवोपकुर्याद्" इति ब्राह्मणम् । अद्धोपकारश्च दृष्टकारणरहित उपकारः । तद-

पेक्षितप्रकारविशेषो मन्त्रार्थवादैरन्यपरैरपि प्रतिपाद्यमानो नापेशलः । यथा — "स्थलयोदकं परिगृह्णन्ती"ति तटाकादिकरणम् । 'धन्वन्निवे'ति च प्रपाकरणम् । यत्तु फलवत्प्रयोगान्तर्गतेः कल्प्यमानस्यापि ताद-र्थ्यमिति । तल्लिङ्गेन प्रकरणस्य बाध्यमानत्वादचोद्यम् । यमनियमास्तु प्रायशः प्रत्यक्षमूला एव । यत्र पुनः प्रत्यक्षं तदनुपपत्तौ क्लृप्तं वा न सा-मान्यकरणमस्ति, तत्राप्यन्यपरत्वान्मृषार्थत्वेन चोपपन्नत्वान्न मन्त्रार्थवा-दाः स्वान्वितपदार्थसत्यताभाजो भवन्ति । तेनासदागमैर्वैषम्यम् । स्मृत-योऽपि च तद्रूपा एव बाध्यन्ते । न चैतावता समूलत्वेऽपि तन्मिथ्या-त्वकल्पनेत्यलं प्रसङ्गेन । सर्वथा वेदमूलत्वं स्मृतीनामुपपन्नम् । शक्यते चैवं सति स्मृतीनामविज्ञातत्वं वक्तुं, काल्पनिकत्वात् । कल्पनानिमित्त-मेवर्ग्वेदादयः, न व्यपदेशकारणम् । तथा च मनुः "स सर्वोऽभिहितो वेदे" इत्याद्यभिधानमन्त्रं ब्रुवन् कल्प्यत्वाद् विधेर्वेदव्यपदेशो नास्तीति दर्शयति, आपस्तम्बश्च "ब्राह्मणोक्ता विधयस्तेषामुत्सन्नाः पाठाः प्रयोगादनुमीयन्ते" इति वदंस्तेषां मूलसत्यताम् । उत्सन्ना इव प्रयो-गादनुमीयन्त इत्यर्थः । स्मार्तव्यपदेशानादिता चैवमुपपद्यत इत्येषा दिक् । विरोधे चैवं बाध उपपन्नतरो भवति । अन्यथा तु विरोधे विकल्पः स्यात् । न च भवत्विति शक्यं वक्तुं, शिष्टानभ्युपगमात् । ननु विपरीतः शिष्टाभ्युपगमः । न खलु स्मृतिविरुद्धं श्रुत्युक्तमप्याद्रियमाणा दृश्यन्ते । तथाहि —

गोवधं नानुमन्यन्ते श्रुत्युक्तमपि तद्विदः ।
तस्योपपातकश्रैष्ठ्यं स्मृतौ यस्मादुदाहृतम् ॥
करणं च श्रुतेर्ज्ञातं ज्योतिष्टोमादिकर्मणाम् ।
स्तेयाद्यर्थार्जनेनापि न तत् स्मृतिविरोधतः ॥
मैवं न खलु शिष्टानां क्वचित् स्मृतिविरोधतः ।
श्रुत्युक्तार्थाननुष्ठानं दृढमल्पीयसामपि ॥
नहिच्छागवधं तज्ज्ञा न कुर्वन्ति निवारितम् ।
अवारितः स चेत् स्मृत्या गोवधोऽपि हि तत्समः ॥

स्मार्ता हि विधयः सर्वे श्रुत्युक्तव्यतिरेकिणः ।
तेन स्मृतिविरुद्धत्वं नाननुष्ठानकारणम् ॥
स्मार्तोऽपि गोवधोऽस्त्यर्घ्यमर्हयेत् प्रथमं गवा ।
नित्यानि चाष्टकादीनि हेतुस्तदकृतौ च यः ॥
वेदमूलबलं वापि भ्रान्तिर्वा वैदिके च सः ।
न तु स्मृतिबलाच्छिष्टा न कुर्युः कर्म वैदिकम् ॥
अर्धास्तमित आदित्ये प्रारभ्यार्क्षविभावनात् ।
जपः स्मृत्युदितस्त्यक्तो विरोधादग्निहोत्रिभिः ॥
अनुष्ठानाननुष्ठाने कारणं न बलाबले ।
मा भूद्ध धर्मः खरारूढावस्त्रसञ्छादनाद्यपि ॥
वेदमेव त्वदृष्टार्थे प्रमाणं मन्यते मनुः ।
प्रमाणं परमं धर्मे श्रुतिरित्यादिभाषणात् ॥
मन्यन्ते चातिदौर्बल्यं स्मर्तारः श्रुतितः स्मृतेः ।
धर्ममूलतया वेदं वदन्तस्तद्विदामिति ॥
तेन वेदविरुद्धायाः स्मृतेर्बाध इति स्थितिः ।
श्रूयमाणविरुद्धत्वात् कल्पनानुपपत्तितः ॥
प्रत्यक्षोऽप्युपकारादिविधिः सामान्यगोचरः ।
यायादालोच्य दौर्बल्यं विशेषविषयां स्मृतिम् ॥
विध्यर्थानन्यथाभावक्लृप्तैः प्रायो विधायकैः ।
दृशिभिर्बहुधा भिन्नैः स्मृतयः संप्रवर्तिताः ॥
प्रत्यक्षतः कल्पनया च सम्यक् सिद्धस्य सामान्यविधायकस्य ।
मन्त्रार्थवादैर्विधिभिश्च कुर्याद् दृश्यानुमेयैः परिपूरणानि ॥
इत्थं च गाढं नृकृतत्वपङ्कं विधूय धर्माख्यहिरण्यमाला ।
आम्नायसूर्यांशुविकासितानि बिभर्ति विध्यर्थसरोरुहाणि ॥

एवं प्रामाण्यमालोच्य वेदमूलतया स्मृतेः ।
ते सर्वार्थेष्वमीमांस्ये इत्याह भगवान् मनुः ॥७॥

नन्वेवं सति "धर्ममूलमिदं स्मृतमि"ति वचनादर्थादेर्मूलं न प्राप्नोति । मैवम् । धर्मपदस्य प्रदर्शनार्थत्वात् । अथापि धर्ममात्र एव धर्मपदं स्यात् । तथाप्यर्थकामौ तावच्छास्त्रनियतौ धर्म्यावेव । अपवर्गस्यान्यत्वमिति चेत् । तदप्यसत् —

इज्याचारदमाहिंसादानस्वाध्यायकर्मणाम् ।
अयं तु परोमो धर्मो यद्योगेनात्मदर्शनम् ॥८॥

इज्येति यागादीनां वैदिकानामुपलक्षणम् । आचार इति स्मार्तानां सोपनिबन्धानामनुपनिबद्धानां च । दम इन्द्रियसंयमः । अहिंसा यज्ञाद्याततायिव्यतिरेकेण । दानं प्रसिद्धम् । स्वाध्यायो ब्रह्मयज्ञः । एषां कर्मणां धर्म्यत्वं यद्यपि प्रसिद्धं, तथाप्यल्पधर्मोऽयं, धारणाल्पत्वेन योगस्यापौष्कल्यात् । अयमेव परमो धर्मः यद्योगेनात्मदर्शनम् । मनोवृत्तिसन्निरोधो योगः । तेन यदाञ्जस्येनात्मदर्शनं तदेवात्यन्तिकधारणत्वेन परमो धर्मः । तस्मात् सिद्धमर्थादीनां शास्त्रावसेयत्वम् । कस्मात् पुनः श्रुतिस्मृत्यन्तर्गतत्वेऽपि दमादीनां पृथगुपन्यासः । स्मार्तत्वप्रदर्शनार्थः । आचारः स्मार्तानां ग्राहकः, तानि पुनर्दमादीन्यपि । अत एव ब्रह्मयज्ञोऽप्यत्रैवोदाहृतः । प्रत्यक्षश्रुतिपाठेऽपि स्मार्तत्वाद्ग गाथादिलक्षणः शूद्रस्यापि कथं स्यादिति । सर्वाधिकारार्थं वा दमादीनां पृथग् विधानम् । आचारशब्देन त्वष्टकादीनां त्रैवर्णिकार्थानां ग्रहणम् । तथा चाहुः —

"अहिंसा सत्यमक्रोधः शौचमिन्द्रियनिग्रहः ।
एष साधारणो धर्मश्चातुर्वर्ण्ये प्रकीर्तितः ॥"

इति । सत्यमिति चात्र व्याहृत्युपलक्षितो ब्रह्मयज्ञः परिगृह्यते । सत्यवचनस्येन्द्रियनिग्रहादेव लब्धत्वात् । तथा च वक्ष्यत्येतत् — "पञ्चयज्ञान् न हापयेदि"ति । अथवा इज्येति संस्कारोपलक्षणम् । आचार इत्यात्मगुणानाम् । दमादयस्तूदाहरणार्थाः । समानमन्यत् । अपवर्गनिरूपणर्थश्चायं

श्लोकः । तदेतदृचाप्युक्तं — "तमेवं विदित्वा मृत्युमत्येती"ति । स्मृतिश्चात्मज्ञानं प्रकृत्याह —

"तद्ध्यग्र्यं सर्वविद्यानां प्राप्यते ह्यमृतं ततः "

इति । सर्वं चैतत् श्रुतिस्मृत्यवसेयमिति तयोः सूक्तं धर्ममूलत्वम् ॥८॥

ननु च श्रुतिस्मृत्योरबोधकत्वेऽपि पुरुषसामर्थ्यापेक्षया प्रतिभानतोऽर्थनियमः । तथा खल्वेकस्मादेव वाक्यादन्यथा चान्यथा च प्रतिपन्ना दृश्यन्ते । कथं चैवं सति धर्मनिर्णयः । तदुक्तं — "धर्मस्य तत्त्वं निहितं गुहायामि"ति । सत्यमेवं, यदि निर्णयोपायो न स्यात् । अस्ति ह्युपायः —

चत्वारो वेदधर्मज्ञाः पर्षत् त्रैविद्यमेव वा ।
सा ब्रूते यं स धर्मः स्यादेको वाध्यात्मवित्तमः ॥९॥

चत्वार इति नियमः पञ्चादिव्यावृत्त्यर्थः, महासमवाये निश्चयक्लेशात् । वेदविदो धर्मशास्त्रविदश्च वेदधर्मज्ञाः । पारार्थ्याच्च ज्ञानस्य न तन्मात्रावसायिनः, किं तर्हि, ज्ञानिनोऽनुष्ठातारश्च ते सविवेकाः परिषत् । त्रैविद्यं वा । त्रयी विद्या ऋग्यजुस्सामलक्षणा यस्मिन्, तत् त्रैविद्यम् । त्रय ऋग्यजुःसामपारगा इत्यर्थः । पुरुषसंख्यानियमाच्चाथर्ववेदाध्ययनमविरुद्धम् । अस्मिंश्च पक्षे ये प्रतिवाक्यं श्रुतिस्मृत्योर्मूलमूलिभावं जानन्ति, ते गृह्यन्ते । एवकारस्त्वप्यर्थः । स च संभावनायाम् । वाशब्दोऽभ्यर्हितत्वेन विकल्पद्योतनार्थः । त्रयोऽपि यदि भवन्ति द्वौ वा यदि स्याताम् एकोऽपि वाध्यात्मवित्तमः । स हि सम्यग् वेत्तानन्यथावक्ता च । तथा चोक्तम् —

"एकोऽपि वेदविद् धर्मं यं व्यवस्येद् द्विजोत्तमः ।"

इति । आत्मयाजिनोऽपि गृहस्था ब्रह्मविदो नैष्ठकाश्च ब्रह्मचारिणः वनस्थाश्च । तदर्थमध्यात्मवित्तम इत्युक्तं पराश्रमाभिप्रायम् । नन्वेतदयुक्तं, स खलु हिंसानुग्रहयोरनारम्भीति । को वा तमारम्भिणमाह । अभिगम्य तु संशये पृष्टः सोऽपि ब्रूयादित्युक्तमस्माभिः । तथा च व्यासः —

"सर्वभूतगणाद्रोही चरेदव्याहरन्नपि ।
पृष्टोऽन्यैः साधुभिर्ब्रूयात् पृच्छेदन्यांश्च संशये ॥"

इति । यत्तु 'प्रागुत्तमात् त्रय आश्रमिण' इति, वैखानसाभिप्रायं तद् भिक्षोः समवायप्रतिषेशाद् दशावरादिविषयं द्रष्टव्यम् । तत्रापि तु यदि कश्चित् स्वनियमातिलङ्घनेन समवेयात् ततः परिषत् सगुणैव । तथा चाङ्गिराः

"ब्रह्मचार्याश्रमादूर्ध्वं त्रय आश्रमिणः स्मृताः "

इत्याह । वाशब्दद्वयाच्च द्वौ वेत्युक्तम् । पूर्वापेक्षया च तौ प्रकृष्टगुणौ द्रष्टव्यौ । तथा चाहुः —

"चत्वारस्तु त्रयो द्वौ वा यद्वैकः स्यादनिन्दितः ।
यतिनामग्र्यविद्यानामेकोऽपि परिषद्भवेद ॥"

इति । सा परिषदन्योन्यं विमृश्य सम्यगवधार्य यद् ब्रूते स धर्मः स्यात् । स निर्विचिकित्स्यो धर्म इत्यवगन्तव्यम् । तथा च गौतमः — "यच्चात्मवन्तो वृद्धाः सम्यग्विनीता डम्भलोभमोहवियुक्ता वेदविद आचक्षते तत् समाचरेद्" इति । शङ्खोऽप्याह — "श्रुतिविरोधे त्रैविद्यसमवायेषु निर्णयः" इति, "यथावलेपं शास्त्रतस्तेऽनुब्रूयुरि"ति च । यत्तु पञ्चावरा दशावरा वा परिषद् धर्मप्रवक्तृभिरुक्ता, सा महापातकादिप्रायश्चित्तविषया द्रष्टव्या । शुद्ध्यशद्ध्योस्तत्र प्रकाश्यत्वात् । या त्वेकविंशत्या शतेनाङ्गिरसाभिहिता, सा किल भूयांसो ब्राह्मणाः, ते यत् ब्रूयुस्तत् तथैव भवतीति श्रद्धामात्रेणेति मन्तव्या, गायत्रीमात्रसारैश्चीर्णव्रतैरपि धर्मस्य निर्णेतुमशक्यत्वात् । पूर्वोक्तपरिषत्प्रशंसार्थं वा, अविदुषां निन्दार्थम् । तथा चोक्तं — "नेतरे तु सहस्रशः" इति । गुणवद्विषयत्वे वा कार्यगौरवज्ञापनार्थम् । यत्तु

"राज्ञां (तु) सैव द्विगुणा वैश्यानां त्रिगुणा स्मृता"

इति । तत् क्षत्रियवैश्ययोः प्रायश्चित्तदाने यत्नातिरेकार्थम् । आपद्विषयं वा । प्रायश्चित्तस्य वावश्यकार्यताज्ञापनार्थम् । परिषदि वाचावेदननियमार्थं वा ।

यत्तु क्षत्रियादिप्रायश्चित्तदाने पुरोहिताद्यधिकारः, अन्येषां च प्रायश्चित्तमिति तत् प्रायश्चित्तप्रकरणे वक्ष्यामः । सर्वथा परिषदि धर्मनिर्णयः । अल्पापि च प्रकृष्टगुणा परिषत् प्रशस्तेत्याचार्याभिप्रायः । न्यायमूलत्वात् परिषन्निर्णयार्थस्मृतेरनेकार्थत्वमविरुद्धम् ।अनयैव दिशा विवेकः कार्यः ॥९॥

इति उपोद्घातप्रकरणम् ।

अथ ब्रह्मचारिप्रकरणम् ।

उक्तं धर्मादीनां स्वरूपं प्रमाणं च । इदानीं तत्साधनानि वाच्यानि । तत्र च क्रियामात्रसाधारण्यात् कर्तुः पूर्वमभिधानं युक्तमित्यत आह —

ब्रह्मक्षत्रियविड्शूद्रा वर्णास्त्वाद्यास्त्रयो द्विजाः ।
निषेकाद्याः श्मशानान्तास्तेषां वै मन्त्रतः क्रियाः ॥१०॥

ब्राह्मणक्षत्रियवैश्यशूद्राश्चत्वारो वर्णा इति व्यवहारार्थो परिभाषेयम् । तुशब्दोऽपकृष्यावधारणार्थो व्याख्येयः । आद्यास्त्रयो द्विजा इतीयमपि संज्ञा पूर्ववत् । ननु चाद्या द्विजा इत्येतावद् वाच्यं, बहुवचनात् त्रित्वावगतेः । सत्यमेवम् । रथकारव्यावृत्त्यर्थस्त्रिशब्दः । यत्तु स्मृत्यन्तरे रथकारस्योपनयनस्मरणं, तदाधानाधिकृतत्वाद् भ्रान्तेरित्यवसेयम् । विकल्पो वास्तु । नेत्याचार्यः । तेषां द्विजातीनां निषेकादारभ्यास्थिसञ्चयनाद् मन्त्रतः क्रिया भवन्ति । शास्त्रतः इत्यर्थः । तृतीयार्थे पञ्चमी द्रष्टव्या । वैशब्दो हेत्वर्थः । यस्मान्मन्त्रार्हं तेषामुपनयनाख्यं जन्म, तस्मान्मन्त्रवत्यः क्रिया भवन्तीति ॥१०॥

काः पुनस्ताः क्रियाः, कस्मिन् काले कर्तव्या इत्यत आह —

गर्भाधानमृतौ पुंसस्सवनं स्पन्दनात् पुरा ।
षष्ठेऽष्टमे वा सीमन्तो मासेऽतो जातकर्म च ॥११॥

गर्भाधानाख्यः प्रथमः संस्कारो निषेकलक्षणः । स चर्तौ कार्यः । सामर्थ्यादृतुर्वक्ष्यमाणो न वसन्तादिकः । पुंसवनाख्यो द्वितीयः संस्कारः । स च प्रागर्भस्पन्दनात् । तथा च पारस्करः — "अथ पुंसवनं पुरा स्पन्दनादि"ति प्रथमकल्पमाह । षष्ठे गर्भमासेऽष्ठमे वा सीमन्तोन्नयनाख्यस्तृतीयः । अतः परं नाम्नैवागतकालं जातकर्म भवति । चशब्दात् सोष्यनतीकर्म च । तथा चाह — "सोष्यन्तीमद्भिरभ्युक्षति जातस्य कुमारस्य चे"ति । एते च संस्काराः कात्स्न्र्येन गृह्यादवगन्तव्याः । प्रतिगर्भं चापसीमन्तोन्नयनाः प्रवर्तन्ते । तस्य स्त्रीसंस्कारत्वात् । तत्संस्कारत्वं च "सीमन्तमूर्ध्वं विनयन्ती"ति वचनात् । मन्त्रवर्णाच्च "आजीवं फलिनी भवे"ति, सीमन्तिनीति समाख्यानाच्च । अन्या च स्मृतिः — "सीमन्तोन्नयनं पुंसवनवत् प्रथमे गर्भे मासे षष्ठेऽष्टमे वे"ति । न च तदेवं नेयं प्रथमे गर्भे मासनियमार्थमिति, श्रुतिबाधप्रसङ्गात् । न च स्त्रीसंस्कारत्वेऽपि गर्भनिमित्तत्वादावृत्तिरिति शक्यं वक्तुम् । प्रथमगर्भस्यैव निमित्तभावात् । कार्यशून्यत्वाच्चानावृत्तिः । गर्भाधानं त्वर्थादेवावर्तते । लिङ्गाच्च पुंसवनम् । सोष्यन्तीकर्म तु मुखप्रसवार्थत्वात् । अतोऽवैषम्यम् । अतः सूक्तमपसीमन्तोन्नयनाः प्रवर्तन्त इति । एवंच समाचारानुग्रहः ॥११॥

किञ्चान्यत् —

अहन्येकादशे नाम चतुर्थे मासि निष्क्रमः ।
षष्ठेऽन्नप्राशनं मासे चूडा कार्या यथाकुलम् ॥१२॥

एकादशेऽहनि नाम कर्तव्यम् । एवं निष्क्रमनाद्यपि । तथा चाह — "चतुर्थे मासि निष्क्रमणं करोती"ति । यत्तु "दशम्यामुत्थाप्य ब्राह्मणान् भोजयित्वा पिता नाम करोती"ति, दशम्यां व्युष्टायामिति तत्रार्थः । तथा चाह मनुः —

"नामधेयं दशम्यां तु द्वादश्यां चास्य कारयेद्"

इति । आनन्तर्यार्थश्चकारः । दशम्यां व्युष्टायां द्वादश्यां वेति द्रष्टव्यम् । अंशजातत्वेनैकादश्यामिति नोक्तम् । तुशब्दाच्चायमेवाद्यः कल्प इति द्योतितम् । अथ तु दशम्यामेवेति तस्यार्थः, तदा यस्य प्राग्दशरात्राच्छुद्धिस्तद्विषयत्वेन द्रष्टव्यं, सूतकवाक्योपरोधात् । एकादशे त्वविशेषेण प्राथमकल्पिकः । यथाकुलमिति चूडाभिप्रायम् । यथा — "पञ्चचूडा भरद्वाजाः" इति । कालस्त्वङ्गम् । गुरुलाघवं गृह्यादवगन्तव्यम् । अथवा कालाभिप्रायमेवैतज्जातकर्मादिविषयत्वेनापि योज्यम् । यथा — जन्मानन्तरं दशरात्रे वा जातकर्म । एकादशे द्वादशे वाह्नि, शतरात्रे पुण्ये नक्षत्रे वा नामकरणम् । दशरात्रे चतुर्थे मासे वा निष्क्रमणम् । षष्ठे मासे संवत्सरे वान्नप्राशनम् । संवत्सरे सार्धे तृतीये वा चूडाकरणम् । तत्सर्वं यथाकुलं वा कार्यम्, उक्तकालं वा । द्विर्मासग्रहणं तु छन्दःसमाधानार्थम् । ऋज्वन्यत् ॥१२॥

कस्मात् पुनरेषां संस्कारकर्मणां प्रयत्नेनैव नियोगतोऽनुष्ठानम् । उच्यते । यस्मात् —

एवमेनः शमं याति बीजगर्भसमुद्भवम् ।

मातापित्रोर्जन्यस्य वा नियतनिमित्तत्वादेनसश्च निराकार्यत्वात् प्रयत्नेनैवं नियोगतः करणम् । गर्भार्थत्वेऽपि चाकरणे मातापित्रोरेव प्रत्यवायः । तथा चाह मनुः —

"बैजिकं गार्भिकं चैनो द्विजानामपमृज्यते"

इति ॥

किं पुनरेताः क्रियाः पुंविषया एव, नेत्याह —

तूष्णीमेताः क्रियाः स्त्रीणां

अपि कार्या इति शेषः, संस्कार्यत्वाविशेषात् । एता इति सर्वनाम्नोऽतश्शब्दावच्छिन्नजातकर्मादिविषयत्वं द्रष्टव्यम् । गर्भाधानादौ त्वविशेषः । सुखप्रसवार्थत्वात् तु सोष्यन्तीकर्मणश्चशब्दावगतस्यापि ग्रह-

णम् । नन्वेवं सति स्त्रीणां मन्त्रहानात् तद्युक्तकर्माधिकारो दुःश्लिष्टः स्यात् । वचनगम्यत्वादधिकारस्यैतदचोद्यम् ॥

न च स्त्रीणामात्यन्तिको मन्त्राभावः । यदि नाम जातकर्मादि तूष्णीं —

विवाहास्तु समन्त्रकः ॥१३॥

समन्त्रक एव । तस्मादविरोधः । कार्याभावात्तु नपुंसके संस्कारनिवृत्तिः । अर्थलक्षणास्तु नामकरणादयः शूद्रस्यापि प्रवर्तन्ते । तथा च मनुः — "शूद्रस्य प्रेष्यसंयुतम्" इति । अविहिताप्रतिषिद्धत्वात् । "मन्त्रवर्जं शूद्रस्ये"ति शङ्खः । निःशेषतो वा स्त्रीसमत्ववचनादिति केचित् । तत्तु सामान्यतोदृष्टत्वाच्छब्दलक्षणे व्यवहारे नादरणीयम् । एते च संस्काराः स्त्रीणामपि ब्राह्मणादीनामेतेष्वेव कालेषु भवन्ति ॥१३॥

अतः परं तु,

गर्भाष्टमेऽष्टमे वाब्दे ब्राह्मणस्योपनायनम् ।
राज्ञामेकादशे सैके विषामेके यथाकुलम् ॥१४॥

नन्वेतत् पारिशेष्याद् ब्राह्मणस्यैवोपनयनमुक्तम् आद्यास्त्रयो द्विजा इति । अयुक्तं ब्राह्मणग्रहणम् । अथ ब्राह्मणस्य सत उपनयनं, नोपनयनाद् ब्राह्मण्यमिति ज्ञापनार्थमित्युच्येत, तदपि वर्णपरिभाषयैव सिद्धेरसारम् । उच्यते । हेत्वर्थमिदम् । गर्भाधानाज्जन्मनो वाष्टमे वर्षे ब्राह्मणमुपनयेत् । कस्मात् । ब्राह्मणत्वादेव । एवं ह्याम्नायः — "गायत्रो वै ब्राह्मणः, अष्टाक्षरा वै गायत्री, तस्मादष्टवर्षं ब्राह्मणमुपनयीत" इत्यादि । एवं क्षत्रियवैश्यशब्दावपि योज्यौ । हेत्वभिधानं तु श्लोके वसन्तादिकालप्राप्त्यर्थम् । तथा चाम्नायः — "ब्रह्म हि वसन्तः, क्षत्रं ग्रीष्मो, विड् वर्षाः" इति । वसन्तादिसंबन्धं च ब्राह्मणादीनामन्यतः सिद्धं हि शब्देनानुवदन् वसन्ते ब्राह्मणोपनयनं कार्यमिति दर्शयति । यद्यप्येतान्याधानादौ वाक्यानि, तथापि हेत्वर्थोपपत्त्यर्थमुपनयनापेक्षितकालसमर्पणमविरुद्धम् । मन्त्रवर्णश्च — "गायत्री वासन्तीति गायत्रीछन्दो वसनतादृतोर्निरमिमीत" इति । अयमेव तस्याप्यर्थः । चरकास्तु स्पष्टतराण्युपनयन एव

पठन्ति । तथा चापस्तम्बस्तान्येवानुकरोति — "वसन्ते ब्राह्मणमुपनयीत" इत्यादि । शङ्खश्च "वसन्तो ग्रीष्मः शरदिति कालाः" इत्याह । वैश्यस्य तु विकल्पः । वेदाध्ययनायाचार्यसमीपे नयनमुपनयनम् । तदेवोपनायनमित्युक्तं छन्दोऽनुरोधात् । तदर्थं वा कर्म । राज्ञामिति क्षत्रियराजशब्दयोरेकार्थत्वज्ञापनार्थम् । एकादशेऽब्द उपनयनं कार्यमिति शेषः । सैके विशामिति । द्वादश इत्यर्थः । एके यथाकुलमिति पुनर्वचनात् परमतोपन्यासः । एके यथाकुलमिच्छन्ति, न वसन्तादौ । वयं त्वष्टवर्षं वसन्ते ब्राह्मणमुपनीतेति । अनुलोमानन्तरजानामप्येत एव कालाः मातृजातीयव्यपदेशात् "पुत्रा येऽनन्तरस्त्रीजा" इति मनुवचनाद् द्रष्टव्याः । लिङ्गस्य च विवक्षितत्वात् स्त्रीष्वप्रसङ्गः । प्रतिलोमास्त्वनधिकृता एव । तथा च गौतमः — "प्रतिलोमात् तु धर्महीनः" इति ॥ १४ ॥

अथ किमुपनीयानन्तरं वेद एवाध्यापयितव्यः, तादर्थ्यादुपनयनस्य । एवं खलु प्राप्नोतीत्यत आह —

उपनीय गुरुः शिष्यं महाव्याहृतिपूर्वकम् ।
वेदमध्यापयेत् पश्चाच्छौचाचारांश्च शिक्षयेत् ॥ १५ ॥

तुशब्दार्थश्चशब्दः । उपनयनानन्तरमेव न वेदमध्यापयेत् । किं तर्हि, पश्चात् । शौचाचारांश्चानन्तरमेव शिक्षयेदित्यभिप्रायः । तथा च मनुः —

> "उपनीय गुरुः शिष्यं शिक्षयेच्छौचमादितः ।
> आचारमग्निकार्यं च सन्ध्योपासनमेव च ॥"

इति । यदा त्वध्यापयेत्, तदा महाव्याहृतिपूर्वकम् । महाव्याहृतिशब्देन त्वोङ्कारो व्याहृतयः सावित्री चेति प्रत्येतव्यं, स्मृत्यन्तरात् । यथाह मनुः —

> "ओङ्कारपूर्विकास्तिस्रो महाव्याहृतयोऽव्ययाः ।
> त्रिपदा चैव गायत्री विज्ञेया ब्रह्मणो मुखम् ॥"

इति । गौतमीयं तु सामवेदविषयम् "ओंपूर्वा व्याहृतयः पञ्च सत्यान्ताः" इति द्रष्टव्यं, तत्र हि 'पुरुषः सत्यमि'ति पञ्चानां पाठात् । अथवा महा-

व्याहृतय एव पूर्वं यस्य वेदस्य स महाव्याहृतिपूर्वकः । सापेक्षत्वे समासानुपपत्तेः सावित्र्यभावः । ओङ्कारस्त्वाद्यन्तयोरविरोधात् कर्तव्य एव । "स्त्रवत्यानोङ्कृतं पूर्वमि"ति वचनात् । मानवं तु विकल्पेन व्याख्येयम् । ओङ्कारपूर्वा व्याहृतयो ब्रह्मणो मुखं तत्पूर्वा वा सावित्रीति । तथा च समाचारः । गुरुग्रहणं तु मुख्यं पितुरुपनेतृत्वमिति । तथा च श्रुतिः — "तस्मात् पुत्रमनुशिष्टं लोक्यमाहुः" इति । शिष्यग्रहणं तु पुत्रत्वेऽप्यखिलशुश्रूषानियमार्थम् । क्षत्रियवैश्ययोरप्यापत्काले पुत्रोपनेतृत्वाद् गुरुत्वमविरुद्धम् । आचार्योपनयनं तु ब्राह्मणस्यानुकल्पः । शौचमाचाराश्च शौचाचाराः । शौचं मनोवाक्कायलक्षणं त्रिविधम् । अप्रतिरूपासङ्कल्पनं मनसः शुद्धिः, पाप्मनेतरस्य विरुद्धत्वात् । साधुशब्दप्रयोगः सत्यवचनं च वाचः । तथा च भारद्वाजः — "न म्लेच्छभाषां शिक्षेत । म्लेच्छो हवा एष यदपशब्द इति हि विज्ञायते । तस्माच्छिष्यमुपनीय साधुशब्दाञ्छिक्षयेत् सन्ध्योपासनाग्नीन्धनानि" इत्यादि । कायिकं तु मृद्वारिलक्षणं प्रसिद्धम् । अन्ये तु पञ्च शौचान्याचक्षते । तथाहि —

> "सत्यं शौचं मनःशौचं शौचमिन्द्रियनिग्रहः ।
> सर्वभूतदया शौचं जलशौचं तु पञ्चमम् ॥"

इति । आचाराश्चाग्नीन्धनाद्या आश्रमसंबन्धिनः । वर्णसंबन्धिनोऽस्तेयाद्याः । शिक्षयेदिति चोपदेशात् प्रागुपनयनादप्रवृत्तिः । तथा च गौतमः — "प्रागुपनयात् कामचारवादभक्ष" इति । यद्यपि कश्चित् प्राज्ञः स्वं जानीयात्, तस्याप्यनुपनीतस्यानधिकारो गौतमवचनादेव । काललक्षणार्थं चोपनयग्रहणम् । न संस्कारार्थम् । कालस्यापेक्षितत्वात् । वर्णधर्मा हि जन्मानन्तरमशक्त्या वाध्यमानास्तस्याश्च प्रतिपुरुषमनियतत्वादवध्यर्थनियतकालापेक्षिणस्तत्परत्वेनोपनयनश्रुतिं परिगृह्णन्ति । तथा चाथर्वणानां वितानकल्पः "अनेनसः पुरोऽष्टमाद् वसन्तात् कुमारकाः कामं चरन्ति सम्राड्धर्माणः पञ्चत्वयाजिनः" इति कालपरतां दर्शयति । स्त्रीणामप्याविवाहात् कामचारित्वम् । तस्यैव वैदिकत्ववचनात् । यथाह मनुः —

> "वैवाहिको विधिः स्त्रीणां संस्कारो वैदिकः स्मृतः"

इति । यदा च निश्चितं वैदिकत्वेनोपनयनं विवाहो वा प्रवर्तते, तत्सामान्यात् तदैवान्येऽपि वर्णधर्मा इत्यवसेयम् । तथा न्यायविदो याज्ञिकाः पठन्ति — "अपि वा वेदतुल्यत्वादुपनयनेन प्रवर्तेरन्" इति । शूद्रस्य त्ववध्यर्थकालानुपदेशात् सामर्थ्यं नियामकं, षोडशाब्दं वा प्राग्बालत्वस्मृतेः "बालो वाप्यूनषोडश" इति । ब्राह्मणानामपि परमोपनयनकालात् प्रागनुपनीतानां कामचारित्वं केचित् स्त्रीणां चर्तुत्रयात्, स हि परमो विवाहकाल इति । तत्तु प्रमाणशून्यत्वान्नातीवानुमन्यते, प्राथमकल्पिककाललक्षणायैवोपनयनं यतः । तथा चानेनसः पुरोऽष्टमादित्युक्तमेवेत्यलं प्रसङ्गेन ॥ १५ ॥

इदानीं शौचाभिधित्सया तन्निमित्तत्वान्मूत्रपुरीषोत्सर्गे विधिमाह —

दिवासन्ध्यासु कर्णस्थब्रह्मसूत्र उदङ्मुखः ।
कुर्यान्मूत्रपुरीषे तु रात्रौ चेद् दक्षिणामुखः ॥ १६ ॥

दिवा सन्ध्ययोश्च कर्णारोपितयज्ञोपवीत उदङ्मुखो मूत्रपुरीषे कुर्यात् । रात्रावप्येवम् । दक्षिणामुखत्वं तु विशेषः । चेच्छब्दाद् यदा कुर्यात् तदैवमिति गम्यते । तुशब्दोऽवधारणार्थः । मूत्रपुरीषे एवैवं कुर्यात्, नान्यदपि रेतउत्सर्गादि । यद्वा चशब्दार्थे स्मृत्यन्तरोपसङ्ग्रहणाय । यथाह शङ्खः — "वाग्यतोऽवगुण्ठितशिरा भूमिमन्तर्धाय मेहेद्" इति । उपविष्टश्च, उत्थानवचनात् ॥ १६ ॥

किं पुनस्तस्मिन्नेव देशे शौचं कर्तव्यम् । नेत्याह —

गृहीतशिश्नश्चोत्थाय मृद्भिरभ्युद्धृतैर्जलैः ।
गन्धलेपक्षयकरं शौचं कुर्यादतन्द्रितः ॥ १७ ॥

चशब्दात् पूर्वमपि गृहीतशिश्नः कुर्यात् । उत्थाय तस्माद् देशात् । मृद्भिरभ्युद्धृतैर्जलैः शौचं कुर्यात् । मृद्भिरिति बहुवचनं स्मृत्यन्तरोक्तपरिमाणप्राप्त्यर्थम् । यथाह मनुः —

"एका लिङ्गे गुदे तिस्रस्तथैकत्र करे दश"

इति । यत्तु स्मृत्यन्तरोक्तं "पञ्चापाने" इति, तदग्निहोत्रिविषयं द्रष्टव्यं, पुलस्त्यवचनात् —

"स्नातकस्य त्रयोऽपाने पञ्चापानेऽग्निहोत्रिण: ।
सर्वानेवं गृहस्थेषु शौचकल्पान्नियोजयेद् ॥"

इति । एतदेव द्विगुणं नैष्ठिकस्य त्रिगुणमपत्नीकवनस्थस्य चतुर्गुणं ज्ञानभिक्षो: । मानवात्तु द्विगुणाद्युपकुर्वाणादीनाम् । यथाह व्यास: —

"शुक्लं धौतं यथा वस्त्रं मलिनं तद्भवेत् पुन: ।
निर्मलं तु भवेत् क्लेशात् स्त्रीपुंवर्गाश्रमास्तथा ॥
प्रायश्चित्तं च दण्डं च शौचं चातो यथाक्रमम् ।
कल्प्यमुत्कृष्टमुत्कृष्टे मध्यं मध्येऽधमेऽधमम् ॥"

इति । यत्तु मृद्विशेषपरिमाणं दक्षोक्तम् —

"अर्धप्रसृतिमात्रा तु प्रथमा मृदुदाहृता"

इति, तत् त्रित्वे सति गन्धलेपापकर्षणे च विरोधात् पूर्वा पूर्वा भूयसी परा परा मृदल्पेत्येवमुपलक्षणार्थं विज्ञेयम् । यत्तु तत्रैव मूत्रशौचम् —

"एका लिङ्गे तु दातव्या तथैकत्र करे त्रय:"

इति, तत् केवलमूत्रविषयम् । अन्यत्र करशौचस्य तान्त्रिकत्वात् । सर्वाश्रमाणां चैतदेव मूत्रशौचं, विशेषानभिधानात् । गृहस्थस्य चैतदिति न द्विगुणकल्पना । तथा मृल्लक्षणमप्यन्वेष्यं —

"वल्मीकाखूत्करो(त्के?)* वा जलात् पथि कृता च या ।
कृतशौचावशिष्टा च षड्भि: शौचं न विद्यते ॥"

इत्यादि । अभ्युद्धृतैर्जलै:, जलाशयात् पाण्यादिना । गन्धलेपक्षयकरमिति । तथा मृद् ग्रहीतव्या, यथा तिसृभिरेव गन्धलेपक्षयो भविष्यतीत्यर्थ: । श्लेक्ष्मादिविषयं वैतद् द्रष्टव्यम्, अन्यत्र गन्धापकर्षणादेव लेपापकरदषणसिद्धे: । अतन्द्रित: अनलस: । यथाविहितं शौचं कुर्यादिति विधि:, न यदेत्यर्थ: (?) । यद्वा मृद्भिरद्भिश्च यथाविहितं शौचं कुर्यु: । विहितपरिमाणा-

*'वल्मीकाखूत्करोखे' इति पाठ: स्यात् । तत्र ऊख ऊष: क्षारमथत्तिका ।

भिर्यथाश्रमं शौचं कुर्यात् । यस्य तु विशेषपरिमाणं नाम्नातं स मृज्जलैर्गन्धलेपक्षयकरं शौचं कुर्याच्छूद्रादिः । तथा पितामहः —

"त्रिषु ये नोपनीयन्ते शूद्राः सौधन्वनाः स्त्रियः ।
*गन्धलेपापक(र्षणं?) तेषां शौचं मृदम्भसा ॥"

इति ॥१७॥

एवं तावन्मृद्वारिलक्षणं शौचं निर्वर्त्य तस्माद् देशादपक्रम्य पादौ प्रक्षाल्य ततः —

अन्तर्जानु शुचौ देश उपविष्ट उदङ्मुखः ।
प्राग्वा ब्राह्मेण तीर्थेन द्विजो नित्यमुपस्पृशेत् ॥१८॥

प्राग्वा प्राङ्मुखो वेत्यर्थः । स्मृत्यन्तराच्च बद्धशिखो बद्धकक्ष्य आमणिबन्धनात् पाणी प्रक्षाल्य ब्राह्मेण तीर्थेन द्विजो नित्यमुपस्पृशेत् । तथा च गौतमः — "प्राङ्मुख उदङ्मुखो वा शौचमारभेत । शुचौ देश आसीनो दक्षिणं बाहुं जान्वन्तरा कृत्वा यज्ञोपवीत्यामणिबन्धनात् पाणी प्रक्षाल्य वाग्यतः" इत्यादि । द्विजग्रहणं स्त्र्यादिव्यावृत्त्यर्थम् ।नित्यशब्दात् सर्वाश्रमेष्वयमेवाचमनकल्पः । सूतकादावप्यनिवृत्तिरित्यन्ये ॥१८॥

ब्राह्मेण तीर्थेनेत्युक्तम् । तस्य चालौकिकत्वाल्लक्षणमाह —

कनिष्ठादेशिन्यङ्गुष्ठमूलान्यग्रं करस्य च ।
प्रजापतिपितृब्रह्मदैवतीर्थान्यनुक्रमात् ॥१९॥

ब्राह्मप्रसङ्गादन्यान्यपि तीर्थानि कार्यौपयिकत्वादुच्यन्ते । तीर्थमिति च दक्षिणहस्तेऽवतारप्रदेशनामधेयम् । लोकेऽप्युदकाद्यवतारे तीर्थशब्दः प्रसिद्धः । तानि च विशेषकार्यौपयिकत्वात् स्तुत्यर्थं देवताभिराख्यायन्ते । अर्थतश्चतुर्णामवगतानां व्यवहारार्थं विशेषसंज्ञाः कथ्यन्ते । कनिष्ठामूले प्राजापत्यम् । देशिनीमूले पित्र्यम् । देशिन्यङ्गुष्ठान्तराङ्गुलिः । तस्याङ्गुष्ठस्य चान्तराल इत्यर्थः । ब्राह्मं त्वङ्गुष्ठमूले । कराग्रे दैवम् । तत्र ब्राह्मेणोपस्पृशेदिति प्रकृतसम्बन्धः । तथा च शाट्यायनकः कल्पः — "दक्षिणे ब्राह्मणहस्ते पञ्च तीर्थानि भवन्ति । प्राङ्मुखश्चेत् पुरस्ताद् दैवं,

* 'गन्धलेपापकर्षान्तम्' इति पाठ्यम् ।

दक्षिणतः पित्र्यं, पश्चाद् ब्राह्मम्, उत्तरतः प्राजापत्यं, मध्ये पारमेष्ठ्यम्" इत्यादि । वृद्धवासिष्ठेऽप्येवमेव । मध्ये सौम्यमिति तु विशेषः । आचार्यस्य पञ्चतीर्थानभिधानं तस्य कमण्डलूपस्पर्शनादिविनियोगेनाल्पप्रयोजनत्वात् । ब्राह्मणग्रहणं चोदाहरणोपलक्षणर्थम् अन्यपरत्वात् । सव्ये पाणौ विरोधात् तीर्थाभाव एव । अतश्च ब्राह्मोपदेशादेव दक्षिणेनाचमनमिति ज्ञायते । तथा चोक्तं — "दक्षिणेनाचमनम्" इति ॥१९॥

उपस्पृशेदित्युक्तम् । साधारणश्चालम्भनस्नानेषूपस्पर्शनशब्दः । तस्य गुणविधानतो वाक्यशेषान्निर्णयः । कानि पुनस्तानि गुणविधानानीत्यत आह —

त्रिः प्राश्यापो द्विरुन्मृज्यात् खानि चोर्ध्वमुपस्पृशेत् ।

त्रिरपः पीत्वा द्विरुन्मृजेत् । उच्छब्दः परेरर्थे, दृष्टर्थत्वात् । अत एव परिमार्जनं मुखस्य, खानि चोर्ध्वमुपस्पृशेदिति वचनात् । ऊर्ध्वमिति । खानि शीर्षण्यानि चक्षुरादीन्युच्यन्ते । चशब्दादधश्च, "पादावुक्षेन्मूर्धनि च दद्यान्नाभिं चोपस्पृशेद्" इति स्मृत्यन्तरानुसारात् । पूर्वं च पादाभ्युक्षणं तत इन्द्रियालम्भः । उपशब्दप्रयोगाच्च बहिः स्पर्शनं, नाक्ष्णोः । अत्र प्रकृतत्वादद्भिः । दक्षाद्युक्तश्चाङ्गुलीनियमोऽनुरोद्धव्यः । अविशेषाच्चशब्दसामर्थ्याच्चाचमनप्रयोगभेदोऽपि । यथा — "संहताभिस्तिसृभिः पूर्वमास्यमेवमुपस्पृशेद्" इत्यादि ॥

किंलक्षणाः पुनराप आचमनयोग्यास्तदाह —

अद्भिस्तु प्रकृतिस्थाभिर्हीनाभिः फेनबुद्बुदैः ॥२०॥

अद्भिरिति पुनः श्रुतिर्गुणार्था । तुशब्दो विवेकार्थः । अद्भिरेव नान्यसंसृष्टाभिः । तथा च शङ्खः — "उद्धृत्य परिपूताभिः" इति । प्रकृतिस्थाः स्वभावतः स्थिताः अक्षारा अश्रृताश्चेत्यर्थः । तथा चापस्तम्बः — "न तप्ताभिश्चाकारणाद्" इति । आतपादितप्तास्तु जलाशये न दुष्यन्ति । मानवं च "अनुष्णाभिः" इति । शङ्खवचनादश्रृताभिरिति व्याख्येयम् । तथा चातुरापवादः —

"अनापदि द्विजातीनामश्र्तेन यथाम्भसा ।
तद्वदेव भवेच्छुद्धिः श्र्तेन श्र्तपायिनाम् ।।"

इति । "न तप्ताभिश्चाकारणाद्" इत्यस्याप्ययमेवार्थः । ऋज्वन्यत् ॥२०॥

किं पुनस्तासां परिमाणम् । उच्यते —

हृत्कण्ठतालुगाभिस्तु यथासंख्यं द्विजातयः ।
शुध्येरन् स्त्री च शूद्रश्च सकृत्स्पृष्टाभिरन्ततः ॥२१॥

तुशब्दात् प्राग्घृदयप्राप्तेरशुद्धिः, न परतो गमने । स्त्री च शूद्रश्च सकृत् स्पृष्टाभिरन्ततः । पूर्वश्चकार उत्कृष्यैवकारार्थो व्याख्येयः । स्पृष्टाभिरेवेत्यर्थः । ततश्चान्यपरिसंख्यानादिन्द्रियालम्भनादिनिवृत्तिः । परिमार्जनं तु दृष्टार्थत्वात् प्रवर्तते । तथ बौधायनः — "न बुद्बुदाभिर्न फेनाभिर्न कलुषाभिर्न हसन्न जल्पन्न तिष्ठन्न विलोकयन्न प्रह्वो न प्रणतो न मुक्तशिखो नाबद्धकक्ष्यो न बहिर्जानुः शब्दमकुर्वन् त्रिरपो हृदयङ्गमाः पिबेद् द्विः परिमृज्यात् । त्रिरित्येके । सकृदुभयं शूद्रस्य स्त्रियाश्च" इति सकृत् परिमार्जनं दर्शयति । अन्ततो जिह्वयेत्यर्थः । तृतीयार्थे पञ्चमी ॥२१॥

एवं तावदाचमनविधिमुक्त्वानन्तरं स्नानविधिमाह —

स्नानमब्दैवतैर्मन्त्रैर्मार्जनं प्राणसंयमः ।
सूर्यस्य चाप्युपस्थानं गायत्र्याः प्रत्यहं जपः ॥२२॥

कार्य इति शेषः । स्नानं प्रत्यहं कुर्यात् । तस्य च विधिराचार्येणैवान्यत्राभिहितः ।

"विद्यमाने प्रभूते हि नाल्पे स्नानं समाचरेद्"

इति । उभयात्मकं हि स्नानं शौचमाचारश्च । तत्र केचित् पञ्चविधमाहुः "आग्नेयं वारुणमि"त्यादि । तत्पुनर्गृहस्थस्यापद्विषयं द्रष्टव्यम् । इह त्वम्भसैव स्नानं दण्डवदाप्लववचनाद् ब्रह्मचारिणः । सन्ध्योपासनादयस्त्वाचाराः । तत्रायं सन्ध्योपासनविधिः — अब्दैवतैर्मन्त्रैर्मार्जनम् "आपो

हि ष्ठे"त्येवमादिभिः । प्राणसंयमश्च वक्ष्यमाणः । सूर्यस्य चाप्युपस्थानं, चशब्दाद् द्रुपदायाश्च । तथाच सन्ध्योपासनविधौ हारीतः —

"यतः प्राणान् समाधाय त्रिर्जपेद् द्रुपदामृचम् ।
त्रिसन्ध्यमेनसो मुक्तो दीपिकेव विराजते ॥"

इति । सूर्योपस्थानं च सौरीभ्यामृग्भ्याम् । यथोक्तम् —

"आपोहिष्ठातृचेनाद्भिर्मार्जयित्वा शुचिर्नरः ।
अथोदुत्यमिति द्वाभ्यामुपतिष्ठेत भास्करम् ॥"

इति । सावित्रीं च गायत्रीं "तत्सवितुरि"त्योङ्कारव्याहृतिपूर्विकां प्रत्यहं जपेत् । तथा च मनुः —

"एतदक्षरमेतां च जपन् व्याहृतिपूर्विकाम् ।
सन्ध्ययोरुभयोर्विप्रो वेदपुण्येन युज्यते ॥"

इति । अपिशब्दात् स्नानाद्यपि नित्यम् । स्नानं च दण्डवदाप्लवनं ब्रह्मचारिणोऽविरुद्धम् । गौतमीयं तु सुखार्थस्य प्रतिषेधः । तथाचापस्तम्बः "नाप्सु श्लाघमानः स्नायाद्" इत्यदृष्टार्थमनिषिद्धमिति दर्शयति । एवं मनुः —

"नित्यं स्नात्वा शुचिः कुर्याद् देवर्षिपितृतर्पणम्"

इति । देवतर्पणादिप्राप्त्यर्थो वापिशब्दो व्याख्येयः, अस्मादेवानुवचनात् ॥२२॥

प्राणायामः कर्तव्य इत्युक्तम् । तत्स्वरूपमाह —

गायत्रीं शिरसा सार्धं जपेद् व्याहृतिपूर्विकाम् ।
प्रतिप्रणवसंयुक्तां त्रिरयं प्राणसंयमः ॥२३॥

*महर्जनस्तपः सत्यं भूर्भुवः सुवस्तत्सवितुर्वरेण्यमित्यृचम् ।
"सावित्र्याश्च शिरः पुण्यमापो ज्योती रसोऽमृतम्"

*इह कियांश्चिद् व्याख्यानांशो गलित इव भाति ।

इति । अयं च प्राणसंयमस्त्रिः कार्य इति योजनीयम् । अन्ये त्वेवंरूपां सावित्रीं त्रिर्जपेद् अयं च प्राणसंयम इति वर्णयन्ति । संयतोच्छ्वासेन चायं जपः कार्यः, समाख्यानात् । तथाच मनुः —

"त्रिर्जपेदायतप्राणः प्राणायामः स उच्यते"

इति ॥२३॥

पाठक्रमाच्च मार्जनात् परतः प्राणायामप्राप्तावाह —

प्राणानायम्य संशुद्धस्तृचेनाब्दैवतेन तु ।
जपन्नासीत सावित्रीं प्रत्यगातारकोदयम् ॥२४॥

INDEX OF AUTHORS AND TEXTS CITED

BIBLIOGRAPHY

Āgniveśya Gṛhyasūtra. Ed. L. A. Ravi Varma. Trivandrum Sanskrit Series 144. Trivandrum: 1940.

Aitareya Āraṇyaka. Ānandāśrama Sanskrit Series 38. Poona: 1959.

Aitareya Brāhmaṇa. Ed. with Sāyaṇa's commentary by Kāśīnātha Śāstrī Phaḍke. 2 vols. Ānandāśrama Sanskrit Series 32. Poona: 1896.

Amarasiṃha, *Amarakośa*. Ed. with Amarakośodghāṭana of Kṣīrasvāmin by K. G. Oka 1913. Reprint: Delhi: Upāsanā Prakāshan, 1981. Ed. with the commentary of Bhānuji Dīkṣita by H. Śāstrī. Kashi Sanskrit Series, 198. 1970.

Aparārka, *Aparārka* commentary on the *YDh*. 2 vols. Ānandāśrama Sanskrit Series 46. Poona: 1903–04.

Āpastamba Dharmasūtra. Ed. and tr. in Olivelle 2000.

Āpastamba Gṛhyasūtra. Edited with the commentary of Śrīsudarśanācārya by A. Mahadeva Śāstri. Mysore: Oriental Research Institute, 1987.

Āpastamba Śrautasūtra. Ed. R. Garbe 1882–1902. 3 Vols.; Reprint: Delhi: Munshiram Manoharlal, 1983.

Āśvalāyana Gṛhyasūtra. Edited with the commentary of Haradatta by T. Ganapati Sastri. Trivandrum Sanskrit Series, 1923. Reprint: Delhi: Sri Satguru Publications, 1985.

Āśvalāyana Śrautasūtra. Edited with the commentary of Gārgya Nārāyaṇa by Rāmanārāyaṇa Vidyāratna. Bibliotheca Indica. Calcutta: 1874. Edited with the commentary of Haradatta by T. Ganapati Sastri. Trivandrum Sanskrit Series, 1923. Reprint: Delhi: Sri Satguru Publications.

Bṛhadāraṇyaka Upaniṣad. Ed. and tr. in Olivelle 1998.

Bṛhadāraṇyakopaniṣad-bhāṣya-vārttika of Sureśvara. Ānandāśrama Sanskrit Series 16. Poona: 1937.

Baudhāyana Dharmasūtra. Ed. and tr. in Olivelle 2000.

Baudhāyana Gṛhyasūtra with the *Gṛhyaparibhāṣāsūtra, Gṛhyaśeṣa-sūtra*, and *Pitṛmedhasūtra*. Ed. R. Shama Sastri. University of Mysore Oriental Library Publications, Sanskrit Series 32/55. Mysore: 1920.

Bhāradvāja Gṛhyasūtra. Ed. H. J. W. Salomons. Leyden: E. J. Brill, 1913.

Bhāradvāja Śrautasūtra. Ed. and tr. C. G. Kashikar. 2 Parts. Poona: Vaidika Saṃśodhana Maṇḍala, 1964.

Bhāravi, *Kirāṭārjunīya*. Edited with the commentary of Mallinātha by N. B. Godabole and K. Pāṇḍuranga. Bombay: Nirṇaya Sāgar Press, 1885.

Bhaviṣya Purāṇa. Bombay: Venkatesvara Press, 1959.

Bhavabhūti, *Uttara-Rāma-Carita*. Ed. and tr. Sheldon Pollock. The Clay Sanskrit Library. New York: New York University Press, 2007.

Bhoja, *Śṛṅgāra Prakāśa*. Ed. V. Raghavan. Cambridge: Department of Sanskrit and Indian Studies, 1998.

Bhāgavata Purāṇa. Ed. Nārāyaṇa Rāma Ācārya. Bombay: Nirnaya Sagar Press, 1950.

Bṛhaspati Smṛti. Ed. K. V. Aiyangar. Gaekwad's Oriental Series 85. Baroda: 1941.

Chāndogya Upaniṣad. Ed. and tr. in Olivelle 1998.

Dakṣa Smṛti. Edited in *Smṛtīnāṃ Samuccayaḥ*. Ānandāśrama Sanskrit Series 48. Poona: 1929.

Devaṇa Bhaṭṭa, see *Smṛticandrikā*.

Dhātupāṭha. Included in Pāṇini, *Aṣṭādhyāyī*. Edited by O. Bøhtlingk. Reprint. Hildesheim: Olms, 1964.

Gaṇapāṭha. Included in Pāṇini, *Aṣṭādhyāyī*. Edited by O. Bøhtlingk. Reprint. Hildesheim: Olms, 1964.

Gautama Dharmasūtra. Ed. and tr. in Olivelle 2000.

Gobhila Gṛhyasūtra. Ed. with Bhaṭṭanārāyaṇa's commentary by Chintamani Bhattacharya. 1936. Reprint New Delhi: Munshiram Manoharlal, 1982.

Govinda's commentary on the *MDh*. Ed. in *Mānava Dharmaśāstra* by V. N. Mandlik. 3 vols. Bombay: Ganpat Krishnaji's Press, 1886.

Halāyudha (Haladhara), *Abhidhānaratnamālā*. Edited by Th. Aufrecht. London: Williams & Norgate, 1861.

Haradatta's commentary on the *ĀśGṛ*. See under *Āśvalāyana Gṛhyasūtra.*

Hiraṇyakeśi Gṛhyasūtra. Edited with the commentary of Matridatta by J. Kirste. Vienna: Alfred Holder, 1889.

Jha, Ganganath. 1942. *Pūrva-Mīmāṃsā in its Sources*. Benares: Benares Hindu University.

Kaivalya Upaniṣad. Edited in *The Thirty-Eight Upanishads*. Bombay: Shree Venkateshwar Steam Press, 1910.

Kane, P. V. 1962–75. *History of Dharmaśāstra*. 5 Vols. Poona: Bhandarkar Oriental Research Institute.

Kātyāyana, *Karmapradīpa* or *Chandogapariśiṣṭa*. Ed. Friedrich Schrader. Halle: Verlag von. Chr. Gräger, 1889.

Kātyāyana, *Vārttika*. Edited in Patañjali, *Mahābhāṣya*.

Kumārila, *Ślokavārttika*. Edited with the commentary of Pārthasārathi Miśra by Svāmī Dvārikādāsa Śāstrī. Varanasi: Tara Publications, 1978.

Kumārila, *Tantravārttika*. In *Pūrva-Mīmāṃsā Sūtra* of Jaimini. Ed. with the commentaries of Śabara and Kumārila (Tantravårtika). 7 vols. Ānandāśrama Sanskrit Series 97. Poona: 1971–81.

Kūrma Purāṇa. Ed. A. S. Gupta. Varanasi: All-India Kashiraj Trust, 1971.

Laghu-Viṣṇu Smṛti. Edited in *Smṛtīnāṃ Samuccayaḥ*. Ānandāśrama Sanskrit Series 48. Poona: 1929.

Lāṭyāyana Śrautasūtra. Ed. and tr. H. G. Ranade. 3 vols. Delhi: Indira Gandhi National Centre for the Arts and Motilal Banarsidass, 1998.

Laugākṣi Gṛhyasūtra. Edited with the commentary of Devapāla by M. K. Shāstrī. 2 vols. Kashmir Series of Texts and Studies, XLIX, LV. Bombay: Nirnaya Sagar Press, 1928–1934.

Liṅga Purāṇa. E. Śrīrāma Śarmā. Barelī: Saṃskṛti-saṃsthāna, 1969.

Mahā-Nārāyaṇa Upaniṣad. Ed. and tr. J. Varenne. 2 vols. Série in-8, 11–12. Paris: Institut de Civilisation Indienne, 1960.

Maitrāyaṇī Saṃhitā. Ed. Leopold von Schroeder. Leipzig: F.A. Brockhaus, 1881-86.

Maskarin's commentary on *GDh*. Ed. Veda Mitra. New Delhi: Veda Mitra & Sons, 1969.

Mānava Dharmaśātra. Ed. and tr. in Olivelle 2005. ("*Add" refers to additional verses in some mss. and given in the critical appartus of the critical edition)

Matsya Purāṇa. Ānandāśrama Sanskrit Series 54. Poona: 1907.

Mīmāṃsā Kośa. Ed. Kevalānanda Sarasvatī. 7 vols. (Wai: Prājña Pāṭhaśālā Maṇḍala, 1952–66.

Muṇḍaka Upaniṣad. Ed. and tr. in Olivelle 1998.

Naiṣadha Carita of Harṣa. Ed. Nārāyaṇa Rāma Ācārya. Bombay: Nirnaya Sagar Press, 1952.

Naiṣkarmyasiddhi of Sureśvara. Edited with the commentary of Jñānottama by M. Hiriyanna. Bombay Sanskrit and Prakrit Series, XXXVIII. Poona: Bhandarkar Oriental Research Institute, 1980.

Nārada Purāṇa. Delhi: Nag Publishers, 1984.

Nārada Smṛti. Ed. and tr. Richard W. Lariviere. 2 pts. University of Pennsylvania Studies on South Asia, vols. 4–5. Philadelphia: University of Pennsylvania, 1989. Reprint: Delhi: Motilal Banarsidass, 2003.

Nirukta of Yāska. Edited with the *Nighaṇṭu* and the commentary of Durga by H. M. Bhadkamkar. 2 vols. Bombay Sanskrit and Prakrit Series, LXXIII, LXXXV. Poona: Bhandarkar Oriental Research Institute, 1985 (1942).

Nirukta-Ślokavārttika of Nīlakaṇṭha Gārgya. Ed. Ḍā. Vijayapāla. Sonīpat: 1982.

Olivelle, Patrick. 1998. *The Early Upaniṣads*: Annotated Text and Translation. New York: Oxford University Press.

Olivelle, Patrick. 2000. *The Dharmasūtras of Āpastamba, Gautama, Baudhāyana, and Vasiṣṭha*. Sanskrit editions and annotated translations. Delhi: Motilal Banarsidass.

Olivelle, Patrick. 2005. *Manu's Code of Law: A Critical Edition and Translation of the Mānava-Dharmaśāstra*. New York: Oxford University Press.

Olivelle, Patrick. 2009. *Viṣṇu's Code of Law: A Critical Edition and Translation of the Vaiṣṇava-Dharmaśāstra.* Harvard Oriental Series, No. 73. Cambridge, Mass.: Harvard University Press. Reprint: Delhi: Primus Books, 2018.

Olivelle, Patrick. 2019. *Yājñavalkya: A Treatise on Dharma* (Critical Edition and Translation). Murty Classical Library of India 20. Cambridge, MA: Harvard University Press.

Olivelle, Patrick. 2020. *Yājñavalkya Dharmaśāstra: The Textual History of a Hindu Legal Code*. Delhi: Primus Books.

Padma Purāṇa. 4 Vols. Ānandāśrama Sanskrit Series 131. Poona: 1893–94.

Pāṇini, *Aṣṭādhyāyī*. Ed. and tr. O. Bøhtlingk 1887. Reprint. Hildesheim: Olms, 1964.

Pāṇinīya Śikṣā. Ed. Manomohan Gosh. Calcutta: University of Calcutta, 1938.

Paramēśvarayyar, Uḷḷūr Es. 1990 [1953-57]. *Keraḷa-Sāhitya-Caritram*. 4th ed. 5 Vols. Thiruvananthapuram: University of Kerala Press.

Pārāśara Dharmaśāstra. Edited in Mådhava, *Pārāśaramādhavīya*. Ed. Chandrakanta Tarkalankara. 3 vols. Reprint: Calcutta: The Asiatic Society, 1973–74.

Pāraskara Gṛhyasūtra. Edited with five commentaries by M. G. Bākre. Bombay: The Gurarati Printing Press, 1917.

Patañjali, *Mahābhāṣya* on Pāṇini's *Aśṭādhyāyī*. Ed. F. Kielhorn 1880. 3rd ed. revised by K. V. Abhyankar. 3 vols. Poona: Bhandarkar Oriental Research Institute, 1962–72.

Prabodhacandrodaya of Kṛṣṇamiśrayati. Edited with the commentary of Govindāmṛta by K. Sāmbaśiva Śāstrī. Trivandrum Sanskrit Series, CXXII. Trivandrum: Government Press, 1956.

Pūrva-Mīmāṃsā Sūtra of Jaimini. Ed. with the commentaries of Śabara and Kumārila (Tantravårtika). 7 vols. Ānandāśrama Sanskrit Series 97. Poona: 1971–81.

Prakaraṇapañcikā of Śālikānātha. Ed. A. Subrahmanya Sastri. Banaras Hindu University Darśana Series, 4. Benares: Banaras Hindu University, 1961. Ed. Mukundaśāstri Maḍkar. Caukhambā Saṃskṛt Granthamālā, 17. Benares: 1906.

Prapañcasāra of Śaṅkara. Ed. Atalānanda Sarasvatī. Delhi: Motilal Banarsidass, 1981.

Praśna Upaniṣad. Edited in Olivelle 1998.

Ṛg Veda. Ed. with Sāyaṇa's commentary by F. Max Müller. 6 vols. London: Wm. H. Allen & Co., 1849–74.

Ṛgveda Prātiśākhya. Ed. Vīrendra Kumāra Varmā. Banaras Hindu University Sanskrit Series, 7. Benares: Banaras Hindu University, 1972.

Śabara's *Bhāṣya* on the *PMS* (see under *Pūrva-Mīmāṃsā Sūtra*).

Śaṃkara, *Brahmasūtrabhāṣya*. Ed. Nārāyaṇa Rāma Ācārya. Bombay: Nirnaya Sagar Press, 1948.

Śaṃkara, *Sarvasiddhāntasaṃgraha*. Ed. M. Raṅgācārya. New Delhi: Ajay Book Service, 1983.

Śāṅkhāyana Gṛhyasūtra. Ed. S. R. Seghal. 2nd ed. Delhi: Sri Satguru Publications, 1987.

Śatapatha Brāhmaṇa. Ed. A. Weber. 1855. Reprint. Chowkhamba Sanskrit Series 96. Varanasi: 1964.

Śiva Dharmaśāstra. Ed. Timothy Lubin. Private Circulation.

Smṛticandrikā of Devaṇṇa Bhaṭṭa. Ed. L. Srinivasacharya. Government Oriental Library Series, 43, 44, 45, 48, 52, 56. Mysore: Government Oriental Library. Vol. 1, Saṃskārakāṇḍa, 1914; Vo. 2, Āhanikakāṇḍa, 1914; Vol. 3, Vyavahārakāṇḍa, 1914–16; Vol. 4, Śrāddhakāṇḍa, 1918; Vol. 5, Āśaucakāṇḍa, 1921.

Suśruta Saṃhitā. Ed. Atrideva. Delhi: Motilal Banarsidas, 1963.

Sūtasaṃhitā of the *Skanda Purāṇa*. 3 vols. Ānandāśrama Sanskrit Series 25. Poona: 1924–25.

Śvetāśvatara Upaniṣad. Ed. and tr. in Olivelle 1998.

Taittirīya Āraṇyaka. Edited with Sāyaṇa's commentary by Bābā Śāstrī Phaḍka. 2 vols. Ānandāśrama Sanskrit Series 36. Poona: 1898.

Taittirīya Brāhmaṇa. Edited with Sāyaṇa's commentary by Nārāyaṇa Śāstrī. 3 vols. Ānandāśrama Sanskrit Series 37. Poona: 1898.

Taittirīya Prātiśākhya. Edited with the commentary of Māhiṣeya by V. Venkatarama Sharma. Madras University Sanskrit Series, 1. Madras: University of Madras, 1930.

Taittirīya Saṃhitā. Edited with Sāyaṇa's commentary by Kāśīnātha Śāstrī Āgāśe. 9 vols. Ānandāśrama Sanskrit Series 42. Poona: 1900–08.

Taittirīya Upaniṣad. Ed. and tr. in Olivelle 1998.

Vādhūla Gṛhyasūtra. Ed. Braj Bihari Chaubey with Vṛtti. New Delhi: National Mission for Manuscripts, 2012.

Vājasaneyi Saṃhitā. Ed. A. Weber. Berlin: Ferd. Dümmler's Verlagsbuchhandlung, 1852.

Varadarāja, *Tārkikarakṣā*. Vārāṇasī: 1903.

Vārāha Śrautasūtra. Ed. W. Caland and Raghu Vira. Lahore: Manohar Electric Press, 1933.

Vasiṣṭha Dharmasūtra. Ed. and tr. in Olivelle 2000.

Vedānta Sūtra. Edited in Śaṃkara, *Brahmasūtrabhāṣya*.

Vijñāneśvara, *Mitākṣarā* commentary on the *YDh*. Ed. Wāsudev Laxmaṇ Śāstrī Panśīkar. Bombay: Nirṇaya Sāgar Press, 1936.

Viṣṇu Dharmasūtra. Ed. and tr. in Olivelle 2009.

Viṣṇu Dharmottara Purāṇa. Bombay: Veṅkaṭeśvara Press, 1912.

Viṣṇu Purāṇa. Ed. Śrīrāma Sarmā Ācārya. 2 vols. Barelī: Saṃskṛta Saṃsthāna, 1967.

Viśvarūpa, *Bālakrīḍā* on the *YDh*. Ed. T. Ganapati Sastri. 1921–22. Reprint. New Delhi: Mushiram Manoharlal, 1982.

Yādava Prakāśa, *Vaijayantī*. Ed. Gustav Oppert. London: Archibald Constable, 1893.

Yājñavalkya Dharmaśāstra. Ed. and tr. in Olivelle 2019 and 2020.

Yoga Sūtra of Patañjali. Ed. J. R. Ballantyne and Govind Sastri Deva. 2nd ed. Delhi: Indological Book House, 1971.

Yoga-Yājñavalkya Smṛti. Ed. P. C. Divanji. B.B.R.A. Society Monograph, 3. Bombay: 1954.